U0634729

现代化文物保护技术
与档案保护技术研究

王男男　谭　淡　张广钰　著

吉林科学技术出版社

图书在版编目（CIP）数据

现代化文物保护技术与档案保护技术研究 / 王男男，
谭淡，张广钰著 . -- 长春 : 吉林科学技术出版社，
2023.7
ISBN 978-7-5744-0771-8

Ⅰ . ①现… Ⅱ . ①王… ②谭… ③张… Ⅲ . ①文物保
护—研究②档案保护—研究 Ⅳ . ① G26 ② G273.3

中国国家版本馆 CIP 数据核字 (2023) 第 157370 号

现代化文物保护技术与档案保护技术研究

著	王男男　谭　淡　张广钰	
出 版 人	宛　霞	
责任编辑	李玉铃	
封面设计	道长矣	
制　版	道长矣	
幅面尺寸	185mm×260mm	
开　本	16	
字　数	300 千字	
印　张	21	
印　数	1-1500 册	
版　次	2023年7月第1版	
印　次	2024年2月第1次印刷	

出　版　吉林科学技术出版社
发　行　吉林科学技术出版社
地　址　长春市福祉大路5788号
邮　编　130118
发行部电话/传真　0431-81629529 81629530 81629531
　　　　　　　　　　81629532 81629533 81629534
储运部电话　0431-86059116
编辑部电话　0431-81629518
印　刷　三河市嵩川印刷有限公司

书　号　ISBN 978-7-5744-0771-8
定　价　126.00元

前　　言

　　2022年4月，国家文物局印发了《文物安全防控"十四五"专项规划》(以下简称《规划》)。《规划》中明确指出，为深入贯彻习近平总书记关于文物保护和文物安全工作的重要指示精神，落实党中央、国务院的决策部署，坚持以预防为主、源头治理，强化文物安全责任，完善联合工作机制，建立健全管理制度标准，保证文物保护工程的顺利推进。文物见证着人类进化发展，是人类社会文明的象征，侧面描绘了人类社会文明的发展历史。因此，在文物保护意识背景下，探究文物的保护与修复，对社会文明发展具有重要意义。

　　文物是人类在各个时代的思想结晶，对历史的研究具有重要的实用价值，有利于弘扬中华民族优秀文化和民族精神，增强民族自信心。在历史的长河中，文物是我国悠久历史文化见证的主要载体，中华民族优秀的民族精神在此得到了充分体现。加强文物保护意识，能更好地保护文物。

　　一方面，加强文物保护意识有利于推动科学技术的研究，促进社会经济发展。首先，文物是中华民族各个时代的卓越成就，是现代科技发展的理论依据之一。社会的科学文化发展创新离不开历史文化的加持，文物是第一手的文献资料，大多数古代科技和文化成果仍在被利用、参考和传承。加强文物保护意识，能更好地保护文物，为现代科技发展提供理论依据。其次，文物是丰富的旅游资源。加强文物保护意识，能更好地保护文物，合理利用文物，可为当地旅游业提供宝贵的发展资源，有利于推动当地文化产业和旅游产业的发展，促进当地经济产值的提升。

　　另一方面，加强文物保护意识有利于满足人民群众的文化需求，拓宽我国文化的交流渠道。首先，文物中体现了中华民族的精神风采和民族创造力。加强文物保护意识，能更好地保护文物，发挥文物的育人作用，助力广大群众了解、传承中国传统文化，在丰富精神文化的同时提升美学的鉴赏能力。其次，我国文物具有浓郁的地域特色，蕴含丰富的历史知识，在与他国开展文化交流时，文物能将抽象的文字理念转变为具象的画面表达。加强文物保护意识，能更好地保护文物，在我国与世界各国的文化交流中起着传递纽带的作用，拓宽了我国文化传播渠道。

　　本书围绕"现代化文物保护技术与档案保护技术"这一主题，由浅入深地阐述了文物及其保护技术、金属类文物保护技术、石质文物保护技术、纸质文物保护技术、档案纸张与档案字迹、声像档案的保护、档案馆建筑与档案保护、档案灾害的预防及灾害档案的抢救、文物档案的保护与管理、明清时期的档案保护影响因素和技术、明清档案保护的实践、明清档案的现代化管理。

本书由王男男、谭淡、张广钰所著，具体分工：王男男（营口市博物馆）负责第一章、第二章、第三章、第四章、第九章内容撰写，计10万字；谭淡（孔子博物馆）负责第十章、第十一章、第十二章、第十三章内容撰写，计12万字；张广钰（洛阳市中心血站）负责第五章、第六章、第七章、第八章内容撰写，计8万字。

作者在撰写本书过程中，借鉴了许多专家和学者的研究成果，在此表示衷心感谢。本书研究的课题涉及的内容十分宽泛，尽管作者在写作过程中力求完美，但仍难免存在疏漏，恳请各位专家批评指正。

目　　录

第一章 文物及其保护技术综述

第一节 文物的概念及分类

一、文物的概念

中国是历史悠久的文明古国，拥有五千多年的文明史，有着光辉灿烂的古代文化，是世界文明史的重要组成部分。在漫长的历史进程中，中华民族创造了丰富的科学文明，留下了许多珍贵的文化遗产，如中国古代的四大发明，即火药、指南针、造纸术和印刷术，对世界文明的发展作出了巨大的贡献。除四大发明外，中国古代还有许多重要的发明，如木构古建筑、瓷器制造、丝绸织造和漆器制作等。这些珍贵的文化遗产是中国古代劳动人民的伟大创造和智慧结晶，是研究中国古代历史、文化艺术和科学技术发展极其重要的实物资料，是国家的宝贵财富，是人类文明发展史的重要见证，是人类历史遗留下来的珍贵财产，是证明古代人民勤劳智慧的有力证据。

古代所说的文物与现代的含义不同，旧为礼乐、典章制度的统称。《左传·桓公二年》中记载："夫德，俭而有度，登降有数，文物以纪之，声明以发之；以临照百官，百官于是乎戒惧，而不敢易纪律。"

《现代汉语词典》(第7版)将"文物"称为"历史遗留下来的在文化发展史上有价值的东西，如建筑、碑刻、工具、武器、生活器皿和各种艺术品等"。

《辞海》中对"文物"的解释：遗存在社会上或埋藏在地下的历史文化遗物，一般包括：①与重大历史事件、革命运动和重要人物有关的、具有纪念意义和历史价值的建筑物、遗址、纪念物等；②具有历史、艺术、科学价值的古文化遗址、古墓群、古建筑、石窟寺、石刻等；③各时代有价值的艺术品、工艺美术品；④革命文献资料以及具有历史、艺术和科学价值的古旧图书资料；⑤反映各时代社会制度、社会生产、社会生活的代表性实物。

1982年11月19日，第五届全国人民代表大会常务委员会第25次会议通过的《中华人民共和国文物保护法》中规定：

(1)具有历史、艺术、科学价值的古文化遗址、古墓葬、古建筑、石窟寺和石刻。

（2）与重大历史事件、革命运动和著名人物有关的，具有重要纪念意义、教育意义和史料价值的建筑物、遗址、纪念物。

（3）历史上各时代珍贵的艺术品、工艺美术品。

（4）重要的革命文献资料以及具有历史、艺术、科学价值的手稿、古旧图书资料等。

（5）反映历史上各时代、各民族的社会制度、社会生产、社会生活的代表性实物。

符合以上规定的都属于文物。

《文物保护法》第二条同时还规定："具有科学价值的古脊椎动物化石和古人类化石同文物一样受到国家的保护。"

联合国教科文组织在对文化遗产的定义中指出，文化遗产这一术语包含以下几种类别的遗产：

（1）物质文化遗产。可移动文物（画作、雕塑、钱币、手稿等）、不可移动文物（纪念碑、考古遗址等）、水下文物（沉船、水下遗迹等）。

（2）非物质文化遗产。口述的传统、行为艺术、仪式等。

（3）自然遗产。具有文化内涵的自然遗址，如文化景观、地质形态等。

二、文物的来源

文物藏品是博物馆存在的基础，藏品征集是增加博物馆藏品的重要途径，不断丰富文物藏品是博物馆得以可持续发展的重要保证，更是管理国家文物资源的一种重要手段。

博物馆等国有收藏机构征购藏品的主要来源有考古发掘、田野采集、民族学调查征集、社会征集、收购、捐赠、交换、调拨、移交等。

（1）考古发掘。通过科学的方法，发掘埋藏在地下（如古墓葬、古遗址、灰坑等）或水下的文物遗存和古生物化石。一切考古发掘工作必须履行报批手续。出土的文物和标本，除根据需要交给科学研究部门进行科学研究以外，应由当地文物行政主管部门指定的单位保管，任何单位和个人不得侵占。

（2）田野采集。主要是指自然历史博物馆或地方志博物馆在田野进行的岩石、土壤、矿物、动物和植物等标本的采集活动。

（3）民族学调查征集。主要是指博物馆为收集民族文物而进行的工作。其主要工作方法是深入民族地区，进行实地调查和文物征集。

（4）社会征集。在我国，私人收藏文物的历史十分悠久，民间流散着众多文物珍宝。特别是近现代文物，更是广泛散存于个人和机关团体手中。由于社会生活的变革使大量的近现代文物不断被淘汰，进而消失，又因这些文物中有许多正被当代人使用，司空见惯而不被重视，从而很容易造成损毁。社会征集就是本着"为未来而征集"的思想，收集当代文物。

（5）收购。博物馆通过付出一定的经济代价，换取私人收藏或文物商店中的传世文物和标本。收购的原则是属于国家所有（国家机关、部队、国有企事业单位）的文物和受国家保护的动、植物标本不得买卖，包括考古出土物、石窟寺、石刻、壁画等。

（6）捐赠。博物馆可以接受机关单位和私人的捐赠，并应根据捐赠文物的价值给予适当的精神和物质奖励，重要的捐献还应报请政府部门，由国家给予嘉奖。相关捐赠信息应在藏品档案中详细注明，公开展出时，应向观众说明是由某人捐赠，这也是一种表彰方式。

（7）交换。博物馆之间在自愿互利的原则下，以本馆藏品中的复品或与本馆性质不符合者，去换取本馆所需要的藏品。

（8）调拨。主要有两种情况：一是由上级主管部门按各馆的性质与需要，有计划地拨给；二是博物馆之间一方支援另一方，拨给对方所需的藏品。当然，馆际交换和调拨必须具备合法手续，依规呈报上级文物主管行政部门。如果是一级品的交换、调拨，则需呈报国家文物行政主管部门。

（9）移交。博物馆接收公安、海关、法院、工商管理等部门依法没收的文物，并在一定条件下进行移交。

三、文物的特点

2002年《文物保护法》第十一条规定："文物是不可再生的文化资源。"不可再生是文物的重要特性之一。除此之外，文物还有很多其他重要特点，进一步研究和认识文物的特点，对揭示文物博大精深的内涵，以及文物学科建设和文物保护、收藏等工作的健康发展，都具有十分重要的意义。

概括而言，文物的特性主要有物质（资源）性、时代性（或称为历史性）、不可再生性、不可替代性、个体差异性、客观性、永续性等。

（一）文物的物质（资源）性

文物是有形的历史文化载体，是人类历史发展的见证，内容丰富。先人留下的这些宝贵的物质遗产，是古代劳动人民用一定的物质材料，采用一定的技术手段建造或制作而成的，如青铜器、金银器、玉石器、竹木漆器等。文物的物质性又以一定的形态（形制、形式）存在。文物都是有形的，并且形态是多种多样的。文物的形态，是由人们建造、制作、生产的用途、目的与所用物质材料和科技水平所决定的，其最终形态则是由社会发展，以及政治、经济、文化的发展所决定的。用途、目的在不同的时代和地区不尽相同，随着社会的发展，文化和科学技术又在不断进步，文物的形态或风格也随之不断发展、变化或者消亡，所有这一切在各类文物中都有所反映。

（二）文物的时代性

文物是特定历史时期的产物，是由它产生的那个时代的一定人群，根据当时的政治、经济、军事、文化等需要，运用当时所能得到的物质材料和掌握的技术创造出来的。每个历史遗迹或遗物无不被打上了时代的烙印，蕴含当时的政治、经济、文化、科学技术等诸多方面的内容和信息，因此没有时代（或年代）的遗迹和遗存是不存在的。文物的时代特点是文物时代性和时代内容在历史遗迹和遗物上的体现，我们可以从时代特点中看出，文物在其产生的时代所处的位置，以及它的地位和作用。每个遗迹或遗物从不同的侧面反映了当时的政治、经济、军事、文化、风情习俗等，这些都是构成文物时代性的主要内容。这种时代特点，亦即历史性，也是文物最重要的特点。

（三）文物的不可再生性

文物的时代特点决定了文物不能被再生产、制作和建造。在它产生的时代，其地位是客观存在的，不以后人的意志为转移。即使是十分逼真的复制品也不能替代文物的作用，虽然所用的材料、色彩和纹饰基本相同，但也只能反映制作复制品时代的社会条件、技术水平和工艺，与文物所包含的、它产生的那个时代的文化内涵和历史信息仍有区别，复制品不是历史的见证物。文物所具备的可永续利用的价值取决于其所凝聚的文化内涵，因而具有不可再生性。哪怕是轻微的改动，也会破坏其文化内涵，进而破坏其永久的价值。

历史遗存具有不可再生性，重建、新建的仿古建筑并非历史建筑。国际上有关古建筑保护的《佛罗伦萨宪章》就明确指出"重建物不能被认定为历史遗物"。在历史文化积淀较深的欧洲是几乎看不到重建、新建的仿古建筑的，欧洲保留下来的古建筑都具有原汁原味的历史面貌。我国有关文物保护方面的法律也明确规定，纪念建筑物、古建筑等文物在遭到全部毁坏之后，不得重新修建。

（四）文物的不可替代性

文物的不可替代性是文物时代性和不可再生性逻辑发展的结果。文物是历史文化遗产，是一定时代的产物。每一件文物或每一处文物都有它在历史上的地位和作用，包含自己所处时代的文化内涵和历史信息，不可被其他物品所替代。

不同历史时期制作或建造的各种类型的文物，其历史内涵和信息是它产生的那个时代（或年代）的历史的各个方面的实物见证。毁坏一件或一处，就永远失去了一件或一处历史见证物和象征物，也就减少了一个独特的历史符号。

（五）文物的个体差异性

文物的不可再生性、多样性、时代性、地域性和不可替代性特点，决定了其保护技术需遵循审慎的原则，而所采用的技术方案也存在差异性。即便是同一地点出土的同类、同质文物，在保存现状、损坏程度等方面也会有所区别，这便是文物的个体差异性，是由古代工艺技术水平、非标准化生产方式以及文物经历的环境差异造成的。不可能只采用单一的保护技术就可以解决所有的问题。

（六）文物价值的客观性

文物是历史文化遗产，具有历史、艺术和科学价值，包含政治、经济、军事、艺术等丰富的内涵，博大精深。它的价值是凝结在历史文化遗迹和遗物（包括精神的和物质的遗物）中的一般人类劳动，是人类智慧的结晶，是历史发展、进步的标志。它具有双重特性，即有形价值和无形价值。文物既是有形的物质形体，又是隐形的，即无形的文化或文明内涵的载体，具有历史、艺术和科学价值。

文物的价值是客观存在的，但表达方式是主观的，如数据、图片、语言表述等。人们的文物价值的认识则是不断深化的，人们对文物博大精深内涵的认识和获取它内涵的各种手段，既要靠知识的积累和深入研究，又要靠知识的更新和科技的进步。在认识和评价文物价值的具体过程中，人们会受到科学文化知识、研究水平和科学技术发展水平的限制或制约。因此，对文物文化内涵和信息的揭示与对其价值的认识，不是一次（或一时）可以完成的。随着研究的深入，科学技术迅速发展所提供的技术手段越多，人们对文物价值深层次的认识就会越深入，获得的历史信息也就越多，这就需要一代又一代人的不断努力和坚持。

（七）文物作用的永续性

文物是不同历史时期产生的物质文化遗存，是研究不同历史时期政治、经济、军事、科学技术、文化艺术等的实物史料。它是历史的见证，可以证实文献记载的历史；可以校正古籍记载之谬误，订正史传，纠正错讹；对于有文字记载的历史，可用于弥补文献记载的缺失。文物是研究历史及专门史的重要实物史料，对史学的研究，特别是对重建上古史有着特殊、重要的价值和作用。

人类社会的发展，科学技术和文化艺术的发展进步，都需要借鉴历史，而文物则是最好的实物教材，它有独特的特点，它是一种文化载体，同时也是一种精神文明的表现。它作为历史见证者，真实性强，具有很强的说服力，它以具体、形象、生动的物质形态展现在人们面前，具有极强的感染力，是任何其他教育手段所不能替代的。[①] 因此，文物对研究者和大众，对一代又一代人，对民族和国家以至全人类，对已往的历史和未来，都将发挥永续的作用。

四、文物的分类

分类就是根据不同的标准，对事物的同与异集合成类的过程。文物分类是根据所选标准，按一定的方法，把具有相同特征的文物聚集在一起，而不具有这一特征的分离出去另行分类，如此一类一类地将全部文物组织起来。

（一）文物分类的目的

1. 便于文物的科学管理

首先，文物不分类，就是一种无序状态，科学管理无从谈起。其次，不同文物具有不同的特点，其管理需要采取不同的方法、手段和措施。例如，不同文物体积有差，重量有别，价值殊异，构成的材质也不相同，其管理自应有别。最后，文物分类是实行计算机管理的客观需要与基础。

2. 便于文物的整理研究和利用

例如，对博物馆来说，其文物藏品少者上万件，多者几十万、几百万件，乃至上千万件。如此多的文物馆藏，若不进行分类，要查找某种藏品，岂不是大海捞针？研究和利用更无从谈起。

3. 为了更好地保存文物

由于组成文物的材料不同，在理化性质上存在着明显差异，要求的存放环境不同，所采取的保护处理方法也不同。如金属材料文物需要干燥的环境，而漆木竹雕文物则须保存在适当润湿的环境中。

（二）文物分类的原则

（1）在同一次分类中，应遵循同一标准的原则。一次分类中，不能同时使用各种分类标准，否则，将会引起混乱。

（2）按一定标准将同类文物划归为一类。这一原则可以指导人们选择某一分类标准把各种各样的文物划归为几个不同的大类，然后在大类中再进一步分成小类。

① 李敏，刘华政.文物古迹与《中国旅游地理》课程建设刍议[J].广西教育学院学报，2004(4)：28-31.

至于选择何种分类标准，则根据收藏、宣传、研究、保护、教学等的需要而定。

（3）一种分类法只能依一个标准。因为文物十分庞杂，又涉及收藏、保护、宣传、研究等问题，所以文物分类不可能只用一个标准和一种方法，而要根据需要制定多种标准和多种方法。但在采用某一方法进行文物分类时，不能同时用两个标准或交叉使用两个标准对文物进行分类，而只能用一个方法、一种标准。不过，因实际需要，在经同一标准划分出来的大类中，采用另一种标准和方法将大类逐步分成小类，则是可以的。

（4）对复合体文物进行分类，应以约定俗成为原则。复合体文物是指以明显不同质地的材料制成的器物。所谓"约定俗成"原则，系指在长期分类实践中形成的行之有效的原则，它是以器物的主要质地和复合材料中某种材料对器物功能所起的决定作用，作为划分类别的科学依据。

（三）文物分类的方法

文物分类的方法较多，一般而言，文物分类标准的制定和文物分类方法的运用，均以文物收藏、保护、宣传、研究、教学的需要而定，现概述如下：

1. 时间分类法

这是以文物制作的时代为标准对文物进行分类的方法。任何文物都产生于一定的时代（年代），没有时代的文物是不存在的，这是时代分类的科学依据所在。至于有的文物由于流传物本身原因，时代一时尚难判断，这应属对文物的认识问题，与文物必产生于特定的时代是完全不同的两个问题。

在按时代分类时，要注意世界各国的共性和特性，如有的国家将文物分为石器时代文物、铜器时代文物、铁器时代文物；而我国则分为古代文物和近、现代文物。其中，古代文物又分为史前文物和历史时期文物。史前文物一般分为旧石器时代文物和新石器时代文物，由于时间跨度长，为便于研究，还可再划分出早、中、晚期。而历史时期的古代文物，一般按朝代划分为夏代文物、商代文物、周代文物、战国文物、秦代文物、汉代文物、魏晋南北朝文物、隋代文物、唐代文物、五代十国文物、宋代文物、辽代文物、金代文物、元代文物、明代文物、清代文物。近代文物，一般指1840年至1919年的文物。现代文物，一般指1919年至当代的文物。

2. 区域分类法

这是以文物所在地为标准对文物进行分类的方法。文物有产生它的地点，或有出土地点，或有收藏地点，或有埋藏地点，或有建立的地点，等等。总之，都有它的所在位置。离开了具体的地点，文物是无法存在的。区域分类法就是以此为根据，按照文物所在的区域实行归类。通过区域归类文物，可以使人们对某个区域的文物有比较全面的了解，为研究该地区的历史提供比较全面的资料，特别是有利于加强对文物实行区域的管理。

以区域分类法对文物进行归类，首先对区域要有一个范围界定。一般来说，有以行政区划分范围的区域，即国家权力机关或政权机关批准的行政区域，它有严格的区划界线，如北京文物、安徽文物、新疆文物；还有以地理自然位置为范围的区域，即地理（自然）区域，这个区域没有严格界线，其界线是模糊的，如黄河流域、长江流域、淮河流域；还有一种依自然地理的相对位置来划分的区域，如中原与边疆。

3. 功用分类法

这是以文物的功用为标准对文物进行分类的方法。作为社会生产和社会生活的历史遗存，文物是为了达到一定的目的而制作的。换句话说，任何一种文物都有它的用途。正由于此，在对文物分类时，通过对其功用的研究，可以把功用相同或基本相同的文物聚为一类，形成不同的类别。

文物的功用与其形制是分不开的，形制是文物的外形，可以看得见、摸得着，形象、具体。而文物的功用是其内涵，附着于文物的形体中，并通过人利用其形体发挥作用。但按文物功用分类，有某一功用的文物，其形制并不完全相同，往往会因时代而异。

按功用分类，文物一般可分为古建筑和古器物。其中，古建筑一般包括城市建筑、宫殿建筑、衙署建筑、园林建筑、宗教建筑、馆堂建筑、坛庙建筑、书院建筑、民居建筑、交通建筑、水利建筑、纪念建筑等；古器物则包括农具、手工工具、兵器、炊器、盛器、酒器、水器、乐器、计量器、杂项等。

按功用对文物进行分类，可不受文物的年代和质地的限制，即可以把不同时代、不同质地而功用相同的文物划归为一类，有助于对文物进行更深层次的研究。

4. 质地分类法

这是以制作文物的材料为标准对文物进行分类的方法。文物是由一定的物质材料制作而成的文化遗物，由于所用物质材料的多样性，根据不同质地材料进行文物归类，是质地分类法的出发点。

质地分类法主要用于对古器物的归类。这种分类方法有着悠久的历史，时至今日，我国博物馆藏品，还大多采用按质地分类，西方博物馆也大多采用这种方法对文物藏品进行分类。这是因为文物藏品按质地分类优点很多，不同质地的文物藏品对保存环境有着很不相同的要求，所采取的保护方法也不相同。当然，按这种方法进行分类，也存在判明质地的困难，主要是有些文物并非由单一的材料制成。此时，若能采用现代科学技术，对古器物进行物理鉴定或化学定性、定量分析，将能使文物质地的判定更加科学，从而为按质地对文物进行分类提供更为科学的依据。

5. 属性分类法

这是以文物的社会属性、科学文化属性为标准对文物进行分类的方法，亦即以文物的性质为标准进行分类的方法。文物是人类社会活动的遗存，人们的任何活动都不是孤立的、无意识的或无目的的，这种社会性或目的性使制作的生产用具和生活用具、文化艺术品等都打上了文化传统的烙印，具有了文化的属性。

文物属性是由文物的用途及其内涵所决定的，因此，在运用属性分类法时，必须首先研究文物的用途及其文化内涵，只有这样，才能够比较准确地确定它的性质。

按属性对文物进行分类，主要可划分为礼器类文物、明器类文物、科技文物、宗教文物、民族文物、民俗文物、革命文物、工具类文物、生活用具类文物、交通工具类文物、兵器类文物、乐器类文物、艺术类文物、戏剧类文物、体育类文物等。

6. 价值分类法

这是以文物价值为标准对文物进行分类的方法。文物具有历史、艺术、科学价值，没有价值的历史遗迹和遗物不是文物。按价值分类，主要是根据文物价值的高、低来区分文物，至于价值高、低的确认，须经鉴定。

根据我国文物法规，对文物价值高低的区分，采用两种办法：其一，对文物史迹，即古建筑、石窟寺、石刻、古遗址、古墓葬、纪念遗址或建筑等，依据其价值的高低，分为三级，即全国重点文物保护单位、省（自治区、直辖市）文物保护单位和县（市）文物保护单位；其二，对文物藏品，如陶瓷器、青铜器、铁器、玉器、漆器、石器、书画等，依其价值高低，也分为三级，即一级文物、二级文物、三级文物。

7. 来源分类法

这是以文物藏品的来源为标准对文物进行分类的方法。此法仅适用于博物馆、纪念馆或文物保管机构等文物收藏单位对文物藏品的分类。这些单位的文物藏品都应有其来源，这是此分类法的依据。

文物收藏单位的藏品的来源有地区、单位和个人之分，就其形式而论，主要有以下六个方面。①拨交：系指单位间互通有无或一个单位支援另一个单位的文物。②征集：是文物收藏单位丰富馆藏的主要渠道之一。征集方式有多种，诸如收购、自愿上缴、赠送（可适当奖励），动员交出本归国家所有而被私人收藏的文物等。③拣选：系指从废品收购站（文物被当废品收购）、银行（金、银质文物流入银行）、冶炼厂和造纸厂中拣选出来的文物。④交换：系指文物收藏单位根据国家文物法规所允许而开展馆际之间的文物交换，是调剂余缺、丰富藏品的办法之一。⑤捐赠：系指文物收藏单位接受文物鉴赏家、文物收藏者等的捐赠。⑥发掘：系指经考古发掘发现、由文物收藏单位收藏的文物，是文物藏品的主要来源，且这类文物来源最可靠、最重要。

8.存在形态分类法

这是以文物能否从其存在的地方移动为标准对文物进行分类的方法。根据这种方法，将文物划分为可移动的文物和不可移动的文物两大类。

可移动的文物是指收藏（主要是馆藏）文物和流散文物。种类多，体量小，可根据收藏、保管、陈列、研究、教学需要随意移动和变换地点是其特点。

不可移动的文物基本上都是文物史迹，如古建筑、古遗址、石窟寺、石刻、古墓葬等。种类多，体量大，不能或不宜整体移动是其特点。在这里，必须进一步指出，所谓不可移动，实际上并非绝对。有的绝对不可移动，如古建筑群、石窟寺等；有的则只是相对而言，有些文物史迹因特殊情况必须迁移者，经批准亦可以迁移，如位于黄河三门峡水库淹没区的永乐宫迁至芮城县城北。此外，有些本属建筑群组成部分的殿宇、牌坊、石碑等，若仅残存单体者，也有为方便保护和宣传需要而迁移的。

第二节　文物保护的概念、理念与原则

一、文物保护的概念

文物保护是在一定的历史背景下，对历史对象和一切活动的实物保护。文物保护的目的是更真实、完整地保存有关历史资料，维护文物的全部历史价值。保护文物是每个人的责任和义务。文物保护主要是保护文物及其历史环境。物体本身是一种固定的产品，其价值与历史环境和地理位置密切相关。一旦移动，它很容易损坏，并导致其部分或全部价值损失。文物保护是对其完整性和真实性的维护，必须与周围的历史遗迹一起保存。保护文物不是一个人或一代人的事，而是我们子孙后代的事。保护遗产的主要任务是修复自然或人为的损害，并阻止进一步的损害。对于自然力造成的损失，我们只能采取一系列的补救和预防措施，不可能责怪自然。但是，对于某些人为损害，我们可以采取相应的法律手段加以预防或制止。

二、文物保护的理念

（一）文化多样性与保护

文化多样性是指世界上每个民族、每个国家都有自己独特的文化，民族文化是民族身份的重要标志。历史文化遗产作为古代历史不可替代的见证物，同时也作为每个国家、地区历史文化延续的载体，是每个民族的智慧结晶，体现了文化的多样性。因此，对文化遗产的保护和长久保存是所有国家的共同利益和目标。在修复中充分认识到遗产的特殊性，并保证在保护和修复过程中不改变遗产的历史、有形与无形的特征，这是至关重要的。

（二）原真性

Authenticity 一词源自中世纪的欧洲，在希腊语和拉丁语中有"权威的"（authoritative）和"原初的"（original）的含义。在我国文化遗产保护领域，学者们长期以来将"authenticity"译为"真实性"。但经过仔细推敲后发现，这种译法只是表达了"真实的"和"可信的"两层含义，未能表达出"原初的"这一含义。

"原初的"对文化遗产来说恰恰是最为关键和不可或缺的要素之一。张松指出："原真性，可译为真实性、原生性、确实性、可靠性等，主要有原始的、原创的、第一手的、非复制、非仿造等意思。"因此，一些学者提出了更为恰当的译法——"原真性"，既强调"真"，又强调"原"，更为贴近本意。这一观点已被文化遗产界大多数学者接受和认可。

原真性的思想萌芽产生于《关于历史性纪念物修复的雅典宪章》，其第六条指出："对于废墟遗址要小心谨慎地进行保护，必须尽可能对找到的原物碎片进行保护，必须尽可能对找到的原物碎片进行修复，此做法称为原物归位。""原真性"的概念被正式纳入文化遗产领域是在 1964 年 5 月召开的第二届国际历史古迹建筑师与技师大会，会上通过了《威尼斯宪章》，其开篇提到"人们越来越意识到人类价值的统一性，并把古代遗迹看作共同的遗产，认识到为后代保护这些古迹的共同责任。传递其原真性的全部信息是我们的责任"。此后，1994 年 12 月在日本古都奈良通过的《关于原真性的奈良文件》是世界遗产委员会对"原真性"问题进行了讨论之后得出的重要成果。该会议对"原真性"作了重新定义，并指出"保护一切形式和任何历史阶段的文化遗产是保护根植于遗产中的文化价值。我们能否理解这种价值部分地取决于表达这种价值的信息来源是否真实可信。了解这些与文化遗产的原始特征有关的信息源，并理解其中的含义是评价遗址真实性的基础"。

《世界遗产公约》的全名是《保护世界文化和自然遗产公约》（*Convention Concerning the Protection of the World Cultural and Natural Heritage*），主要规定了文化遗产和自然遗产的定义，文化和自然遗产的国家保护和国际保护措施等，以及各缔约国可自行确定本国领土内的文化和自然遗产，并向世界遗产委员会递交其遗产清单，由世界遗产大会审核批准。凡被列入世界文化和自然遗产的地点，均由其所在国家依法严格予以保护。《世界遗产公约》对原真性进行了界定,即"文物古迹本身的原真性体现在诸如形式与设计、材料与实体、应用与功能、位置与环境以及传统知识体系、口头传说、技艺、精神与情感等因素中"。在此需特别强调,"修缮与修复的目的应当是不改变这些信息来源的原真性"。而"原真性"也是一个复合性多元理念,一般情况下,一座文物建筑的原真性应当是它被作为文物建筑认定时的历史和客观属性的总和。

(三)完整性

在世界遗产领域,"完整性"长期被应用于评估自然遗产的价值与保存状况。而考古遗址的结构怎样才算完整?以往人们并未把这一理念引用到文化遗产保护工作中。近年来,这一状况已得到改善。2005年2月生效的新版《世界遗产公约实施指南》已明确把"完整性"应用于对文化遗产的评判中。《北京文件》对此有如下描述,"完整性可以解释为文物古迹及其特征的整体性和完好性,包括体现文物古迹重要性和价值所必需的所有因素。""保留文物古迹的历史完整性必须保证体现其全部价值所需因素的相当一部分得到良好的保存,包括意义重要的建筑物历史层次(沿革与积淀)",以及"环境"。这表明,"完整性"不一定意味着整体历史结构的完整,而是指所存部分可以验证、标识大部分的历史信息。同时,这也对文物保护界长期以来关于"原状"与"现状"的争论作了一个小结,即文物的保护不应当是按照当代人的意愿与结论将文物恢复成某一辉煌时期的"原来状态",也不能为追求风格的统一而随意拆改不同历史时期留在同一文物建筑体上的完整历史信息。

关于"环境"与遗产的关系,可以引用我国文物保护大师梁思成先生的"红花还要绿叶扶"的比喻。在统筹保护有形与无形文化遗产的大形势下,国际古迹遗址保护协会(ICoMoS)于2005年召开第15届大会关于历史建筑、古遗址和历史地区周边环境保护的《西安宣言》的提出,相关的理解与应用会变得更为深入和宽泛。

三、文物保护的原则

(一)可再处理原则

可再处理原则,又称可持续性保护原则,取代了可逆性原则。众所周知,文物的科技保护是一个技术实施过程,其中包括在文物上施加新材料,如在壁画上喷涂保护剂、在石刻上喷涂防风化材料、有机质文物的防霉防虫处理、饱水漆木器的脱水加固等,或者改变文物的现有保存环境。不论哪一种方式,必然会使文物与外界发生物质和能量的交换,这一过程是不可逆的。有必要澄清文物保护中涉及的可逆性问题，否则教条地套用可逆性原则，势必会否定所有的先进方法，无法对文物进行保护。

可逆性原则是文物保护中的重要原则，意思是修复中所实施的处理方法，都可以采取可逆措施去除，使文物恢复原始的状态，但这个原则已经被可再处理原则代替，其原因在于可逆在本质上是难以实现的。例如，在加固疏松的文物时，加固材料会渗透到内部去，当对加固材料进行可逆去除时，文物就会遭到破坏。在此种情况下，不可一味地要求材料具备可逆性，而是只要不影响再次处理即可。

严格来说，可逆性原则大多只适用于实验室条件下的文物保护。在很多实际情况下，很难满足这一要求。例如，在大型石刻上涂刷防风化材料或进行裂隙灌浆，由于石刻表面不平整或裂隙较深，涂刷的防风化材料和裂隙灌浆材料极难从文物上去除，但在实验室条件下，也许很容易被清除。如果这些难以清除的材料并不妨碍文物的下一次处理，那么仍然可以考虑继续使用这样的保护方法。

在某些情况下，不保护、不修复也是一种保护修复。这里所说的"不保护、不修复"是根据文物的保存现状、现有的技术水平和现场条件，通过综合的分析与研究，从而判断是否采取不保护、不修复的方式。

(二) 最小损伤原则

保护性损伤，如在加热、酸碱、冷冻等条件下处理文物时，会引起文物自身的化学和物理(应力、外形收缩等)变化，有些变化并不是立刻就能观察到的，必须经过一段时间后方能显现。而保护处理本身可能会对文物产生损伤，如在复杂的拼接修复过程中，难免会对文物造成二次损坏，且操作极大程度依赖于专业技术人员的个人经验；在对粘连的纺织品或纸质文物进行揭取时，由于文物本身材质的脆弱性，若用力不当，极易损毁文物；在对纸质文物进行熏蒸或冷冻杀虫时，纸质文物在受热或冷冻的情况下，都有可能遭到损坏；在对文物进行表面封护与加固时，封护或加固材料渗入文物的孔隙中，也可能会对文物造成损伤。当遇到这些情况时，必须通过严格的科学实验来评估损伤的程度，尽量控制条件，使危害降至最低。

(三) 最小干预原则

《威尼斯宪章》中规定，"保护与修复古迹的目的旨在把它们既作为历史的见证者，又作为艺术品予以保护"，其所规定的古代建筑的保护与修复指导原则被概述为"最小干预原则"，成为日后有关国际文件和宪章共同遵循的原则。

对文物的干预主要包括两个方面：保护和考古发掘所带来的材料干预、信息干预、性能干预均为人为的主动干预；环境条件的变化所带来的干预则是被动干预。

1930 年，在意大利罗马召开的关于艺术品保护的国际研讨会上第一次提出了预防性保护的概念，这一概念如今已经成为国际文化遗产科学保护的共识和发展方向。

保护文物收藏的环境是更具技术性的预防性保护的核心，即通过抑制环境因素对文物的风险进行有效的监测和控制，使文物处于稳定、清洁的安全环境中，尽可能防止或延缓文物的理化性质恶化，保护和保存文物。其中，博物馆环境的稳定性主要是指温度和湿度的稳定性，不受较大波动的影响。关于博物馆环境清洁度的概念，除了污染气体限值浓度控制指标外，还没有系统地讨论。博物馆环境的清洁程度取决于现代环境和污染控制技术的水平。

在保存过程中，文物不可避免地会被引入新的物质，如表面密封剂、缓蚀剂等。如果没有完整的保存记录，后代在研究过程中可能会对文物中的物质产生误解。为了避免影响或混淆后代对文物的研究，从而导致错误的评估结果，如果新材料和文物组成材料之间的反应产物不清楚，则应拒绝使用任何新的文物保护材料。

各种保护处理方法也有可能会对文物造成保护性破坏，包括二次污染保护性破坏，如：在对破碎的青铜器和陶瓷器做拼接修复时，通常无法将残片严丝合缝地拼接成一个整体，当拼接最后一块时，由于空缺处小于其原始尺寸，需要对残片进行打磨；在对纸质文物或纺织品文物进行清洗时，常会残留水渍、清洗剂等，从而造成二次污染，对文物的不当清洗，还易造成文物的褪、变色，特别是金粉等装饰物的脱落；而对石质文物进行渗透加固时，由于化学加固剂很难全部渗透进石材的孔隙中，随着环境条件的变化，保护剂渗透到的和未渗透到的部分就可能产生应力差异，反复作用的应力就会导致两部分分离。

(四)"留白"原则

"留白"又称"留缺"，通常是针对古陶瓷整体复原修复来说的，是指在古陶瓷缺失的部位，不采用原材料、原工艺和原形态去修复，而是选用其他适宜的材料补填，以留出短缺的部位，并能明显地表现出缺失的痕迹。这一原则在国外已实施多年，国内也不乏实践者，但仍存在争议。

古陶瓷与其他器物不同，其毁坏的形式通常只有破碎和缺失，而无腐烂和变质现象。在修复时，若能明显地表现缺失部位，又不妨碍其外观的完整性，则完全可以不用复原缺失的部位。此外，在考虑是否"留白"时，还要从博物馆的实际需求出发，若该器物主要用于供观众欣赏，仅要求具备一个完整的形象，并不需要发挥其实际用途，那么，一个真实的整体形象胜过经修复补缺后"乔装打扮"的虚假形象。而在对古陶瓷进行修复补缺时，很难真正做到补缺后的部位与其他部位保持完全一致。这不仅涉及原材料的配制，而且涉及烧制的工艺，即便是同一个窑炉烧制出的同一类器物也不会完全相同。"留白"反而更能体现出古陶瓷的原真性。

（五）耐久性原则

以实验室材料老化实验数据为基础，在将多种保护技术应用到文物上时，选择耐老化时间长的材料的方法，就是所谓的耐久性原则。文物的保存是一个长期的过程，不可能对同一件器物进行经常性的保护处理。这就要求在文物保护工作中所选用的材料要具有良好的耐久性，在外界因素的影响下，该材料能延缓文物所遭受的破坏，从而延长其保存寿命。现代文物保护研究中，对文物保护材料的耐老化性能测试经常采用工业领域内的材料性能检验检测标准，而文物保护材料与现代工业材料的使用目的及对性能的要求存在较大差异。因此，采用现代工业材料的检测标准对文物保护材料进行评估是有缺陷的。

（六）斑点试验原则

斑点试验又称点滴试验，是测定矿物化学成分的一种方法。将少许矿物粉末制成溶液，再将溶液滴到滤纸或瓷板上，加入化学试剂，观察反应后的产物颜色，以确定某种元素是否存在。斑点试验由于操作简便，反应迅速，对某些元素灵敏度较高，在鉴定工作中经常被使用。而文物保护的过程中，在大面积开展保护工作之前，也应依照斑点试验的原理，确保方法可行之后，再行实施。以彩陶加固为例，在加固前应进行斑点试验，检验加固剂的指标是否符合要求；在加固过程中，如果出现加固强度不够致使彩绘脱落的情况，应及时调整加固剂浓度；加固后，若出现表面成膜的现象，应用水或酒精等溶液擦拭彩陶表面，观察眩光是否消失，尽可能地保证在损伤最小的前提下，恢复文物原貌。

（七）可辨识原则

可辨识原则指文物在修复过程中添加的残破或缺失部分要与文物原有部分在整体外观上保持和谐统一，但又要与原有部分有所区分。应做到既可以让观者从外观上辨别"真"与"假"，又不会出现以"假"乱"真"的现象。

20世纪中叶，唯美主义保护理论家布兰迪提出文物的美学完整性与历史真实性。为兼顾二者的平衡，布兰迪在其所著的《文物修复理论》中指出补缺物远观达到美学整体性，近看仍与原作有别，不消除历史痕迹，整体呈现"和而不同"的可识别效果。1964年《威尼斯宪章》第十二条指出，"缺失的替换物应与整体和谐，但又须与原作有别，以达到修复不臆造美学与历史证据的要求"，这便是布兰迪"可识别"原则的体现。目前，在可移动文物修复工作中，在实际中的具体运用较为普遍接受的是"六英尺乘以六英寸"原则，即在1.8m的距离内是看不出修复痕迹的，但在20cm的距离内，修复痕迹是可以看出来的。

而中西方在"可辨识原则"的实际运用中还存在些许差异，主要表现在西方修复理念强调补缺部位要与本体部位有所区别，整体上应呈现出可识别的修复效果；而我国的文物修复工作通常要求修复后的文物整体应呈现出浑然一体的效果。以书画修复为例，修复师对残缺部分的全色、接笔都是力求与整体画面呈和谐统一状，而不是要求在视觉效果上将补全与本体区分开来。这两者之间的差异是由文化背景、主观认知的不同所造成的。以青铜器修复为例，国内修复专家主要采取"内外有别"的可识别修复方法。做色时，将文物对外展示的一面做到与周边的颜色浑然一体；而观众不易观察到的内侧部位通常不做色，有时也会大体做上颜色，但仔细观察之下，仍可以区别出补配的部分。

综上所述，可辨识原则就是指修复过的部分与文物本体应有所区别，远观不会感到整体的不协调，近观则应能辨别出修复痕迹，而不需要借助其他高科技手段来识别。

(八) 风险管理原则

由于人为要素的影响和自然因素的制约，不少文物面临着被损坏的风险，存在着倒塌的可能。因此，在对文物进行保护的过程中，要强化风险管理。风险管理的具体内涵是指，管理者通过多种多样的方式，尽可能减少各种危险事件的发生，或者避免危险事件造成更大的损失。在对文物进行保护时，风险管理具体指三个方面：一是提前对文物进行保护，避免损害的发生，提前采取预防措施；二是一些文物已经被损坏，要采取科学的措施，及时止损，避免危害的进一步发生，将文物的价值最大化保留下来；三是实施更为严格的环境管理、风险管控，避免损害的进一步扩大。在上述原则的基础上，对文物进行保护时，要明确不同环节可能面临的巨大风险，对其进行科学评估，同时，实施更为高效的可控策略。

第三节　影响文物保存的环境因素

影响文物保存的环境因素很多，但归纳起来，最主要的有温度、湿度、光线、空气污染物、地质环境和有害微生物及有害昆虫等。

一、温度、湿度

温度、湿度是影响文物保存的首要因素，在文物保存环境的诸多因素中，最基本、经常起作用的因素就是温度和湿度。不适宜的温度、湿度不仅会对文物材质的耐久性造成直接的影响，而且会加速其他不利因素对文物材质的破坏作用。

（一）温度、湿度概念

1. 温度

温度是衡量物体冷热程度的物理量，严格的、科学的温度定义是建立在热力学第零定律的基础上的。

根据热力学第零定律，处于同一平衡状态的所有热力学系统都具有共同的宏观性质，这个决定系统热平衡的宏观性质就定义为温度，温度的特征就在于一切互为热平衡的系统都具有相同的温度。从微观上看，温度实质上是物体内部大量分子无规则运动剧烈程度的反应，温度越高说明物体内部分子热运动越剧烈，反之亦然。因此，温度是统计意义上的一个物理状态参数，是大量分子热运动的集体表现，是大量分子的平均平动动能的量度，对于单个的分子，说它有温度是没有意义的。

上述关于温度的定义仍是定性的、不完全的。完全的定义还应包括温度的数值表示法，即温标。建立一种温标需要包含三个要素：①选择测温物质和测温属性；②对测温属性随温度变化的函数关系作出规定，这种规定具有人为性，在尚未确定温度的单位时，什么叫一度可以人为规定；③选取固定点，规定其温度数值。目前常用的温标有三种，即绝对温标（又称热力学温标，开氏温标）、摄氏温标和华氏温标。第一种是一种理想温标，用于科学研究；第二种和第三种属经验温标，用于日常生活。

影响文物寿命的温度主要决定于周围空气的温度，因为文物通常处于周围空气之中。

2. 湿度

湿度是表示空气的干湿程度的物理量，它有多种表示方式，如绝对湿度、相对湿度、露点等。

（1）绝对湿度。指单位体积空气中所含水蒸气的质量，通常用1立方米空气中所含水蒸气的克数来表示，即单位为 g/m^3。绝对湿度不能直接测量得到，而是间接测量其他量通过计算求得。

（2）相对湿度。指空气的绝对湿度与同温度下的绝对饱和湿度，该温度下所能容纳水汽质量的最大值。

相对湿度表示空气中实际绝对湿度接近饱和绝对湿度的程度，即相对湿度的大小直接反映了空气距离饱和的程度。因此，相对湿度概念的引入克服了从绝对湿度不能直接看出空气干湿程度的缺点，是衡量空气潮湿程度的一个重要指标。

温度、绝对湿度和相对湿度三者存在密切关系。一定温度下，绝对湿度越高，相对湿度就越高，空气就越潮湿；反之亦然。在密闭空间内，若绝对湿度不变，温度升高时相对湿度减小，温度降低时相对湿度增大。

（3）露点。当空气中水汽含量和气压不变时，降低温度使空气刚好达到饱和状态，此时的温度称为露点。

露点是空气中水蒸气开始凝结时的温度，在露点时空气的相对湿度等于100%，但尚无水珠凝结。当温度低于露点时，空气中的水蒸气就会因超过饱和绝对湿度而凝结成水珠，这种现象叫作结露。

由于空气一般是未饱和的，因此露点常低于气温，只有当空气达到饱和时，二者才相等，根据露点可判断空气饱和程度。二者差值越大，表明空气相对湿度越低，反之相对湿度越高。

（二）温度、湿度对文物的影响

任何材料的文物都有自己的适宜温、湿度范围，一旦超过这个范围，文物材料就要发生病变。例如，大多数古籍、字画、档案等纸类文物，当纸张的含水量维持在7%左右时，纸张的强度最好。要使纸张含水量维持在7%左右，就必须要求周围环境的湿度在50%～65%；若湿度经常处于50%以下，纤维素就容易损坏，产生干裂、翘曲等现象。

1. 不适宜温度对文物的影响

（1）温度作用于文物的机理

温度主要通过以下两条途径影响文物制成材料，使其耐久性降低、寿命缩短：

①促使文物制成材料分子相转变

构成物质的分子（原子）无时无刻不处在振动之中，其振动频率与环境温度密切相关，温度升高，分子振动频率加快，振幅加大；当温度升高到一定程度时，分子可能会发生裂解，导致物质结构变化，其性能也相应发生变化。

②改变化学反应活化能

活化能是指活化状态分子与反应物状态分子各自平均能量的差值，是一个依赖于温度的量。

（2）温度作用于文物的表现

温度对文物的影响主要表现在两个方面：一是温度因素直接产生的破坏作用，

主要是对于由不同材质构成的复合文物，由于不同材料热胀冷缩时的体积变化不同，变化速度也各异，导致文物的开裂。二是由于温度变化引起其他因素的改变而对文物产生的间接破坏作用，如据研究温度每升高10℃，化学反应速度增加1~3倍；温度的急剧升高，引起文物的过分干燥或高温造成文物的损坏等。又如常见的锡为白锡，其化学性质比较稳定，常温下与空气不发生化学反应，但若环境温度低于13.2℃，白锡将转化成粉末状的灰锡，而且随着温度的降低，转变速度显著加快。对纤维质文物，高温将加速纤维素水解反应，加速蒸发，使纤维变脆而易于折断。

2. 不适宜湿度对文物的影响

(1) 湿度作用于文物的机理

①直接途径：在一定温度下，环境湿度增高，文物制成材料含水量增大，表现为吸湿；环境湿度降低，文物制成材料含水量减少，表现为解吸。这样，湿度的变化直接引起文物制成材料结构的变化并导致其性质发生变化。

②间接途径：水是各种有害化学反应的媒介，随环境湿度的增高，文物制成材料含水量增加，有害化学反应随之增加；同时，空气中的有害气体对文物制成材料破坏作用增强；有害微生物得到适宜的繁殖、生长条件，破坏力也增强。

(2) 湿度产生物理形变对文物的损害

湿度变化会引发物理变化，造成文物材料扭曲变形、开裂错位、断裂分离等。其原因主要在于吸湿材料高湿时膨胀、低湿时收缩的反复机械作用。如竹木器属吸水性材料，一般含有12%~15%的水分，当干燥使其低于这一数值时，就会翘曲、开裂。对于石窟壁画，只要未达饱和状态，不论相对湿度高低，就会产生酥碱病害，且湿度越低，病变程度越严重，原因在于壁画中的可溶性盐分随外界湿度变化总是处在溶解—结晶—再溶解—再结晶的不断反复的过程中，造成侵蚀壁画，导致壁画最终酥松脱落。岩石表面的水对岩石会形成外多内少的渗透分布，引起岩石体积膨胀所产生的内应力由外向内明显下降，使得石质文物价值最高的表层成为受水分侵入影响最大的部位。

与温度相比，湿度对材质体积胀缩的影响远远大于温度变化影响。例如，象牙，温度相差30℃，其体积变化小于0.2%；而RH波动10%，其体积就变化0.3%~0.4%；纸张也是如此，典型的绘图纸在RH变化10%时，其横向变化为0.30%，纵向为0.05%；而木材对RH的波动受影响最为显著，RH上升10%（50%~60%），其切线方向的变化为0.45%~0.9%（因树种不同而存在差异）。

(3) 湿度造成文物的生物腐蚀

湿度是微生物、昆虫生长繁殖的必要条件，较高的湿度条件（70%以上）最适宜它们的繁衍。虫蛀、霉变对文物材质造成的腐蚀作用是文物保存中经常遇到的十分严重的问题，特别是我国南方地区。例如，中国古代石窟寺壁画的制作，一般是在无机矿物颜料中加入一定量的胶结材料，它们均会有丰富的蛋白质。在高湿环境下，这些蛋白质是微生物的良好营养基体，而微生物在其代谢过程中产生的草酸等有机酸又能与颜料中的石青、石绿等含铜或石膏等含钙物质发生反应而生成草酸铜或草酸钙，加速胶结材料的老化，导致颜料层强度降低，最终脱落。

从总体上看，湿度对文物材料的影响比温度的影响要大。

(三) 温度、湿度的控制

鉴于温度、湿度对文物材料危害的严重性，对其实施有效控制十分必要，且十分重要。要控制好温度、湿度，应主要做好以下几个方面的工作：

1. 研究温度、湿度变化的规律

这里主要是指文物库房内外温度、湿度变化的规律，只有将这种规律研究清楚了，才能为制定调控库房温、湿度的方案提供科学依据。目前，在这方面已经取得了一些初步研究成果。例如，库外温度日变化一般规律：凌晨日出前温度最低，日出后温度逐渐升高，至 13 ~ 15 时 (夏季 14 ~ 15 时，冬季 13 ~ 14 时) 达到最高值，再缓慢降低，直到次日日出前温度又降至最低值；9 时前后气温上升较快，19 时前后气温下降较快。年变化一般规律是我国内陆大部分地区 1 月最冷，7 月最热；沿海地区则一般分别在 2 月和 8 月。而库外相对湿度日变化规律与气温变化相反。年变化规律则有两种不同类型：一种是内陆干燥而全年绝对湿度变化不大的地区，冬季高而夏季低；另一种是冬季低、夏季高，我国大部分地区属后者。库内温、湿度变化规律与库外变化基本一致，但时间通常较库外为迟，幅度为小。总体来看，这方面的研究与实际需要还有较大差距，急需加强。

2. 制定文物库房温度、湿度标准

标准的制定非常重要，它对实际工作具有直接的指导意义，并具有约束力。但要制定标准，必须首先研究清楚不同质地的文物随温度、湿度变化损坏的规律性，确定其最适宜温度、湿度范围，目前这方面的科学研究还是相当初级的；同时，问题的复杂性、艰巨性还在于标准的制定必须考虑现实中的各方面条件限制，如财力、物力、地区差异等，使其具有实际可行性。因此，文物库房温度、湿度标准的制定是科学性与可行性相统一的结果。

3. 文物库房建筑的建设

文物库房建筑对温度、湿度的调控至关重要，它是中长期起作用的基本因素，应通过科学选址、合理设计达到控制温、湿度的目标，做到防热、防潮，保持库内温、湿度的稳定。

4.具体措施的采取

日常工作中，主要还是通过采取各种不同的具体措施来达到调控温度、湿度的目的，常用主要措施有密闭、通风、增温、降温、加湿、减湿等，这些措施需根据具体情况，运用适当的手段有选择地进行。

二、光线

光与温度、湿度一样，是文物保存和利用中最基本、最常遇到的外界环境因素。光主要来自太阳的光辐射，其次是来自人工光源。光对文物材料的危害主要有三个方面，即光对文物材料具有热效应、使有关化学反应加速和产生光化学反应。研究表明，光对所有有机材料文物具有破坏作用，引起它们表面变质并加速这种变质反应；而对无机材料文物，如金属、玻璃、陶瓷、石质文物等没有明显的直接破坏作用。

(一) 光的基础知识

光是由发光体发射出的辐射线、电磁波。光在本质上是一种频率很高的电磁波，具有波粒二象性。自然界中所有电磁波按波长或频率大小进行排列，可以组成一条很宽的谱带，这条谱带被称为光谱，可见光是光谱中很小的一部分，其对应波长范围：红色 760～620nm，橙色 620～590nm，黄色 590～560nm，黄绿色 560～530nm，绿色 530～500nm，青色 500～470nm，蓝色 470～430nm，紫色 430～400nm。这种划分只是给出一个大致的范围，实际上单色光的颜色是连续渐变的，不存在严格的界限。

(二) 光化学反应致害文物的机理

光对文物材料的破坏作用主要是引发化学变质反应，导致文物材料老化，由光辐射引发的文物材料光老化反应一般主要有光裂解反应和光氧化反应两种类型。

1.光裂解反应

光裂解反应是指高分子材料吸收光能而直接产生裂解的光化学反应，反应过程无须氧的参与。其反应速度可用链断裂量子产率表示，即单位时间内，断裂的聚合物分子数与吸收的光子数之比。

一般直接光裂解的量子产率很低，如在波长为253.7nm紫外光辐射下链断裂的量子产率：纤维素为 1.0×10^{-3}。其原因有二：一是高分子材料对光辐射的吸收速度较低；二是其间荧光、磷光等物理过程又消散了大部分光能。

2. 光氧化反应

光氧化反应是指高分子材料受光辐射时，在氧的参与下发生的光化学反应。它是导致材料变质、老化的主导反应。

在光氧化反应过程中，文物材料中存在的重金属离子杂质会起到催化光氧化反应的作用。

（三）光化学反应致害文物的一般特点

1. 光化学反应是激发态分子的反应

物质的分子或原子在其各种运动状态中，能量处于最低的状态称为基态，基态是最稳定状态。分子吸收光能后，分子或原子中的核电子将获得能量而跃迁到能量较高的轨道上运动，此时能量高于基态，称为激发态。激发态很不稳定，会通过各种理化过程返回基态。

在光化学反应中，往往是一个被激发分子和同一个品种或不同品种的没被激发分子之间的反应，这是光化学反应有别于其他类型化学反应的一个显著特点。

2. 材料对光的吸收具有选择性

文物材料受光辐射发生光化学反应的前提是必须有一个对光的吸收过程。而材料对光的吸收，是以光子为单位进行的，其选择性决定于材料分子终态与初态之间的能量差，只有当某种波长或频率的光子的能量正好等于两能级之差时，光才能被材料吸收。

3. 光化学反应具有后效性

光裂解反应使材料裂解成自由基、分解成小分子等，一旦生成自由基，即使不再受光辐射作用，光化学反应仍能够继续下去，如材料基态分子与自由基的反应、自由基与空气中的氧或液态氧的反应，这就是光化学反应的后效性。

4. 部分光化学反应具有光敏性

吸收光的物质叫作光敏剂。敏化剂分子将激发态时的超额能量在碰撞中全部转移给周围的另一分子而发生的化学反应称为敏化作用。高分子材料在制作过程中不可避免地要残留某些重金属离子或混入一定的杂质，它们均是光敏剂。例如，在纸质文物的制造过程或保管过程中，存留的铁、锰等重金属元素和施胶剂、木素、游离氯、染料等物质都是重要的光敏剂。由于光敏剂的作用，能使文物材料对光的敏感范围朝长波方向扩展，并进而引发光化学反应。

（四）光的防控

1. 合理确定库房照度标准

照度标准是指一定环境所要求的最低照度，其标准制定既要能满足实际工作需要，有益于库房工作人员的视力健康，又要能最大限度地减少光对文物材料的危害。

2. 限制光的照度值

可以通过合理设计窗户的位置和结构达到目的，如东西方向不宜开窗，南北向窗户要小而窄；也可以通过设置遮阳措施达到目的，如加设窗帘或百叶窗、使用毛玻璃、花纹玻璃或双层玻璃等。

3. 滤紫外线

紫外线由于其波长短，能量大，对文物材料危害大，一定要设法过滤。方法可以使用窗帘、百叶窗，在窗帘上涂刷紫外线吸收剂，库内光源使用白炽灯等。

4. 避光保存

文物在保管期间除提供利用、展览等用外，应尽量做到避光保存，特别是贵重、受光影响大的文物应放置于柜、箱、盒、袋等中保存。

此外，文物在利用过程中也应减少光的辐射强度与作用时间；文物被淋湿或受潮时，不能放在烈日下暴晒，应置于阴凉通风处晾干，珍贵文物避免或减少拍照次数，容易褪色的文物不宜长期在柜中陈放等。

三、空气污染物

空气污染物是影响文物寿命的因素之一，特别是近年来随着环境污染的日趋严重，空气污染物对文物的危害也日趋突出。因此，空气污染物对文物的影响引起了人们的普遍高度关注。

（一）空气污染

1. 空气的组成及质量标准

自然状态的空气是由多种气体及固液微粒组成的混合气体，其组成包括恒定组成成分、可变组成成分和不定组成成分三部分。

恒定组成成分是指空气中氧、氮、氩及微量的氦、氖、氙等稀有气体，这些组成成分在近地层空气中的含量是恒定不定的。

可变组成成分是指空气中的二氧化碳、水蒸气等，其含量随地区、季节、气候的变化及人类活动等而变化。正常状态下，CO_2含量为 0.02%～0.04%，水蒸气含量在 4% 以下。

不定组成成分是指空气中的有害气体及大气中的颗粒物质。空气污染是由于空气中不定组成成分增多而造成的。

由恒定组成成分及正常状态下的可变组成成分组成的空气叫作洁净空气。当洁净空气中含有的不定组成成分的数量达到一定程度时，洁净空气受到了污染，就会成为污染空气。

2.空气污染和空气污染物

（1）空气污染

大气一般具有自净能力，当空气中不定组成成分的量低于大气容许的本底值时，空气仍为洁净空气。只有当有害物质积累的数量超过了大气自净能力容许的本底值时，才会形成污染空气。

国际标准化组织（ISO）对空气污染的定义：空气污染通常系指由于人类活动和自然过程引起某种物质进入大气中，呈现出足够的浓度，达到足够的时间，并因此而危害了人体健康、舒适感或环境。

（2）空气污染物及其来源

空气污染物按其是否直接由污染源排出，存在一次污染物（如 SO_2、H_2S 等）和二次污染物（如 SO_3、H_2SO_4 等）之分。按其成分和形成，空气污染物一般可分为有害气体、气溶胶物质、灰尘和光化学烟雾等。

空气污染物的来源主要有两大类：一是自然污染源，如火山爆发、材料失火、地震等；二是人工污染源，主要有工业污染源、农业污染源、生活污染源等。

（二）有害气体的危害

有害气体主要有 SO_2、H_2S、NOx、Cl_2、O_3 及碳氢化合物等。其中，SO_2、H_2S 为酸性气体；NOx、Cl_2 既是酸性气体，又是氧化性气体。

1.二氧化硫及硫化氢的危害

（1）二氧化硫

二氧化硫（SO_2）又名亚硫酸酐，是一种无色、具有剧烈窒息性臭味的气体，比重2.27；易溶于水，性质活泼，吸水成为亚硫酸后腐蚀文物材料。大气中分布很广、危害性大的一种酸性气体。二氧化硫在大气中随着反应条件的不同，其产物也不相同，但最终产物是硫酸盐。

第一，对石质文物的危害。石质文物的主要成分是石灰质（$CaCO_3$），SO_2 接触任何一种含有 $CaCO_3$ 物质的文物材料，对其腐蚀都是相当严重的。一方面，所生成的硫酸钙破坏了文物材料的结构；另一方面，硫酸钙由于随湿度变化不断放水、吸水，在此反复作用下而剥落，石质文物在一层层剥落中直到破坏始尽。

第二，对金属文物的危害。SO_2 对金属危害相当严重，硫酸及硫酸盐是电解质，具有吸湿性，使铁器锈蚀。SO_2 对室外青铜器的腐蚀往往是通过与铜器中的铅反应来进行，当酸性降水落在室外青铜器表面上时，雨水中的硫酸与青铜器中的铅反应生成硫酸铅。生成的硫酸铅盐很容易被雨水冲洗而消失，导致青铜器表面形成凹凸不平的斑点。金器和银器一般不受 SO_2 的侵蚀作用。

第三，对有机质文物的损害。按其材料构成，有机质文物分为植物纤维文物（纸、棉、麻布等）和动物纤维文物（丝织品、毛织品、皮革等），SO_2 对这两种纤维质文物都有破坏作用。SO_2 对植物纤维的侵蚀机理主要是植物纤维对酸类物质的抵抗能力较弱，遇酸后产生酸性水解反应，使纤维素的机械强度下降；同时，木质素与 SO_2 强烈亲和时，能够裂解成各种化合物。SO_2 对动物纤维质文物的侵蚀机理仍有待揭示，但侵蚀作用是存在的，侵蚀严重的丝绸、皮革等文物材料只要用手轻轻一搓，就会立即变成红色粉末。

第四，对古代玻璃制品的危害。SO_2 产生的 H_2SO_4 本身并不腐蚀玻璃，但若处于高湿环境中，少量水分会使玻璃中的碱性氢氧化物析出，它与空气中的二氧化碳化合，生成碳酸盐。这些碳酸盐就能与 SO_2 反应生成硫酸盐（$CaSO_4 \cdot H_2O$），再进一步氧化成 $CaSO_2 \cdot 2H_2O$，导致玻璃表面形成碎裂纹，严重的使整个器物粉化。

第五，对壁画的危害。这是由于壁画中含有 $CaCO_3$。如著名石窟敦煌莫高窟的某些洞窟中的壁画表面形成许多灰白色小圆点产物，经分析是硫酸钙。

（2）硫化氢

硫化氢（H_2S）是一种无色气体，有恶臭和毒性，比重1.19，密度1.539。能溶于水而生成氢硫酸，易被氧化生成 SO_2。因此，上述 SO_2 对文物造成的危害都适用于 H_2S 气体。此外，它对文物还有其他一些 SO_2 所不具备的危害性。

硫化氢是一种酸性还原性气体，极易与重金属盐类反应生成重金属硫化物。由于我国古代所使用的颜料大部分是重金属矿物盐类，极微量的硫化氢气体的存在都会使绘画艺术品产生变色反应。尤其是纸质绘画艺术品，不仅颜料会变色，而且底基材料的强度会极大地降低。

由于硫化氢的还原腐蚀性，它能够对除金器以外的任何金属文物产生腐蚀作用。尤其是银器文物制品受腐蚀后，其表面会形成一层黑色硫化银薄层。

硫化氢气体也是危害照相底片资料最严重的气体，与银反应生成黄色的硫化银，使胶片泛黄。

2. 氮氧化物对文物的危害

大气中共有7种氮的氧化物，即 NO、NO_2、N_2O、N_2O_3、N_2O_4、N_2O_5、NO_3。但由于后4种在空气中不能长久存在，N_2O 的性质很稳定，NO 的化学活性不够，因此，只有 NO_2 能够对文物造成危害。

NO_2 是棕红色、具有特殊臭味的有毒气体，易溶于水而形成硝酸。

由于二氧化氮溶于水后最终形成的硝酸与硫酸一样同为强酸，并且是一种氧化剂，因此，二氧化氮对文物材料的危害与上述二氧化硫对文物危害作用的全部过程相同。同时，作为强氧化剂，它还对文物有几种直接的危害作用，如直接腐蚀金属、植物纤维素的水解以及对石刻雕像和石窟壁画的侵蚀等。

3. 氯及氯化物对文物的危害

（1）氯

氯（Cl_2）为黄绿色气体，是具有剧烈窒息性臭味的有毒气体。氯气既是酸性有害气体，又是氧化性有害气体，对织物、纸张和皮革等具有破坏作用。同时，氯化氢（盐酸）也对文物材料有较强的腐蚀作用。

（2）氯化物

氯化物是金属文物材料最危险的污染物，因为氯离子是腐蚀金属特别活跃的因素。氯离子极易溶解在吸附水中，并具有很强的穿透力和盐吸湿性。"青铜病"就是氯化物腐蚀产生的。钢和铁即使涂了防锈漆，也会在氯化物的作用下生锈。此外，氯化物对石窟壁画也有严重的腐蚀作用。研究证明，壁画酥碱风化是因为壁画中的可溶性盐类（主要是 $NaCl$、Na_2SO_4）在水分的作用下迁移、富集的结果。

4. 臭氧对文物的危害

臭氧（O_3）是一种强烈的氧化剂，能够打断有机物碳链上的双键或三键，几乎能毁坏所有的有机化合物，如纺织品、档案材料、油画、家具、生物标本、皮革、毛皮等；它还能增加银、铁的氧化速度和银、铜的硫化速度。臭氧破坏纤维素的机理可能是与水反应生成过氧化氢（H_2O_2）。

此外，还有一些其他气体对文物具有危害作用，如二氧化碳由于其酸性对石质文物造成损害；甲醛对无机材料中的玻璃、陶瓷釉彩、金属等具有潜在的危险作用；有机酸（甲酸、乙酸、丹宁酸）能使铅转化为碳酸铅等。

（三）灰尘的危害

1. 灰尘的种类

灰尘是悬浮在空气中的矿物质和有机物质的微粒，是大气尘的一部分。大气尘包括固态的粉尘、烟尘和雾尘以及液态的云和雾，是灰尘与气溶胶的总和；其粒径大到 $200\mu m$，小至 $0.1\mu m$，有的更小，与空气形成不同分散度的气溶胶和气溶胶态的总悬浮微粒（T.S.P）。

灰尘按粒径大小可以分成两类：一类是大于 $10\mu m$ 的颗粒，多为燃烧不完全的小碳粒，由于自身重力作用能很快降落到地面，称为降尘；另一类是小于 $10\mu m$ 的颗粒，可以几小时甚至几年飘浮在空中，称为飘尘。

灰尘按形态可分为三类：

(1) 粉尘，由粉碎物体产生并分散到空气中粒径大小不一的微小颗粒（$1\mu m \sim 10\mu m$）。

(2) 烟尘，有机物燃烧过程中未完全燃烧的碳与水共存的悬浮在空气中的微粒（$0.5\mu m$ 左右）。

(3) 雾尘，在燃烧、升华、蒸发、凝聚等过程中形成的粒径很小（$0.1 \sim 1.0\mu m$）的固体微粒。

2. 灰尘的性状

(1) 物理性状：灰尘是一种固体杂质，形态不规则，大多数是有棱角的颗粒。

(2) 化学性状：灰尘成分较为复杂，具有一定酸碱性，一般由 60% 的无机物和 40% 的有机物组成。无机物包括沙土、煤屑、石灰、纯碱、漂白粉和其他固体物质的粉末等，有机物多为多环芳烃等碳氢化合物和花粉等。

(3) 生物性状：灰尘中含有有害生物，包括细菌、霉菌、原生动物（孢子、花粉）等。

(三) 灰尘对文物的危害

1. 造成与文物材料间的机械磨损

由于灰尘颗粒不规则，表面带有棱角，沉降在文物上，会造成尘粒与文物材料间的摩擦而导致文物损坏，如使纸质文物纸张起毛并影响字迹的清晰度，造成石窟壁画颜料的褪色。

2. 增加酸、碱对文物的影响

一方面，有一些灰尘本身具有酸碱性；另一方面，由于灰尘粒径小，比表面积大、吸附能力强，可将空气中的酸、碱有害物质吸附在其表面。当这些灰尘降落在文物材料表面时，就会发生腐蚀和降解作用。

3. 向文物传播霉菌孢子

由于霉菌孢子与灰尘皆体小量轻，孢子往往吸附在灰尘上随空气流动而四处飘落，灰尘常常成为真菌传播的媒介。此外，由于灰尘对水蒸气的凝聚能力，也为真菌生长创造了条件，使其成为真菌繁殖的滋生地。总之，微生物对文物的侵蚀往往通过灰尘来完成。

4. 灰尘黏附在文物表面造成污染损害

由于灰尘的黏附性，它与文物表面往往黏结比较牢固，形成污垢，损伤文物，如造成纸质文物字迹模糊不清。特别是有些灰尘黏附于文物表面后，至今仍无较完善的清除方法，如烟熏壁画，以致大量精美的壁画无法完全清晰展现。

（四）气溶胶的危害

气溶胶是指以液体或固体为分散相，以气体为分散介质的空气污染物。它包括硝酸雾和硝酸盐形成的气溶胶、硫酸雾和二氧化硫形成的气溶胶，以及烟尘、灰尘、金属过氧化物和卤化物形成的气溶胶。其形成机理如下：

1. 硝酸雾和硝酸盐气溶胶

NO_2 与空气中水蒸气反应生成的 HNO_3，既是一种氧化性酸，又是一种溶胶组成成分，它与 NH_3 反应，生成 NH_4NO_3，以硝酸雾与硝酸铵的气相胶体形式分散在空气中，就形成硝酸雾、硝酸盐的气溶胶。

2. 硫酸雾及二氧化硫形成的气溶胶

若空气相对湿度高、气温低及在有煤烟颗粒物存在的条件下，空气中的 SO_2 能生成硫酸雾；若空气中还有氨气分子，则硫酸雾还能形成硫酸铵气溶胶。

SO_2 在阳光照射下与有机烃、氮氧化物及空气混合物作用也能直接生成气溶胶物质。

3. 灰尘等气溶胶

机械过程中产生的烟、灰尘、金属过氧化物和卤化物等微粒物质进入大气后也能形成气体分散胶体，并能吸附空气中的有害气体和烟雾。

由于气溶胶的主体成分是酸类、盐类及重金属粉尘等微粒，它们对文物的危害主要是提供酸性水解的催化剂和光氧化反应的氧化剂与引发剂。同时，其粘连作用还会使某些文物材料出现一定程度的黏结。

四、地质环境因素

众所周知，地球表面的构造可以分为大气圈、水圈、岩石圈和生物圈，影响文物保存的地质环境因素主要是指其中的水圈和岩石圈部分。它们对文物的破坏作用依文物处于地表上或埋藏于地下而大致可分为两类，即风化作用和土壤腐蚀作用。风化作用的对象主要是石质文物，包括物理风化、化学风化和生物风化等，这部分内容将在第六章中进行论述。本节主要探讨土壤对文物的腐蚀作用。

（一）土壤的特征

土壤是地壳的表层部分，经长期风化作用，较为松软，它构成地下文物的外界环境。由于土壤的组成和性质均十分复杂多变，土壤的腐蚀性也相差很大，但作为腐蚀介质，土壤一般具有以下主要特点：

1. 多相性

土壤由土粒、水和空气组成，具有复杂的多相结构。土粒中包含多种无机矿物及有机物质；不同土壤的粒径大小各不相同，不同土壤的粘连性也存在较大差异。

2. 多孔性

由于土壤通常是由几种不同土粒按一定比例组合而成，在不同的土粒之间就形成了大量毛细管微孔或孔隙，孔隙中又充满了空气和水。其中，水的存在形态多种多样，既可以直接渗浸孔隙或在孔壁上形成水膜，也可以形成水化物或以胶体水状态存在。

水分的存在使土壤成为离子导体，因而实质上土壤是一种腐蚀性电解质。又由于水的胶体形成作用，土壤不是分散孤立的颗粒，而是各种无机物、有机物的胶凝物质颗粒的聚集体，但其间又存在多种孔隙。

3. 不均匀性

土壤的结构和性质具有极大的不均匀性。在小的范围上，构成土壤的土粒、空气、水分的含量以及它们之间结构的紧密程度存在差异；在大的范围上，由于各种地质运动以及土壤成分本身的流动，不同性质的土壤会存在交替更换。其不均匀性表现在多个方面，如土壤的密度大小、黏性大小、酸碱性大小等。

4. 相对固定性

从以上所述可以看出，土壤至少存在固相、液相、气相三相结构。一般情况下，其固体部分可以认为是固定不动的，但液相或气相部分会有限地运动，如土壤孔穴中空气的对流或定向流动以及地下水的移动等。当然，在特殊情况下，如地震、火山爆发等，固体部分也会发生较大变化。因此，土壤具有相对固定性。

(二) 土壤的腐蚀机理

水溶液腐蚀、大气腐蚀和土壤腐蚀都对文物具有腐蚀作用。它们之间一个很重要的区别在于氧的传递机制不同：在水溶液中是通过溶液本体输送；在大气腐蚀时是通过电解液薄膜；而在土壤腐蚀时则是通过土壤的微孔输送，其输送速度主要取决于土壤的结构和湿度，在不同的土壤中，氧的渗透速率变化幅度可达 3 ~ 5 个数量级。下面以金属文物在土壤中的腐蚀为例阐述土壤腐蚀的机理。

土壤对金属文物的腐蚀属电化学腐蚀。土壤腐蚀情况下，除了形成上述与金属组织不均性有关的腐蚀微电池以外，还有可能形成由于土壤结构不均匀性引起的腐蚀宏电池。例如，埋藏于地下的大型金属文物，由于体积庞大，其构件的不同部分就有可能埋藏深度不同、所处黏土与砂土结构不同、氧的渗透率不同等，由此会形成氧浓差电池和盐分浓差电池等宏观电池，这时主要发生的是局部腐蚀，使某些阳极产生较深的孔蚀。

第四节　文物保护的技术手段

文物的检测与分析是文物保护工作中极其重要的一项内容，随着科学技术的迅猛发展，越来越多的现代科学分析检测手段，特别是无损与微损的分析技术，被广泛应用于文化遗产保护的研究领域。

一、表面分析技术

表面分析技术即通过强电磁、原子、离子、分子、光子等，使其与固体的外部密切接触，产生相互作用。通过测量，了解表面所散射的强电磁、原子、离子、分子、光子的质谱，对其衍射图像进行描绘。要想对文物表面的外形进行观察，对其显微体系进行分析，需要掌握各种各样的表面分析技术，常见的方式包括电子显微镜观察法、扫描显微镜观察法、透射光学电子分析法等。通过上述方式，能够对文物的结构进行系统研究，了解其内在的工艺，是十分重要的方式方法。光学显微镜分析重点是文物的外形、文物的变化情况、文物的变化等。电子探针显微镜则专门通过电子光束对物体的外部进行探测，按照微区的射线长短进行固定的元素分析，重点分析的是文物的化学成分，对其进行精确的分析。电镜分析法则是通过电子束扫描的方式，对物品的表面进行线圈的扫描，按照扫描的各种信号对显像管进行调整，产生相应的图片。通过这一形式，能够将文物的外部清晰地展示出来，既可以了解文物的破坏情况，也可以进行微观显示，了解产生断裂的内在原因。

二、内部结构分析技术

内部结构分析技术主要包括 X 射线照相技术、超声波无损探伤技术、声波 CT 技术、电子衍射技术、核磁共振法等。X 射线照相技术是根据 X 射线在胶片上的成像原理展示文物的细部结构，一般应用于青铜器、木器、瓷器、漆器或书画类小型文物。超声波无损探伤技术与声波 CT 技术的工作原理类似，都是根据声波在不同介质中传播速度的不同，将接收到的信号进行成像处理，从而发现文物的内部缺陷，一般应用于大型文物。电子衍射技术则是根据运动电子束的波动性，获取文物的微区晶体结构和物相。地面核磁共振法是利用地下水中氢核的核磁共振特性差异来直接探查地下水的地球物理新方法。目前，该方法已成功应用于地下水探测、考古、滑坡监测等领域，并且可以在探查石刻文物是否遭受地下水侵害的过程中发挥独特作用。

三、元素分析技术

常见的元素分析技术涵盖中子活化分析、射线光谱法、原子光谱法等。通过上述方式进行分析，能够对文物的化学成分开展定性和定量分析。结合文物的原料、损害及来源等，了解文物的具体时期以及其所使用的工艺。40X 射线光谱法一般是建立在基本原子状态的基础上，通常它呈现为蒸汽状态，能够对特定的光辐射频率进行吸收，最终以高能状态将其释放出来。在完成激发之后，通过光辐射的方式将荧光发射出来。只要我们能了解光线的实际波长，就可以明确元素的具体类型；了解光线的强度之后，就能够与样品开展比对，明确其中的元素含量。原子吸收光谱法也是按照原子在吸收辐射方面的量的大小，对其浓度进行测量与比对。上述两种方式以原子的结构为基础，对其原料和质地进行科学的分析。中子活化分析法发挥的是活化分析技术的优势，一般的工作规律：按照撞击所产生的射线 γ，明确基本的元素类型。这一形式自动化水平极高，也十分灵敏，可以测出样品当中的多种元素类型。

四、成分分析技术

成分分析技术主要包括 X 射线衍射分析法、红外吸收光谱分析法、拉曼光谱分析法等。X 射线衍射分析法是一种分析晶体结构和物相的方法，主要用于文物中无机化合物的分析。红外吸收光谱分析法是根据每种化合物独有的红外吸收光谱，测定有机化合物及其分子结构的方法，一般用于检测文物中未知物的化学组成。拉曼光谱分析法是通过拉曼散射效应来研究和分析分子振动和转动的信息，从而获得分子结构的一种非弹性散射光谱分析技术，常用于分析文物中的有机化合物和无机化合物。

第二章　金属类文物保护技术

第一节　铁器文物保护技术

在我国古代人类历史文明长河中，春秋战国时期生铁冶炼技术的成功标志着社会生产力又一次飞跃发展。生铁性脆、强度不够，开始只能用于制造铁铲、铁锄等工具。目前秦皇陵兵马俑出土的四万余件的兵器中，只有铁矛1件、铁镞1件和铁铤铜镞2件，其余都是铜兵器。到了汉代，将生铁中的碳含量和有害杂质进一步降低就炼成了钢。自南北朝以后，各种钢制农具、工具、兵器和生活用具大量出现，炒钢、百炼钢、灌钢工艺技术进一步改进，钢的质量明显提高。曹植《宝刀赋》中"陆斩犀革，水断龙舟"就是对百炼钢优异性能的由衷赞叹。铁器的化学成分及结构决定其不稳定的理化性质，所以出土铁器文物数量不多。

一、中国古代铁器文物的化学组成

(一) 古代钢铁冶炼工艺

铁是非常活泼的金属，在自然界中不以天然状态存在。铁都是从铁矿石中冶炼出来的，最重要的铁矿物有磁铁矿、赤铁矿、褐铁矿、菱铁矿等。铁的冶炼就是利用碳的还原能力，将铁的氧化物还原成铁金属的过程。其方法是先将铁矿石置于高炉中冶炼，以木炭为还原剂，再加上适量的石灰石、二氧化硅等作为助熔剂。木炭在燃烧过程中产生 CO，CO 气体将铁矿石中的铁还原。还原出来的铁处于熔融状态，由于与碳的接触，因此碳的含量较高。含碳量不同，铁的性质也不同。

(二) 铁器文物的结构组织

古代铁器文物中的铁并非单纯的铁金属，而是铁与碳的合金。铁器的结构可以分为三类，即铁素体、铁素体＋渗碳体、铁素体＋石墨体＋少许渗碳体。

1. 铁素体

铁素体是指铁与碳形成的共晶组织的共熔体。碳的含量小于0.02%时就是标准的熟铁。古代冶炼的铁大部分为熟铁，因为在 $800 \sim 1000$ ℃的冶炼温度下，没有达到烧熔温度，不能形成铁水，铁碳合金无法重新排列，从而形成了海绵状的带气孔的结构。这种铁的抗腐蚀能力很差。

2. 铁素体＋渗碳体

铁素体＋渗碳体是指铁碳共晶组织中的碳含量介于 $0.05\% \sim 6.67\%$，碳与铁化合成碳化铁（Fe_3C）分布于铁素体的金相组织里。普通钢、白口铁就属于这种结构。由于渗碳体的分布并不均匀，与铁素体之间有严重的扭曲现象，形成微裂间隙，抗腐蚀能力也很差。与此类似的结构还有块炼渗碳钢、铸铁脱碳钢、生铁炒钢、百炼钢和灌钢等。

3. 铁素体＋石墨体＋少许渗碳体

渗碳体（Fe_3C）在高温下，或者在长时间加热的条件下，会逐渐分解为铁素体与石墨体。古代的灰口铁由于含硅量高，在上述条件下，硅能使铁中的碳石墨化，生成小块石墨片。韧性铸铁就是将白口铁加热、保温、缓慢冷却使碳以团絮状石墨析出。但是，无论片状石墨，还是团絮状石墨，它们的结构都是层状的，层与层之间的间距是有害分子进入铁器内部的通道，所以这种结构的铁器抗腐蚀能力也比较差。

二、铁器文物的腐蚀原因及产物

铁器与环境介质之间发生化学、电化学作用而引起的破坏和材料的失效现象叫作铁器的腐蚀。铁的腐蚀在金属中是最为突出的。铁器腐蚀后，铁的质地改变，比重减轻，结构疏松，失去了原有的硬度和韧性，严重时铁质酥解。

（一）铁器的腐蚀原因

1. 铁碳合金的结构

铁碳合金的结构有铁素体、铁素体＋渗碳体、铁素体＋石墨体＋少许渗碳体三种形式，每一种形式都是不耐腐蚀的。内部或有海绵状的带气孔结构，或有微裂间隙，或有层与层之间的间距，容易吸附水分、积聚杂质和污染物，各种氧化性、氯化性、硫化性的有害气体容易侵入，使铁器表面引起化学腐蚀和电化学腐蚀，这是造成铁器腐蚀的内在因素之一。

2. 铁的活泼化学性质

铁本身的化学性质比较活泼，是一种比较容易锈蚀的金属，如果保存条件不好，就会发生各种化学反应。锈蚀物锈体疏松、体积膨胀或裂成片状，与原来的坚硬质地完全不同。

3. 环境对铁器文物腐蚀的影响

铁器文物无论是深埋在地下、浸泡在海水中，还是置于空气中，都会发生腐蚀现象。铁器的腐蚀过程，大多数受控于阴极氧去极化作用，只是氧的传递过程和速度各不相同。在空气中的氧是通过电解质薄层水膜；海水中的氧是通过电解质本体；土壤中的氧是通过土壤微孔作通道。只有金属表面形成水膜，电化学腐蚀作用才能产生。

（三）铁的有害锈和无害锈

在铁器文物生锈腐蚀过程中，化学腐蚀、电化学腐蚀和微生物腐蚀都不是单独进行的，经常三者同时发生在铁器表面，交错作用。

铁的腐蚀物一般可分为无害锈与有害锈两类。

1. 无害锈

无害锈是指结构紧密坚硬、稳定的锈蚀成分，如磷酸铁 $FePO_4$、四氧化三铁 Fe_3O_4 及碱式氧化铁 α-FeO（OH）等，它们性质稳定，不易水解。无害锈在铁器表面形成薄而致密的黑褐色的氧化物，具有防止铁器进一步腐蚀的作用。

2. 有害锈

有害锈是指分子结构疏松不稳定的成分，如亚铁氧化物和铁的氯化物等，通过吸水作用使水分子深入内部，发生化学腐蚀、电化学腐蚀和微生物腐蚀，并循环不断。有害锈在铁器表面普遍都有颗粒粗大的锈体，锈色发黄而疏松，体积膨胀或脆裂成片，有不同程度的变形。

从刚出土的铁器锈层构造来看，铁锈往往是互相渗透的，很难分清有害锈和无害锈，在未生锈的铁合金表面，有一层 Fe_2O_3 为主的硬氧化层，外层才是疏松有害的锈层。

三、铁器文物的腐蚀机理

铁器的腐蚀机理可以根据其组成结构、腐蚀环境和腐蚀产物来进行分析。一般来说，铁的腐蚀损坏主要有三种形式，即化学腐蚀、电化学腐蚀和微生物腐蚀。铁器文物埋藏在潮湿环境中，锈蚀主要是由电化学腐蚀和微生物腐蚀同时引起的，这两种腐蚀互相促进，加速文物退质。

（一）化学腐蚀

化学腐蚀是指器物与介质之间直接发生化学作用而引起的破坏。在腐蚀过程中，铁原子直接与反应物（如 O_2、H_2S、SO_2、Cl_2 等）分子发生作用，在铁器表面生成相应的化合物。

依据化学原理，只要是比氢（H）更活泼的金属元素就能从酸中置换出氢来生成盐。符合这一原理的金属只有铁具有这一功能：

$$Fe+H_2SO_4 \rightarrow FeSO_4+H_2 \uparrow$$

许多名胜古迹和文物遗址中遗存有铁牛（如山西永济铁牛）、铁塔（如河南开封铁塔）、铁狮（如河北沧州铁狮）等铁器文物，一旦遇到 H_2SO_4、HCl 和酸性气溶胶为主要成分的酸雨，就会产生化学腐蚀作用。

（二）电化学腐蚀

电化学腐蚀是指铁器表面与介质发生电化学反应而引起的锈蚀，电化学锈蚀主要是在器物很薄的水膜下发生的。

电化学腐蚀的进行需要满足两个条件：一是铁器表面存在电解质；二是要有水分。没有水分的参与，电解质无法变成电解液，从而也谈不上文物的腐蚀生锈。由于 Fe 的金属活动性很强，只要铁器周围的相对湿度大于50% ~ 60%时，即可发生电化学反应。这也是我们很难看到汉代以前深埋潮湿地下的铁器文物在出土时完好如初的原因。

当环境湿度达到一定值时，金属表面会形成肉眼很难看见的薄水膜。铁器周围环境中的 O_2、SO_2、HCl、CO_2 等物质溶于水膜中，使水膜成为电解质溶液，金属与电解质溶液作用，界面间带有不同的电子从而形成双电层，构成了电池的双电极。彼此的电极电位不同，组成了无数微小的电池，使电位较低的金属失去电子，从而发生腐蚀现象。

（三）微生物腐蚀

微生物是一群结构简单、代谢旺盛、分布广泛、适应能力强的低级微小生物。在潮湿环境中，铁器周围如具备某些微生物生长所需要的温度、湿度、PH 值和营养物等条件，就可能在短期内造成微生物数量的急剧增加，对铁器造成危害。

微生物对铁器的腐蚀作用是由金属文物本身、微生物的种类和铁器所处的环境三个方面因素来决定的。铁器文物的锈蚀物表面粗糙多褶皱，易吸附一些灰尘和水蒸气，这样就为微生物提供了营养物质。

四、加强铁器文物保护的重要性

博物馆铁器文物是我国几千年来优秀的历史文化遗产，凝聚了我国古代劳动人民的伟大智慧，具备较强的传承性以及生命力。因此，相关文物保护工作人员积极有效地开展科学合理的文物保护工作，不仅能够有效传承和弘扬我国优秀历史文化遗产，有助于培养和增强人民群众的文化素养及民族意识，而且能够为相关的考古技术人员提供科学合理的参考依据，促进我国历史文化方面的建设和发展。

（一）有效弘扬优秀历史文化

积极加强博物馆铁器文物的保护和维修工作，能够在一定程度上保证铁器文物的完整性及美观性，充分弘扬和传承我国优秀历史文化，有助于人民群众更加深刻地理解和掌握铁器文物蕴含的深厚内涵，激发人们强烈的民族荣誉感和爱国主义情怀，从而有效培养和提高人们热爱祖国、艰苦奋斗以及积极进取的思想品质，有助于我国文化建设的发展以及文化强国的建成。

（二）有效提高科学技术水平

我国铁器文物蕴含古代劳动人民的智慧，是相关科学技术人员深入研究和分析我国历史文化的重要途径和手段，意义丰富的铁器文物能够为相关技术人员的研究提供更多的考察思路和参考依据，有助于探索相关历史信息，丰富历史文物研究方法。

五、铁器文物的保护及修复技术

（一）出土铁器的预处理

根据铁器的腐蚀机理和锈蚀构造，出土铁器文物的预处理程序一般为：

1. 观测记录

采取必要的手段，如摄影、测量等，以记录下该器物的出土原貌。

2. 检测腐蚀程度

在保护一件出土铁器以前，首先要检测它的腐蚀程度，以便为下一步的保护措施提供依据。铁器的锈层一般较厚，组织松散无规则，仅凭肉眼是不能判断锈蚀程度的。检测铁器锈蚀程度的方法有以下几种：

（1）X 射线法。目前最好的检测方法就是采用 X 射线法。X 射线的穿透能力和物质密度有关，铁基体和各类锈蚀物的密度是不同的。通过 X 射线可以清楚地知道锈蚀的分布和范围，并能看出锈蚀孔洞的深度，还可以探明锈层下面的器物纹饰或文字。

1996 年，在湖北秭归出土的东周铁剑经过 X 射线衍射，从锈蚀层结构分析为 Fe_3O_4，没有发现单质 α-Fe 的衍射峰，说明从铁基体表面到内层几乎全部被氧化腐蚀。

（2）探针法。刚出土的铁器锈蚀严重，无法明晰内部铁芯的情况，此时起取要极为慎重，可用一根细探针逐段、逐片向下刺探，既可以探明锈层的厚度，又可以了解铁芯的坚牢程度以及锈层下面是否有纹饰或镶嵌物。

（3）磁性测量法。金属铁的最大特点是具有磁性，而铁的腐蚀物没有磁性。通过用磁铁测试铁器的磁性，可以了解铁器的腐蚀程度和区域分布等。

（4）密度测定。金属铁在标准状况下的密度为 $7.86g/cm^3$，而铁的氧化物为 $5.24 \sim 4.90g/cm^3$，铁的氯化物的密度则更小。如果铁器的密度在 $6.5g/cm^3$ 以上，可以断定锈层较薄；如果密度在 $2.5g/cm^3$ 以下，可以断定铁器已经完全腐蚀。

（5）HNO_3—$AgNO_3$ 溶液测氯

检测锈蚀层中是否含有氯化物非常重要，因为氯化物会加剧已经锈蚀的铁器继续反应。

如器物表面有氯化物，在潮湿环境中，就会渗出棕色水珠。也可以先将器物在蒸馏水中加热浸泡，取出浸泡液，加几滴 $2mol/L$ 的 HNO_3 溶液，均匀摇动使之酸化，再加入几滴 $0.1mol/L$ 的 $AgNO_3$ 溶液，若有白色絮状物沉淀出现，则说明含有氯化物。

$$Cl^- + Ag^+ \rightarrow AgCl（白色絮状物）$$

如果 $AgNO_3$ 的加入量大于 $2mL$ 仍然没有沉淀出现，即可认为锈蚀中不含氯化物。

3. 强制干燥

铁锈本身容易吸潮，出土后的铁器必须及时干燥，以防止铁器在空气中继续腐蚀。干燥处理方法有以下三种：

（1）高温干燥

在恒温干燥器中，用 $105℃$ 的温度干燥铁器 2 小时左右。这种方法简便易行。

（2）紫外光干燥

在 $105℃$ 温度下用紫外灯光干燥。如果铁器有木质、纤维等附着物时，温度应在 $40 \sim 60℃$ 范围内慢慢干燥，以免损伤附着物。

（3）物理化学吸附干燥

在密封的容器里放入铁器，用变色硅胶吸水。这样虽然处理时间很长，但安全可靠，对铁器绝无损害，变色硅胶可以重复使用。

（二）铁器文物的除锈

铁器上的有害锈主要是氯化物 $FeCl_2$、$FeCl_3 \cdot H_2O$、$FeCl_3 \cdot 6H_2O$ 和铁器上酥松

锈蚀 γ-FeO（OH）。铁器文物除锈主要有以下几种方法：

1. 机械除锈法

先用刀子、凿子、锤子、剔针、钢丝刷等金属工具剔、凿、拨、挑、锤、震去除铁器表面较厚的锈层和锈块。对于较硬的锈层可以用煤油和石蜡调成的糊状物，涂敷在腐蚀铁器的表面软化铁层，然后剔除。

2. 试剂除锈法

（1）弱酸溶液除锈

常用除铁锈的溶液有醋酸、柠檬酸、草酸等弱酸和碳酸钠、柠檬酸铵、草酸钠、醋酸钠、葡萄糖酸钠等弱酸盐。

去锈液可用 10% 醋酸溶液，也可用 5%～10% 柠檬酸液或草酸液，将铁器放入其内浸泡加热，当发生去锈反应时会出现沉淀物，应及时更换新鲜去锈液。去锈后可用氢氧化钠或碳酸钠稀溶液中和酸，并用蒸馏水洗净。

柠檬酸钠、草酸钠、醋酸钠、葡萄糖酸钠等一些弱酸盐类也可以用来除锈，使用浓度为 3%～30%。

（2）碱性溶液除锈

用 10%NaOH 或 LiOH 溶液浸泡铁器，去氯锈后可用蒸馏水清洗。

（3）水洗法

用蒸馏水浸泡铁器，一段时间用冷水，一段时间用 98℃的热水。这种冷热交替的清洗法可快速将氯锈去净。

3. 等离子体除锈法

20 世纪 90 年代，德国采用了最先进的等离子体除锈机，用以去除古铁锈。其原理是将铁的氧化物和氯化物还原成铁。所谓等离子体，就是当气体电离后产生数量相等、电荷相反的离子和电子，这两种离子既相互吸引又相互排斥，存在于一个等离子的统一体中，等离子体呈电中性。在等离子体除锈机中，供气系统供出 H_2 等离子体，就可除去铁锈。

用等离子体机处理过的铁器能保留器物原始表面上原有的痕迹和图案，甚至用手工方法也无法保留下来。等离子除锈还不会引起器物结构上的变化。

4. 电化学去锈法

电化学去锈法分为电化学还原和电解还原两种方法。

（1）电化学还原

采用锌皮或铝皮包在铁器的表面，置于 10% 氢氧化钠溶液中，并适当加热以加速反应，直到没有气体逸出为止，取出器物用蒸馏水冲洗干净，除去残渣，如此反复。因为在反应中会有大量的刺激性气体产生，此法一定要在通风橱中进行。

（2）电解还原

电解还原去锈法就是用被处理的铁器作为阴极，用不锈钢作为阳极，以10%氢氧化钠作电解液，通入直流电，控制电压和电流密度进行除锈。

5.激光除锈

激光除锈机理主要是基于物体表面污染物吸收激光能量后，或汽化挥发，或瞬间受热膨胀，克服表面对粒子的吸附力，使其脱离物体表面，进而达到清洗的目的。大致包括激光汽化分解、激光剥离、污物粒子热膨胀、基体表面振动和粒子振动四个方面。国内外研究结果表明波长1064nm、能量10J、脉宽<20μs的激光能有效清除金属制品污物、锈蚀物等，具有高度可控性和选择性。

（三）铁器文物的缓蚀封护

出土的铁器文物经过干燥后，经检测无有害锈的情况下，即可使用缓蚀剂来进行缓蚀处理。存在有害铁锈的，先进行除锈处理，再进行缓蚀封护。

铁器缓蚀处理是指通过化学方法在铁器的表面形成一层致密的保护膜，以隔绝O_2、SO_2、H_2O、O_3等有害气体及霉菌、灰尘等污染源，同时这层保护膜不能影响文物的质感和外观。这层膜又叫钝化膜，铁器表面生成完整的钝化膜的过程叫作钝化过程。

铁器缓蚀剂要求无色透明、常温下干燥并且涂层要薄、耐气候性和老化性要好、有较强的附着力、对人体和环境无公害等。

1.复方缓蚀剂保护法

先涂缓蚀剂酒精溶液，干燥后，再涂缓蚀剂树脂溶液，这样就能在铁器表面形成一层致密的保护膜。

2.磷酸盐保护法

将铁器文物浸泡在8.5% H_3PO_4—0.15% ZnO—1% $NaNO_3$的水溶液中，磷化处理后铁器表面生成一层不溶性的磷酸盐（磷酸铁、磷酸锌）。铁与磷酸盐作用可生成一层致密的表面保护膜，防止铁器进一步被腐蚀。由于磷酸是沉淀型缓蚀剂，和金属结合力较差，一般在磷化处理后还要再涂一层树脂型封护剂。

3.鞣酸盐保护法

鞣酸是一些多元酚的混合物，由于酚基容易氧化，常作为强抗氧剂，而且分子中的酚基和羧基又可以与金属形成配合物，生成一层不溶性的保护膜，从而起到防止铁器锈蚀的作用。此法PH值范围在2～3之间。鞣酸溶液的配方为鞣酸200g，乙醇150ml，水100ml。如果铁器锈蚀非常严重，在上述配方中还可加上100ml 80%～85%的磷酸。多次涂刷效果会更好。

4. 硅酸盐保护法

硅酸盐是一种环保型缓蚀剂。上海博物馆专家研究用硅酸盐水溶液处理铁的锈蚀物，发现硅酸盐能吸附位于锈蚀表面的 FeO（OH），反应生成新的物质，形成了较为致密的缓蚀膜，并且对电化学的阴极反应有较强的抑制作用。

1998年，专家曾对两件铁质文物（界碑）进行脱盐清洗。这两件文物一直暴露于大气中，锈蚀十分严重，界碑表面文字模糊，覆盖着大量的硬质污垢物。机械去除浮锈和松散污垢物后，在清洗液中加上硅酸钠缓蚀剂，反复清洗多次，将锈蚀物除尽，再用无水乙醇干燥，效果十分明显。

5. 表面封护

经过表面处理过的铁器，最后应进行表面封护处理。传统的方法是把铁器浸入熔融的微晶石蜡中，待不再冒气泡时取出，用毛刷蘸石墨粉擦拭铁器表面，以去除多余的石蜡和消除反光现象。还有一种方法是用微晶石蜡5份，三乙醇胺1份，石油溶剂100份配成溶液，在50℃时浸泡铁器10～20分钟。

目前常用的表面封护剂还有聚醋酸乙烯酯、聚乙烯醇、三甲树脂、聚乙烯醇缩丁醛、B-72丙烯酸树脂等，它们都能在铁器表面形成有效的隔绝空气的高分子膜。

丙烯酸树脂无色透明，使用方便，常温下固化迅速，耐光、耐热、耐腐蚀，在大气中及紫外光照射下不易发生断链、分解、氧化等化学变化。丙烯酸涂料能有效地防止大气中的有害物质腐蚀文物，能基本上使文物保持原有的面貌，如果封护膜长期暴露在空气中遭到破坏后还可以重新涂刷。

（四）铁器文物的加固与黏结

对于脆弱的铁器，因强度小而不利于保存和展出，可用合成树脂来渗透加固，如用30%～40%丙烯酸酯类乳液浸渗，通常采用降压渗透法（10～20mm 汞柱）。

如果树脂浓度较高，可能会在器物表面留下光泽，这时在器物表面裱上吸水能力很强的美浓纸或滤纸，纸层可以吸附器物表面多余的树脂而不在器物表面留下光泽，可以保持艺术品的原有风貌。

破碎成碎块的铁器需要整形时，可用黏合剂（如硝基纤维素、环氧树脂等）拼对黏结。整形时，常在一细砂箱中进行，以便使各个残片按照需要的角度保持其形貌，待黏合剂干燥后黏结即可告成。腐蚀较轻的残片还可用软焊锡焊接。

（五）稳定铁器文物的保护环境

铁器文物的修复及保护与其存放环境有着非常紧密的联系，如果不能创造出适合铁器文物保存的环境，则可能会加剧铁器文物的腐蚀和破坏程度。因此，博物馆内部相关负责人要积极调控温度、湿度以及气体成分等参数，为铁器文物的存放创造适宜的环境，保证博物馆铁器文物的保护效果。首先，随着温度的不断提高，博物馆内部铁质文物的腐蚀程度也在不断地加剧，所以相关技术人员在铁器文物保护工作中，将室内温度始终控制在 20℃ 左右，从而为博物馆铁器文物的保存创造适宜的环境。其次，由于博物馆内部空气湿度相对较高，铁器文物表面附着的水分逐渐增多，在空气以及水分的混合作用下，相关铁器文物的腐蚀速度会加快。因此，相关保护工作人员要将博物馆内部的空气湿度保持在 40% 以下。此外，由于博物馆内部空气成分复杂，有一些气体会在一定程度上加快铁器文物的腐蚀程度，相关技术人员要积极加强对空气质量以及成分的监督和检测，降低空气污染物对铁器文物的侵蚀和破坏。可以采用一些特定的保护装置，如应用保护罩以及真空隔绝等方式，为博物馆内部铁器文物的存放创造一个科学合理的环境，最大限度地降低外界环境因素对铁器文物的破坏和侵蚀。

铁器文物的保护及修复工作是当前我国文物管理的重要工作内容，积极加强铁器文物保护工作，不仅能够降低铁器文物发生腐蚀的可能性，有效保存我国更多数量的优秀铁器文物，而且有助于博物馆铁器文物修复和保护工作的顺利进行。基于此，博物馆内部相关技术人员要充分认识到保护和修复铁器文物的重要性，并且深入学习和掌握具体的铁器文物保护技术以及修复手段。例如，铁器文物封护技术、机械除锈及试剂除锈技术等，合理控制博物馆内部铁器文物的温度、湿度以及空气成分，为铁器文物的高效保存创造良好的环境，降低环境问题对铁器文物的影响和干扰，最大限度保证我国铁器文物的完整性。

第二节　金银器文物保护技术

金银器通常指金质或银质的器物，有装饰品、生活用品、货币等类。金银器文物稀有贵重、造型多样、光泽美丽、工艺精湛，是文物中的精品。据史书记载，我国在殷商时代就有淘金和加工工艺。殷墟中出土重达 50g 的金块，还有反复锤打加工的金箔。

春秋战国时期，我国金银器制造工艺水平十分精湛，如：1976 年辽宁凌源出土的春秋纯金鹿重 26.5g；1965 年江苏涟水出土的战国蛟龙金带钩重 56g，采用镂空、剔刻、镶嵌等方法制成；西汉中山靖王墓葬的金缕玉衣中的金丝含金量高达 96%。

唐代出现的金银器数量较多、品种齐全，如壶、碗、杯、铛、盘等食具，盒、盂、炉等用具，簪、环、镯、坠等饰品，还有佛教舍利棺椁以及幡塔、造像等。其中较为著名的是 1970 年陕西西安出土的唐代舞马衔杯皮囊式银壶，高 18.5cm，口径 23cm，采用焊接、抛光、锤操、鎏金等技法。更值得一提的是，1987 年的法门寺考古发掘，地宫内珍藏的金银器就有 121 件，形体之庞大，数量之繁多，技艺之精湛，在国内考古发现中实属罕见。其中绝大多数是国家一级文物，如八重宝函、鎏金银熏炉、金银丝结条笼子、鎏金银龟等。

1958 年北京昌平出土的明代万历帝金丝冠是考古发掘中唯一的皇帝金冠，通高 24cm，用极细的金丝编织而成，编织匀称紧密，现藏于北京定陵博物馆，享誉世界。

在我国长达五千年的文明史中，银一直是人们生活中主要的流通货币之一，直至清朝末年。

一、金银的理化性质

（一）金的理化性质

1. 金的物理性质

金在自然界中以游离单质状态存在，金在地壳中的含量约为 $5 \times 10 \sim$ （-7）%。纯金为黄色，光彩夺目，硬度低，相对密度高（19.3），质地细密柔软，晶体结构为面心立方。

在所有金属中，金的延展性和可塑性是最好的。1g 的金能抽成 3.4km 长的金丝，也能碾成仅有 2.3×10^{-9}mm 厚的金箔。金的熔点固定，熔化温度为 1063℃，在熔化时不会被氧化物污染，也不会改变自己的凝固点。金的这种物理性质使它的纯度能达到 99.99%。

2. 金的化学性质

金的化学性质极为稳定，所以从古至今人们将纯金制成金条、金砖作保值储存之用。

（1）耐氧化

一般认为，金是唯一在高温下不与氧起反应的金属。

（2）耐腐蚀

块状金在低温和高温下均不与 S、Se、H 和 N 反应。在中等温度和无水存在时，也不被卤素腐蚀。

金在中等温度下，耐 H_2SO_4、HNO_3、HCl、H_3PO_4、HF 等酸的腐蚀。金的耐碱性好，甚至在熔融碱溶液中也不会产生显著腐蚀。

（3）金只在王水中才能被溶解

虽然强酸、强碱对金毫无腐蚀，但金却溶于王水中。王水是按照体积比为 3∶1 的浓 HCl 和浓 HNO_3 混合溶液。金在王水中溶解的机理如下：

$$Au+3HCl+HNO_3 \rightarrow AuCl_3+NO \uparrow +2H_2O$$

（二）银的理化性质

银在自然界主要以辉银矿（Ag_2S）和铅矿共生，很少以游离态存在，白银熔点低（960.8℃），容易冶炼，我国古代史书记载的较为成熟的吹灰法炼银过程大致如下：

辉银矿＋方铅矿→精矿石→熔焦烧结成银铅混合物→吹去上层密度较小的氧化铅→分离出纯度较高的白银

1. 银的物理性质

纯银（Ag）为银白色，光润洁白，非常柔软，硬度只有 2.7，富有延展性和可塑性，仅次于金。1g 银可以抽成 1.8km 长的细丝，也能碾成 0.1×10^{-4}mm 厚的银箔。

2. 银的化学性质

纯白银的化学性质十分稳定，对多数酸类无反应。银在空气中无论常温或加热都不被氧化，银在室温下不与氧和水作用。但如果有 O_3 的存在，在常温下也能被氧化，生成 Ag_2O。在室温下，银与卤素反应较慢。但在潮湿含氯化物的土壤中，会生成 AgCl。很多含硫化合物会对银产生硫化作用，最具有腐蚀性的就是 H_2S 气体，当 H_2S 的含量为 0.2×10^{-9}% 时就足以对银腐蚀，湿度越高腐蚀速度越快。硫化物对银的腐蚀在大气中有 O_2 的参与下更为明显，使银的表面发黑，影响美观。

$$Ag+H_2S \rightarrow AgS+H_2 \uparrow$$

二、金银器文物的保护

金银器文物有的纯度很高，但也有的是以合金形式出现，因而性能也各不相同。对于金银器的保护应区别对待。

（一）金器文物的保护

金的化学性质非常稳定，不产生电化学腐蚀和微生物腐蚀现象，有的纯金器物，虽然在地下埋藏千余年，只是受泥土挤压而变形，仍呈现黄色，不需要特别的除锈和保护。对于合金来说，情形就有所不同，金的合金中含有一定比例的 Ag、Cu、Fe 等金属，金的合金在硬度、色泽等理化性质方面与纯金有不同程度的差别。因此，金的合金是容易腐蚀的。

1. 纯金文物的保护

发掘出土的纯金器物，体质很柔软，通常与泥垢、石英和沙砾等结合在一起，金质并没有被腐蚀。但观察到的器物表面往往覆有红色锈，这是由于地下铁的氧化或者埋藏地点附近铁器氧化的影响，很容易清除。

（1）去除金器表面石灰质沉积物，可用一根棉签蘸 5% 稀 HNO_3 作局部涂布来去除。

（2）去除金器表面有机类的污垢，可用 2% 的 NaOH 溶液浸泡几分钟，使其软化酥解，再用牙签、软刷或剔刀小心除去。

（3）去除金器表面灰尘，可用软毛刷刷除，也可用乙醚、苯、中性肥皂液或 10% 氨水洗涤，随后用蒸馏水洗净烘干。

2. 合金文物的保护

古代金器文物中掺少量 Ag、Cu、Fe 等成分是为了增加金体的硬度和耐磨性，但也改变了金的性能和颜色，产生了腐蚀的可能性。如 Au—Cu 合金会出现绿色的铜锈，Au—Fe 合金会出现红色的铁锈。对金的合金制成的文物，应根据渗入金属的种类进行有针对性的处理。常用氨水或者酸类除去绿色的铜锈；用 HCl 去除红色的铁锈。由于金化学性质的稳定性，酸、碱、盐等溶剂除锈后对金质不会造成损伤。

江苏南京板仓出土的明代"云龙纹金带"，出土时污垢堆积，锈迹斑斑，几乎看不到上面精美的花纹。专家们用稀 HCl 将金带浸泡除锈，再经过多次清洗，便出现了原有的黄灿灿本色。

3. 鎏金文物的保护

鎏金文物是指以其他金属和材料做内胎，在其外覆盖一层金质材料的文物。鎏金文物出土和传世的数量是非常大的。对于鎏金文物，胎质比外层更容易腐蚀，所以处理方法必须谨慎。尤其不能用还原方法进行处理，因为锈蚀产物的还原金属会覆盖到鎏金表面上，有损器物的外观和价值。

如处理损坏的青铜鎏金文物，可以使用碱性酒石酸钾钠溶液来清除锈层。如果鎏金层的腐蚀物夹杂在中间，就只能用机械方法来去除了。在双筒显微镜下，用钢针挑除锈蚀物，当露出鎏金层时，就用 1% 的稀 HNO_2 将其表面进行清洗，但要谨慎耐心，防止鎏金层脱落。

保护鎏金文物，稳定胎质是一种非常必要的手段，通常的方法是采用青铜或铁的缓蚀剂来防止胎质的腐蚀病变。也可以使用较稀的高分子材料从边缘的缝隙中灌入，从而加固鎏金层和胎质，起到保护的作用。

（二）银器文物的腐蚀和保护

银器保护，主要是维持其原貌，将有损于器物形貌、遮盖器物花纹图案和重要考古标记的锈垢清除。如有必要，经符合文物保护原则的保护材料处理后，置于适宜温湿度条件的环境中存放，避免产生新的病害。针对银器变色的各种因素，一般通过清洗除锈、缓蚀封护、调控保存环境等措施，最大限度降低外界不利因素的影响。

银具有比较好的化学稳定性，但仍然存在不同程度的腐蚀现象，影响了文物的艺术价值和历史价值。银器的腐蚀与保存环境密切相关。

1. 银器的腐蚀物

银的腐蚀物主要有 $AgCl$、Ag_2O、Ag_2S 等。

（1）银的氯化腐蚀

埋藏在潮湿的含有氯盐的土壤中，银的表面即转化成 $AgCl$（角银），是一种类似于泥土状的黏附物，微带褐色或紫色。腐蚀的过程中常伴有体积膨胀、强度下降、器物外形和颜色发生变化等现象。

如果银器氯化不严重，只在表面生成薄薄的 $AgCl$，$AgCl$ 呈现一种悦目的古斑，增强了器物的艺术魅力，是年代久远的象征，一般不必去除。

（2）银的氧化腐蚀

银在空气中一般不会氧化，紫外光作为外加能源时，既可以促使银离子化，加速银与腐蚀介质的反应，又可以分解氧气分子，产生活化态的氧，活化态的氧和离子化的银一起反应形成氧化银。

（3）银的硫化腐蚀

银在活化态的 O、O_3、H_2S 同时存在的情况下，生成发黑的 Ag_2S，银器失去光泽而变暗。在银器表面上的黑色 Ag_2S 薄膜虽然不足以观赏，但性质比较稳定，可以减缓银的进一步硫化。如果银的硫化过程严重，器物变得又黑又脆，银本体便不复存在。

3. 银器的保护和修复

银器的保护主要是维持器物的原形和确保银质的稳定性。

（1）除锈

银的三种锈蚀物（Ag_2S、$AgCl$ 和 Ag_2O）均为溶解度极小的化合物，一旦在银器表面形成后，不易除去。要使这三种难溶化合物溶解，从而在银器表面去除，除锈试剂与银离子形成配合物的稳定常数越大越好。根据常见离子配合物的稳定常数，氰络合物的稳定常数最大，但氰化物系剧毒物质，舍弃。在其他络合物中络合能力较高的有硫代硫酸络合物、硫脲络合物、硫氰酸络合物，其次是乙二胺络合物、氨络合物、柠檬酸络合物和 EDTA。因此，将这些常见络合物进行筛选和复配试验，可以寻找到性能良好且符合文物保护原则的银锈清洗剂。

经筛选，Z7 除锈配方（硫脲、硫酸铁，稀硫酸调 pH 值至 1）对于硫化银的除锈效果最佳，以硫脲或硫代硫酸钠为主剂的除锈配方均可除去氯化银锈蚀，Z2 除锈配方（硫代硫酸钠、亚硫酸钠、硼砂复配）对氧化银的除锈效果最佳。对模拟银试样的浸泡失重试验和表面形貌观察分析结果表明，Z7 除锈配方对银器本体的腐蚀作用极小；对银币和鎏金银铆钉的除锈试验表明，Z7 除锈材料及在其基础上研制的除锈膏对于银器与鎏金银器表面的银锈与铁锈均有良好的去除效果，且不产生物理系损伤。

（2）缓蚀封护

目前，银器缓蚀剂主要有苯骈三氮唑（BTA）、1- 苯基 -5- 巯基四氮唑（PMTA）、2- 巯基苯骈恶唑（MBO）、2- 巯基苯骈咪唑（MBI）、长链烷基硫醇等，除了 BTA 外，银器缓蚀剂主要是以含硫化合物为主。但银对硫比较敏感，当涂覆在 Ag 表面的含硫缓蚀剂老化、分解后，很可能对 Ag 的腐蚀提供硫源，从而加速其腐蚀。基于此原因，合成新型的、不含硫的银器缓蚀剂是十分必要的。

（3）提高银器的韧性和强度

对于机械强度很低的脆性银器可以用加温的方法来提高其韧性和强度。但要注意，温度过高，可能会加剧器物的损毁状态，为安全起见，宁可温度低些，时间长些。将器物置于烘箱中，在两个小时内，温度从 250℃逐渐上升到 400℃左右，并保持一段时间就可以达到目的。

（三）金银器的库房保存条件

1. 密闭保存

保存在库房中的金银器，可用柔软的薄连纸包裹好，在外层再包一层可以吸附空气中的 H_2S 的包装纸（这是一种浸有铜化合物、叶绿素等化学试剂的软纸），然后存放于密封的聚乙烯袋子里或密闭的玻璃匣内。密闭还可以防止金银器受到紫外线的照射。

2. 稳定保管环境

金银器文物一般要在恒温环境下保存，温度较低为好，湿度控制在 50% 以下。为了使色彩保持艳丽，常用丝绸擦拭。器物不要受到碰撞或挤压，以免机械损伤。

第三节　锡铅器文物保护技术

锡和铅是人类较早利用的金属，两者某些理化性质有相似之处，早期人们在冶炼中还不能将锡和铅区分得很清楚。

目前，在我国发现最早的锡器是在商代，如小屯殷墟中的块锡、大司空村殷墟出土的锡戈等。到了周代，锡壶、锡烛台之类的锡器就已很普遍了。3000年前的先秦古籍《考工记》，就记载了我国高超的炼锡浇铸技术。因为白锡在一定环境中会变成粉末状的灰锡，所以出土文物中纯锡器皿并不多见。现存的锡器文物大多数是明清晚期和民国时期的传世品，由于锡器廉价易得，加工简单，广泛流行于市井平民和广大农村。

至于铅器文物，在我国商代晚期的墓葬中就发掘出大量的铅器，如铅罐、铅爵、铅戈等，铸造精美细致，且铅的纯度很高，可达99%，说明当时对铅的认识和冶炼已具有相当高的水平。由于后来人们在生活实践中逐步发现和认识了铅的毒性，因此铅器的应用范围逐渐缩小，后来的铅器一般只作为明器或流通货币，不再作为生活用具。

在考古发掘出土的文物中，也有许多名贵的锡铅器。1954年在河南洛阳出土了一组铅质礼器，有鼎、尊、瓢、爵等共8件，据考证是西周制品，制作精美，器形复杂，纹饰多样。1987年4月在法门寺地宫出土的迎真身银金花十二环锡杖，是我国出土锡器的典型代表。该锡杖形体长大，浇铸、钣金成型，纹饰鎏金，鱼子纹地，雍容华贵，制作精绝。

一、锡铅的理化性质

(一)锡的理化性质

自然界中没有游离态的锡存在，锡主要是以氧化物矿石——锡石矿（SnO_2）的状态存在。因为锡的熔点（231℃）比铜（1083℃）低得多，所以用木炭从锡石中冶炼出锡比冶炼铜更为容易。因此，我国古代在学会冶炼铜的同时，就已经掌握了炼锡的技术。

1. 锡的物理性质

游离状态的锡是灰白色的柔软金属，比重6.8~7.1，具有很显著的晶体构造。通常条件下，锡有两种变体：白锡和灰锡。

白锡在13.2℃以上是稳定的，在13.2℃以下，白锡就变成灰锡。白锡转变为灰锡的过程，称为"锡疫"。温度越低，转变越快。灰锡的密度远小于白锡，呈现为极细的粉末。

锡是最软的金属之一，锡的可塑性比铜、金、银都小，但仍然可以制成锡箔，拉成细丝却相当困难。

2. 锡的化学性质

（1）锡的氧化

锡在普通条件下很稳定，不与水反应，在空气中也不被氧化。单质锡在常温、潮湿空气和有水的条件下被氧化成灰白色的 SnO_2，氧化速度很慢。

（2）锡与酸的作用

单质锡在稀盐酸中溶解很缓慢，但浓盐酸容易溶解锡，并释放出氢气：

$$Sn+2HCl \rightarrow SnCl_2++H_2 \uparrow$$

王水可以溶解锡，反应生成氯化锡：

$$3Sn+4HNO_3+12HCl \rightarrow 4NO \uparrow +8H_2O+3SnCl_4$$

古代的锡器一般都是锡与其他金属的合金，如铜、铁、铅等。

（二）铅的理化性质

如同锡一样，自然界中没有游离态的铅存在，铅主要是以各种形态的化合物存在的。铅的最主要矿石是铅矿石（PbS，又叫方铅矿），铅金属熔点低（327℃），将铅矿石放在柴堆上烧烤，熔化的液态铅冷却后就能形成一块宽而薄的铅板。

1. 铅的物理性质

铅是淡青白色的重金属，比重11.3，质地柔软，易于切割。铅的机械性能不是很好，但却有特别大的可塑性。铅块即使经受相当小的压力彼此也能牢固地结合起来。铅的延展性很小，几乎不可能将铅拉成细丝。

2. 铅的化学性质

（1）铅的氧化

浸没在水中的铅很少被腐蚀，但在潮湿空气中，铅却很容易被破坏，与水发生反应生成氢氧化铅：

$$2Pb+O_2+2H_2O \rightarrow 2Pb（OH）_2$$

$Pb（OH）_2$ 不稳定，在潮湿的地下 $Pb（OH）_2$ 与 CO_2、O_2 继续反应，生成白色粉状的碱式碳酸铅 $PbCO_3 \cdot Pb（OH）_2$，$PbCO_3 \cdot Pb（OH）_2$ 在潮湿的空气中经光氧化分解，生成棕褐色的 PbO_2。

$$PbCO_3 \cdot Pb（OH）_2(白色) \rightarrow PbO_2(棕褐色)$$

$PbCO_3 \cdot Pb（OH）_2$ 与大气中少量的 H_2S 接触，生成黑色的 PbS：

$$PbCO_3 \cdot Pb(OH)_2 + H_2S \rightarrow PbS + PbCO_3 + H_2O$$

（2）铅与酸的作用

铅一旦与酸接触后，在表面立即形成一层盐膜防止继续腐蚀。

由于硫酸铅不溶于稀硫酸，故反应立即停止。因此，硫酸铅形成的膜对铅器具有很好的保护作用。

$$Pb + H_2SO_4 \rightarrow PbSO_4 + H_2\uparrow$$

铅和盐酸反应后在铅的表面形成氯化铅保护膜：

$$Pb + 2HCl \rightarrow PbCl_2 + H_2\uparrow$$

在春秋战国时期，人们曾用铅熔铸成生活用品，很少用来制造饮食器，说明在长期的生活积累中，已经发现铅与铅的化合物都有不同程度的毒性。铅是重金属，人体即使摄入小剂量的铅也无法排出，长期积累在体内导致铅中毒。

二、锡铅器文物的保护技术

（一）锡器的腐蚀和保护

1. 锡器的腐蚀

（1）锡疫现象

许多古代有历史文化价值的锡器没有保存下来，据研究，其主要原因是发生"锡疫"。用于制造锡器的白锡（β-锡）对温度非常敏感，当温度低于13.2℃时会逐渐发生相变，缓慢变成性质非常脆弱的灰锡（α-锡），锡由银白色变为灰色，器物的体积增大，外貌发生变形，机械性能下降，易发生一定的散碎，最后变成粉末状。因此，锡器在保存时，温度绝不能低于18℃，以防发生"锡疫"现象。

在锡中附加0.5%的铋（Bi）可以防止"锡疫"。

（2）锡的腐蚀物

出土的锡器，由于长期埋于潮湿地下，锡表面一般会失去光泽，生成一层粗粒状、暗灰色的氧化亚锡（SnO）。如果继续腐蚀，则进一步转化为白色的氧化锡（SnO_2）。锡器内有铜成分的文物，其锈层上还会带有绿色（碱式碳酸铜、碱式氯化铜）和红色（氧化亚铜）的铜锈。

2. 锡器的保护

（1）还原法

对于轻微锈蚀的锡器可采用电化学还原法或者电解还原法进行处理，常用NaOH作为电解质溶液，Zn、Pb或Mg作为阳极。

但器物上有铭文或纹饰时，处理要极为慎重，不宜采用电化学还原法，而是用

Zn 粉、NaOH 进行局部还原法处理。

对于"锡疫"现象严重的锡器，先要在热水中处理1小时左右，再进行还原法处理。

（2）嵌埋法

长期埋藏在地下的合金锡器会受到盐类局部的腐蚀，器物的表面出现肿胀的锈蚀物。锈蚀物如果呈硬皮状，说明锡器还处于相对稳定的时期，此时锈蚀物不宜剔除。

脆弱的锡制品可以使用嵌埋法保存，即将锡器嵌埋在透明的塑料颗粒中保存，或者嵌埋在甲基丙烯酸酯类的树脂里，以隔绝空气中的有害成分。如果锡器需要取出时，可将器物浸泡在四氯化碳（CCl_4）有机溶剂中，将树脂逐渐溶胀去除。

（3）密闭法

锡器性质柔软，要尽量避免机械碰撞或挤压，一般需要放在特别的布套或盒子里。

（二）铅器的腐蚀和保护

1. 铅器的腐蚀

铅器在潮湿空气中表面很快氧化，形成一层氧化膜。

$$2Pb+O_2 \rightarrow 2PbO$$

铅的氧化物形成的膜是致密的，可以防止铅器继续被氧化，具有一定的保护作用。而出土的铅器，长时间受到各种盐类、地下水中的 O_2 和 CO 等的腐蚀，形成一层白色锈壳（碱式碳酸铅 $PbCO_3 \cdot Pb(OH)_2$。由于锈壳的自身膨胀而影响器物的原貌，应当除去。

铅器还容易受有机酸（如乙酸、鞣酸等）和油脂等物质的污染而产生腐蚀现象。

$$PbO+2H^+ \rightarrow Pb^{2+}+H_2O$$

2. 铅器的保护

（1）$HCl-CH_3COONH_4$ 除铅锈

先将器物浸泡在50倍于自身体积的 1.2mol/L 的稀盐酸中，直到不再有气泡出现为止。将器物取出，滤干酸液，用大量的煮沸蒸馏水清洗除酸，反复洗涤三次。然后再将器物浸泡在25倍于自身体积的 1.2mol/L 的乙酸铵中，直至铅器表面无锈蚀物为止，用大量的蒸馏水清洗残存的溶液。最后在常温下阴干，也可浸于酒精或丙酮后晾干。

（2）离子交换树脂除锈

一些小型的铅币、铅章等文物，可与离子交换树脂放在一起，互相接触，并浸泡在温热的蒸馏水中，更换多次树脂后，铅锈消失，铅本体不受任何影响。

（3）封护

对一些有文物价值的铅器可浸泡在石蜡溶液中，进行表面封护。

（4）密闭保存

铅器应保存在密闭的盒子或封套中，减少与 O_2、水蒸气、灰尘、有机酸、油脂、空气污染物等接触。脆弱的铅器也可以使用嵌埋法保存，效果很好。

铅器不能放在橡木制的橱柜或抽屉中，因为橡木分泌出的鞣酸会腐蚀铅器，应选用其他木材。

第三章　石质文物保护技术

第一节　石质文物的化学组成及风化原因

石质文物是指历史遗留的以天然石头为材料，具有历史、艺术、科学价值的遗物和遗迹，包括石刀、石斧、石碗等遗物，以及石像、石雕、石碑、石牌坊、石窟寺等遗迹。我国是文明古国，据有关考证，170万年前的云南元谋人已使用和制作石质工具。石器时代标志着中华文明的重要历史发展过程。春秋至民国遗留下来的大量石碑、石碣、摩崖石刻上的文字记述了帝王出巡、狩猎、功德、祭祀等重要事件，也有颁发政令和法纪的文告。其文字清晰、坚固结实、形制新颖，是考证补史的重要资料。在各类石质文物中，最为精美绝伦的是石窟寺艺术，它是大自然的鬼斧神工和人类辛勤智慧的完美结合。驰名中外的大同云冈石窟、敦煌莫高窟及洛阳龙门石窟等遗迹以雕像和壁画为主要内容，把山崖、石洞、雕像、绘画与木结构殿房融为一体。这些珍贵的历史文化遗产，在漫长的岁月中遭受了各种因素的破坏，如不采取有效的保护措施就会造成无法弥补的损失。

一、石质文物的化学组成

石质文物的原材料是天然岩石。天然岩石是组成地壳的坚硬物质，由矿物集合而成，其中O、Si、Al、Fe、Ca、K、Na、Mg八大元素成分占97.13%，其余元素占2.87%。岩石中能被开采的称为矿石，在地壳中只占很小比例。岩石是由地质作用所形成的结晶态的天然化合物和单质，有一定的结晶体结构和稳定的化学成分。在地质学中，一般将非金属矿物称为"石"，如大理石、方解石等；而将矿物集合体称为"岩"，如玄武岩、花岗岩等。外观上岩石是多种多样的，但从成因上看，可将所有的岩石归为三大类，即岩浆岩、沉积岩和变质岩。

（一）岩浆岩

岩浆岩又称火成岩，是在高温下熔融的含有硅酸盐和特别稀少的氧化物、硫化物、碳酸盐等岩浆，受某些地质构造作用的影响，从地壳深处上升冷却和凝结而形成的。岩浆岩通常呈块状结构，没有层次，大多数情况下具有结晶构造，这些结晶构造多半用肉眼即可辨认（如花岗岩），有些只能在显微镜下才能看见（如玄武岩）。在岩浆岩的成分中，含有大量的元素及其氧化物。其主要有 SiO_2、TiO_2、Al_2O_3、Fe_2O_3、FeO、MgO、CaO、Na_2O、K_2O、H_2O，此外还有少量的 MnO、CO_2、SO_3、P_2O_5、F、Cl 等。

各种岩浆岩因所含矿物及其比例不同，所以化学成分也有所不同。通常按岩石中 SiO_2 的含量，将岩浆岩分为五个主要类别。

此外，还有一些特殊类型的岩浆岩，其中没有 SiO_2 或 SiO_2 含量较少，如碳酸岩、磷酸岩、硫化物岩、铁矿岩等。

（二）沉积岩

沉积岩是在地表或近地表处，常温常压条件下，由地壳风化剥蚀作用、生物作用或火山作用所提供的一些碎屑物质和溶解物质在原地或外力搬运后沉积压实而形成的坚固岩石。沉积岩形成可以分四个阶段，即风化作用阶段、搬运作用阶段、沉积作用阶段、成岩作用阶段。沉积岩占地壳体积的 5%，覆盖大陆面积的 75%。

其中最多的是硅酸盐、碳酸岩、卤盐，碳酸岩分布最广。碳酸岩是由生物遗体在 $10 \sim 15m$ 浅水中沉积而成的，化学成分主要是碳酸钙、碳酸镁。在我国，碳酸岩占沉积岩的 55%。

（三）变质岩

岩石在地下特定的地质环境中由于物理化学条件的改变，使其组成成分和结构发生了明显的变化，经过这样的变质作用形成的新岩石称为变质岩。其原岩可以是沉积岩、岩浆岩，甚至是变质岩。常见的变质岩有经沉积岩变质而成的角岩，由页岩变质而成的片岩、板岩、千枚岩，由灰岩变质而成的大理岩，由花岗岩变质而成的片麻岩，由灰岩和花岗岩接触变质而成的矽卡岩，等等。

大部分变质岩都有片理结构。组成变质岩的矿物，一部分是与岩浆岩或沉积岩中的矿物成分相同，而另一部分则为变质岩所特有。

与石刻文物有关的最重要的变质岩有石英、长石、云母、碱性长石片麻岩、氧化铝硅酸盐片麻岩、斜长石片麻岩、镁硅酸盐片岩、石英质岩、大理石等。

不同的石质文物其岩石的石质及其胶结物的成分性质是不同的，如驰名中外的重庆市大足区石窟岩体岩石成分以长石石英细砂岩为主，这种细砂岩主要是沉积岩。不同地段岩石的成分和性质虽有差别，但主要都是灰白色或淡红色长石石英细砂岩夹暗紫色粉砂质泥岩。胶结物以泥质（绿泥石、水云母、高岭土）、钙质为主，其中强度最低的泥质胶结物在宝顶山石窟中占18%。大足石刻区岩石的主要化学成分为 SiO_2 和 Al_2O_3，并含有少量的 Fe、Ca、K、Na、Mg 等，这些元素以石英、钠长石、钾长石、方解石、赤铁矿、绿泥石、水云母等形式存在。佛教圣地安徽九华山的许多石刻文物主要由花岗岩组成，花岗岩为岩浆岩。由于岩石的性质差异使石刻的抗风化能力及风化程度也不尽相同。

二、石质文物风化内因

(一) 石质文物风化的概念

气温的反复变化以及各种气体、水溶液和生物的活动使石质文物岩体在结构构造或化学成分上逐渐发生变化，使岩石由整块变成碎块，由坚硬变得疏松，甚至组成岩石的矿物也发生分解，在当时环境下产生稳定的新矿物。这种由于温度、大气、水溶液和生物的作用，使石质文物岩体发生物理状态和化学组成成分或结构变化的过程称为风化。

(二) 石质文物风化的类型

石质文物的风化按其程度分为4类：

1. 微风化

石刻岩体的组织结构基本未变，或产生细微裂缝，或因铁、锰等微量元素侵入而略有变色。例如，杭州飞来峰27龛金刚萨菩萨造像的下颌处受铁锰质浸染呈暗褐色，影响了石雕的美观。

2. 中等风化

石刻岩体组织结构部分破坏，沿石刻岩体两面出现次生矿物，风化裂隙变大。例如，大足宝鼎卧佛沿层面裂隙产生的芒硝、石膏、镁方解石和白云石等，形如"脓疮"，对石雕产生危害。

3. 强风化

石刻岩体组织结构已大部分破坏，石刻岩体中的长石、云母已被风化为次生矿物，裂隙很大，石刻的突出部位发生破碎掉块。例如，河南新乡市潞简王墓甬道两侧的石雕，朝北的迎风面受强风化的影响，石雕表面的长石和云母风化成黏土矿物高岭石和伊利石，黏土矿物再进一步分解成三氧化二铝等，在石雕表面留下褐斑。

4. 全风化

石刻岩体组织已完全破坏，石刻模糊不清，表层呈土状堆积。例如，云冈石窟第9窟和第10窟窟前的5根石雕列柱，经 γ 射线及电法仪器测量，朝向窟外的列柱表面岩石的组织结构被完全破坏，呈白色粉砂状堆积，用手轻轻一抹，就散落到地下。

（三）石质文物风化的内因

（1）大多数石刻文物属于软石类，莫氏硬度在5级以下，硬度小，结构松软，如大理石硬度为3级，白云石硬度为3.5～4级，容易形成内部和表面不一致的膨胀收缩，导致石片剥落，石体开裂，石方崩塌等。

（2）石刻文物内的可溶性盐类，如$NaCl$、KCl、Na_2CO_3等易溶于水，造成石质结构改变。

（3）石质文物中的碳酸盐为不溶性盐类，如$MgCO_3$、$CaCO_3$等不耐酸性，与空气中有害气体二次污染物酸雨发生反应，生成新的盐类，造成石体酥解。

（4）石质文物中的硅酸盐主要成分是SiO_2，SiO_2可与碱和HF作用，也可与水作用；SiO_2在温度较高的情况下，与吸附在表面的水分起反应，形成硅醇基化合物。

（5）石质文物表面有蚀像现象。所谓蚀像现象，是指矿石晶体形成后，晶面上因溶蚀而形成的凹坑图像。蚀像受晶面内质点的排列方式所控制，因而有特定的形状。这些凹坑容易蓄水、存土、储垢和滋生霉菌、苔藓孢子等。

（6）石质文物表面会生长小锥。所谓小锥，是指晶体生长过程中，产生微微突起的高于晶面上的锥状小突起。小锥部位容易引起风化腐蚀。

三、石质文物风化外因

石质文物风化的外因主要在于物理、化学、生物等因素的影响。

（一）物理风化

物理风化又称为机械风化，是指岩石因水、温度、风等因素的影响，使石质文物岩体发生机械破坏而又不改变其化学成分的过程，物理风化作用常使石质文物产生许多裂纹其至逐层剥落。

1. 水的作用

水是造成石质文物物理风化危害的因素之一，渗入岩石内部的水分，会造成岩石体积膨胀；侵入岩石表面的水，会对岩石形成外多内少的不均匀渗透分布，更能引起岩石体积膨胀，由此引起力学强度从内到外逐渐明显下降，使文物价值最高的表面，成为受水分侵入影响最大的部位。有学者曾对大足宝顶山摩崖石刻的砂岩，在风干和饱水状态下分别使用荷载仪进行力学强度测试。

2. 冰劈作用

在高寒地区和温带地区的严寒季节，当气温降到0℃以下时，渗入岩石裂隙中的水就冻结成冰，水结冰时其体积会增大1/11左右，将对岩石产生很大的压力，据测定这种压力可达96MPa。在裂隙水冻结压力的反复作用下，裂隙逐渐扩大和加深，最终导致石质文物崩解掉块。此外，裂隙水分迅速蒸发时，水中盐类结晶体积的膨胀将对岩石产生强大压力，引起石质文物的碎裂。

3. 温差作用

石刻岩体为热的不良导体。石质文物在白天受到阳光照射时，外热内冷，夜间则外冷内热，产生温差现象。大多数岩石是由多种矿物组成的，各矿物的膨胀系数不一致，石英的体积膨胀系数约比长石大1倍，不同的膨胀应力，导致颗粒间的连接破坏，造成平衡石刻表面的开裂。石质的颜色不同，吸收的热量亦不同，深色吸收得多，因此一些岩石色泽较暗的部位膨胀较大，而色泽较浅的部位膨胀较小，形成不均匀膨胀，日久天长，反复作用亦给石质文物带来破坏。

夏季遭暴晒的石质文物突然受到暴雨的浇淋，岩石中的膨胀性矿物遇水膨胀，加速破坏石刻岩体颗粒间的连接和岩体表层与里层的连接，使石刻岩体表面疏松产生裂缝。温差风化多造成石质文物的鳞片状脱落，鳞片厚度与岩石中矿物颗粒的直径有关，粗砂岩中的鳞片厚度为3~4mm，细砂岩中形成的鳞片厚度为0.5~1mm。

4. 层裂

形成于地下深处的岩石，因有上覆岩石的重量而承受较大的压力，当上覆岩石被剥蚀而露出地面时，地下岩石原受压力解除，这时体积发生膨胀对岩体产生巨大的压力，从而导致岩石产生平行于地表的裂隙，形成层裂，发生机械破碎。

(二) 化学风化

化学风化主要是指大气中的某些物质或水溶液与石质文物中的矿物进行化学反应，使石质文物逐渐分解的过程。在此过程中，石质文物的结构遭到破坏，岩石的成分受到改造，并往往生成在地表情况下稳定的新矿物。

1. 溶解作用

岩石中的矿物成分溶于水的过程称为溶解作用。雨水、地表流水和地下水流过石质文物表面裂隙，使岩石的某些矿物质溶解出来，天长日久，岩石中所有可溶组成成分被溶走，使石质文物的本来面貌全部改变。岩石中的不同矿物抵抗溶解作用的能力不同，抵抗力弱的先被溶走，抵抗力强的后被溶走，抵抗力最强的残留在原地。岩石中可溶物质被溶解后致使岩石的孔隙增加，降低了颗粒间的结合力，因而降低了岩石的坚实程度，更易遭受物理风化的作用而破碎。一般来说，极易溶于水的是 K、Na 等的氯化物；易溶的是 Ca、Mg 的氯化物及硫酸盐；较难溶的是 Ca、Mg 的碳酸盐；难溶的是 Fe、Al、Si 的氧化物及硅酸盐。溶解度的大小还取决于水的温度、压力、PH 值等。

2. 水化作用

某些矿物与水作用时，能够吸取水分，而使水分子作为自己的组成部分（结构水），从而形成新的矿物，这种作用称为水化作用。例如，硬石膏吸水形成石膏、赤铁矿吸水形成褐铁矿等。

水化作用形成的含有水分子的新矿物，其结构已不同于原来的矿物，硬度一般也低于原矿物的硬度。水化作用常使岩石体积膨胀，对周围岩石产生压力，给石质文物造成开裂的危害。水化作用使石质文物沿裂隙产生堆积物和浸染。此外，某些矿物发生水化作用时，随着外界空气温、湿度环境的变化而频繁失水、吸水，随之产生岩石体积频繁收缩、膨胀，最后导致岩石疏松崩解。

3. 水解作用

水可以电离形成 H+ 和 OH-，某些矿物在水中也发生离解，离解物可与水中的 H+ 和 OH- 发生化学反应，生成新的化合物，使原矿物的结构被分解，这种作用称为水解作用。强酸弱碱盐和弱酸强碱盐类矿物较易发生水解作用。硅酸盐和铝硅酸盐类矿物是弱酸强碱类化合物，易被水解作用破坏。

4. 氧化作用

岩石矿物中的低价元素与大气中或水中的氧作用，被氧化成高价元素，这种作用称为氧化作用。由于大气与水中都存在丰富的氧，岩石氧化作用存在相当普遍，尤其在高温、高湿条件下，氧化作用更为剧烈。岩石经氧化作用后，不仅岩石矿物的成分发生了变化，颜色也发生了一定的改变，通常产生黑褐色浸染，影响石质文物的美观。

由于岩石中铁、镁硅酸盐矿物都含有低价铁，因此极易被氧化，形成赤铁矿或褐铁矿而使岩石表面呈黄、褐或红等色调。

5. 碳酸化作用

当水中溶有 CO_2 时，它与水中的 H+ 结合形成碳酸，CO_3^{2-} 能与矿物中的阳离子化合形成易溶于水的新物质，从而使水溶液对岩石中的矿物离解能力加强，化学反应速度加快，这种作用称为碳酸化作用。最常见的碳酸化作用方解石（$CaCO_3$）转变为易溶于水的碳酸氢钙：

$$CaCO_3+H_2O+CO_2 \rightarrow Ca（HCO_3）_2$$

碳酸氢钙随水流失，方解石风化破坏。即使是性质相当稳定的硅酸盐岩，在 CO_2 与 H_2O 的长期作用下，也可形成各种碳酸盐类，进而造成腐蚀。花岗岩（主要成分为长石) 在含有碳酸、有机酸等的水溶液作用下，本来坚硬的长石经过这些化学变化后质地松散。一些铝硅酸盐和铁镁硅酸盐矿物在水解和碳酸化作用下，矿物中的阳离子也可形成易溶的碳酸盐被水带走，析出 SiO_2，一部分呈胶体随水流失，一部分形成蛋白石留存于原地；难溶于水的高岭土留存于原地，在湿热条件下，高岭土还可进一步分解。

6. 空气污染物作用

空气污染是指由于人类活动和自然过程引起某种物质进入大气中，呈现出足够的浓度，达到足够的时间，并因此危害人体健康、舒适感或环境。空气污染物按产生过程可分为两大类：一类是一次性污染物，是直接向大气排放的污染物，它们对空气的质量有明显的影响，主要有 SO_2、NOx 等；一类是二次污染物，是一次污染物与空气中原有成分或其他污染物发生一系列化学和光化学反应生成的新污染物，如硫酸烟雾、气溶胶、光化学烟雾等。

各类颗粒污染物降落在石质文物上，一旦遇到潮湿空气，那些可溶的酸、碱、盐就会腐蚀石质文物表面，使石质文物风化、酥粉、开裂、剥落。

云冈石窟是我国现存最大的古代石窟群之一，它开凿于北魏前期，距今已有1500 多年的历史。石窟依山开凿，东西绵延 1km，现存主要洞窟 45 个，雕像 5.1 万余尊，是我国早期石窟艺术的优秀代表，2001 年被联合国教科文组织列为"世界文化遗产"。但云冈石窟地区大气污染较为严重，污染物主要有煤尘、煤燃烧产生的 SO_2、工业粉尘及粉尘中的金属元素，污染物含量严重超标。在有水的条件下，通过金属离子的催化作用，SO_2 容易生成 H_2SO_4 和硫酸气溶胶等酸性物质，再与石质文物表层中的 $CaCO_3$ 作用，生成 $CaSO_4 \cdot 2H_2O$，导致风化侵蚀。由于经历长期的风化侵蚀作用，目前，洞窟裂隙、山顶渗水、雕刻漫漶、佛像残损，亟待科学保护。

此外，许多石窟寺还是佛教活动的重要场所，长期以来人们参拜时烧香、点蜡、点灯产生的油烟先附着在石质材料上，又吸附了空气中的尘埃，形成陈年厚重的油垢覆盖于石刻表面。厚重的油烟污物与空气中的氧气、水蒸气和微生物作用，在阳光中紫外线的催化下，发生变质、腐败，呈层状脱落，对古代石质文物的保护产生严重影响。同时，油烟污物不仅危及石刻的外观，而且为菌类、藻类、低等植物苔藓、地衣等提供了营养和非常适宜的生存条件。有些油污腐败变质产生的有机酸也会腐蚀石质文物。

虽然各地石质文物上的油烟污物来源不一，却都与燃烧木材、植物纤维素和油脂制品有关，燃烧时，温度不同，热裂解产物也不同，化学成分相当复杂。例如，有关专家曾对四川广元皇泽寺大佛龛佛座和大足宝顶山小佛湾的几个小龛上的油烟污物进行红外光谱定性分析，发现有机物的成分种类较为复杂，含有萘、醚、烯烃、胺、醇等成分。

石质文物的风化主要是化学风化，石质的化学成分发生了变化，表面的石质由不可溶性盐变为可溶性盐，甚至进入石质内部。唐高宗李治与女皇武则天夫妇的合葬墓乾陵神道两旁现存石刻106件，历经1200多年的风雨变迁，石质风化严重。

乾陵所在地梁山的灰岩主要有两个类型：一类是以隐晶状方解石为主的浅灰色灰岩，其中含泥质、灰质及铁质较少；另一类为深灰色灰岩，其中含大量的碳酸岩及一定量的生物骨屑。湿气与盐分是乾陵石刻风化的最突出因素，采样检测结果显示，风化严重的样品比基座新鲜岩样不溶性的石质方解石成分减少，从98%～99%下降到50%左右，而可溶性盐分比例上升。

在可溶性盐中主要是硫酸盐，如石膏$CaSO_4$，SO_4^{2-}的含量最高达13.3g/kg。硫酸盐除了在岩石表面结壳外，还能使岩石产生裂缝。其过程是盐晶在岩石孔隙中生成——晶体长大成簇——对孔隙壁产生压力——继续长大使裂缝撑大变宽。

（三）生物风化

生物风化是指由于生物生命活动及代谢物质对石质文物造成的破坏。生物风化以物理和化学两种方式进行。

1. 生物的物理风化

生物的物理风化作用是指由于生物的生命活动对石质文物产生的机械破坏作用。例如，蚂蚁、蚯蚓等钻洞挖土，可不停地造成岩石的机械破碎。生长在岩石裂隙中的植物，随着植物的生长，其根部可撑裂岩石，对裂隙两壁产生压力，据测算这种压力可达1～1.5MPa，最终会导致岩石破裂，称为根劈作用。

2. 生物的化学风化

生物的化学风化作用是指生物在生长新陈代谢过程中产生的分泌物、死亡后有机体腐败分解产物与岩石矿物发生化学反应，而对石质文物造成的破坏作用。

（1）高等植物的化学风化

高等植物的种子落在大型的石窟寺和山崖的土壤中，能吸收石质文物的矿物质为营养而生长。植物在生长过程中分泌出有机酸、碳酸、硝酸、亚硝酸、氢氧化铵等溶液，溶解并吸收岩石矿物中的某些元素，如P、K、Ca、Fe、Cu等作为营养，即把岩石矿物作为自己生长的营养源，这种作用可使岩石受到腐蚀性破坏。

大足宝鼎卧佛身上的"脓疮"沉淀物，经化学成分分析表明，多为芒硝[CaMg$(CO_3)_2$]、石膏[$CaSO_4·2H_2O$]、镁方解石[$MgCO_3$]和白云石[CaMg$(CO_3)_2$]。这是因为卧佛上方水池内的水经过树根的生物化学作用，含有大量SO_4^{2-}和Mg^{2+}，这些离子与砂岩中的$CaCO_3$胶结物等作用，在卧佛表面形成"脓疮"沉淀物。

（2）低等植物的化学风化

低等植物如苔藓的孢子落在石窟寺和山崖的土壤中或石刻文物的缝隙中也能生长发育，腐蚀风化石材。

地衣是藻类和菌类共生形成的一类特殊的原植体生物，生命力顽强，分布广泛，特别有些喜钙性地衣能在碳酸盐岩石为原料的石刻文物（方解石、白云石、大理石等）表面生长繁殖。在地衣的菌丝与石灰岩基质之间有一层水膜，地衣呼吸作用产生的 CO_2，溶解在水膜中，形成 HCO_3^-，进一步与基质的 $CaCO_3$ 作用，菌丝通过这种作用吸收 Ca^{2+}，结果就造成了对石质文物的腐蚀作用。地衣代谢的产物一水草酸钙（$CaC_2O_4 \cdot H_2O$）和二水草酸钙（$CaC_2O_4 \cdot 2H_2O$）、缩酚类化合物等都会对石灰岩起侵蚀作用。

（3）微生物的化学风化

微生物在生命活动中会分泌各种有机酸和胞外酶促发石质文物岩体发生多种反应，尤其是胞外酶，作为一种生物活性酶具有极高的催化效能，加速各种有害反应的进行。有些微生物可以吸收岩石中的 Fe、Cu、S 等元素作为营养。微生物对岩石矿物的化学风化作用是非常强烈的，它对岩石的总分解能力远远超过所有动植物的总分解能力。

我国文物保护专家曾对重庆大足北山石刻采取菌样进行培养、分离、鉴定，结果表明，危害大足石刻的菌类主要有霉菌和细菌。霉菌主要有青霉属（青霉）、绿霉属（绿霉）、曲霉属（以黑曲霉为主）、枝孢曲霉属等，其中主要是黑曲霉；细菌主要有球菌、螺旋菌和杆菌等。

（4）生物遗体的化学风化

植物遗体腐烂可分解出有机酸和 CO_2、H_2S 等气体，溶于水后形成酸对岩石进行腐蚀破坏。植物遗体在还原环境中，可形成黑色胶冻状的含有钾盐、磷盐、氮的化合物和各种碳水化合物的腐殖质，它可以促进硅酸盐岩分解成易溶于水的盐类随水流失，也可以使 Fe_2O_3 等还原为 FeO，从而促使岩石分解。

南京出土的梁代石质文物是生物风化的一个典型实例，在文物表面都能发现地衣、藻类等生物，长年的生物作用形成石质溶孔、溶纹和溶痕。生物风化的结果是使岩石最终形成含有腐殖质的松散土壤。

石质文物在上述内外因的长期作用下，会出现较为严重的疏松和脱层现象。

第二节　石质文物的保护

一、加强文物保护意识与石质文物保护的关系

石质文物是指在人类历史发展过程中，保存下来的具有历史价值、艺术价值、研究价值，以石材为原材料加工出来的艺术品。主要包括新石器时代的石制用具、石刻文字、石质艺术品三大类，以及摩崖题刻、不可移动石窟等。通过分析已出土或现有保存的石质文物，按照组成的材质可分为大理石、花岗石、白玉石等；按照形成机理，又可分成沉积岩、火成岩等。从文化发展的角度来看，石质文物彰显着新石器时代的历史文明，文物保护意识与石质文物保护具有协同互助的理论关系。一方面，文物保护意识的加强能够使石质文物保护更具有个人意识。石质文物是全世界的文化财富，属于不可再生的特殊财富，社会公民有责任和义务保护石质文物，如文物捐赠、博物馆志愿者的公开招募、文物修护技术人员技能的提升等行为，都彰显着石质文物保护在个人意识层面上的体现。因此，石质文物的保护更具有个人意识。另一方面，随着文物保护意识的加强，石质文物保护也更具有社会精神。现阶段，石质文物保护的相关条例已经纳入国家文物局的法律法规中。并且，在学校教育中，保护文物的意识也逐渐渗透到历史课堂和文学课堂上，提高了社会公众的保护意识，对石质文物的保护有着重要意义。从以上可以看出，文物保护意识背景下，石质文物保护具有个人意识和社会意识，对社会经济和社会文化的发展有着积极意义。

二、石质文物裂隙的灌浆修补

大型石质文物如石刻、石碑、石窟等，由于地壳运动以及风化作用的影响，往往会产生深浅宽窄不一的裂隙，直接威胁石质文物的存在，对产生裂隙的石质文物一般借鉴建筑工程灌浆加固工艺进行修补。

（一）灌浆材料及性能

1.环氧树脂浆液

（1）环氧树脂特性

环氧树脂浆液是石质文物裂隙灌浆的最主要浆液，它由环氧树脂、固化剂、稀释剂、增塑剂、增韧剂等组成，其黏度相当小，可以灌到 0.1mm 的微裂隙中。主要作用成分为环氧树脂，含有环氧基团的树脂总称为环氧树脂。环氧树脂作为石质文物裂隙灌浆材料具有突出的优点。

第一，黏结力强。环氧树脂具有环氧基、羟基、氨基等极性基团和醚键，这些极性基团的存在，特别是其中含有的极为活泼的环氧基，它能与含有活泼氢的被粘物表面起反应而形成化学键，因而黏结力特别强。

第二，收缩率低。液态环氧树脂分子具有很高的缔合作用，在固化时通过加成反应完成，因而不产生低分子化合物一类的副产物，不产生气泡，固化后体积收缩率较低，一般均低于2%，当加入适当填料后，还可达到0.1%左右。

第三，稳定性高。环氧树脂固化后胶层内聚力大，胶层内及黏合面难以断裂；其在未加入硬化剂时是热塑性树脂，不会受热硬化，稳定性高，可以放置很久不会变质。固化环氧树脂体系耐酸、耐碱性能好，耐潮湿和溶剂。

（2）环氧树脂浆液配方

作为石质文物裂隙灌浆浆料的环氧树脂浆液必须黏度适当，要求能灌到各种宽窄度的裂隙中，固化后体积收缩小，黏结力高于被黏结岩石的抗拉强度，并且有一定的抗腐蚀能力。现介绍几种常用环氧树脂浆液的配方：

若岩石裂隙宽度在5mm以上，可在上述配方中加入水泥、岩石粉、砂子、碎石等填料。环氧树脂浆液的配方以及填料的多少，可根据裂隙的宽度而适当调整。

随着市场经济的发展和技术的进步，现已有配置好的环氧树脂浆料出售，如JN-L灌缝胶，分A、B两组，可随时配用。

（3）环氧树脂浆液的力学性能

环氧树脂浆液固化物具有良好的物理力学性能，采用活性稀释剂配置的环氧树脂浆液固化物的各项物理力学性能大大高于混凝土的强度指标，完全可以满足岩石裂隙修补加固需要。

2. 甲基丙烯酸酯类聚合物浆液

（1）甲基丙烯酸酯类聚合物特性

这类聚合物无色透明，具有优异的光学性能、耐老化性能和化学稳定性。灌浆后的力学性能以及与岩石黏合强度超过一般岩石性能，既能增加石质文物的稳定性，又不改变原貌。其渗透性好，表面张力只有水的1/3，黏度和表面张力受温度影响比较小，所以它的可灌性较好，可以灌入0.1mm以下的微裂隙中。

（2）甲基丙烯酸酯类聚合物浆液灌浆注意事项

可采用甲基丙烯酸甲酯、甲基丙烯酸丁酯和甲基丙烯酸的混合物，以过氧化二苯甲酰作引发剂，二甲基苯胺作加速剂，进行聚合反应。此反应不仅可以在常温下进行，而且可以在 -20℃以下低温进行，使得修补加固施工在冬季仍可顺利进行。甲基丙烯酸酯类聚合物不耐水、不耐氧，必须用惰性气体助压，聚合反应诱导期也不易控制，给操作带来不便。我国曾采用甲基丙烯酸酯类聚合物浆液，对大同云冈石窟进行灌浆加固，其固化性能及与岩石的黏结力方面都达到或超过了原来的岩石性能，效果较好。

3. PS 系列浆液

（1）PS 系列浆液特性

PS 系列灌浆材料是以高模数的硅酸钾（$2K_2O \cdot SiO_2$）为主剂，氟硅酸钙（$CaSiF_6$）为固化剂，再加交联剂以提高浆液的稳定性，减水剂（表面活性剂）以提高浆液的渗透能力，通过一定浓度的配比，并用水稀释而形成的一种无色透明液体。特点是：固结体都是硅酸盐类无机物，接近岩石成分；耐老化；有较高的固结强度；黏度小，渗透好，可灌性强；浆液中不含重金属等物质；耐水性、稳定性好。PS 浆液渗透到岩石裂隙中，能与泥质的胶结物和风化产物起作用，形成难溶的硅酸盐，其生成的是一种复杂的硅氧骨架，它先形成凝胶，然后逐渐形成强度较高的、耐水的管状或纤维状的无机复合体。

（2）PS 系列浆液灌浆注意事项

PS 系列灌浆材料对灌浆施工工艺要求较高，浆液的浓度配比、灌浆量、时间都有严格控制。要求在干燥环境下施工，固化时间也较长。因此，在潮湿多雨、岩体湿度大、岩石致密的情况下不宜使用。

需要指出的是，由于砂岩、砾岩力学强度较低，用环氧树脂这种力学强度大大超过岩体本身强度且与岩体收缩不同的材料灌浆，会造成岩体黏结面之间的剥离，直接影响加固效果。对于这种力学强度差的砂岩、砾岩，可以在 PS 浆液中加入适量的黏土制成的混合液即 PS-C 浆液为灌浆材料。PS-C 浆液稳定性好，固结物强度接近或略高于砂岩、砾岩的强度，具有对砂岩、砾岩强黏结性以及较强的透水、透气、耐腐蚀性，成本低，操作方便。我国曾采用 PS-C 浆液对甘肃麦积山、敦煌石窟等石窟裂隙进行灌浆加固，结果表明 PS-C 对多孔、强度低、孔隙率大的砂岩是一种理想的灌浆材料。

4. 纳米浆料

纳米粒子是由数目较少的原子或分子组成的原子群或分子群，其表面原子是既无长程有序又无短程有序的非晶层，其内部存在结晶完好、周期性排布的原子。正是由于纳米粒子的这种特殊结构类型导致了纳米材料具有特殊表面效应和体积效应等特性，并由此产生许多与宏观块状材料不同的理化性质。

纳米材料在工业中的应用已引起世界各国的重视，同时也为文物保护注入了高科技含量。作为保护层材料，它的特性包括以下几个方面：

（1）超双亲界面特性

某些纳米粒子与高分子聚合物经特殊复合后，其表面具有特殊的物理化学性能，可同时疏水和疏油，称为超双亲界面特性，可用于保护文物，防止文物受到污染。超双亲界面特性来自纳米材料的表面效应，纳米粒子尺寸小，比表面积大，表面能高，同时由于表面原子周围缺少相邻原子，存在许多悬空键，容易与其他原子相结合而稳定下来，故具有很高的化学活性，纳米粒子具有低密度、低流动速率、高吸气体和高混合性等特点。吸附在纳米粒子表面的气体分子形成一层稳定的气体薄膜，使油和水无法在材料表面展开，可消除酸雾、水汽和有机物的侵蚀。

（2）耐老化特性和抗紫外线

耐老化性能是纳米粒子作为表面涂层材料的又一优势，而紫外线是造成表面老化的重要因素。紫外线是一种比可见光波短的电磁波，波长越短，能量就越大，危害也越大。纳米粒子对紫外线的屏蔽作用以散射为主，不同粒径的纳米粒子可以散射不同波长的紫外线。选择合适的纳米粒子（如纳米二氧化钛具有吸收紫外线效应）加入高分子材料中可以减少紫外线的降解作用，从而延缓材料的老化。同时，细小颗粒的比表面积大，能在涂层干燥时形成网络结构，增强涂层的强度，提高其抗老化性能。

（3）透明及防遮盖特性

许多纳米材料透明度好，用于文物保护时不会遮盖被保护的文物，可显示文物的真实面貌，同时可以使涂层变得更加致密，Al_2O_3、TiO_2、SiO_2 等均可透过可见光。

（4）耐腐蚀抗氧化性

在高分子聚合物中加入纳米粒子可以全面改善高分子材料的性能，提高分子间的键力，从而使有机高分子材料的强度、韧性等大幅度提高。用于文物保护具有许多优异的性能，用无机高分子的纳米材料取代有机高分子材料不仅可以提高使用寿命，而且可以解决无机纳米粒子在有机高分子中的分散问题，从而使高分子无机膜作为文物保护涂层将具有深远的意义。

在高分子材料中加入纳米粒子可以增加注浆材料的附着性、防腐蚀、防污染的能力，因而在注浆领域内采用添加纳米粒子的高分子材料可以显著提高浆液的特性，也可以使浆材与岩体更好地结合，提高文物的耐腐蚀、抗风化的能力，正是这种浆液的种种优点，使这种复合型浆材的应用将更加广泛。

（二）灌浆施工方法

1. 裂缝调查处理

石质文物岩体出现裂隙的原因十分复杂，在修补前应对构件的损坏形状、缝宽、缝深和工作环境进行认真分析，查清裂隙的性质，用读数显微镜测量裂隙宽度，用超声波检测仪测量裂隙的深度、走向、贯穿情况等，以确定处理方案。灌浆前对岩石表面进行清理，刷去污土及裂隙内的尘土和杂物，最好用干吹法；若用水洗法，则必须待岩石干燥后才能灌浆。裂隙宽度小于或等于 0.3mm 时，可先将两侧表面的灰尘用丙酮清洗干净，对于宽度大于 0.5mm 裂隙或较深裂隙，为有效封缝加固，沿缝凿成 V 槽，并用钢丝刷及压缩空气将裂隙内碎物粉尘清除干净。为防止灌浆时浆液渗漏而污染岩石，可在岩石裂隙边缘涂刷 850 号有机硅树脂 1~2 遍。这是一种脱模机剂，如有浆液渗漏，固化后易剔除。

2. 设置灌浆嘴

根据不同裂隙情况和灌浆要求，选用孔口灌浆装置灌浆盒、灌浆嘴，一般不凿槽的裂隙埋设灌浆盒，凿槽的埋设灌浆嘴。灌浆嘴按裂隙走向设置，间距 3cm 左右，宽缝或平缝，灌浆嘴距离可大些，细缝或垂直缝距离则应近些，裂缝越深，嘴距应越小。裂缝纵横交错时，在交叉处必须设置灌浆嘴。每条裂缝上必须设置进浆、排气或出浆嘴。灌浆盒埋设时先在底盘上涂抹一层环氧胶泥或快干环氧树脂，然后骑缝粘贴在预定位置上。灌浆嘴埋设时先在预定位置钻孔，设置灌浆嘴后再用环氧胶泥或快干环氧树脂封闭其底部四周。

3. 封缝

先用丙酮清理两侧，并沿缝敷设少许棉线，以利于浆液的渗透，再沿缝两侧涂抹一层环氧基液，最后抹一层宽 40mm 左右的环氧胶泥封缝，抹胶泥时应防止小气泡，使其平整密封。封缝胶泥固化后即可进行压气试漏。在封缝胶泥处涂抹肥皂水，从进浆嘴压入压缩空气（压力与灌浆压力相同）。观察是否有气泡出现，如有漏气，用环氧胶泥修补，直至无气泡出现。

4. 灌浆

用手压泵将配置好的浆液沿裂隙由下向上，由一端向另一端压入，进浆后注意观察。若出现漏浆现象，应立即停止加压灌浆，并用快干环氧树脂胶泥（在环氧胶泥配方中加大固化剂用量并适当加热）进行堵漏。当浆液从底部被压到上部时，上部灌浆嘴会有浆液流出，说明裂缝已被浆液灌满。稳压数分钟后，关闭进浆嘴的阀门。浆液的渗透深度取决于裂隙的毛细作用和灌浆压力，但灌浆压力过大可能使石质文物产生新的劈裂裂缝。灌浆压力常用 0.2~0.4MPa。

5. 清洗工具

灌浆结束后应立即清洗掉所有工具上的残余灌浆料，以利于下次使用。用丙酮清洗较为方便。灌浆后根据材料的固结时间，待材料固结后拆除灌浆嘴。拆下的灌浆嘴轻敲掉固结的胶泥，泡入丙酮中，清洗干净。

6. 表面处理

裂隙灌浆完工后，待浆液完全干燥固化后，首先剔除封缝时突出岩石表面的环氧胶泥和渗漏出来的浆液。然后打磨平整，使其与周围的岩石表面协调。再用细石粉、矿物颜料调入模塑粉——聚甲基丙烯酸甲酯丙酮溶液涂刷，使色调与周围的岩石表面协调。

对于体积庞大的巨型石质文物，还可以采用高分子化合物灌浆与金属锚杆结合施工的方法。对石质文物围岩，采用金属锚杆撑托吊拉的方法，结合化学灌浆，增强整体稳定性。在反映石质文物艺术内容的主要部位，仅使用化学灌浆法，这样既最大限度地增强了石质文物整体的稳固性和强度，又不致损害艺术部位的原貌。

石质文物，特别是露天石雕、石窟寺进行了黏结、灌浆加固、修补后，还需采取有效表面保护措施，减缓风化的过程，延长石质文物的寿命。在石质文物保护工作中，最简单的加盖雨棚和建筑排水工程也是大面积保护石质文物的最有效措施。加盖雨棚可以有效地减轻因日晒所引起的石质文物表面温度剧烈变化而加速的石质文物表面风化、剥蚀程度，阻止雨水对石体的冲刷。建筑排水、渗水工程可有效地减缓石质文物溶解、水解进程，同时也减轻了溶盐对石质文物的危害。例如，为治理佛湾佛廊后山及房檐的雨水直接渗透岩石，修建了佛廊后檐南北贯穿的排水沟，全长 290m。在北段岩顶平台黄土层，这层泥土实为储水层，采用开挖地面排水沟，长 90m，使水不停留地面，防止渗透，对减轻石刻遭受水浸侵蚀取得显著效果。

20 世纪 50～70 年代，宝顶山截膝地狱石刻裂缝逐年扩大，结果"沽酒女"与"摩罗饮酒"两故事图上下分开，裂缝长达 5.5m，深 5m，缝宽 0.08～0.20m，滑石重 60 余吨，与原岩脱离。文物保护工作者采用化学保护与土木工程结合进行的方法，即在裂缝后岩打深槽，清理裂缝内残渣，底部用千斤顶推力使裂缝相合，垫固基脚。岩石打入钢锚杆，裂缝和锚杆孔灌浆黏结，最终恢复了原貌。

三、石质文物保护的方法

石质文物受地下埋藏环境的污染或地表风化因素的影响，会发生粉化、变色、生霉、酥碱破裂、蚀孔等。仅进行必要的灌浆修补加固是不够的，还需要采取表面封护等保护措施，以延长石质文物的寿命，减缓风化过程。

对石质文物进行保护处理一般应遵循的原则：①只有在十分必要的情况下，才对文物实施保护性处理；②不改变文物的本来面貌，保持石质文物表面的美观；③兼具有效性和持久性；④保护材料具有可逆性，以便将来的再处理；⑤符合生态要求，在选择保护材料的同时，必须考虑施工条件和对周围环境的影响。

（一）石质文物的清洁

在对石质文物进行封护前，有必要对表面进行彻底的清洁，因为它直接关系到保护的效果。

1.石质文物清洗原则

石质文物的一般性污染物包括尘土、烟垢、生活垃圾污染等，清除这些污物可以采用水洗的方法。开始用普通水洗涤，然后换蒸馏水或去离子水，每天换水。在水洗不掉的情况下，也可以使用化学溶剂进行清洗。石质不同，处理方法也不同。对此，可在石质文物表面滴上一滴稀盐酸，观察有无发泡反应。碳酸钙类石质对酸是极敏感的，如有发泡反应切不可用酸类溶液处理，应选用中性或弱碱性的溶液处理。而属硅酸盐类石质则无明显反应，若有难溶盐类沉积物，可用弱酸类溶液软化。在有些情况下，还必须应用机械清除法和热清除法，使用机械清除法和热清除法时应注意不能对文物造成损害。

2.石质文物的表面清洗

石质文物表面的清洗不同于清洗现代装饰石材，应遵循"尊重历史、保持原状、洗旧如旧"的清洗原则。在清洗石质文物表面时，尽量选用物理方法进行操作，避免化学试剂与石质表面发生化学反应，改变石质文物的元素构成，避免对石质文物造成二次损坏。针对石质文物病变特点，如风化、盐结晶等，应选择不同的清洗方法。现阶段，常见的石质文物表面清洗方法有吸附脱盐清洗、蒸汽喷射清洗等。吸附脱盐清洗技术主要清除石质文物表面稀释出来的盐结晶。盐结晶是危害石质文物表面岩石结构的最大破坏因素之一，在处理盐结晶时一般采用物理方法。如选用干净洁白的吸水性纸张、棉花、纱布等，吸附石质文物表面的盐性物质。或在石质文物的表面均匀喷洒清水，利用水作为溶剂，溶解石材表面的可溶性盐类，随着水分的喷洒，石材表面的盐溶液也不断蒸发，最终达到清除盐结晶的根本目的。在此方法中，由于盐结晶的含量过多，吸附脱盐清洗技术的操作往往需要进行10次以上，所以要选择优良的吸附性材料，提高此技术的工作效率。蒸汽喷射清洗技术经常使用在大型的石质文物表面清洗中，是最环保的清洗方法之一。蒸汽喷射清洗属于湿法清洗，对常见的灰尘污垢、生物污染等有明显效果。此清洗技术冲击力较低，不会对石质文物表面造成二次破坏，遵循了保持原状的清洗原则。

3.石质文物的岩体内部清洗

石质文物由于受到环境因素和人为因素影响，在岩体内部经常会产生细纹裂缝，而污染物会随着岩体缝隙进入石质文物内部，影响石质文物的保存寿命。现阶段，针对石质文物岩体内部的清洗方法主要有化学清洗技术、激光清洗技术等。化学清洗技术一般不大量使用，石质文物内部裂缝较多时均选用此方法。化学清洗剂能够渗透到石质文物内部的岩石缝隙中，通过溶剂含量的配比，清除特定的灰尘污垢和污染物。化学清洗技术具有针对性使用特点。现阶段化学清洗的用药量和含水量都较小，对石质文物表面的破坏性也较低。根据石质文物内部污染物性质不同，可采用不同的化学试剂。例如，可采用氢氧化物为化学试剂清除可溶性的氢氧化钡及氧化钙，化学反应方程式为

$$Ba（OH）_2 + CaCO_3 \downarrow \rightarrow BaCO_3 + Ca（OH）_2;$$
$$Ca（OH）_2 + CO_2 \rightarrow CaCO_3 \downarrow + H_2O$$

激光清洗技术是近几年科技发展的最新产物。利用激光清洗石质文物岩体内部的污染物，能够改善化学试剂对环境造成的污染，并且具有省力、节水、适用范围广等优点。激光清洗技术利用自身的光脉冲振动，利用高频率的脉冲激光作用岩体缝隙中的污垢，使其与污垢产生共振反应，最终达到清除污垢的目的。在激光清洗的过程中，污垢接收到激光传递的能量，吸收能量产生热膨胀，克服岩体缝隙对其的附着力量，从而产生脱落现象。

4. 雨迹水痕的清洗

水痕的形成是由于雨水中含有大量尘埃，在石质文物表面防风化层的作用下，落在石质文物表面的雨水不能再铺展开，而始终沿固定路线流淌，时间一久，雨水中的尘埃在这些部位逐渐沉积，形成水痕。首先用去离子水淋洗，去除易溶于水之污物。雨水冲刷之痕迹用5%Na_2[Na_4（PO_3）$_6$]水溶液清洗；若雨痕太重难以清洗时，将浸润5%Na_2[Na_1（PO_3）$_6$]水溶液的多层手工纸贴敷在石质文物表面，让其充分接触，络合而除去水痕，3~4天后即可去除，多次循环效果更好。最后用去离子水冲洗石质文物，以清除残留在石质文物上的清洗剂。

5. 油烟菌类的清洗

用14%的NH_4OH和5%~10%的丙酮溶液清洗，效果十分明显，油烟、霉菌全部清洗掉。若清洗之处特别潮，为了防霉，可用0.02%的霉敌乳剂处理，以在石刻表面形成一个防霉、透气、无光的保护膜。

还可以使用去离子表面活性剂对石质文物上的油烟污物进行清洗，去除大面积上沉积或吸附得不太紧密的和不很牢固的炭黑和其他成分。对吸附牢固之物，再使用H_2O_2_HF—O π 10（辛烷基酚聚氧乙烯醚或壬烷基酚聚氧乙烯醚）清洗剂进行局部氧化、渗透、腐蚀清洗。经验证明，非离子表面活性剂的一般使用浓度为0.25%~0.50%，使用1.0%HF水溶液为好，即HF水溶液的浓度为0.5mol/L，根据氧化还原半方程式 $H_2O_2 + 2H^+ + 2e \rightarrow 2H_2O$ 计算，需用H_2O_2的量为0.25mol，加入O π 10的浓度为0.1%即可。

6. 苔藓等低等生物的清洗

若石质文物的表面经常处于潮湿状态时，则容易生长苔藓等低等生物。这些生物的根系使石刻表面剥落，生长过程释放的酸性物质，对石质文物造成腐蚀。一旦

它们死亡，就会产生碳化，使石质文物表面发黑。这些作用的结果，使石质文物表面文字消失，降低了文物的价值。

用以上配方溶液清除石质文物表面的苔藓后，用大量清水冲洗，以免残留化学药剂长期作用石质，对石质文物造成不必要的腐蚀。

石质文物表面生物污斑可先用清水浸湿污物，然后用50%丙酮溶液清洗，再用14%的氨水清洗，最后用0.4%的霉敌乳剂作杀菌、防霉、防苔藓、地衣处理。

我国文物保护工作者在对乾陵石刻保护处理过程中，根据岩石的化学组成和风化产物的性质，选取不同溶剂进行清洗，再现了千年石刻的艺术风采。

(二) 脱盐

石质文物长期受化学污染物的作用，表层含有许多盐分，如氯化物、硫酸盐等，尤其是处于海边和工业区的文物更易形成盐污染层。这些盐分会对石质文物产生严重侵蚀，对文物造成危害。特别是曾埋藏在地下的，可溶性盐类的影响相当严重。由于可溶性盐具有吸湿性，在温度和湿度变化的条件下，可结晶析出或又重新溶解，如此反复周期性变化，必然伴随着体积变化，以致引起石刻的崩溃、解粉和剥落，因此去除石质文物表面及渗入内层的有害盐分对石质文物的保护十分必要。

1. 脱可溶性盐类的常用方法

清除石质文物内部可溶性盐类最常用的方法是先用普通流水冲洗，再用蒸馏水或离子交换水浸洗，且每 2～3 天换一次蒸馏水或离子交换水，直至洗到用 $AgNO_3$ 测定不再含氯离子为止，或只含极微量的氯离子。对那些庞大的石像或又大又笨的石头，不宜用上述浸洗的方法来消除盐类，一般用纸糨糊敷的方法。其操作方法是用蒸馏水将柔软的纸浆煮沸并捣成纸糨糊，冷却后敷在石质表面，将器物完全用纸浆包裹起来，水分被石头吸收并溶解了器物中那些可溶性盐类，从器物内部深处借毛细管的作用向表面层挥发，当纸浆干燥时，盐在纸饼中结晶析出，过20天左右，小心揭下干燥纸浆饼，这样可以消除一部分盐。再敷上新的纸浆饼，如此反复几次，直至揭下的纸浆溶于蒸馏水中，用 $AgNO_3$ 溶液检查不含氯离子为止。

2. 硅酸盐类石质文物脱盐壳方法

如花岗岩、玄武岩，石质坚硬无孔隙，理化性质稳定。花岗岩含有66%以上氧化硅，是一种酸性岩石；玄武岩则是一种盐基性岩石，氧化硅含量不到52%。在恶劣的地下环境中，表面会沉积一层碳酸类或氧化铁和氧化硅等物质的黑色硬壳。洁除工作可用硬毛刷蘸9：1的四氯化碳、甲苯溶液刷洗，使黑色硬壳软化后再清除，然后以蒸馏水冲洗药液，可溶性盐类的去除，可先在细流水中较长时间浸洗，再用蒸馏水加热至45℃左右浸泡，放入超声波清洗器中，可以快速洗除。最后以微晶石蜡渗渍封护。

3. 碳酸盐类石质文物脱盐壳方法

碳酸钙类石质慎用酸液处理。如果必须用酸类软化盐壳，可先将周围石面用清漆或三甲树脂封护。如难溶的石膏、硫酸钙类玻璃结晶状盐壳，可用电烙铁给盐壳加热，使结晶石膏物质受热膨胀解体，但温度控制得不可过高。灰岩类石器受热过度会生成石灰，不可用此法。

大理石是一种灰岩变质而来的，切不可用带有油脂和酸类的溶液洁除，清洗剂可以采用中性溶液，如氨皂液，用 100ml 蒸馏水配 10g 医用软皂和 1% 的氨水。另外，还可以采用 2% 的硼酸或 2% 的氯胺 T 钠，以及 5%~10% 的氢氧化胺溶液清洗大理石质的文物器表。器面坚硬锈壳可用清漆将周围封护，弱酸软化锈壳后机械方法剔除，洗去酸液，去除周围的清漆。

4. 多孔类石质文物脱盐壳方法

砂岩和灰岩都是比较多孔的，表面腐蚀主要是由可溶盐类的结晶形成硬沉积物，看上去仿佛是从毛孔里渗出的纤维晶状体，会使石面雕饰及文字模糊难辨认。可用流水浸洗法或纸糨糊敷法去除。

此外，石面酥解或有贴金彩绘情况，必须先加固，可用各 50% 的乙酸戊酯和丙酮溶剂配 2% 的硝基纤维素溶液，给石面涂刷加固，把酥松的砂粒黏紧，彩绘固定后，采用纸浆包糊法提取可溶盐类物质。难溶盐壳则可用 5% 的稀盐酸作局部软化，而后用机械方法剔除。

（三）石质文物封护加固

1. 选用封护加固材料的原则

严重风化酥解的石质文物，采用化学加固封护时，选用的加固材料需满足以下要求：

（1）加固材料对酥化层加固应有较深的渗透力，成膜性好。

（2）采用的材料加固石器后应具有较好的透气性和防水性，确保石质内空气、水分可以透出来，有一定的"呼吸"能力。

（3）所用材料不应有亮光感，不会改变石器外观，与石质中的水和盐适应，耐老化性能好。

2. 石质文物封护加固方法

（1）微晶石蜡封护法

石蜡是由石油中得到的含有 20 个碳以上的高级烷烃，熔点较低，在常温常压下是结构紧密的固态，化学性质稳定，在空气中不易变质。

大理石为材料的石质文物由于风化作用表面常会出现白色粒状物，用手指可以掐落石粒。这类文物可用红外灯烘烤，灯的距离在1m以上，趁热涂微晶石蜡与石油醚软膏。软膏熔化，被疏松和多孔石质吸收，石油醚被挥发掉，直至文物表面不再吸收石蜡为止。

（2）有机硅氧烷封护法

第一，有机硅氧烷聚合物特性。有机硅氧烷聚合物集无机材料特性与有机聚合物功能于一身。作为封护膜，它有以下特性：无色透明；疏水性好；成膜性好，能起到防潮、防CO_2和其他有害气体的作用；不易老化、化学性质稳定、耐高温和低温；电绝缘性好；能保持文物原貌。不损害或基本不损害石质材料对空气和水蒸气的透过性，是它的最大优点，因而最适合作为石刻表面封护剂。

第二，聚有机硅氧烷封护加固。如果石质文物保存较好，石质表面风化程度较轻且强度较好，采用有机溶剂乙醇稀释聚有机硅氧烷，降低黏度，涂渗石质表面后，有机溶剂挥发，有效的有机硅氧烷树脂留在石刻上形成无炫光的透明封护膜，起到防护作用。常用的有聚甲基三乙氧基硅烷、聚甲基三甲氧基硅烷、聚四乙氧基硅烷、聚四甲氧基硅烷等。

第三，有机硅氧烷单体——纳米材料封护加固。如果石刻风化较严重，用有机溶剂稀释的聚硅氧烷树脂，虽然可渗入风化层，但因有机溶剂挥发而剩下的有效固体物不多，起不到胶结风化松散物的作用，封护效果差。这种情况下，应选用有机硅氧烷单体，如甲基三乙氧基硅烷、甲基三甲氧基硅烷、四乙氧基硅烷、四甲氧基硅烷，在高活性引发剂的作用下缓慢聚合，渗透深度可达3～5cm，达到胶结风化松散物的目的，既有效地加固了风化层，又能起到很好的表面封护作用。有机硅氧烷由于分子中既有烷基又有硅氧键，是一种介于有机高分子和无机材料之间的聚合物。因此，既具有一般高聚物的抗水性，又具有透气性，以及与石质之间良好的相溶性，因而两者之间有很好的结合力。而且它还能通过化学反应形成比物理结合强得多的化学键力，可将风化的石质表面疏松颗粒结合成一个整体。在有机硅封护液中加入Al_2O_3、TiO_2、SiO_2等纳米粒子，可显著改善浆液性能，增大石质对浆液的吸收，并且封护膜具有更好的耐老化特性。

（3）氢氧化钡封护法

氢氧化钡加固石质文物的原理就是Ba^{2+}与Ca^{2+}交换而产生不溶性碳酸钡和可溶性氢氧化钙，氢氧化钙与空气中二氧化碳作用，又生成不溶性的碳酸盐。其化学反应式如下：

$$Ba（OH）_2+CaCO_3 \rightarrow BaCO_3+Ca（OH）_2 \qquad Ca（OH）_2+CO_2 \rightarrow CaCO_3+H_2O$$

轻微风化的石灰石和大理石制品，可将其浸渍于50℃的恒温氢氧化钡水溶液中一昼夜，取出后让其自然干燥，经处理后的石器表面会增加强度，表面不再酥化掉粉。

（4）氢氧化钙封护法

对于剥蚀得不成形的酥松结晶体，可以用氢氧化钙溶液浸渗进孔隙内，每隔几天渗一次，共处理3次。氢氧化钙与空气里的二氧化碳反应，会在大理石的多孔区及孔隙里生成碳酸钙，其成分与大理石的成分本身一样。少量粉化晶体可以刷掉。干燥后用10%的可溶性干酪素加固形成一层酪酸钙和碳酸钙薄膜使粉化石粒凝结起来。

（5）聚甲基丙烯酸酯减压浸透封护法

质地疏松的小件石刻艺术品，可用减压法浸渗。将器物放在用有机溶剂稀释的聚甲基丙烯酸酯类溶液中浸泡，然后置于真空干燥器内处理，开启真空泵，造成干燥器内减压，使气泡从浸泡溶液的石器中排出，直到气泡完全停止。

（6）微生物转化法

碳酸盐岩石表面由于空气中二氧化硫和碳微粒的作用生成易脱落的硫酸钙层（$CaSO_4 \cdot 2H_2O$），造成石质的风化。对这类石质文物的保护可用含有硫酸盐还原性的细菌——脱硫弧菌属细菌溶液处理表面的硫酸钙，处理后的石质表面形成方解石（$CaCO_3$），在形成方解石时，微生物起净化大理石表面的作用。

我国文物保护工作者近期发现在石灰岩和花岗岩石质文物表面有一层致密的亲水性半透明膜，是一层天然形成的保护膜。这层膜对古迹起到了非常好的自然保护作用，远远优于人工防护材料。在某些部位的膜层下，一千多年前在岩石上雕刻的刀痕还隐约可见。经研究表明，古迹表面形成的天然保护膜的主体是水合草酸钙结晶，是在微生物的存在和作用下形成的，在膜层中还包含微生物原植体及其菌丝的残骸。这种天然草酸钙保护膜能够有效地保护碳酸岩石，保护石质文物古迹。

3. 新型材料在石质文物加固中的应用

近几年，伴随着材料产业的飞速发展，纳米材料等新型材料的出现，拓宽了石质文物的加固渠道。纳米材料具有超强的黏结性、抗紫外线性、抗老化性和抗腐蚀性的特点，为石质文物的加固工作注入了新的活力。在石质文物的加固材料中添加纳米粒子，如纳米 TiO_2、纳米 SiO_2 等，可提高加固材料的抗老化性，并且在加固过程中，经过纳米材料的改良，复合型加固材料的使用性能较传统加固材料有了明显的提高。目前，纳米技术在石质文物的加固中还处于研究基础阶段，许多关键性的技术有待技术人员的进一步探索。但不可否认的是，新型材料的出现拓宽了石质文物的加固方式，为延长石质文物的文化寿命贡献了力量，有助于社会文化和社会经济的高效发展。

（四）石质文物黏结修补

石质文物出土时破碎、残损器物的黏结，通常采用 GJ301 快干胶，三甲树脂、热熔胶、聚醋酸乙烯酯、聚甲基丙烯酸酯类材料，丙酮稀释黏结。黏结方法是先洗净要黏结的断面，待半干后，合对断面，对好后轻轻用力片刻，固定放置使其固化即可，用小刀剔除或用丙酮擦去挤出余胶。采用上述胶黏剂不仅黏结效果好，而且可逆性强，万一黏结时断面未接好而有错面时，可以用丙酮浸泡溶解胶黏剂，然后重新对接胶黏。

石质文物有部分残缺时，需要修补。常用修补剂：纤维素加熟石膏、颜料；丙酮、乙酸戊酯混合，10% 硝基纤维素，拌 300 目白砂粉，调成油质膏；以丙酮、聚醋酸乙烯酯乳液加岩石粉及无定形二氧化硅、颜料，调成修补膏。刮填修补石器的黏结缝和残缺面，干燥即可。

综上所述，在文物保护意识背景下，文物保护人员更注重新石器时代石质文物保护与修复质量。做好石质文物保护工作，是为国家文化发展奠定坚实的基础，对社会经济的发展有着重要意义。在石质文物的保护与修复中，工作人员应积极学习创新思想，引进先进技术，激发石质文物的艺术价值和育人精神。对于艺术品来说，石质文物具有浓厚的历史氛围，是古代社会的结晶，做好石质文物的保护与修复工作，就是让这些历史的见证者继续发挥自身价值。

第四章 纸质文物保护技术

第一节 纸质文物的损毁机理

一、古代纸质文物耐久性好的内因

(一) 古代手工纸的耐久性

纸张耐久性就是纸张在保存和使用过程中，抵抗外界理化因素的损坏和维持原来理化性质的能力。造纸植物原料的种类、植物纤维的化学成分和生产加工工艺是影响纸张耐久性的三大主要因素。

从古代造纸的生产过程来看，其原料和生产工艺有利于纸张的耐久性：

(1) 造纸原料的质量好。

古代造纸的原料主要是麻类、树皮和竹子，其中麻和树皮的纤维长，纤维素含量高，木素含量低，杂细胞极少。

(2) 生产过程处理温和。

生产过程中造纸原料仅仅和石灰、草木灰等弱碱原料一起蒸煮，对纤维素损害较小，并且纸张呈弱碱性，有利于长久保存。

(3) 使用流动水。

古代生产纸张使用的水通常为清洁的天然纯净水，水质好，无污染、无金属离子。

(4) 生产工具多为竹、木制品，避免受金属离子的危害。

(5) 长期积累的手工抄造工艺使纸张纤维在纵横方向交织均匀。

(二) 字迹耐久性

1. 色素成分的耐久性

从汉代直至清末，我国纸质文物的书写方式以毛笔蘸墨为主。古代制墨工艺非常讲究，按照原料不同可分为松烟、桐烟、漆烟和墨灰四种，尤以桐烟墨和漆烟墨为佳品。桐烟墨写成的字迹黑而有光泽，不易脱落；漆烟墨是燃烧桐油和一定数量的漆而制成的，其字迹也较稳定。尤以安徽皖南的胡开文、曹素功等作坊生产的徽墨为上品。

墨的主要成分是炭黑，属于"乱层石墨"型晶体结构，晶体能量低，理化性质稳定，表现为：不溶于水、油和一般有机溶剂；耐热、耐酸碱，不容易与其他物质起反应；耐光性好而不褪色，能吸收各种波长的可见光而呈黑色。

古代印刷油墨的色素成分也是炭黑。其特点是黑度高、吸油量低、化学性质稳定。

2. 色素成分与纸张结合的耐久性

当字迹材料转移到纸张上时，干燥后会在纸张的表面结成一层薄膜，这种通过这层膜把字迹色素成分固定在纸张上的方式称为结膜方式。这种结合方式是各种结合方式中最耐久的。

古代字迹色素成分与纸张的结合方式称为结膜方式，优质块墨成分比例为"三碳二胶"，墨中的皮胶、骨胶的结膜是由于水分蒸发后，胶粒彼此紧密接触，分子间相互渗透扩散，紧密黏合在一起而形成牢固的薄膜，这种牢固的薄膜能将炭黑颗粒牢固地吸附在纸张载体上。油墨中内含植物干性调墨油（如蓖麻油、苏子油等）成分，其结膜是因分子内含较多的不饱和脂肪酸，在空气中均匀吸收氧气而形成的膜。这种物质成膜能力强，与纸张纤维的黏附能力也强，形成的结膜耐摩擦，不易扩散。

从承受信息内容的载体材料——手工纸和反映信息内容的记录材料——墨迹来分析，其化学成分是稳定的，制作工艺是精良的，因而古代纸质文物的耐久性较好。

二、纸张老化

尽管古代纸张的耐久性较好，但在文物保管和利用过程中，随着时间的推移，纸张的外观、结构和理化性质等方面仍然会逐渐发生不可逆的变化，称为纸张损坏或老化。纸张老化具体表现为变色泛黄、发脆强度下降和化学性质改变三个方面。引起纸张老化的原因错综复杂，往往是多种外界自然因素和纸张自身某些因素综合作用的结果。

纸质老化是纸质文物保存过程中常见的现象，也是必然的结果。由于纸质老化，给文物保存造成巨大的损失，因而世界各国对纸张老化都进行了大量的研究。

1995 年，宁波天一阁博物馆对馆在藏所有善本书进行全面清查时发现：善本书共计 30615 册，其中虫蛀的有 6491 册，发生水渍、霉变、粘连、焦脆和破碎残缺现象的有 1303 册，断线或无封面、副页的有 1902 册，合计破损书共计 9696 册，约占总数的三分之一。

（一）纸张文物损毁的内在因素

纸质文物损毁的内在因素是其载体材料——纸张的主要成分发生化学变化。

1. 纤维素水解

纤维素水解反应是纤维素分子在一定条件下，加水发生反应，β - 葡萄糖 1，4 甙键断裂，水分子加入，生成比原来纤维素分子链短的一群物质，即水解纤维素的过程。

纤维素水解反应的结果是：纸张纤维素分子聚合度下降，分子间范德华力和氢键作用力减小，纸张机械强度下降，耐久性受损。

影响纤维素水解的因素有水分（空气湿度或纸张含水量）、酸的催化能力与种类、微生物分泌的胞外酶、温度、纤维的种类等。

2. 纤维素氧化

纤维素氧化就是纤维素分子在一定条件下，分子内的 –OH 被氧化成为 –CHO、–CO、–COOH 等，生成与原来纤维素结构不同的氧化纤维素的过程。

纤维素氧化反应的结果是：纸张发黄变脆，随着 –OH 氧化，β - 葡萄糖 1，4 甙键容易断裂，聚合度下降，葡萄糖基进一步氧化生成乙醛酸、甘油酸、草酸等小分子物质，纸张耐久性受损。

影响纤维素氧化的因素有氧化剂的种类与数量、光、水分（空气湿度或纸张含水量）、温度等。

3. 半纤维素的水解和氧化

与纤维素分子相比，半纤维素分子聚合度小，有支链，分子间隙大，结晶区比例小，游离的 –OH 多，具有较高的吸湿性和较好的润胀性，更容易发生水解和氧化反应。

4. 木质素氧化

木质素分子中的每个苯丙烷上都有许多活泼基团，反应能力很强，化学性质极不稳定。木质素分子中含有发色基团，常呈黄褐色，木质素还能与某些物质作用，生成新的发色基团，形成特有的颜色反应。因此，木质素含量高的纸张容易被空气中的氧气氧化，降解成大量低分子化合物。氧化木质素又黄又脆。

（二）纸质文物损毁的外在因素

1. 温度的危害

温度是物质分子、原子无规则运动的宏观表现，是用来衡量物体冷热程度的状态参数。

（1）高温的危害

在高温条件下，各种有害化学物质对纸张产生破坏作用，且温度越高，化学反应速度越快，破坏性越强，纸张老化速度越快。研究表明，在38℃～98℃范围内，每升高15℃，纸张老化速度平均增长到原来的4.8倍，相当于每升高10℃，老化速度就增加1.8倍。

（2）低温的危害

外界温度低于结冰温度时，纸张中含有的游离水会结冰导致氢键结合力减弱，纸张内部结构遭到破坏，强度下降。

2. 湿度的危害

手工纸内纤维交织均匀，但有一定的空隙，当外界相对湿度较大时，纸张吸水，就有可能发生有害化学反应。此外，纸张受潮后，纸张四边吸潮较快而伸长，中间部位仍保持原来含水量而尺寸基本不变，会形成"波浪边"；当环境湿度降低时，纸张四边缩水较快而紧缩，中间部位尺寸基本不变，会形成"紧边"，纸张柔性就会下降，发硬发脆。因此，纸张过于潮湿或干燥都会影响纸张的机械强度和耐久性。

3. 光的危害

光具有一定的能量，能与物质材料之间发生能量传递，改变物质内部能级与能量，引起物质结构与性能的变化。光对纸张的破坏是十分显著而严重的，如亚麻、大麻纤维在阳光下照射100h强度就会降低一半。

光对纸张的危害主要有三种方式：

（1）光辐射热

光向外辐射时会产生热效应，形成高温对纸张造成危害。

（2）光氧化反应

在空气中，当光照射在纸上时，纤维素分子活化，发生氧化反应，氧化能力很强，能使纤维素和半纤维素氧化降解，聚合度下降，木质素就更容易氧化。

（3）光降解

当纸张吸收并积累光能达到化学键的解离能时，就会造成某些化学键的断裂。纸张内含有大量的O–H、C–H、C–O、C–C，其吸收高峰都在紫外光波长范围内，因而紫外光对纸张的破坏最为严重。

4. 霉菌的危害

霉菌是丝状真菌的总称，霉菌对纸张的危害主要有以下几个方面：

（1）降解纸张化学成分

霉菌新陈代谢中分泌的各种胞外酶能将纸张上含有的纤维素、半纤维素、木质素、骨胶、皮胶、蛋白质、淀粉糨糊等降解成小分子的、溶于水的、能被其细胞膜直接吸收的营养成分，使纸张纤维结构遭到彻底破坏。

（2）增加纸张酸度

霉菌在代谢过程中会产生多种有机酸，如草酸、乳酸、甲酸、乙酸、丁酸、柠檬酸和琥珀酸等。酸作为催化剂可加速纸张的水解反应，导致纤维素和半纤维素聚合度下降，强度降低。

（3）污染纸张

霉菌的孢子一般带有较深的颜色，有些菌类还分泌各种色素，在纸张上面留下黄、绿、青、褐、黑等色斑。色斑影响了文物的原貌，严重时会遮盖字迹或图像。

5. 害虫的危害

危害纸张的害虫种类繁多，导致纸张千疮百孔、污迹斑斑、缺边少角、残缺不全等，如对纸张危害最为严重的害虫有书蠹、竹蠹、药材甲、书虱、毛衣鱼等。

6. 有害气体的危害

有害气体主要来源于污染的空气，其中 SO_2、H_2S、NOx、Cl_2 为酸性有害气体，NOx、Cl_2 是氧化性有害气体，均为纸张化学反应的危害因素。

（三）书砖形成的机理

1. 书砖的概念

纸质文物保存多年后，由于各种因素的影响，部分纸张发生粘连，严重的黏结成块，像砖头一样很难分离，称之为纸砖或书砖。

2. 书砖形成的原因

（1）纸张是由植物纤维交织形成的片状物，其化学成分结构中含有许多 –OH，能与水结合，纤维具有亲水性。此外，纤维在交织过程中形成许多毛细孔，能吸附空气中的水分，纸张具有吸湿性，当空气湿度较大时，纸张含水量大，纤维润胀，重量增加，纸张发生层降而使纸层逐渐闭合。

（2）造纸过程中，为改善纸张抗水性而施胶，古代纸张主要用羊桃藤等植物胶，在高温、高压、高湿条件下，容易发生纸张粘连。

（3）古代纸张上的书写材料是墨。墨迹中含有相当量的皮胶、骨胶，其作用是使字迹干燥后结膜，但在热和湿共同作用下，胶能溶化而使纸张粘连。古代印刷油墨中也含有胶性的黏结剂，在一定条件下也能使纸张粘连。

（4）在长期无人翻动的书籍和档案上，积沉着大量黏土和灰尘。此外，灰尘中浮有霉菌孢子、细菌和放线菌。有些微生物在代谢过程中分泌黏液、蛋白质、果胶、果糖等，纸张潮湿时，也会发生粘连。

在书砖的众多成因中，黏结物起了重要的作用。如果这些纸质文物放在热湿环境中，长期无人借阅，纸纤维出现湿胀干缩现象，中间缝隙越来越小，书砖越结越紧。

第二节　纸质文物的保护和修复

一、我国传统的纸质文物保护

我国是一个历史悠久的文明古国，纸质文物十分丰富。先辈们为了使其世代长存，延绵千古，发明了许多保护纸质文物的有效方法，积累了相当丰富的经验，并形成了一定的体系。

(一) 库房建筑

古代典籍收藏非常重视其建筑的选址、设计和建造，对于防热、防潮、防光、防霉、防火、防盗等，在构建时都采取了相应的措施。

1. 著名的书库

著名的宁波藏书楼天一阁，距今已有四百三十多年的历史，占地面积8860m²，是一座一排六开间的两层砖木结构楼房，坐北朝南，可防止阳光直接射入库内；前后开窗，便于通风、降温、降湿，保持库内空气清洁；前有一水池，可备防火之用。

承德避暑山庄的文津阁，建于乾隆时期，屋顶为歇山式，中间有腰檐，二层檐罩，既防雨又防光，对室内温度有一定调节作用。文津阁从9月中旬至来年5月下旬，气温不超过10℃，一年中长达二百五十天左右处于低温线下，全年温差变化不明显，不易生长蠹虫。

古代藏书楼的防高温措施一般有四个层次：屋外的茂密树木荫翳为第一次降温；房屋屋顶覆瓦，瓦下有木板，板上涂泥浆，为第二次降温；书柜为第三次降温；图书放在密闭的书盒内，是防御高温的第四层次。

2. 著名的档案库

周代的天府，西汉的石渠阁、兰台、天禄阁，唐代的甲库，宋代的龙图阁、架阁库，以及明清的南京后湖黄册库和北京的皇史宬等，都是历代统治者为保存珍贵文献、典籍、档案而建造的馆库。

特别值得一提的是与北京故宫融为一体的皇史宬，它是一座独具特色的古代文献典籍收藏建筑。皇史宬建于明朝嘉靖十三年（1534），是目前我国保存最完整、最古老的典藏库，其特色体现在：

（1）整个建筑为宫殿式砖石结构，不用木料，既可防火，又坚固耐久。起脊式屋顶排水顺畅，殿基较高，且内筑石台，有利于防水、防潮。

（2）黄琉璃瓦盖顶，对太阳辐射热反射系数大，吸收系数小，有利于屋顶的防热。

（3）墙体坚厚（最小厚度3.5m，最大厚度4.14m），有利于夏天隔热、冬季保温。

（4）窗户对开，有利于空气对流通风。

（5）皇史宬内的温、湿度终年变化很小，完全是其独特构筑的结果。皇史宬可谓集我国古代典籍收藏建筑艺术和科学保护之大成。

（二）防蠹纸

纸张内含有C、H、O等有机物，是害虫和霉菌的营养物。当库房保管环境潮湿、温热时，就会生虫长霉。于是古人在长期的摸索中创造了防蠹纸，以防害虫对珍贵典籍的危害。

1. 黄檗纸

黄檗又称黄柏，是一种芸香科落叶乔木，内皮呈黄色，味苦，气微香。经化学分析，黄檗皮中主要含小柏碱，还含有少量棕榈碱、黄柏酮、黄柏内酯等多种生物碱。这些生物碱具有较好的杀虫功能。所以，将纸张用黄檗树皮浸泡出的溶液渍染，晾干后再用来书写，就可防止蠹虫的危害。敦煌石室的石经很多都是采用黄檗纸书写的，至今纸质完好，无蛀痕。

2. 雌黄纸

雌黄是一种含有砷的有毒物质，可毒杀害虫。将雌黄加水研磨，配入胶清融合染纸，阴干即可。此法为黄檗染纸法的一种补充。

3. 椒纸

椒纸是宋代的一种印书纸。它是将胡椒、花椒或辣椒的浸渍汁液渗透入纸内而成的。花椒中含有柠檬烯、枯醇和香叶醇等挥发油，散发出辛辣气味，具有驱虫、杀虫作用。现存的南宋刻本《名公增修标注南史详节》一书即用椒纸所印，至今未受蠹虫危害。

4. 万年红纸

万年红纸出现于明清时期，是用红丹（又称铅丹）为涂料涂刷在纸上而制成的一种防蠹纸。这种纸主要用作古籍的扉页或衬底，既可以防蛀，又有美化装饰古籍的作用。铅丹即四氧化三铅（Pb_3O_4），是一种鲜红色有毒的物质，化学性质稳定，不易挥发，所以能在几百年内保持防蠹的效能。明代宋应星在《天工开物》中详述了铅丹的制作方法。

（三）香药避蠹

香药避蠹就是在书库、书橱或书页中放置某些含有挥发性成分的药材，让其挥发出来的气味在文物典籍周围保持一定的浓度，以使害虫不敢接近的一种防虫方法。所用的香药有芸香、麝香、檀香、艾叶、辣蓼、皂角及烟叶等。

1. 芸香避蠹

在香药中尤以芸香最常用。芸香能驱避害虫，是因为叶内含有菌茅碱、香叶醇等挥发性物质。古代使用芸香避蠹保护书籍文献始于西晋，盛于唐宋。北宋科学家沈括在《梦溪笔谈》中有关于芸香驱避的记载："古人藏书避蠹用芸香。"此法简单易行、安全有效，运用和流传也最久。

由于常用芸香避蠹，故藏书的房屋有"芸阁""芸署"之称。宁波"天一阁"内的藏书，就是用芸香草来驱避害虫的。

2. 麝香避蠹

麝香的主要成分是麝香酮（$C_{16}H_{30}O$），具有杀菌防腐功能，可作香料和药用。北魏贾思勰所著《齐民要术》中就载有"厨中安麝香、木瓜，令蠹虫不生"。

（四）装帧保护

我国典籍装帧已有千余年历史。古籍经过装帧，不但美观，而且易于保护和收藏。

1. 卷轴装的保护

卷轴装是纸本书和书画艺术品的最早形制，它继承了竹简和帛书的卷束形式，流行于东汉末年，隋唐时期更为盛行。卷轴装由卷、轴、缥和带四个部分组成。卷轴装内卷子的纸需要装潢，以免卷子因经常翻阅而破裂；染潢则可避蠹。轴不但便于舒展书卷，还可防潮避蠹。缥又称"包头""护首"，它是在卷的最前端留有的一段空白，是粘裱的一段韧性较强的纸或丝织品，以保护内部卷子。

2. 册页装的保护

把长幅卷子折叠成方形书本形式为册页装，便于阅读。印刷术出现后，册页装开始流行，装帧上先后出现旋风装、蝴蝶装、包背装、线装等形式，其中"护页""副页""封面"都起保护书页的作用。

3. 护书用品

（1）帙

一部书往往有很多卷轴构成，为了防止互相混杂，用布、帛、细竹等软质材料将许多卷轴汇集、包裹成为一帙，以五卷或十卷包成一帙。

（2）函

古代用所谓玉函、石函等硬质材料盛装册页书籍，避免书籍的棱角损坏。

（3）匣

制作匣的材料要精选，防止木材中油性分泌物污染纸张，以楠木、樟木等木质材料为原料做成的匣盛装书籍，既可防虫，又可保持书页平整。一般木匣以多层材料复合为好，外层是樟木，中间为楠木，最里层用上等丝绸衬垫。

此外，以硬纸为胎，外包以布做成的纸匣，也可保护图书免受污损。

（五）晾晒制度

明清时期皇家立有定期晾晒制度，并设有专职官员负责对文献典籍的晾晒。明代定在每年六月初六日，清代则为每年夏秋两季。私家藏书也有定期晾晒措施，一般每年在梅雨季节过后，将重要的书籍、字画拿出通风晾晒，以达到防潮、防霉和杀菌的效果。

二、我国传统纸质文物修裱技术

修裱技术是中华民族博大精深文化园地中的一朵艳丽奇葩，因纸张老化、纸质文物酥解破损需要修补而起源，距今至少有一千五百年历史。

修裱技术的出现，对延长纸质文物的寿命、保护珍贵文化遗产起到重要的作用，是世界上公认的实用有效的传统纸张保护方法。

（一）修裱的概念

纸张在保存和利用过程中会发生强度下降、脆化或部分残缺等现象，修裱就是将破损的文物原纸与特选的修裱新纸进行黏合加固的过程，通过加固能增加纸张强度，恢复原貌和耐久性。

从某种意义上说，中国传统修裱技术并没脱离造纸的基本方法，造纸过程中疏散的植物纤维靠胶粘和加压成为纸张薄页；修裱过程是先用较多的水分浸润文物原纸或修裱新纸，使其纤维疏胀松软，后用胶黏剂使两种纤维紧密黏合，加压排实，最后排除多余水分，恢复纸页的平整干燥。

（二）修裱技术的发展

修裱技术是魏晋南北朝时期在典籍保护技术上的一项重大突破，以后逐步发展成为裱稍和装饰书画、经卷图籍、档案等的一项独特的传统技艺，一直流传使用至今。

1. 起源于魏晋南北朝

修裱技术历史悠久，早在南朝刘宋时，虞和就对书画修裱有过论述，对糨糊制作、防腐、用纸的选择，以及去污、修补、染潢都有见解。

史书记载，梁朝收集王羲之墨迹，用色纸写成，质地很差且有破损，修裱人员对准字迹进行长裱，再裁剪整齐，进行修裱，既补接了残字，又不失体势，而且墨迹更重，证明修裱技术已相当成熟。

2. 成熟于隋唐

唐代宫廷专有修裱工匠五人，装潢一人。唐人张彦远所著《历代名画记》中详载了自古至晚唐的鉴赏收藏印记及装裱情况，文中总结了前人装裱的经验，也进一步叙述了个人对装裱的主张。这是一份研究装裱沿革的珍贵资料，也是一本操作性很强的教科书。其中有些经验如"凡煮煳必去筋""装裱秋为上时，春为中时，夏为下时，暑湿之时不可用""勿以熟纸，背必皱起"等名言仍为现代装裱师所学用。

3. 鼎盛于宋

宋代朝廷设有专门的职官主管修裱之事，从流传下来的宋代宣和装等一些装裱成品中可看出当时的修裱技术已达到相当高的水平。从《清明上河图》中可见，装裱作坊已出现在民间。宋代米芾所著的《画史》《书史》都有装裱经验之谈。

4. 发展于明清

明代周嘉胄《装潢志》总结了当时的修裱技术，如"古迹重裱，如病延医""补缀须得书画本身纸绢质料一同者，色不相当尚可染配，绢之粗细，纸之厚薄，稍不相侔，视即两异；故虽有补天之神，必先炼五色之石，绢须丝缕相对，纸必补处莫分"，足见当时修裱技术之精湛。

北京故宫博物院珍藏的西晋文学家陆机（261—331）的《平复帖》，距今已有一千七百多年，几经修裱，常裱常新，至今保存完好。

（三）胶黏剂的选择

1. 胶黏剂的概念

凡能将两个物体的表面紧密连结起来，并能满足一定物理和化学要求的物质，称为胶黏剂。

胶黏剂必须满足以下条件：①不论何种状态，在涂布时应是液态（液流性）；②对被粘物表面应能充分湿润（浸润性）；③必须能从液态向固态转变（固化）的过程中形成坚韧的胶膜（胶黏性或膜性），固化后有一定的强度，可以传递应力，抵抗破坏，胶膜有一定的机械强度；④必须能经受一定的时间考验。

2. 胶黏剂作用机理

液态胶黏剂涂布在纸张或丝织物表面后，慢慢扩散并浸润到纤维内，当胶黏剂分子与纤维素分子接近到一定距离时，在分子间范德华力和氢键力的作用下互相吸引而产生黏附力；胶黏剂在固化过程中，慢慢形成的薄膜具有胀紧力，使新材料与原纸黏合为一。

3. 修裱胶黏剂理化性质

修裱胶黏剂的理化性质直接影响着修裱的质量，对修裱使用的胶黏剂有如下要求：①黏性适中，修裱后的纸张要柔软；②化学性质稳定；③ PH 中性或微碱性；④不易生虫、长霉；⑤无色透明或白色；⑥具有可逆性。

能达到以上要求的最佳胶黏剂是淀粉糨糊，因为纸张是以 β - 葡萄糖脱水聚合形成的多糖类高分子化合物，淀粉是以 α - 葡萄糖脱水聚合形成的多糖类高分子化合物，两者分子式相同，最容易形成氢键结合力。

古人虽然对以上的现代胶黏理论并不理解，但从一开始就将淀粉糨糊作为黏合加固纸质原料所用，确实具有相当高的科学性。

4. 小麦淀粉糨糊的制作

古人对淀粉糨糊的制作有一套较为科学的方法：

洗粉去筋—浸泡沉淀—发酵漂洗—干燥—制糊，使用时稀释。

操作时，每一步骤都非常重要，其中去除蛋白质和制糊最为关键。

（1）去筋

面粉内含有 8% ～ 15% 的蛋白质成分，不去蛋白质的糨糊，黏性强、浸润流动性差、修裱后纸质文物易起皱、柔性差；蛋白质内含 N 源，更容易生虫长霉；蛋白质内含有许多活性基团，化学性质不如淀粉稳定，在热、酸、碱、氧化剂条件下，容易发生变性。

（2）制糊

糨糊制作是淀粉分子受热溶胀产生黏性，由悬浮液转变成胶凝系统的不可逆过程。这个过程在化学上称为胶化，制作糨糊则称为糊化。

淀粉悬浮在冷水中—加热，温度升高，吸水能力增强，直链淀粉溶于热水—温度继续升高，淀粉微粒体积迅速膨胀—体积超过原来的几十倍，微粒在水中相互挤压—支链淀粉分子形成凝聚的网络结构，黏度迅速增大—形成胶黏体系—冷却后在水中呈不溶解、不溶胀的凝胶态。

修裱时要对凝胶态的糨糊进行稀释，修裱一般要求用糊如水，根据纸张的种类、吸水性和厚度对稠糊进行稀释，配制成不同比例的稀糊。

制糊的关键需主要控制糊化温度，一般为 70℃ ～ 75℃。温度过高，糊化过热，黏度太大，不能完全浸润纸张；温度过低，微粒膨胀不足，达不到一定黏度。

另一关键是控制水量，如果水量适合，微粒正好把水分全部吸收，分子间膨胀适当，容易挤压成网络，则黏度适中。此时，糨糊形成的冷凝胶最为稳定，不易形成干膜，也不易产生沉降。

（四）修裱用纸的选择

1. 修裱用纸的质量要求

（1）纸张中有害杂质少，有较好的耐久性。

（2）纸张纤维交织均匀，纸张轻薄柔软，具有较高的干湿机械强度。

（3）纸张 PH 呈中性或弱碱性。

（4）纸张白度在 60% 左右。

（5）纸张伸缩性小，遇水浸湿后的膨胀系数小。

（6）纸张吸收性低，吸收水分少，容易干燥。

2. 修裱用纸的种类

（1）麻纸——白麻纸、黄麻纸、麻沙纸等。

（2）皮纸——河南棉纸、浙江棉纸、高丽纸、桑皮纸等。

（3）竹纸——毛边纸、毛太纸、玉扣纸、连史纸、夹江纸等。

（4）宣纸——罗纹纸、棉连纸、夹连纸等。

一般来说，修裱用纸最好与原件所用的纸质同类。

（五）修裱技术

1. 揭黏

纸质文物在保存过程中，由于种种原因，部分纸张发生粘连，严重的结成砖块，难以逐页分离，影响使用。其原因极其复杂，是纸张、环境、生物、人为等因素综合作用的结果。

揭黏技术有干揭、湿揭（水冲法、水泡法、蒸汽渗透法）、酶解法（淀粉酶、蛋白质酶）、综合法等几种方法。一般对难揭的纸砖可多种方法并用。无论采用上述哪种揭黏方法，当纸张处于潮湿状态时，都不能马上揭。纸张中含有较多水分，纤维之间距离大，纤维间的氢键力和各种结合力都下降，使纸张强度降低，容易揭烂。此外，揭开后，由于污垢尘土很多，在修裱前需进行清洗。待通风干燥使纸张有一定强度后，再进行纸片拼接。揭开后，应及时进行修补和托裱，以免丢失只字片语。

2. 修补

修补就是选用与文物原纸的纤维方向、厚薄、颜色、质地基本一致的纸张，对有孔洞、残缺或折叠磨损的部位进行修复。

（1）补缺——对残缺或虫孔的部位进行修补，补纸直径比孔洞大 2 ~ 3mm。

（2）溜口——在磨损折叠处补上一条补纸，溜口的补纸宽度一般为 1cm 左右。

（3）加边——在纸张四周加上补纸，有挖镶、拼条镶、接后背等。

3. 托裱

托裱就是特选整页的新纸（托纸）和胶黏剂，对破损的纸质原件进行黏合加固的过程，以提高纸张的机械强度。托裱分为湿托、干托两种。

（1）湿托

湿托就是把糨糊刷在原件上，然后再上托纸，适用于字迹遇水不扩散的原件。

方法步骤如下：

铺油纸—铺平原件—刷稀糊—补缺—上托纸—排实—上纸墙晾干—下墙—修整。

（2）干托

干托就是把糨糊刷在托纸上，再与破损的原件进行黏合，特别适用于字迹遇水扩散和破损严重的原件。

我国古代书画作品是纸质文物的重要组成部分，多为历代皇帝、大臣、名人的手迹，如故宫博物院和第一历史档案馆馆藏的明清两代御制诗文及画稿，中国第二历史档案馆珍藏的孙中山、于右任等名人书画手迹，大多为卷轴装。其载体材料多为宣纸和丝绢，由于质地纤薄、性质柔软不坚挺，且着墨或着色后折皱不平，不利于保管和展示，因此需先裱后装。部分时间久远而破损的书画文物也需要揭旧重裱。

对这些文物除托画芯外，还要经过配镶料、覆背、研光、装轴、系丝带等工序，使书画艺术突出色彩美、结构美、艺术美的整体效果。

三、纸质文物的现代保护技术

（一）温度、湿度控制

在纸质文物的保护工作中，控制调节库房的温湿度是最关键、最根本、最有效的措施。温度和湿度是直接作用于纸质文物的两个最普遍的因素，而且是互相关联的两个因素。

实验证明，温度和湿度对纸张耐久性的综合作用大于单因子独立作用之和，表现为协同效应。在温度 15℃、相对湿度 10% 的保管条件下比在 25℃、50% 条件下，纸张保存寿命增加二十倍左右。

纸质文物的库房温湿度要求：冬天室内保持在 12℃ ~ 18℃，夏天不超过 25℃；

相对湿度保持在 50%~65%。24 小时内温度的变化不应超过 2℃~5℃，湿度变化不应超过 3%~5%。

1. 防热

（1）外围结构防热

室外的热源通过辐射热、对流热、导热传入库内，最好的隔热措施是利用导热系数小、热阻大的建筑材料。此外，还可利用加大墙体厚度、注意门窗密闭、使用遮阳板等防热措施。

（2）空调系统降温

空调系统是文物库房取得符合保护要求的气候条件的理想设备，降温效果良好。

2. 防潮

（1）外围结构防潮

库内潮湿的因素主要包括地下水通过地面和墙体向内蒸发、雨水通过外围结构向内渗透、潮湿空气通过门窗缝隙浸入库内等。最好的防潮措施是在外围结构层中使用结构紧密、能隔断水分渗透的防水材料。此外，还要注意库房建筑的自身排水和防潮效果。

（2）去湿机除湿

库房内使用去湿机，可将空气中的水蒸气降温、结露、析出液态水。冷冻去湿机一般具有不需要冷却水源、使用方便、性能稳定可靠、能连续运行等优点。

（二）杀虫

1. 高温、低温杀虫法

环境温度因子对纸质文物库房滋生的害虫的新陈代谢活动影响很大，温度既可以加速或减缓害虫新陈代谢的速度，也可以使害虫代谢完全停止而死亡。

（1）高温法

40℃~45℃为昆虫生长的亚致死高温区，又称热休克区。昆虫生活在这一温度区域内，持续数天，就会因代谢失调而死亡。

（2）低温法

-10℃~8℃为昆虫生长的亚致死低温区，又称冷昏迷区。昆虫生活在这一温度区域内，持续数天，就会使代谢速度变慢，生理功能失调，体液冰冻和结晶，原生质遭到机械损伤而死亡。

2. γ 射线辐照杀虫

γ 射线是一种波长极短、能量较高的电磁波，对生命细胞的穿透力较强，对各种昆虫（微生物）均有杀伤作用。

3.气调杀虫

空气是昆虫生存重要的生态因子，缺少氧气，昆虫便不能正常生长、发育、繁殖。在密闭的条件下，将空气中各种气体的正常比例加以调整，减少 O_2，充入 N_2 或 CO_2 气体，使昆虫的正常活动受到抑制，窒息而死。

4.化学熏蒸杀虫

熏蒸就是在密闭条件下，使用化学熏蒸剂以毒气分子的状态穿透到生物体内，使其中毒而死。目前常用的熏蒸剂为磷化铝片剂，释放出来的 PH_3 气体主要作用于昆虫的神经系统，使昆虫死亡，对成虫和幼虫均能达到100%的杀虫效果。

（三）防光

纸质文物最怕长时间被光照晒，尤其是紫外光对纸张有很大的破坏作用。达到地面的290～400nm的紫外光是引发纸张材料发生光化学反应的主要因素，所以库房防光主要是防紫外光。

1.合理确定库房照度标准

照度是指物体表面得到的光通量与被照射表面的面积之比，单位是勒克司（lx），一般纸质文物库房的照度为30～50lx，库内所用照明灯光不需过于明亮。

2.限制日光的辐射强度，减少光通量

窗户是日光进入库内的主要通道，对窗户的位置、结构、玻璃、遮阳设备都应有合理的安排。

窗户位置决定光通量：北窗＜南窗＜东窗＜西窗。

窗户结构决定光通量：无窗、小窗、狭长窗、多层玻璃窗、百叶窗都能限制光通量。

窗户玻璃决定光通量：毛玻璃、花纹玻璃、吸热玻璃、茶色玻璃、彩色玻璃均能限制光通量。

窗户遮阳决定光通量：厚窗帘、遮阳板（水平式、垂直式、综合式、挡板式）都能限制光通量。

3.涂布紫外光吸收剂

在窗户玻璃上涂紫外光吸收剂，如二羟基二苯甲酮类可吸收400nm以下紫外光，KH-1型涂料对紫外光的滤光率可达99%以上。

四、纸质文物的现代修复技术

除了传统的修裱技术以外，纸质文物还可采用一系列的现代物理化学技术，进行修复处理。

（一）去酸

纸张呈现酸性，是因为含有大量的 H^+。H^+ 是纤维素、半纤维素水解反应的催化剂，对破损不是很严重的纸质文物，去酸处理可以起到长期保护的作用。纸张去酸方法很多，主要有液相去酸和气相去酸两大类。

1. 液相去酸

此法是使用某些碱性溶液与 H^+ 反应而达到去酸的目的。

（1）$Ca(OH)_2$—$Ca(HCO_3)_2$ 溶液去酸（巴罗法）

首先将含酸纸张在清水中充分浸透，放入 0.15% 的 $Ca(OH)_2$ 溶液中 10~20 分钟。$Ca(OH)_2$ 溶液中的 OH^- 与纸张中的 H^+ 发生中和反应达到去酸效果。

在清水中冲洗以去除纸张上的 $Ca(OH)_2$ 残液，再放入 0.15%~0.20% 的 $Ca(HCO_3)_2$ 溶液中约 10~15 分钟，$Ca(OH)$ 和 $Ca(HCO_3)_2$ 反应生成 $CaCO_3$：

$$Ca(OH)_2 + Ca(HCO_3)_2 \rightarrow 2CaCO_3 \downarrow + 2H_2O$$

最后将去酸的纸张放在吸水纸中压干即可。此法的优点是残留在纸张上的 $CaCO_3$ 细微白色颗粒会渗入纸张纤维中，既增加了纸张的白度，又能防御酸性有害气体的侵入。

（2）缓冲溶液去酸

缓冲溶液是一组能够抵制外加少量强酸或强碱的影响，并使原来溶液 pH 基本保持不变的混合溶液，具有调节控制溶液酸碱度的能力。

对纸质文物去酸，应该选用一组 pH 为 7~8 的多元弱酸的酸式盐和它所对应的次级盐组合。按体积之比 1：10.8 配制 KH_2PO_4 和 Na_2HPO_4 水溶液，去除纸张酸性。

缓冲溶液去酸的优点是纸张去酸后 pH 保持碱性或微碱性，具有进一步的抗酸作用。

（3）甲氧基甲基碳酸镁去酸（韦陀法）

甲氧基甲基碳酸镁溶液是由甲氧基甲基碳酸镁、甲醇、氟利昂组成的混合溶液。去酸前要将纸张放在真空干燥箱中进行干燥，使纸张的含水量减少至 0.5%，然后放入处理罐中用泵打入去酸溶液并加压，使溶液充分渗透纸内，反应如下：

$$H_3COMgOCOOCH_3 + H^+ \rightarrow Mg^{2+} + CO_2 + CH_3OH + H_2O$$

结束后抽去去酸液，进行真空干燥，导入热空气至常压状态下，取出纸张。

此法去酸的优点是反应残留有 $MgCO_3$、$Mg(OH)_2$ 和 MgO 等碱性化合物，具有抗酸缓冲作用；干燥快，对纸张损伤小；处理量大、周期短、费用低等。

（4）FMC（Lithco）法去酸

FMC 法处理过程是把 MG-3[$C_4H_9(CH_2CH_2O)_3MgOC(O)(OCH_2CH_2)$] 溶解在

碳氢化合物或卤代烃溶剂中，MG-3 与水反应生成 $MgCO_3$，$MgCO_3$ 以沉淀的形式储存在纸张中，以中和纸张中的酸。

（5）Vinncse 法去酸

Vinnese 法就是在纸上喷洒 $Ca(OH)_2$ 和甲基纤维素的水溶液，利用 $Ca(OH)_2$ 中和纸张中的酸，甲基纤维素在纸张上形成膜以提高纸张强度。此法处理过的纸张，强度可以提高 150% 以上。

2. 气相去酸

气相去酸就是将纸张放在碱性气体或碱性蒸气中去酸。

（1）氨气去酸

氨气（NH_3）是弱碱性气体，能与纸张中的 H^+ 作用。

氨气去酸的优点是原料价廉易得、操作简单、对字迹无影响、可以大批量处理。

（2）二乙基锌去酸

二乙基锌去酸法是美国国会图书馆研究人员发明的专利，我国南京博物院和中国第二历史档案馆也曾通过鉴定加以使用。

二乙基锌去酸可以提高纸张的寿命，但 ZnO 的存在会加速纤维素在紫外光中的降解，同时二乙基锌在液态时易自燃，或与水发生强烈的反应生成可燃性气体乙烷，容易发生事故，因此操作时要注意安全。

（3）吗啡啉去酸

吗啡啉简称吗啉，为无色、有氨味和吸湿性的中等碱性液体，在真空条件下吗啡啉与水混合可转变为蒸汽。吗啡啉分子结构中的仲氮原子易与纸张中的 H^+ 结合，从而达到去酸目的。

吗啡啉去酸可以大批量处理，去酸迅速，去酸后纸张寿命可延长 2.5 倍，对纸张和字迹基本无影响。

（二）去污

纸质文物在保存和利用过程中由于环境及人为因素的影响，很容易沾上各种污斑，如泥斑、蜡斑、油斑、墨迹斑、霉斑等，不仅影响字迹的清晰度，还影响纸张和字迹的耐久性，对此可用物理和化学的方法加以清除。

1. 机械去污

对于纸张强度好且污斑较厚易除的纸质文物，可用手术刀、毛刷等工具利用机械力量去除污斑。

2. 溶剂去污

溶剂去污就是利用溶剂与污斑之间的作用力大于污斑内分子之间的作用力及污

斑与纸张纤维之间的作用力，使污斑溶解于溶剂的去污方法。其原理为相似相溶原理，即当溶剂与污斑分子的极性相似时，污斑容易被溶解。极性污斑分子容易溶于极性溶剂中，非极性污斑分子容易溶于非极性溶剂中。

水可去除泥斑、尘土，有机溶剂可去除油斑、蜡斑等。有些有机溶剂会挥发，有一定的气味，或有一定毒性，或容易着火，操作时应该格外小心。

3. 氧化去污

氧化去污就是利用氧化剂使污斑中的色素成分氧化，分子结构遭破坏，变成无色物质，以达到去污效果。使用氧化去污法需考虑纸质纤维素及字迹色素的耐久性，避免去污同时降低了纸张机械强度和导致字迹褪色。

（1）氯胺 T 去污

氯胺 T 是一种性质缓和的氧化剂，含有活性氯，其水溶液能生成具有氧化性的次氯酸，从而使污斑氧化褪色。

氯胺 T 在去污过程中氧化作用平缓，对纸张的损害小，反应不产生破坏性的残渣。

（2）过氧化氢去污

过氧化氢（H_2O_2）既具有氧化性又具有还原性，氧化漂白是其主要的去污原理。

为了减轻对纸张强度的影响，可用 H_2O_2 与乙醚混合形成一种较温和的氧化剂溶液，乙醚是有机溶剂，也可以溶解部分污斑。

（3）次氯酸钠去污

次氯酸钠（NaClO）的氧化作用首先生成次氯酸，次氯酸是强氧化剂，很不稳定，能分解生成氧化性很强的 [O]，[O] 能很快与污斑色素发生去污反应。

污斑去除后还需用少量盐酸水溶液赶氯，再用稀氨水溶液中和，保持纸张不受酸的侵蚀，该法去污能力显著。

（4）高锰酸钾去污

高锰酸钾（$KMnO_4$）为深紫色晶体，是一种强氧化剂，能氧化污斑中的色素。

用 $KMnO_4$ 强氧化剂去污后，为使纸张变为白色，还应使用 $NaHSO_3$ 等还原剂。一方面，使反应生成无色的 $MnSO_4$；另一方面，还能使某些污斑中色素还原成无色物，从而可以进一步去污。

用氧化剂去污一方面要考虑氧化剂的氧化能力，即破坏污斑色素的能力；另一方面要考虑氧化剂对纸张纤维和字迹耐久性的影响，去污时应首先考虑使用缓和的氧化剂。

（三）加固

对破损的纸质文物，现代的加固技术有丝网加固法、派拉纶真空涂膜法等。

1. 丝网加固

丝网加固就是用蚕丝织成网膜，并喷上聚乙烯醇丁醛胶黏剂，在一定的温度和压力下使丝网与纸张黏结在一起的加固方法。

蚕茧经抽丝、纺织织成一定规格的单丝丝网，按照丝网—纸张—丝网的顺序排列，用热压熨烫的方法将丝网与纸张黏合在一起。丝网加固的优点是透明度好、重量轻、手感好、耐老化。特别适用于两面有文字的脆弱纸张的保护加固，不影响文字的识读、拍照，需要时又可用溶剂将丝网从纸张上剥离下来。

2. 派拉纶真空涂膜法

利用对二甲基苯的二聚体加热气化、裂解，转变为对二甲基苯自由基单体，在真空室温条件下，该自由基单体能自发地聚合成派拉纶膜。

采用真空涂膜技术可以在纸张表面涂上 $0.25 \sim 20 \mu m$ 任意厚度的派拉纶膜，使纸张的强度大大增加，并提高了纸张耐酸、耐碱、耐水能力。用派拉纶涂膜保护纸张，文字不受任何影响，手感略有变化。该法优点是保护效果好，可以对整本书加固而无须折页。但此法技术工艺复杂，材料成本较高，大规模推广受制于经济条件。

第五章 档案纸张与档案字迹

纸质档案制成材料主要是纸张材料和字迹材料。纸张的发明是人类文明史上的重大进步，纸张出现以前，人类文化的记录和传播都十分困难，纸张作为文字的主要载体材料，具有很大的优越性，其数量巨大，应用广泛。字迹材料作为文字信息的书写材料，种类繁多，有悠久的历史。

第一节 档案纸张的主要种类及选择

纸张是承载纸质档案信息内容的载体材料，其性能和耐久性情况对档案的长久保存具有决定性作用。由于受纸张内部结构和外部不利环境因素的影响，在长期保存过程中，档案纸张会发生老化。但不同的档案纸张材料，其老化的快慢程度有着很大的差别。有的纸张几年内就开始发黄变脆，也有的纸张几十年后才出现老化的迹象，还有的纸张则历经几百年甚至上千年仍完好如初。档案纸张的寿命之所以有如此大的差别，关键在于不同的档案纸张具有不同的耐久性。造纸植物纤维原料的质量、植物纤维的化学成分和生产加工工艺是影响纸张耐久性的三大主要因素。

一、档案纸张的主要类型

依据不同分类标准，可以将纸张分为不同类型。按生产方式分可分为手工纸和机制纸。手工纸是以手工操作为主，利用木制或竹制网帘等工具，人工逐张捞制而成，纸张质地柔软，吸水性好，耐久性强，适于水墨书写和绘画，其产量在现代纸张中所占比例很小，不到1%，如明清之前的历史档案大部分由手工纸形成。机制纸是指以机械化生产方式生产的纸张，适于打印、复印、印刷和包装等，在现代纸张中占据相当大的比例。构成档案的纸张种类繁多，其中包括多种手工纸、书写纸、印刷纸、打字纸、有光纸、干法静电复印纸、制图纸、描图纸、晒图原纸等。

(一) 手工纸

1. 手工纸的发展

手工纸在我国已有两千余年的历史，种类很多，因原料、产地、加工途径和加工者的差异而有不同的分类方法。手工纸在档案中的主要用途是部分历史档案、书画作品等是由手工纸形成的，纸质档案修复过程中使用手工纸，高仿真复制品需要手工纸等等。

从中国传统手工造纸的历史发展过程来看，古代中国主要造纸原料的选用先后主要经过了麻→皮→藤→竹等几个发展阶段。

麻类是中国最早的造纸原料，在中国各地都有生产，特别是中国的北部和西部。麻纸的特点是柔韧、细腻和不透水。据记载，蔡伦发明造纸术时，曾用过麻头、破布、渔网作为造纸原料，品种主要是苎麻和大麻。魏晋南北朝造纸直接继承两汉麻纸技术，但魏晋时期的麻纸与汉时麻纸比较，白度增加，纸表面平滑许多，结构也比较紧密，纤维束比汉纸少，有明显可见的帘纹，纸质较汉纸薄。而到了唐朝，虽然造纸原料大大拓展，但麻料仍是主要的造纸原料，只是非麻类原料用量比前代大为增加，传统麻纸受到皮纸的有力挑战。唐代以后，由于麻类供不应求，大麻很少用来造纸。宋元时期，自汉代以来长期占垄断地位的麻纸开始衰落，只有少数地区生产。

以树皮造纸的记载，最早见于《后汉书·蔡伦传》，但书中并没有提及蔡伦是用何种树皮。有学者认为所用的树皮为楮皮。虽然文献记载东汉已造出楮皮纸，但出土实物少见，皮纸从魏晋南北朝起才见有实物。

魏晋南北朝时期用于造纸的皮料有了拓展，人们在实践中发现桑树枝条嫩皮剥下来经沤制、蒸煮、舂捣工序处理后，也可以制成皮纸，说明当时的人们开始有意识地利用桑皮造纸。

隋唐五代时期皮纸有了新的较大的发展，将原料扩大到桑科、瑞香科、樟科、锦葵科、防己科、豆科等至少六大科木本植物，远远超过了魏晋南北朝时期。而从魏晋时期发展起来的楮皮纸，更是在诸纸中处于很高的尊位，很多人喜欢这种表面平滑、洁白、绵软的纸，在当时楮纸称得上是中国的"国纸"。

宋元时期皮纸产量之大、质量之高大大超过了隋唐五代，高级文化用纸仍然是皮纸，宋元时期的书画、刻本和公私文书、契约中许多都是用皮纸。隋唐所有皮纸在宋元有所发展，而且又开发出新的造纸原料。

明清造纸仍以皮纸和竹纸为主，制皮纸原料也比前代增添许多，造皮纸技术也有所发展。

藤纸的特点光滑、细密、耐用。藤纸是从晋代开始，其起源推溯至3世纪的剡溪，据说当时沿剡溪两岸山上，绵延数百里都是攀藤，而剡溪水清又适于造纸，历史上名噪一时的"剡藤纸"便发源于此。藤纸在南北朝时期似乎没有多大发展，而到了唐代，藤纸盛为流行，产地由剡溪广及江南其他地区，藤纸也开始用于公文、图籍、书画和其他用途。常见藤纸有青藤纸（太清宫道观荐告词文）、白藤纸（用于赐予、征召、宣索和处分）、黄藤纸（用于敕旨、论事敕和敕牒）等。藤纸在宋代还有少量生产，到元以后几乎消失。

竹纸具有"滑，发墨，宣笔峰，舒之虽久，墨终不渝"的特点，托墨吸水性能好，是一种质地优良的纸张。钱存训先生说，"以竹造纸的最早记载，见9世纪初李肇的《唐国史补》卷三'韶之竹笺'"，他认为竹纸出现不晚于中唐。

宋代时期竹纸发展很快，后期的市场上十之七八是竹纸，用量之大可以想见，就产区而言，有四川、浙江、江西、福建、湖南、湖北等，最盛之地当推浙江、四川。

元时期竹纸的兴盛创造了历史新篇章，尤以福建发展最为突出。使用了"熟料"生产及天然漂白，使竹纸质量大有改进。

明清时期竹纸产量占第一位。据宋应星《天工开物》记载："当笋生之后，看视山窝深浅，其竹以将生枝叶者为上料，节届芒种，则登山砍伐……"可见当时对选择何种竹材造出更优质的纸张积累了相当丰富的经验。

草纸的制造，比其他种类的纸张都来得简单。由于稻草茎秆的纤维体柔软，提炼时的舂捣过程可以缩短。苏易简《文房四谱》中《纸谱》有记载："浙人以麦茎、稻秆为之者脆薄焉。"指出江浙一带以麦秆造纸，而混以油藤的品质最佳。可见到10世纪时中国已开始用麦秆、稻草造纸，又打开了另一个造纸原料的篇章。稻麦草纸最大的优点在于成本低，多与其他原料混合使用。

清代由于造纸业的大发展，草浆也有发展，河南、山东、山西等地有人用麦草、蒲草；陕西、甘肃、宁夏有人用马莲草；西北用芨芨草；东北用乌拉草。这些野生草类植物，在清代末期已由当地居民用以制造粗草纸。

2. 档案馆中出现和常用的手工纸

在众多手工纸中，在档案馆中出现和常用的手工纸如下：

（1）宣纸

宣纸原产于安徽泾县，以青檀树皮和沙田稻草为混合浆料，纸质柔韧，洁白平滑、细腻匀整，色泽经久不变，且不易蛀蚀，便于长久保存。宣纸品种繁多，按加工程度可以分为生宣、熟宣和加工宣；按原料配比可以分为特净、净皮和棉料；按厚度可以分为单宣、夹宣、二层、三层等；按尺寸可以分为三尺、四尺、五尺、六

尺等。文献修复中常用品种如下:

单宣,又称料半,颜色洁白,常用于托画心、绫绢及作覆背纸,是书画装裱中最常用到的纸。

棉连纸,纸质较薄、纤维细密、性柔易舒,在书画装裱中常用于加托画心和作手卷覆背纸,古籍修复中可作补纸、护页纸和衬纸,尤宜用作金镶玉装的镶纸。

重单宣,又称十刀头,较单宣略厚,耐拉力强,常用于托绫绢、衬托册页和作镶料纸。

罗纹宣,纸面纹络深而清晰,有一定的装饰作用,常用作引首、尾纸、诗堂等,用于古籍修复,无论补、镶、衬、托、裱或做护页均适宜,还可染色托裱做珍贵善本的书皮。

此外,还有磁青纸、蜡笺纸、虎皮宣等加工宣,常用作珍贵文献的封面。

(2) 连史纸、毛边纸、毛太纸、玉扣纸

均属竹纸,以毛竹、慈竹等为主要原料。

连史纸,也称连四纸,产于福建连城、江西铅山等地,纸质精细柔软,薄而均匀,色白如玉,主要作为高档文化纸,用于印刷、书画、碑帖、装裱和扇面等。连史纸是修补古书的必备纸张,对一般古书无论镶、衬或做护页、扉页都很适宜。另有机制连史纸,纸薄而脆,不利于保存,一般不用于文献修复。

毛边纸,明代即有,明汲古阁毛晋选此纸印刷书籍,并于纸边盖"毛"字印。毛边纸主要产于福建、江西,纸质细腻,薄而松软,呈淡黄色,售价低廉,且宜笔锋、不凝滞、发墨重,主要用于练字和印书,在文献修复中一般用来裱书皮、做衬纸或护页,也可染做磁青、古色书皮。此外,市场上还有一种机制毛边纸,其正面光滑,背面粗涩,质地稍脆,一般不用于文献修复。

与毛边纸相似的还有毛太纸和玉扣纸。毛太纸较毛边纸薄,清代中期以后多用于印书,是修补竹纸古书必备的纸张,用于补、镶、裱、托、衬都很适宜,还可做纸捻用于订书。

玉扣纸则较毛边纸厚硬,在修复中多染色作封面。

(3) 河南棉纸、贵州棉纸、温州棉纸

均属皮纸,因地得名,又因撕裂处呈丝绵状,故称棉纸或绵纸。

河南棉纸,以楮皮为原料,色泽白中带黄,厚薄不匀,纸面粗糙,但纤维细长,富有韧性,宜作溜口纸,用于托裱糟、朽、焦脆书叶或作纸捻、书皮都很适宜。

贵州棉纸,原料多为楮皮,纸色灰白,较河南棉纸厚,但厚薄均匀,用途大体与河南棉纸相同。

温州皮纸,原料多为檀皮,纤维细腻,薄而均匀,可用于修补书页,用作衬纸最好。

（4）高丽纸、呈文纸、水油纸、水浆纸

高丽纸，产于河北省迁安县，以桑皮为主要原料，因类似于古代朝鲜印书用纸，故名。高丽纸色泽灰白，纸质粗厚，有明显的直纹，不宜用作补纸和托裱用纸，但其坚韧耐拉，可用于糊壁子、托裱大幅地图、拓片或染色作为书皮，又因其松软富吸水性，更常用以撤水吸潮。另有留传清代早期高丽纸，纸质极佳，可用于珍贵文献的修复。

呈文纸，又称隔水纸，山西、山东、河北、内蒙古等地均有生产，因过去多用于诉讼呈文而得名。颜色灰白，纸质粗松，厚而无力，不能作为文献修复的直接用纸。但由于它吸水性强，可在修复中用其垫书叶以吸水撤潮。此外，元书纸、东昌纸等也可用作吸水纸等。

浆油纸和水油纸都是通过在纸上刷桐油制成，有隔水、隔潮的效果。浆油纸通常采用两层或多层高丽纸或皮纸，主要用于镶接时刷糊，也称为隔糊。水油纸则由单层元书纸刷桐油制成，在揭破损严重的书画之前，用稀浆将水油纸刷贴于书画正面，固定画芯用。

（二）机制纸

近现代的许多档案是由机制纸制成的，形成档案的机制纸主要如下：

1. 书写纸

书写纸是供书写文字信息内容用的纸张。书写纸有优等品、一等品和合格品三个等级，依据《书写纸》（GB/T 12654—2008）标准，在纸张定量、紧度、白度、施胶度、平滑度、耐折度等方面均有相应技术指标要求。如施胶要进行重施胶，施胶度不小于 0.75mm，以保证书写时墨水不扩散。日记本、账单、表格、稿纸等由书写纸形成。

书写纸依不同等级需要，所用的纸张原料有漂白木浆、漂白破布浆以及漂白草浆等。

2. 印刷纸

印刷纸是供各种印刷物使用的纸的统称。依据印刷方法不同，分为凸版印刷纸、凹版印刷纸和胶版印刷纸。

（1）凸版印刷纸

凸版印刷纸是印刷书籍、杂志等较常用的一种印刷纸，有 B 级、C 级和 D 级三种，其技术指标见《凸版印刷纸》（QB/T 3524—1999）。

凸版印刷纸要求纸张具有良好的印刷性能，纸面松软平整，有弹性，吸墨快，不掉毛，不透印。施胶要求轻施胶，定量在 52 ~ 60g/m²；施胶度不小于 0.25mm；紧度不小于 0.85g/cm³；白度要求适中，B 级、C 级和 D 级要求分别不小于 65%、60% 和 55%。

凸版印刷纸采用竹浆或苇浆为原料，加以少量的化学木浆。

（2）凹版印刷纸

凹版印刷纸多用来印刷高级画报、美术图片、有价证券和重要文件等。轻工行业标准《凹版印刷纸》（QB/T 2249—1996）对凹版印刷纸的技术指标有如下具体要求和规定：要求紧度不小于 0.85g/cm³；白度不小于 82%；施胶度不小于 0.25mm。凹版印刷纸纸质洁白，收缩性小，有优良的平滑度和耐水性，并有一定的吸墨性，不掉毛，不透印。

凹版印刷纸采用漂白针木浆或棉浆以及部分漂白麻浆为主要原料。

（3）胶版印刷纸

胶版印刷纸是用来印刷图片、插图、彩色画报、商标和宣传画等的双面光纸。其技术指标可见《胶版印刷纸》（QB/T 1012—2010）和《胶版书刊纸》（QB/T 1211—2010）。

胶版印刷纸一般以漂白化学木浆为主，掺用部分棉浆或竹浆，草浆加入量不超过 50%。

3. 有光纸

有光纸又称单面书写纸，是一种正面比较光滑，反面较为粗糙，较薄的纸张。主要用于一般性的书写、办公等，也用于印制信笺、稿纸、公文笺、单据、收货票和日历等。分 B、C、D 三个等级。其技术指标见《单面书写纸》（QB/T 2352—1997），定量在 18g/m² ~ 30g/m²。有光纸一般用 100% 的化学草浆制成，耐久性较差。

4. 静电复印纸

静电复印纸主要用于静电复印，也用于计算机打印和传真记录等。分为 A 级和 B 级两个等级，1 中性制纸，组织均匀、不透明、适于双面复印、挺度好、不易卡纸、不易弯曲变形，复印文本清晰，影像良好。要求不透明度分别不小于 82.0% 和 80.0%，定量在 70 ~ 80g/m²，白度不小于 85.0% 和 80.0%，紧度为 0.72 ~ 0.85g/cm³，施胶度不小于 0.75mm。详细技术指标可见《干法静电复印纸》（QB/T 2342—1997）。干法静电复印纸的特点是纸面平滑，色泽洁白，挺度适宜。

静电复印纸采用 100% 漂白木浆生产。

5. 制图纸

制图纸是供绘制工程图、机械图、测绘地形图等用的纸张。分为优等品、一等品和合格品三个等级，其紧度分别不小于 0.8g/cm³、0.75g/cm³、0.6g/cm³；亮度（白度）分别不小于 80%、75% 和 72%，施胶度分别不小于 2.0mm、1.5mm 和 1.2mm。

详细标准见《制图纸》(GB/T 1525—2006)。制图纸的特点是耐擦性好，伸缩性小。

制图纸一般采用 60% ~ 70% 的漂白硫酸盐针叶木浆和 30% ~ 40% 的漂白棉浆或草浆制成。

6. 描图纸

描图纸是用墨汁描绘各种印刷用图的专用纸张。分为 A 级、B 级和 C 级三种，其技术指标见《描图纸》(GB/T 1468—1999)。

描图纸的特点是高透明度，A 级、B 级和 C 级描图纸要求透明度分别不小于 70.0% ~ 72.0%、62.0% ~ 66.0% 和 58.0% ~ 62.0%。应具有耐刮性，耐刮在三次以上，刮后画上墨线应匀整、不扩散。还应具有高抗水性，施胶度不小于 1.5mm。

描图纸的造纸原料是使用 100% 的漂白亚硫酸盐木浆，并对纸浆进行高黏状打浆，以满足高透明度要求。同时，为了改善描图纸的使用质量，施胶时在胶料中加入硬脂酸胶、葡萄糖、淀粉、硫酸铝等多种成分。上述工艺会给纸张的耐久性造成不利影响。

7. 晒图原纸

晒图原纸是供涂刷感光剂后作为晒图用的专用纸。技术指标见《晒图原纸》(QB/T 2429—2006)。

晒图原纸的特点是高强度，有一定抗水性、低吸水性、匀度好，白度不低于 93%，施胶度不小于 35s；吸水性为 15.0 ~ 20.0g/m²，PH 为 4.0 ~ 5.5，紧度为 0.75g/cm³。

晒图原纸常用 100% 的漂白化学木浆为原料，采用黏状打浆，重施胶。生产时不许掺用碱性矿物填料，纸张必须呈酸性，因此，此种纸使用和保存时很容易发脆。

二、档案用纸的选择

档案纸张在保存和使用过程中需要一定的耐久性和耐用性，具有一定抵抗外界理化因素的影响和维持原来理化性质的能力。纸的耐久性可以随着保存时间的延长，通过观察纸张性能的改变，加以判断耐久性的好坏。同时，也可以借助加速老化试验或高温老化试验进行验证。

档案纸张的耐久性性能，可以利用人工老化试验方法，如干热老化、光老化、湿热老化及全气候老化等，测定纸张老化前后理化性能的变化，判断纸张耐久性的好坏，并可推算出纸张的预期寿命。

档案用纸有严格的要求和规定，我国的国家标准《信息与文献用纸耐久性要求》(GB/T24423—2009) 对需要长期保存的文献、记录及出版物用纸的要求作出了明确规定，是选择档案纸张的基本依据。

国家档案局行业标准也规定了《文件用纸耐久性测试法》(DA/T 11—194)，将公文、科技文件材料归档用纸及类似归档材料用纸分为一般最耐久纸和耐久纸两类，并规定了纸在 100℃ ±2℃ 下的干热加速老化方法。

最耐久纸：可保存五百年以上。经 100℃ ±2℃、576h（24 天）干热加速老化后，其耐折度保留率纵、横向均不低于 50%，撕裂度保留率纵、横向均不低于 80%，水抽提液 PH 为 7.5～9.5。其纤维原料建议采用 100% 漂白针叶木浆或新的棉花和亚麻浆，或这些纤维的混合浆。

一般耐久纸：可保存二百年以上。经 100℃ 士2℃、576h（24 天）干热加速老化后，其耐折度保留率纵、横向均不低于 5%（最小不得低于 2 双折次），撕裂度保留率纵、横向均不低于 60%，水抽提液 PH 为 7.5～9.5。建议其纤维原料中至少含有 20% 漂白针叶木浆或新的棉花和亚麻浆，或这些纤维的混合浆，其余的为其他纤维原料。

第二节 档案字迹耐久性的综合评价

人们通常把纸质档案中记录信息的材料称为档案字迹材料。字迹的耐久性是指字迹形成之后，在周围环境因素的影响下，保持原有色泽及清晰度的能力。保持"原有色泽"是指字迹不褪色，不变色；保持"清晰度"是指字迹不扩散，耐磨损。字迹的耐久性主要决定于色素成分的耐久性，同时与字迹色素同纸张纤维结合方式有密切的关系，纸张的种类、书写方法等对其也有一定的影响。

一、字迹色素成分的耐久性

字迹能呈现各种不同的色彩是由每种字迹的显色成分决定的，使字迹具有颜色的成分就称为字迹色素成分。色素成分由于种类不同，结构与性质也不同，因而其耐久性也有差别。大多数档案字迹的色素成分可归纳为炭黑、颜料和染料三种类型。

（一）炭黑

炭黑的物理化学性质很稳定，耐光、耐热、耐酸碱、耐氧化，不易和其他物质起反应，也不溶于水、油和一般溶剂。因此，炭黑是字迹色素成分中最耐久的一种。以炭黑为色素成分的字迹有墨和墨汁、黑色油墨、碳素墨水、静电复印件等。

（二）颜料

颜料是一种细小颗粒的有色粉状物质。它的特点是不易溶于水、油和其他溶剂，耐光坚牢度一般为5级或6级，最高可达8级。并且具有一定的耐酸、耐碱能力，颜料属于较耐久的色素成分。

按照颜料的来源，可分为天然颜料和人造颜料两大类。天然颜料包括植物性颜料（如藤黄）和矿物性颜料（如朱砂、红土等）两种。人造颜料是人工加工合成的物质，可分为无机颜料和有机颜料。

无机颜料是用天然矿物质加工精制而得到的，如铁蓝、金属氧化物、硫化物、铅盐、汞化合物及铝粉、铜粉等。无机颜料一般都有很好的耐光、耐化学等性能，其遮盖力比有机颜料强得多，但色调没有有机颜料鲜艳。档案字迹中用得比较多的无机颜料是铁蓝。有机颜料的颜色鲜艳、性能较好，弥补了无机颜料品种少、色谱不多的欠缺。有机颜料大多是合成苯型的，如鞣酸铁、立索尔红、金光红G、酞菁蓝等，其品种繁多、色泽鲜艳、着色力强，但其耐久性不如无机颜料，一是因为有机颜料耐光性较差，二是有水渗或油渗现象。用颜料作为色素成分的字迹材料有彩色油墨、蓝黑墨水、红蓝铅笔、印泥和科技图纸中的铁盐线条等。

（三）染料

染料是一种有色的有机化合物。其颜色鲜亮，易溶于水、油或其他溶剂；其耐光坚牢度差，有些染料的耐光坚牢度仅为1级至2级；且其不耐酸、不耐碱，因此染料属于不耐久的色素成分。

由上可知，字迹色素成分耐久性特点一般为：炭黑＞颜料＞染料。

二、字迹与纸张结合方式的耐久性

字迹与纸张的结合方式即指字迹材料以何种方式转移固定到纸上。转移固定的方式不同，字迹与纸张结合的牢固度也有很大的差别，结合方式也直接决定着字迹的耐久性。色素与纸张的结合方式可归纳为三种方式：

（一）结膜方式

指有些字迹写在纸张上之后，不仅会渗透到纸张的孔隙内，而且还能在纸张表面形成一层膜，从而把字迹材料固定在纸张上。这类字迹与纸张结合的特点是色素和纤维之间除了以范德华力相互吸附外，其他助剂还以化学力与纤维素结合，有些助剂还会干燥成膜或氧化聚合成膜。这种干性膜有较强的固着牢度，既耐摩擦，也不会扩散，所以这种固着方式是最耐久的。如墨、墨汁、油墨、印泥等皆为此类结合方式。

（二）吸收方式

指有些字迹材料书写在纸张上之后，能被纸张纤维吸收而固定在纸张上。这类字迹与纸张结合的特点是色素除了以范德华力与纸张纤维相互吸附外，色素分子中的某些基团还可能与纤维素分子基团以氢键力和其他化学力相互作用，因而形成的字迹较为牢固。由于字迹材料被吸收而没有结膜，故还容易受溶剂、湿度、热等外因的影响而导致扩散、褪色，所以这种方式属于比较耐久的结合方式。如墨水、圆珠笔、复写纸、印台油、铁盐和重氮盐蓝图线条等皆为此类结合方式。

（三）填充或黏附方式

指有些字迹书写在纸张上之后，既不能为纸张纤维所吸收，也不能在纤维表面形成结膜，仅仅是填充或黏附在纸张表面的孔隙内。这类字迹与纸张结合的特点是色素成分与纸张纤维仅以分子间的范德华力相互作用，或者说只是色料与载体间的物理吸附，因此，牢固度差，特别不耐摩擦，这种固定方式属于不耐久的结合方式，如铅笔类字迹。

三、字迹耐久性的综合评价

评价一种字迹的耐久性，既不能仅从色素成分来分析，也不能单从结合方式来评价，必须将这两个因素综合起来分析，才能全面地评价其耐久性。

把字迹的色素成分和色素成分与纸张的结合方式两者综合起来进行分析，可将字迹的耐久性分为三种类型：

（一）最耐久的字迹

凡色素成分是炭黑，与纸张的结合方式是结膜方式的字迹最耐久。属于这类字迹的有墨、墨汁、黑色油墨等。

（二）比较耐久的字迹

凡色素成分是颜料，与纸张的结合方式是结膜或吸收的字迹比较耐久。属于这类字迹的有彩色油墨、蓝黑墨水、印泥、铁盐蓝图线条等。

（三）不耐久的字迹

不耐久字迹分两种情况：

第一，凡色素成分是染料，无论以何种方式与纸张结合，都属于不耐久的字迹。

属于这种字迹的有纯蓝墨水、红墨水、复写纸、圆珠笔、印台油、蓝图重氮盐线条、部分传真件字迹等。

第二，凡字迹仅以填充或黏附方式固定在纸上，无论其为何种色素成分，都属于不耐久的字迹。这种字迹如铅笔。

为了进一步熟悉和把握各类字迹的特性，以利最大限度地延长其寿命，必须进一步研究各种字迹材料的成分及其耐久性。

第三节　常见档案字迹的成分及其耐久性

传统的档案字迹材料有墨和墨汁、墨水、油墨、复写纸、圆珠笔、铅笔、印泥、印台油、科技图纸中的各种线条等。随着科学技术的发展，档案字迹材料又出现许多新的种类，如静电复印件、传真件、计算机打印件等字迹材料。这些字迹材料的耐久性直接关系到档案寿命的长短，因为失去字迹或线条的档案只是"一纸空文"，就没有任何利用价值了。有些档案字迹因发生褪色扩散而变得模糊不清，也严重影响档案的利用。因此，在研究纸质档案的耐久性时，必须了解和研究这些字迹的组成、性质及影响其耐久性的因素，以便在档案形成之前，就合理选用耐久性较好的字迹材料，在档案形成之后采用科学的方法保护这些档案字迹，以利延长档案的寿命。

一、墨和墨汁字迹

墨是我国传统的书写材料。公元前两千七百年左右，我国就出现了墨。到了唐代，块墨不仅闻名于国内，而且当时的徽墨已驰名世界。古代制墨工艺之精巧、技术之高超，堪称一绝。南唐易水李廷珪的墨"丰肌腻理、光泽如玉"，有"黄金易得，李氏墨难寻"之说。据资料介绍，李廷珪制墨，用料十分讲究：采用松烟一斤，加珍珠三两，玉屑、龙脑各一两，同时和以生漆，捣十万杵。当时称之为"供御香墨"。在我国古代档案文献中有西晋武帝初年所著的《平复贴》，迄今已有一千六百多年，仍然灿烂耀目，充分说明了当时制墨与抄纸的高超技术。

墨的主要成分是炭黑、动物胶和防腐剂。现代墨汁是以炭黑为色素成分，用虫胶作黏合剂，以硼砂作防腐剂，再加入适量的水配制而成。墨和墨汁的色素成分均为化学性质十分稳定的炭黑，是最耐久的色素成分。墨和墨汁的黏合剂为动物胶和虫胶，它们干燥后都能通过结膜而固定字迹；同时，又借助溶剂水被纸张纤维吸收而进一步固定字迹，因此，墨和墨汁是最耐久的字迹材料。

二、墨水字迹

墨水是用钢笔书写字迹的液体的总称。墨水有一般书写墨水和特定用途墨水之分。一般书写墨水有蓝黑墨水、纯蓝墨水、红墨水和碳素墨水，特定用途墨水有绘图墨水、打印墨水等。

（一）碳素墨水字迹

碳素墨水的色素成分为炭黑。这种炭黑是经过强氧化剂（如浓硫酸、浓硝酸等）的氧化而制成的氧化炭黑，一般要用树脂来悬浮氧化炭黑。此外，还要加入分散剂、表面活性剂、辅助剂等原料进行混合组成水溶液。

碳素墨水的黑度、着色力、遮盖力都很高。对酸、碱、氧化剂等具有很强的抵抗力，且耐光、耐热，由此看来，碳素墨水是墨水中耐久性最好的一种书写材料。

（二）蓝黑墨水

从总体上说，蓝黑墨水的色素成分是由变黑成分和着色剂两部分组成。变黑成分是由鞣酸（$C_{76}H_{52}O_{46}$）、没食子酸（$C_7H_6O_5 \cdot H_2O$）和硫酸亚铁（$FeSO_4$）三种化学物质组成的。由于蓝黑墨水的色素成分为颜料，色素成分与纸张的结合方式为吸收，因此以前的档案保护技术类著作和论文中，一致认为蓝黑墨水属于比较耐久的字迹材料。然而，在对档案字迹材料耐久性能的调查中却发现，蓝黑墨水字迹褪色严重，有些甚至呈灰白色；其他有关档案字迹耐久性的文章与报道也有类似的看法。传统理论与现实的矛盾，促使档案工作者必须进一步认真研究蓝黑墨水的耐久性问题。

从现实看，其一，现存档案纸张多为机制纸，机制纸张本身呈微酸性；其二，蓝黑墨水本身呈酸性，且酸性较大（pH 为 1.5～2.0）；其三，保存档案的环境中常含有硫化氢和二氧化硫等还原性气体物质。正是由于这些因素，造成蓝黑墨水字迹总是处于酸性介质和含有还原性物质的环境中，这样日长年久，必将导致蓝黑墨水或褪色或泛黄，有的档案纸张在墨水书写笔划之处，还会出现腐蚀道或洞的现象。

三、油墨字迹

印刷文件必须使用油墨。印刷字迹的耐久性决定于油墨的质量。油墨是由色素、黏结剂、填充料和辅助剂等成分组成的具有一定流动度的浆状胶黏体。良好的油墨应具有鲜艳的颜色、优良的印刷性能、适合的干燥速度和较好的耐酸、耐碱、耐光与耐热性能。档案中常用的油墨一般以黑、蓝、红三种颜色为多。

黑色油墨的色素成分是炭黑，蓝色和红色油墨的色素成分是颜料，在黏结剂和填充料的作用下色素与纸张的结合方式是结膜和吸收。因此，黑色油墨是最耐久的字迹材料，蓝色和红色油墨是比较耐久的字迹材料。

四、复写纸字迹

复写纸是一种在薄韧纸张上涂一层有色浆料供复制抄写用的一种纸张。

根据用途可分为打字复写纸和手写复写纸两种。打字复写纸由于在打字时需承受较大的机械摩擦和压力，所以要求复写纸的色层浆料的熔点高些，强度大些，以免打字时因机械摩擦而落色，进而沾污纸张。打字复写纸均为单面复写纸。一般有黑、蓝两种颜色，其浆料中的色素常用的颜料有炭黑、铁蓝、酞菁蓝、立索尔红等。手写复写纸的色层浆料比较软，熔点也稍低，色泽比较鲜艳。手写复写纸有单面和双面复写两种，一般为蓝色，也有黑色、红色等。但不管哪一种复写纸，其字迹的耐久性主要取决于色层浆料质量。

打印复写纸形成字迹的耐久性比手写复写纸好一些，这是由于打印复写纸的色素以颜料为主，而手写复写纸以染料为主。浆料中的染料属于碱性染料类，其特点是鲜艳、着色力强。但它们却是染料类中耐久性较差的一类，耐水牢度和耐晒牢度都比较差。用颜料的复写纸的字迹耐晒度一般可达 5~6 级，而染料复写纸的字迹耐晒度只有 2 或 3 级。

复写纸字迹容易发生扩散的原因是其色素成分大多是油溶性染料，而作为溶剂的油、蜡熔点一般都不高，这样此类字迹若长期保存在较高的温度下，就会逐渐出现油渗，严重时会使字迹模糊不清，无法阅读。手写复写纸字迹的色素属于油溶性染料，因此，扩散程度更厉害。我国 50 年代形成的复写纸字迹档案，有很大一部分早已发生褪色、扩散现象，严重影响了档案的保存和利用。因此，书写文件时要避免使用复写纸。

近年来，又出现了一种新型无碳复写纸，又称压敏记录纸，因其具有直接书写方便、不污染手指与衣物、工作效率高等特点，所以已广泛用作各种多联表格、票据以及业务账票用纸。无碳复写纸可分为它显色和自显色两类。目前国内生产的主要是它显色型，属于化学反应型的涂布加工纸，分为上纸、中纸、下纸三层，上纸背面涂发色剂；中纸正面涂显色剂、背面涂发色剂；下纸正面涂显色剂。配联后的上纸、中纸受外界压力作用，使上纸、中纸背面的微胶囊破裂，内含的无色染料流出与中纸、下纸正面的显色剂接触反应而显色，得到黑、蓝或其他颜色字迹的复写文件。无碳复写纸字迹色素成分为染料，所以这种复写纸字迹也不耐久。

五、铅笔字迹

档案中常见的铅笔字迹是领导的签字、批语等。字虽不多，却很重要。这些字迹多为黑色或红色，也有些是蓝色的。铅笔从色素上可分为黑色和彩色铅笔，它们都是由色素、黏结剂、蜡或油脂等组成。

（一）黑色铅笔

黑色铅笔的色素成分是石墨和黏土。黏土的含量决定铅笔的硬度。软铅笔笔芯含石墨多，硬铅笔笔芯含黏土多。铅笔的软硬通常以"H""B"来表示，"H"表示硬，"B"表示软。软硬程度由"H""B"前面的数字表示，数字越大，其软、硬的程度越高。

在石墨笔芯成型过程中，还要加入阿拉伯树胶等辅料以提高铅芯的强度，加入油脂和蜡以堵塞燃烧后铅芯产生的微小孔隙，从而提高铅芯的物理指标和书写性能。

（二）彩色铅笔

彩色铅笔的主要成分是色素、黏合剂、脂肪和蜡。将原料按一定的配比混合在一起，经加工制成彩色铅笔的笔芯。

彩色铅笔随铅笔颜色的不同，色素成分各不相同。红色铅笔的色素主要是大红粉，并适当配入某些染料。蓝色铅笔的色素主要是铁蓝，另加少量的墨水蓝以使蓝色更鲜艳。

彩色铅笔的黏合剂一般是水溶性胶类，如阿拉伯胶、羧甲基纤维素、水溶性糊精粉等。填料常用黏土和滑石粉。常用的有牛油、石蜡、硬脂酸等，它们可使笔芯具有着色力，书写滑润，并使笔芯具有一定的强度和硬度，提高笔芯的抗水性。

黑色铅笔的色素成分比彩色铅笔的色素耐久，而黏附力比彩色铅笔差。但不管哪一种铅笔，它们的字迹在纸张上既没有结膜，又不被吸收，只是填充或黏附在纸上，容易被摩擦掉，都属于不耐久字迹。

（三）印泥字迹

印章在我国有悠久的历史。春秋战国及秦汉时期，传递文书时，为防止简札散失和外人拆开偷看，便将文书装在斗槽里用绳捆上，在打结的地方填进一块胶泥，再在胶泥的上面戳印盖章，以此作为凭证。这种填泥打印的方法叫泥封，干后硬化带有印迹的胶泥被称作封泥，印泥因此而得名。

印章在我国各朝代都起着十分重要的作用，它体现了一级组织的正式署名和法定地位，是组织对外行使职权的凭证。由于对印章的重视，所以对印泥质量要求很高。不仅要求其颜色鲜艳，而且还要求其不溶于水、油，印迹耐久，能长期保存不褪变。古时印泥的主要原料成分为朱砂（硫化汞）、艾绒、脱水蓖麻油和冰片。朱砂是朱砂印泥的色素成分，是一种红色无机颜料，化学性质稳定，耐水、耐光、耐热、耐酸碱，属于无机颜料，其性能稳定，印迹不会褪变，可长期保存。除此之外，印泥中还加进蓖麻油、艾绒和冰片（起防腐作用），称之为朱砂印泥。朱砂印泥的耐久性好，印迹耐久不褪色。现代使用的印泥，多为仿朱砂印泥，其主要成分如下：

印泥的色素成分一般由红粉和黄粉组成。红粉为甲苯胺红，属偶氮颜料，是组成印泥的主要色素成分，它的色泽好，着色力强，耐光、耐晒，也耐酸，但微溶于碱，稍有水渗、油渗现象。黄粉也是一种颜料，能使红粉的颜色泛黄，形成接近朱砂颜色，因此黄粉主要起调色作用。

由于印泥的色素成分是颜料，与纸张的结合方式既有蓖麻油氧化结膜方式，又有牛油被纸张纤维吸收方式，印泥是比较耐久的字迹材料。

原子印油的色素成分是大红粉、金光红、立索尔红、耐晒红、永固红等，它们属于颜料。油主要用的是蓖麻油、蓖麻油醇酸酯、棉籽油、豆油、菜油等，它们使印迹与纸张的结合方式为吸收和结膜。所以，原子印章的印迹属于较耐久的字迹材料。与印泥相比，原子印油的优点是对纸张的渗透性更好，结膜性能更好，印迹的清晰度更好。

还有一种蓝印泥，主要是供盖签名章使用。蓝印泥的色素成分为颜料，其他辅助用料，如蓖麻油等与仿朱砂印泥基本相同。蓝印泥的耐热、耐光、耐酸、耐碱等性能不如朱砂印泥，但其耐水、耐乙醇性能较好，在蓝色印迹材料中，蓝印泥的耐久性最好。

六、复印图线条

复印图是用晒图纸从底图上复制的一种图纸。晒图纸上涂有感光层，其感光材料有银盐、铬酸盐、重氮盐和铁盐等。

（一）重氮盐复印图

重氮盐复印图是目前科技图纸中使用最广泛的一种图纸，这是由于重氮盐具有感光速度快、显影迅速、色调鲜艳等优点，所以逐渐取代了铁盐。目前，我国科技部门主要采用重氮盐晒图。

由于重氮盐线条的色素成分属于偶氮染料，与纸张结合方式属于吸收，因此，它属于不耐久字迹材料。由于其耐光性能差，因此应避免在强光下长期使用重氮盐蓝图。

（二）铁盐复印图

铁盐复印图是科技图纸中早期广泛使用的一种图纸。它利用铁盐具有感光性能，通过物理化学处理而形成各种线条。

由于原料配方不同，形成线条的颜色也不同。如有白底蓝线条、蓝底白线条和白底黑线条等。

铁盐复印图是以滕氏蓝、普鲁士蓝和鞣酸铁（或没食子酸铁）为色素成分的，它们均属颜料，与纸张的结合方式均为吸收，铁盐线条属于比较耐久的字迹材料。

七、静电复印件字迹

静电复印是利用光敏半导体作为感光材料，经过充电、曝光，在感光材料表面形成电荷潜像，然后靠潜像电荷吸收墨粉而形成墨粉图像，再经转印、定影而形成复印件，这是一个光电物理变化的过程。其字迹的耐久性，主要取决于墨粉的色素及其与纸张的结合方式。

静电复印显影剂主要由色素成分、树脂和辅助剂三部分组成，其中色素成分约占10%、热熔树脂占80%、其他材料占10%。

静电复印过程中，纸张和墨粉先以静电力相互吸附，部分墨粉熔进入纸张的纤维内部，部分以填充方式分布在纸张纤维的浅表层。定影时，墨粉中的树脂在高温作用下熔化，部分墨粉随之渗透进入纸张纤维间隙或纤维表面而固化，部分则在纸张表面干燥结膜。如果定影温度达不到要求，则渗透吸收会较少，大部分墨粉只是机械地附着在纸张表面，若反复多次折叠和摩擦，墨粉易脱落，出现复印字迹变淡的现象。但就总体而言，由于静电复印件字迹的色素成分是炭黑，色素成分与纸张的结合方式是部分渗透吸收，所以复印件字迹属于比较耐久的字迹。

但静电复印件在保存过程中，常会发生纸页粘连的现象，造成部分字迹转印到相邻的纸页上；另一方面，倘若用力使纸页分离，会使字迹从纸页上剥落，因而导致字迹难以分辨。造成这种现象的原因是墨粉中的成分含有热熔性树脂，其熔点不高，所以复印件若长期保存在高温下，就容易发生粘连的情况。

为使复印件字迹能长久保存，在复印、保存及使用的过程中，应注意以下几点：

（1）复印件字迹是通过在机器内用加热的方法使墨粉融化，经热压黏结在纸张上形成复印图像的，如果定影温度或电压控制不好，就会出现以下情况：温度低了，影像定影不牢，容易脱落；温度高了，纸张容易受损害，进而影响复印件的寿命。因此，在实际工作中，可以根据所使用墨粉的熔点确定适当的定影温度，这样才能保证复印件字迹的耐久性。

（2）复印时墨粉浓度不宜过大，颜色不宜太深，以适中为宜。

（3）复印件摆放要求松散些，最好立放，以免复印件受压；或用盒装，以尽量减少外部压力。

（4）复印件要定期翻动，进行检查，以减少复印件在静态下时间久了发生粘连。而且一旦发现问题，也可及时采取措施进行补救。

（5）复印件还要避免与塑料类物品接触，因为墨粉中的聚苯乙烯容易与塑料中的聚氯乙烯发生反应，而且墨粉又是带负电，塑料带正电，正负相吸也容易导致两者发生粘连；还要防止接触有机溶剂，特别是丙酮、苯等，以免树脂溶解，破坏结膜。

（6）要防止多次的折叠和摩擦，以避免破坏结膜，墨粉脱落。

（7）保存复印件时要注意控制环境的温湿度，可以控制在我国《档案馆建筑设计规范》中规定的一般档案库房温湿度标准14℃～24℃、45%～60%，尤其要注意防止高温，以免树脂、石蜡软化，影响字迹与纸张的结合。

（8）大量复印之后，纸张温度有些高，不要立即将大量文件叠放在一起，否则容易粘连。

八、传真件字迹

传真通信在我国始于20世纪60年代，尤其自90年代引进先进的传真三类机后，传真通信在我国现代化建设中起着越来越大的作用。如今，传真机已被广泛地应用于社会的各个领域，它已成为提高机关办公效率必不可少的通信设备。

喷墨记录法是利用静电喷雾原理将图像信号记录在普通纸上，它是单路真迹传真机常采用的记录方法。喷墨记录件的字迹耐久性较差，保存时间不长，尤其在阳光的照射下会较快褪色。

静电记录法是近年来发展较快的一种记录方法，它为实现平面扫描、连续输纸创造了良好的条件，故在平面扫描的单路、十二路真迹传真机上被广泛应用。由于静电记录传真件字迹的色素成分是炭黑，与纸张结合方式是部分干燥结膜，所以是比较耐久的字迹材料。

感热记录法是当前三类传真机采用的主要记录方式。如常见的UF915、日立790、理光3300等传真机均采用这一记录方式。

感热记录纸是由底纸和涂布在底纸上的感热层组成的。感热层中含有无色染料(隐色体)、特殊生色剂、黏合剂及白色颜料等。传真记录时，接受方的记录器就是依不同的电信号，控制感热头放热或不放热，使放热处感色层生色，不放热处则感色层不变化，最终在感热记录纸上形成黑白分明的图像。

感热记录传真件的耐久性，决定于显示出字迹材料的耐久性和记录纸的稳定性。由于传真字迹属于染料，其性质不稳定，不耐光、不耐酸碱、耐热性也差。同时，感热纸通过感热记录形成传真后无图像处感热生色层中的各种化学成分并未发生变化，所以其热敏性质依然存在（即传真件底色材料热敏性能依然存在）。因此，在外界光和热的作用下仍会逐渐生色变黑。由此可见，传真件显示出的字迹和记录纸的稳定性都是相当差的。所以，采用感热记录的传真件不能作为档案长久保存。对于此类传真件材料，属于需要归档的，应尽快复印，然后用复印件立卷归档。

九、计算机打印件字迹

打印机是计算机系统的重要输出设备。打印机可分为击打式打印机和非击打式打印机两类。击打式打印机是根据机械原理形成文字和图形的，最常用的是针式打印机；非击打式打印机是通过化学方法或物理方法（如激光扫描，静电感应）来形成文字和图像，这类打印机目前使用较多的是喷墨打印机、激光打印机等。

（一）针式打印件字迹（色带字迹）

针式打印机是发展较早的计算机输出设备。其工作原理是由一组固定数目的钢针组成矩形打印头。打印时，利用计算机输出的汉字信息控制打印头中相应的一部分钢针向前运动，撞击色带和纸，击打出点阵色点，然后由这些色点构成组成不连续的文字或图形。

针式打印件字迹材料的耐久性决定于打印色带。打印色带是用颜料或染料与凡士林、甘油调成浆状物，然后将细长条丝带在其中加以浸染制得的。不同颜色的打印色带使用的色素成分不同，不同厂家生产的同一颜色的色带所使用的色素成分也不尽相同。

色带字迹的耐久性与色带的色素成分密切相关。黑色色带的色素成分一般是油溶黑、苯胺黑等颜料，转移固定成分是油、蜡等。彩色色带的成分主要是铁蓝或酞菁蓝，金光红或立索尔红等。铁蓝、酞菁蓝属于无机颜料，其热稳定性和光稳定性较好；金光红、立索尔红属于有机偶氮颜料，其耐光性差，在光的作用下容易褪色，也有水渗或油渗现象，耐久性不如无机颜料。

针式打印字迹的转移固定方式属吸收和黏附相结合的方式。打印时，由于机械力的作用而使色带中的油墨黏附在打印纸上，其中溶解有色素的液态烃和甘油被纸张吸收，而不被吸收的石蜡附在纸张表面。由于油墨中的石蜡和润滑油均为不干油，且熔点都不高，所以针式打印字迹容易发生油渗现象，并使油溶性颜料随之迁移，造成字迹扩散。

由于针式打印字迹的色素成分是颜料或染料，字迹的转移固定方式属于吸收和黏附相结合的方式，而且其字迹还容易扩散，所以不耐久。

(二) 喷墨打印件字迹

喷墨打印机是一种低噪声印刷机械。它是由一组固定数目的小喷墨嘴组成矩形喷墨头，由计算机输出的信息控制喷墨头上的墨嘴喷出微小的墨滴，小墨滴落到纸上后，迅速地被纸吸收，形成线条连续的喷墨打印字迹或图形。与喷墨头相连的墨盒中装有特制的喷墨墨水。不同品牌、不同型号的打印机使用的墨水质量有较大差别。

液态墨包括水基墨和油基墨。水基墨分染料墨水和颜料墨水。与染料相比，颜料型喷墨记录档案字迹材料具有良好的耐水性、耐光性、化学稳定性和耐磨性。

油性墨水是将疏水性的染料或颜料溶解于有机溶剂中配制而成的，字迹耐水、耐光、耐磨性好。

(三) 激光打印件字迹

激光打印机是激光技术与电子照相技术相结合的产物，具有打印速度快、高分辨率和高清晰度等优点。其成像原理与静电复印机相类似，不同的是激光打印采用的是经计算机输入信息调制后的激光束曝光，而静电复印则采用可见光曝光。

激光打印字迹的耐久性与静电复印字迹相似，主要取决于墨粉。墨粉的组成主要包括色素成分、树脂、电荷促进剂。

黑色激光打印字迹材料的色素成分多为炭黑，其耐久性较好，墨粉的转移方式为黏附，固定方式为结膜。墨粉转移到纸张上先是黏附在纸张的表面，然后通过热塑性树脂在纸张表面结成一层薄膜而固定。所以，使用激光打印时只要能够控制好激光打印机的定影温度，使墨粉中的热塑性树脂融化好，再经冷却凝固就可以在字迹表面形成墨膜，并较牢固地黏在纸张上。但因没有渗透吸收，色素与纸张的结合还不是很牢固，所以，以炭黑为色素的打印字迹属于较耐久字迹。而彩色激光打印字迹的耐久性取决于其色素成分，色素为颜料成分的字迹较耐久，色素为染料成分的字迹则不耐久。

总之，对于计算机打印件字迹材料要作具体分析，作为档案保存的计算机打印件，最好选择激光打印字迹材料；而喷墨打印字迹材料和针式打印件字迹材料的质量参差不齐，它们的耐久性也都低于激光打印字迹材料，不宜选作档案字迹材料，尤其是喷墨类中的水基墨，其耐久性差，不能用作档案材料保存。

对于那些打印件字迹耐久性差而又须归档的文件，应当进行静电复印，并用静电复印件立卷归档，以利长久保存。

第四节　纸质档案修复技术

纸质档案在其保管和利用过程中，易受到自身因素、不利环境条件和人为因素的影响，会出现污染、字迹褪变、纸张脆化、虫蛀等老化现象，轻者影响档案外观，重者影响档案的寿命和利用。为最大限度地延长档案寿命，必须采取一定的措施对受损档案进行修正和恢复，去除不利于档案耐久性的因素，恢复档案原貌，实现档案的利用。

一、纸质档案去污清洁技术

纸质档案在保存和利用过程中常出现的污斑有泥斑、油斑、蜡斑、霉斑、铁锈斑等，不仅影响字迹的清晰度还会影响纸张和字迹的耐久性。因此，需要用物理和化学的方法加以清除。

去污要根据污渍的种类、纸张和字迹的性质，采取不同的处理方法。处理中要求药剂浓度适宜，防止污渍扩散，处理后不应在档案中残留有害物质。常见去污方法如下：

（一）干法去污

干法去污，顾名思义就是在保持档案干燥的情况下对档案进行去污处理。可用洗耳球吹，用吸尘器吸，对于破损严重的档案应用纱网罩住吸口再吸尘，或在通风橱内进行，这样可以减少对破损档案的影响，同时在一定程度上防止污染空气对操作者带来的危害。

对于受污染的档案，未能以吹、吸清除的，可用擦、扫、刮的方法。擦是指用粉末橡皮擦撒在污染区域，用手指轻揉粉末，去掉灰尘。为彻底清除污染，清除后可用软毛刷清扫一遍。扫就是清扫，以去除灰尘。

刮一般借助刀具、毛刷等工具，依靠机械的力量，将突出于纸张的污斑除去，如蜡斑。这种方法主要用于纸张强度较好而污斑较厚且易除的档案。

注意：

（1）在去除有字迹部分的污斑时，要倍加小心，尤其是铅笔字迹，防止将字迹除掉。

（2）随时除去清除下来的污斑微粒，可用软毛刷刷掉，也可用镊子夹棉球清除。

（3）用白纸盖住不需清理部分，以免被污斑微粒玷污。使用以上干法去污时，有时一种方法效果不理想，可与其他方法搭配使用。

（二）湿法去污

1. 水洗去污

水洗去污之前应先检查字迹溶水性。确定字迹遇水不扩散后，方可使用水洗法去污。对于损坏不太严重的档案，可采用如下操作：将档案夹在两张无纺布（或合成树脂网、尼龙网）中间，形成"三明治夹层"，将夹层固定在有机玻璃板上，放到洗涤槽中，保持倾斜。洗涤槽的上水口以加长的塑料导管引流，便于减缓水流冲力。一边用流水淋洗档案，一边用软刷隔着无纺布（或合成树脂、尼龙网）排除档案下层气泡同时刷除脏污。

水洗完毕后，对于不需要托裱的档案，双手提拿档案夹层，字面朝下放在吸水纸上，用另一张吸水纸覆盖，再以棕刷将档案排平，同时撤水，之后揭去无纺布，将洗净的档案夹在吸水纸中，用木板和重物压平干燥。其间，需要倒干和换纸。对于需要托裱的档案，双手提拿档案夹层，字面向上铺放在工作台面上，揭去档案正面的无纺布，再提拿档案背面的无纺布，使档案字面向下反扣在工作台面上，揭去档案背面的无纺布，进行托裱操作。

对于损坏较为严重、需要托裱的档案，详见第五节托裱技术。

2. 有机溶剂去污

利用有机溶剂可去除档案上的油斑、蜡斑。溶剂去污的注意事项：

（1）有机溶剂易着火，并有一定的毒性，应在通风良好的环境（最好是在通风橱）中进行。

（2）当用一种有机溶剂不能去除污染时，可以尝试使用两种溶剂的混合液去污。

（3）使用有机溶剂去污时，应检查字迹的水溶性或是否溶于有机溶剂。检验试验所选的溶剂对于各种字迹来说是否安全，可用如下方法：用滴管在吸水纸上滴一滴溶剂，然后把吸水纸压在纸质档案试样上一个不重要的字迹或标点符号上，如果吸水纸上有字迹材料的颜色，说明字迹材料能被该溶剂溶解，就不能用该溶剂去污。

（4）使用溶剂去污时，能使用低浓度溶剂绝不使用高浓度溶剂。

（5）对于冷水不能去掉的污迹，可适当提高水温，去污效果会更好。

3. 氧化去污

氧化去污是利用某些化学药品的特殊氧化性，对污染物进行氧化，强行破坏有机色素的发色团，从而使污斑得以去除。主要适用于霉斑、蓝黑墨水、纯蓝墨水与红色墨水等彩色污斑的去除。

（1）氯胺 T 去污

氯胺 T 是一种温和的漂白剂，呈白色结晶粉末，稍有氯气味，能溶于水。去污方法如下：

①配置浓度为 2%～3% 的氯胺 T 溶液，该溶液的 PH 为 8～9。

②加入盐酸把溶液的 PH 调整到 7，并把温度控制在 20℃～30℃。

③把有污斑的档案先在清水中湿润一下，然后，放入氯胺 T 溶液中 15min～30min。

④取出档案，放在清水中清洗，以去除残留的氯胺 T。然后夹在吸水纸中晾干。

氯胺 T 氧化作用平缓，对纸张的损害小，反应后不产生破坏性的残渣，但处理过的文件至少要用清水冲洗 15 分钟。

（2）过氧化氢去污

过氧化氢是一种无色液体，市售商品一般为 30% 的水溶液，又称双氧水，是一种较强的氧化剂。当去除不太严重的污斑时，可用过氧化氢与乙醚的混合液。由于乙醚是有机溶剂，它可溶解部分污斑。

去污过程：

①把乙醚倒入锥形玻璃瓶中，然后把等体积的过氧化氢用滴管滴入乙醚中，边滴边振荡，使它们充分混合。静置，使之分层。下层为未溶于乙醚的过氧化氢，上层为含有过氧化氢的乙醚乳浊液。

②用吸管取出上层的过氧化氢—乙醚乳浊液，装入另一瓶内，并测溶液的 pH。

③把待去污的纸质档案试样在清水中浸一下，然后放入过氧化氢与乙醚的混合液中，直至污斑消除。

氧化作用平缓，对纸张强度影响较小，反应中除了水以外，不产生其他杂质。

（3）次氯酸钠去污

次氯酸盐具有强氧化性，纸质档案去污常用次氯酸钠。污斑去除后为除去残留的次氯酸，还需用少量盐酸，再将档案放入稀氨水中，使之中和，以保证纸张不受酸的侵蚀。

去污过程：

①将档案放进 5% 的次氯酸钠和浓盐酸（HCI）混合溶液中约 5min（其中 HCL 占 0.5%～3%），使污斑氧化漂白。

②把档案取出，放入稀盐酸溶液内（0.5mL 浓盐酸溶于 2700mL 水），时间约 5min，以除去档案上残留的次氯酸。

③将 2mL 氨水溶于 9000mL 水中，配成氨水溶液。把档案放入氨水溶液中约 10min，以中和档案上残留的 HCL。

④将档案取出，放入清水中漂净。

注：为了保证操作人员的安全，应在通风橱中操作。次氯酸钠去污的特点是去污能力强。

（4）高锰酸钾去污

高锰酸钾是一种强氧化剂，能氧化污斑中的色素，适用于纸质档案上较严重污斑的去除。

去污步骤：

①将档案放入 0.5% 的高锰酸钾溶液内约 10min，使污斑氧化。

②把档案取出放入清水中水洗。

③将水洗后的档案放入 0.5% 的亚硫酸氢钠（$NaHSO_2$）中进行处理，使之与档案上的褐色二氧化锰（MnO_2）反应，变成无色。

④对档案进行充分水洗，干燥、压平。因高锰酸钾是一种强氧化剂，该法不适合含木素较多的纸质档案。

用氧化剂去污一方面要考虑氧化剂的氧化能力，即破坏污斑色素的能力；另一方面要考虑氧化剂对档案制成材料纸张和字迹耐久性的影响，根据缓和程度，去污时考虑的顺序依次应为：氯胺 T →过氧化氢→次氯酸钠→高锰酸钾。

二、纸质档案去酸技术

纸中的酸是降低档案寿命最重要的原因。酸能促使纸张中的纤维素水解，使纸张发黄变脆，影响纸张的耐久性。另外，酸还具有迁移性，它能从一种材料向另一种材料迁移。为延长档案寿命，必须对纸质档案去酸。

（一）纸质档案中酸的来源及其危害

1. 纸质档案中酸的来源

（1）纸张生产过程带来的酸：制浆过程、施胶过程中残留的酸；内部施胶增加了纸张的酸度。

（2）空气中的酸性气体，如 SO_2、NO_2 等灰尘中的酸性物质，均可被档案吸附。

（3）书写、印刷在档案纸张上的字迹材料含酸，如墨水中以硫酸作为稳定剂。

（4）档案长霉后分泌的有机酸，如草酸、柠檬酸等。

（5）木素进一步氧化分解产生 CO_2 和有机酸。

2. 酸对纸质档案的危害

酸是影响纸张耐久性的主要因素。酸使纤维素甙键水解断裂，使纸张发黄变脆，强度降低，纸张含酸量越大，耐久性越差。当纸张为中性或弱碱性时，有利于纸张永久保存。研究表明，PH低于6的纸不适用于永久性的文件。

（二）纸质档案去酸技术

纸质档案去酸的实质是用碱性化学物质（OH^-）中和纸质档案中的氢离子（H^+），以提高纸张的PH值，减少氢离子催化档案水解反应的能力。

纸质去酸的基本要求：①对纸张上的字迹、纸张无损害；②与酸性物质的中和能力应比较强；③对纸张的渗透性比较好；④对人体、环境无公害；⑤最好有缓冲剂的残留物，即可以持续抗酸；⑥生产成本低，安全，易操作。

1. 碱性水溶液去酸

现在常用于去酸的有：氢氧化钙—碳酸氢钙溶液、碳酸氢镁溶液。

（1）氢氧化钙—碳酸氢钙溶液

首先，将去酸档案在清水中浸透，待纸张纤维浸透后，放入浓度为0.15%~0.2%的氢氧化钙溶液中10~20min。

其次，取出档案后放在清水中冲洗，然后放在浓度为0.15%~0.2%的碳酸氢钙溶液中10~20min，以除去留在纸上的氢氧化钙。

使用这种方法去酸后在纸上沉积白色细小颗粒状的碳酸钙，能与酸作用生成pH值为8.31的碳酸氢钙，因而碳酸钙能抵御酸性物质，去酸效果好。两种原料易得，操作方法简便。不适用于水溶性字迹纸质档案去酸。

（2）碳酸氢镁溶液

去酸时把档案浸在碳酸氢镁溶液中20~30min。碳酸氢镁溶于水中能生成氢氧化镁，氢氧化镁电离出氢氧根，与纸张中的氢离子进行中和反应，达到去酸目的，最后取出档案放在吸水纸中压干即可。

这种方法的优点是残留在纸张上的碳酸氢镁慢慢分解，生成碳酸镁，对档案纸张起抗酸缓冲作用。

上述两种碱性水溶液去酸的优缺点：

优点：去酸溶液能渗透到纤维内部，因而去酸效果好；去酸后档案上有碱性残留物，如$CaCO_3$、$MgCO_3$具有抗酸缓冲作用。

缺点：不适用水溶性字迹档案；去酸效率低，只能逐页去酸，不能大批量处理；脆弱的纸张受潮后容易破碎；干燥后纸张容易起皱；去酸前后需要将档案拆除和装订，费时费工。

2. 碱性有机溶液去酸

(1) 氢氧化钡—甲醇溶液去酸

氢氧化钡—甲醇溶液去酸是通过去酸剂（氢氧化钡）和有机溶剂（甲醇）对档案纸张中的氢离子进行中和处理，从而达到去酸的目的。

去酸时，把 1.86g 氢氧化钡溶解于 100mL 的甲醇中，即可得到浓度为 1% 的氢氧化钡—甲醇溶液。然后，将纸张强度较好的档案直接浸泡在溶液里，强度差的，可将溶液直接喷洒在档案纸张上面。去酸后，残留在档案上的氢氧化钡与空气中的二氧化碳作用生成碳酸钡，可提高纸张的抗酸能力。此法不适用于油溶性字迹。氢氧化钡和甲醇均有毒性，因此操作时应特别注意安全。

(2) 甲氧基甲基碳酸镁去酸

甲氧基甲基碳酸镁去酸法又称韦陀法（WeiTo）。这种去酸液是由甲醇、氟利昂和甲氧基甲基碳酸镁组成的混合溶液。

三、纸质档案加固技术

在档案制成材料中，有的字迹材料耐久性较差，出现泅化、扩散、褪色等现象；有的纸张的强度会下降，出现断裂、糟朽等现象。

(一) 保护剂加固

将保护剂涂布在纸质档案表面形成一层膜，起到加固作用。一般对保护剂有如下要求：对纸张无损害；无色透明液体，不易变色；形成不透水的薄膜，具有一定黏性。缺点是不能用于加固油或醇溶性字迹；可逆性差。

保护剂加固包括：乙基纤维素加固、氟树脂加固、聚甲基丙烯酸甲酯加固。

1. 乙基纤维素加固

乙基纤维素是一种纤维素醚，为白色粉末，能溶解在苯、醋酸等有机溶剂中。其涂膜柔软、耐水、耐热及耐酸碱。乙基纤维素主要用于加固黑色铅笔字迹。

涂料配制：将 5g 乙基纤维素放入干燥的锥形瓶内，加入 170mL 苯和无水酒精混合液。用玻璃棒搅拌直至完全溶解，再加入少量邻苯二甲酸二丁酯。搅拌均匀后，盖上木塞备用。

操作方法：将档案铺在一张纸上，用毛笔蘸上乙基纤维素溶液，均匀地涂抹在需要加固的地方。如果整页档案需要加固，可进行喷洒。也可用醋酸纤维素涂料来加固字迹。

注：乙基纤维素不能用于加固油或醇溶性字迹，如圆珠笔、书写纸油墨字迹。

2. 氟树脂

氟树脂的化学性质很稳定，其涂膜耐酸碱、耐光、不易老化。氟树脂可以用于加固墨水、铅笔、黑色打字带等字迹，但其可逆性较差。

涂料配制：将15g氟树脂与100mL丁酮放入锥形瓶中，并将锥形瓶置于水浴锅中加热，或把5g白色氟塑料放入锥形瓶中，再加入120mlL丙酮、甲基丙烯酸甲酯、丁酮等有机溶剂。用玻璃棒搅拌均匀后，用木塞塞紧瓶口，静置，直至完全溶解，即配制成5%氟树脂溶液。如用甲基丙烯酸甲酯作为溶剂时，应在瓶上装一回流装置。注意：有机溶剂易燃烧，因而不能把容器放在火上直接加热。

3. 聚甲基丙烯酸甲酯

聚甲基丙烯酸甲酯（有机玻璃）的涂膜耐酸碱、耐光，有较高的耐水性和机械强度。聚甲基丙烯酸甲酯主要用于加固水溶性及黑铅笔字迹。

配制方法：把有机玻璃、苯、三氯甲烷放在锥形瓶中，上带一冷凝管，然后把锥形瓶放在水浴锅中加热。让溶液沸腾24小时，待有机玻璃完全溶解后再加入少量苯二酸二辛酯。

（二）加膜加固

一般使用塑料薄膜加固。是在档案正反两面或一面加上一层透明的塑料薄膜，以提高纸张强度、保护字迹的一种加固方法。由于加膜方法不同，塑料薄膜加固又可分为热压加膜和溶剂加膜两种。

1. 热压加膜

热压加膜是用加膜机在档案一面或两面热压上一层棉纸和热塑性树脂薄膜，如醋酸纤维素薄膜、聚乙烯薄膜或聚酯薄膜。加膜时按如下顺序进行：

棉纸—薄膜—档案—薄膜—棉纸

加膜机有汽热平板式和电热辊压式两种。加膜机上装有温度调节器。一般温度控制在80℃~150℃，压力为5~30kg/cm²。热压时间3秒至3分钟不等。在热和压力作用下，薄膜变软并渗入到档案纸张和棉纸细孔内，使薄膜、档案纸张和棉纸形成一个整体。

2. 溶剂加膜

溶剂加脂是使用有机溶剂把透明薄膜黏合在档案上。这是一种简易加膜法。其优点是不经高温高压处理。此方法是由印度国家档案馆提出的，亦称印度加膜法。

操作时，按上述次序把棉纸、醋酸纤维素薄膜和档案展平放在玻璃板或平滑的桌面上，用无绒棉布或脱脂棉球蘸丙酮，从棉纸中心开始，缓慢、均匀、稍带压力地向边缘涂抹。当丙酮通过棉纸浸透醋酸纤维素薄膜时，用拧干的丙酮棉球迅速地在棉纸表面用力擦一遍，使棉纸、薄膜和档案黏合在一起。然后，对另一面进行同样的处理。处理完毕后，干燥5秒钟，用手压平档案，赶走气泡，使棉纸、薄膜和档案黏贴牢固。最后，把加膜的文件放在压力机上压平。

注意：由于丙酮有毒、易燃，应在通风橱内进行操作，并且不能有明火。

（三）双面字迹纸张的加固方法

双面字迹纸张加固多采用丝网加固和典具帖加固法。

（1）丝网加固是用蚕丝织成网状，并喷上聚乙烯醇缩丁醛胶黏剂，在一定高温度、压力下，丝网与档案结合在一起的一种加固方法。

操作过程：按丝网—档案—丝网的次序排列，将丝网和档案放在两张氟塑料（聚四氟乙烯）薄膜之间，一起放进热压机中热压。也可用电熨斗热压。丝网加固的优点是透明度好，重量轻，手感好，耐老化；缺点是强度较低。此方法适用于纸张发脆并且两面有字文件的加固。

（2）典具帖是一种楮皮或雁皮等书皮加工而成的轻薄、强韧、具有极好的透明度的薄纸，被广泛用于文献修复中，尤其适用于两面有字文献的双面加固。糨糊常用羧甲基纤维素（CMC）。羧甲基纤维素（CMC）为无毒无味的白色絮状粉末，性能稳定，易溶于水，其水溶液为中性或碱性透明黏稠液体。使用典具帖加固档案时使用浓度0.5%～1.5%的CMC，利用其遇水即溶的特性，在微潮的情况下，达到档案原件与修复用纸的贴合和加固，同时这种条件对字迹也不会造成影响。经测试，使用该法处理过的档案，其抗光、抗酸能力有所增强。

在操作时，先用典具帖修补破损部分，用碳酸氢镁碱性溶液喷洒档案，以平衡酸化的纸页。然后将档案一页以双面夹托，贴在典具帖上。最后，压平、干燥，等整部档案修护完成后，再重新装订。注意遇水扩散字迹的破损档案不能用此方法加固。

第六章　声像档案的保护

声像档案主要包括胶片照片、磁性载体材料和光学记录材料三大类。有关声像档案保管的研究，自20世纪80年代，在我国乃至全球的档案界就开始关注了。声像档案不仅能够记录声音，还能记录画面，又能实现信息海量存储，使档案信息的记录、传输和管理方式发生了根本性的变化。

声像档案又被称为机读档案。这些档案的形成和读取都离不开配套的设备。如感光材料形成照片档案、缩微胶片、电影胶片等需要配套的照相机、缩微机、摄影机等；磁性材料形成的磁性载体档案需要录音机、录像机、计算机等；光盘载体档案形成时需要计算机和刻录机等。读取这些信息同样也需要各种配套的设备，缺了配套的读取设备，这些五花八门的载体档案将变得毫无价值。

声像档案从制成成分来看都是高分子复合材料。这些高分子复合材料的制成物质不同，性能也多种多样，其耐久性和寿命普遍低于纸质载体档案。频繁的利用和长时间的存放都会加速其寿命的缩短。

第一节　胶片及照片档案的保护

胶片、照片档案是利用感光材料在光的作用下能够发生化学、光学反应，把文字、图像、声像等通过光波形式记录在胶片或照片上而形成的档案。例如，电影胶片上的影像、缩微胶片上的字迹、照片底片上的图像，都是原始图像或文字上的光线通过摄影机上凸透镜聚焦在胶片感光乳剂层上发生光化学反应的结果。胶片用于档案存储的优点有：存贮密度大，便于存贮和传递；规格统一；查找方便迅速；记录准确；复制速度快；保存寿命长；成本低等。

一、胶片的类型

根据胶片的感光性能、规格和种类，胶片档案可分成不同类型和品种。例如，从色彩上可分为黑白胶片档案和彩色胶片档案；从胶片档案记录的内容上分为录音胶片档案和录像影片档案；从摄影方法上分，胶片档案又分为普通胶片和缩微胶片档案；从胶片的感光性能上分，胶片档案又分为银盐胶片档案和非银盐胶片档案。除此之外，随需要的不同，胶片档案还有其他多种分类方法。

(一) 黑白胶片档案和彩色胶片档案

1. 黑白胶片

黑白胶片使用卤化银作为感光材料。胶片乳剂层中的卤化银有见光分解的性质，拍照后卤化银分解生成银离子，经过多种加工工序后，银离子最终被还原为黑色的金属银，形成可见的稳定影像。

2. 彩色胶片

彩色胶片是利用减色法原理形成彩色影像，胶片的结构由三个感色层构成。通常感蓝乳剂层在最上边，含黄成色剂，显影后形成黄染料；中间为感绿乳剂层，含品红成色剂，显影后形成品红染料；下层为感红乳剂层，含青成色剂，显影后形成青染料。感蓝乳剂层由高感和低感两层组成；感红、感绿乳剂层由高感、中感、低感三层组成。由于拍摄时照相条件不同，彩色胶片分为日光型和灯光型两大类，我们平常使用的彩色胶卷都为日光型，适用于白天在太阳光下拍摄，也适用于闪光灯下拍摄。

(二) 普通胶片档案和缩微胶片档案

1. 普通胶片

普通照相用感光材料分为黑白和彩色两大类，黑白和彩色感光材料又分为胶卷和相纸两类。按感光度不同可分为低速、中速和高速片；按加工方式可分为黑白、彩色、反转、直接正性、一步成像材料。目前市场上常见的规格是35mm宽的135胶卷，还有120、110、圆盘、APS等不同规格产品。

2. 缩微胶片

缩微技术是通过摄影的方法将原始文件上的图文信息拍照在缩微胶片上，并以胶片为载体进行信息存储、交换、阅读和管理的一种技术。档案文献上的影像 (文字、线条、图像等)，人眼通常是可以直接辨认的。但是，通过缩微摄影过程，将原件上的影像缩小记录在缩微胶片上的影像，一般人眼不能直接阅读，需借助于放大镜、缩微阅读器将影像放大后才能阅读。这种小到人眼难以直接阅读的影像，叫作缩微影像，记录有缩微影像的缩微胶片称缩微品。缩微影像的载体有胶片、玻璃、塑料、纸质、金属等，目前常用的为缩微胶片，缩微胶片按照外形可以分为卷式缩微胶片和片式缩微胶片两大类。卷式缩微品按胶片宽度可分为16mm、35mm、

70mm 和 105mm 四种；按装片方式不同，又可分为片盘式、单轴盒式、双轴盒式和片夹式等几种。片式缩微品有缩微条片、缩微平片、封套式缩微片、开窗式缩微片等几种。

按胶片片基类型可以分成硝酸纤维素、醋酸纤维素和聚酯片基。这些材料同时可以用来支持底片、幻灯片、电影画面、缩微胶片和其他产品。硝酸纤维素胶片易分解、易燃易爆，属于不安全片基，它对库房建筑、室内温度湿度、管理等都有特殊要求。醋酸纤维素胶片不太稳定，它们老化速度较快，老化时产生的衍生物会严重破坏胶片的质量，尤其是在保管中易产生醋酸综合征。到目前为止，还没有有效的方法治理醋酸综合征。聚酯片基相对于上述两种片基而言稳定性要好，因此，醋酸纤维素和聚酯片基被称为安全片基。并且要求安全片基与不安全片基单独保存。

二、胶片、照片档案的老化

自从 1830 年摄影技术发明以来，胶片或照片因为自然、保管环境或保护方法等原因出现了程度不同的老化现象。不同品种的胶片自然老化速度是不同的，自身的寿命相差较大。同时，胶片的寿命受环境的影响较大，如温度、相对湿度、空气污染物，从建筑物原料、墙壁油漆、木制家具、纸板等中散发的有害气体等。

胶片由乳剂层和片基构成，乳剂层又由明胶和影像层组成。胶片老化主要表现为结构和性质的改变，其改变为物理变化、化学反应和生物侵害造成的。

（一）影像变色

黑白影像随着保存时间的延长逐渐出现发黄的现象，有的还会出现白色斑点。彩色影像容易出现褪色或变色的现象，尤其是在光照条件下，光强度越大、光照时间越长，褪色速度越快。彩色胶片的变褪色速度要比黑白胶片快，在 24℃（75℉）室温条件下，20 世纪 80 年代生产的彩色照片每经过八年，色彩将会褪去 10%。这是指冲印过程要做质量好的照片，如果冲印过程不足够好的彩色照片，色彩会褪去得更快。彩色照片保存于温度为 7℃（45℉）的条件下，色彩褪去 10% 要经过 75 年；彩色照片保存于温度为 2℃（35℉）的条件下，色彩褪去 10% 要经过 160 年；彩色照片保存于温度为 -18℃（0℉）的条件下，色彩褪去 10% 要经过 2700 年。

（二）明胶变性

含明胶较多的胶片档案长期处于潮湿环境中就容易受微生物破坏。当胶片上生长有微生物时，胶片明胶蛋白质的分解，胶片的明胶层逐渐产生液化现象，使影像感光物质发生位移，导致影像模糊，霉菌生长产生霉斑会遮盖影像，污染影像，霉菌生长过程中分泌有机物侵蚀银影颗粒和染料影像。最终使胶片影像脱落、变色或褪色。

明胶具有吸水膨胀、失水收缩的特性，当其含水量发生变化时，明胶随之发生变形。当环境温湿度过高时，明胶易吸湿膨胀而引起画面尺寸的改变和粘连；温湿度过低，同样会因明胶失水收缩而引起画面尺寸的改变和增大胶片的脆性。明胶胶体容易变形、发软，温度过低容易脆化，相对湿度长期处于非常低的水平（25%以下）时，胶片会失水收缩。相反地，当相对湿度较高时（70%以上），胶片会吸水膨胀，导致胶片机械尺寸发生改变，严重者还会生霉。膨胀是因为湿气过大，收缩是因为太干燥导致胶片各层之间发生不同程度的收缩，这样会导致永久的变形和各层之间的分离。

明胶易发生的老化现象是划伤，如断续或连续性的横断面、纵断面刮花，细且短的划痕（俗称雨点），不规则的手印等。产生的原因可能是机械划伤，也有可能是冲洗过程的划伤或者是保管过程中，手直接触摸到了胶片或空气中灰尘颗粒因摩擦而划伤胶片。

三、胶片、照片档案的保管

胶片、照片档案的保管就是要采取各种有效的措施、科学的方法，克服与限制可能损坏胶片、照片档案的各种不利因素，从而达到安全保管胶片、照片档案的目的。

（一）档案装具

1.装具材料

用于制作装具的材料主要有纸张、塑料和金属三类。

用纸张制作而成的胶片装具有纸卡、纸袋、簿册和纸盒等。制作胶片装具用的纸张应为表面光滑的中性纸张，含酸量较高的纸张或含有硫或二硫化碳的玻璃纸不宜用于制作胶片装具。用塑料制成的胶片装具有片轴、片盘、片盒和封套等。胶片装具应使用化学性能稳定、不易老化、耐腐蚀、不释放有害气体的塑料。

金属可用于制作片盘、片盒及柜架等。所用金属材料一般为经过氧化处理的铝或不锈钢，也可使用经过喷漆、镀锡或其他防腐蚀处理的金属材料。

2.装具类型

根据密封程度，胶片装具分为开放式、密闭式和密封式三类。

（1）开放式装具。这是一种能防止胶片遭受机械性损伤，但不防光、可以接触到周围空气的装具。这类装具有开窗卡片、片盘、片夹等，短期保存的胶片档案可使用这类装具保管。

（2）密闭式装具。这是一种能限制胶片与周围空气的接触，并可以防光、防尘、防机械损伤的装具。这类装具有封套、片盒、平片箱等，短期保存或长期保存的胶片档案均可以使用这类装具保管。

（3）密封式装具。这是一种能完全切断胶片与周围空气接触，并可以防光、防空气污染物、防潮的装具。这类装具有密封式平片盒、密封式卷片盒、密封袋等，主要用于胶片的长期保管或耐火保管。

（二）库房管理

保管胶片、照片档案的环境和条件直接影响着胶片、照片档案的使用寿命，而做好库房管理工作则能为胶片档案提供良好的保护环境和条件。胶片档案由于制成材料的特殊性，因而在库房管理方面有如下具体要求：

1. 控制温湿度

胶片档案对环境温湿度要求较为严格，控制好库房的温湿度在胶片档案的保护工作中占有重要的地位。根据国家档案局 1987 年正式颁发的《档案库房技术管理暂行规定》，保存一般胶片的适宜温度是 14℃～24℃，相对湿度为 45%～60%；保存母片的适宜温度是 13℃～15℃，相对湿度为 35%～45%。在保管胶片档案的过程中，有条件时应在库房内安装空气调节机和除湿设备，以控制库内的温湿度，最大限度地延长胶片档案的寿命。

底片、照片应尽可能恒温、恒湿保存。长期贮存环境，24 小时内温度的周期变化不应大于 ±2℃，相对湿度变化不应大于 ±5%；中期贮存环境，24 小时内温度的周期变化不应大于 ±5℃，相对湿度变化不应大于 ±10%。

当库内外温湿度相差较大时，胶片、照片进出库房前应在缓冲室或调节柜中放置一段时间，以防胶片、照片表面结露。

2. 防止阳光照射

阳光直接照射在胶片和照片上，会使胶片变色、褪色、脆裂，尤其是彩色照片见光后褪色速度很快，应尽可能避光保存。保存胶片档案的库房最好选用无窗库房。库房有窗时，可加设外遮阳和内遮阳设施，也可以把窗户密封起来，以防止阳光直接照进库内。

3. 保持库内清洁

搞好库房清洁卫生工作，是防尘的措施之一。因为灰尘能随风飘扬而散布到库房的每一个角落，对胶片造成危害。要防止灰尘对胶片造成危害，首先要杜绝灰尘的来源，而要杜绝灰尘的来源，除库房围护结构内表面采取必要的防尘措施外，在库房日常管理中，定期进行库房清洁卫生工作是必不可少的。

4. 库内空气净化

进入贮存室或贮存柜的空气应首先经过机械过滤器过滤，以免空气中的固体颗粒擦伤胶片或与胶片上的物质起反应。过滤器宜采用干介质型，应不可燃，其捕捉率不应低于85%。应使用洗涤或吸收等空气净化装置，去除空气中的二氧化硫、硫化氢、过氧化物、臭氧、酸性雾气、氨和氧化氮等气体杂质。油漆的挥发气体是一种氧化污染源，应控制使用。若贮存环境新刷油漆，应在三个月后投入使用。对其他存有污染源的新贮存环境，亦应搁置一段时期后再投入使用。缩微胶片库不能远离有害气体源时，胶片要采用密封保存。硝酸片基胶片会释放出有害气体，易燃烧甚至爆炸。因此，不应与其他胶片同处存放，也不应与其他胶片使用同一通风系统。胶片也不能与纸质档案、磁性载体档案同室存放。

5. 注意预防火灾

胶片制成材料多为易燃性物质，一旦发生火灾，将会造成无法挽回的损失。在胶片保管过程中，胶片库房要远离火源；要禁止将火种，如火柴、打火机等携带进库；严禁在库内吸烟；库内禁止使用明火；定期检查电气设备和线路，发现问题及时处理；库内应设置气体灭火设备和自动报警装置。档案缩微品如有副本，应另行安排存放地点。缩微胶片包装物应达到经受150℃干热达4小时不燃烧，即使发生变形，也不会损坏其中的胶片或妨碍胶片从包装物中取出的要求。制作片盘、片轴、片盒等的材料不得比胶片更容易燃烧和分解。为了防止在发生火灾时引起胶片着火或对胶片造成危害，应采用密封式包装，并将密封式包装的胶片存放在防火库中或隔热的胶片柜内。

6. 加强检查

胶片档案入库前应进行检查。对受污染的胶片、照片应进行必要的技术处理，防止受污染的胶片、照片入库。接触底片的人员应戴洁净的棉薄手套，轻拿底片的边缘。珍贵的、重要的、使用频率高的胶片应进行拷贝，异地保存。拷贝片提供利用，以便更好地保存母片。每隔两年应对胶片、照片进行一次抽样检查，不超过五年进行一次全面检查。若温、湿度出现严重波动，应缩短检查的间隔期。检查中应密切注意胶片、照片的变化情况（卷曲、变形、变脆、粘连、破损、霉斑、褪色等），亦应注意包装材料的变质问题，并做好检查记录。若发现问题，应查明原因，及时采取补救措施。

四、胶片照片档案修复技术

在保管、利用过程中，胶片档案受到不同程度的损坏。最常见的有，胶片硬化、变形、韧性降低、画面变黄、褪色、指纹、油斑等。应根据不同情况，采取相应的方法进行修复。

（一）去尘方法

第一，用羊毫笔或其他软笔扫除胶片上的尘土。

第二，用棉花球蘸酒精轻擦。但要注意不能用棉花干擦，否则尘土会划伤胶片上的乳剂膜。

第三，用流动清水将胶片冲洗干净后再晾干。

（二）去污方法

1.去指纹及其他油脂斑

对于胶片上刚印上指纹或其他油脂等污斑，1995年之前，胶片清洁工作的标准溶剂为甲基氯仿（1，1，1- 三氯乙烷）。直至1995年12月31日，这种溶剂没有再生产。代替此溶剂去除胶片上的手印、油斑等污点的溶剂可混合配制。例如，去污时可用20%～25%的汽油和75%～80%的甲苯的混合有机溶剂，用棉球蘸上配置好的上述溶剂在有手印或油斑处轻轻擦拭。若油污较重，按上述方法处理后仍有残迹，可继续用清水漂洗15分钟，再用5%的醋酸漂洗一遍，最后在清水中冲洗、晾干。

2.去红、蓝墨水斑

胶片上沾上了红、蓝墨水斑时，会使照片上影像不清晰。消除的方法是：将胶片放在清水内漂洗5～15min，再放入D-72配方显影液内浸泡5min（温度不高于20℃）。同时，应不断地翻动胶片，使它能均匀接触药液。然后将胶片放在清水中冲洗。为了更好地除去污斑，可用手轻轻抚摸胶片正、反面。随后放在5%冰醋酸液内浸一下，再在流动水中清洗15min，最后取出晾干。

3.去霉斑

由于胶片上的明胶是霉菌良好的营养物，因而在高温高湿条件下容易长霉。

（1）擦除法

将胶片放在垫有橡皮的台面上，用脱脂棉蘸上除霉液（将1%五氯酚钠溶解于85%乙醚和15%酒精的混合液）轻轻擦除霉斑。此方法能去除一般霉斑，且对胶片的性能影响较小。

（2）冲洗法

如果胶片上的霉斑较严重，可用药液在冲洗机等设备中进行冲洗。冲洗药液配方：五氯酚钠5g、硼砂0.5g，加水1000mL。该溶液的PH为9±0.2。冲洗时将胶片先放在清水中冲洗，然后放在冲洗药中处理，冲洗温度为18℃～24℃，冲洗时间

5min～8min。最后再用清水冲洗 8min～12min 在冲洗过程中，冲洗液的 PH 会下降。这是由于胶片上的霉菌分泌出酸性物质。如果 PH 下降至 7 以下，冲洗液中的五氯酚钠会形成沉淀物，这样降低了冲洗液的杀菌能力。为此，在冲洗过程中应不断检查冲洗液的 PH，并及时加入适量的硼砂使冲洗液的 PH 保持在 9 左右。如冲洗的胶片数量较大时，应及时更换药液。

用冲洗法去除霉斑时应注意以下问题：

①受潮严重或染上醋酸综合征较重、乳剂层受损的胶片，不能用此方法，否则易使乳剂层脱落，造成无法挽回的损失。

②如果待去霉斑的胶片上有灰尘、手印等，可在每升冲洗液中加 5mL 洗涤剂。

③对彩色影片除霉时，为防止因去除霉菌而加快彩色影像的褪色，应根据不同片基，采用相应的稳定液加工处理。

4.去黑斑点

采用比例减薄的方法可将胶片上的黑色斑点减到与周围影像密度一致，随后使黑色斑点消失。比例减薄液的配方：温水（50℃）200mL，铁氰化钾（赤血盐）10g，加水至 500mL。

（三）消除划伤、折痕的方法

胶片划伤分片基划伤和乳剂层划伤。两者的修复方法与可修复的程度是有区别的。片基是胶片的支持体，无论是印片、放映还是其他操作，片基与机械齿轮直接接触，因而片基划伤的机会更多，这些划痕一般以直线形式纵向存在于胶片表面，连续存在于多个画幅之上。片基划伤比乳剂层划伤较易修复，可修复程度也比乳剂层高。一般划伤深度只要不超过片基厚度的三分之一，都有物理化学修复的可能。

1.片基划伤的修复

关于片基划伤的修复有两种：一是溶解修复法；二是涂膜修复法。底片划伤可通过液体印片手段，可防止印到正片上。

（1）溶解修复法

溶解修复法常采用磨道修复法修复片基划伤。首先要选择能微溶片基不对乳剂层产生破坏影响且易挥发的溶剂，其次磨片机要使用具有很高光洁度的玻璃转盘。具备以上两点后，一般的片基划伤可修复。微溶的片基通过光洁的玻璃转盘挤压将片基伤口合愈。注意片基与盘面要接触严密，不能有一丝缝隙，否则会造成片基不平整。玻璃盘从溶液槽中携带的药液适量，若溶剂量过大，会造成片基因溶解过度变软或片基面不能在规定时间内干燥，易产生粘连，片基毛、花斑、片基缺乏亮度等问题，造成修复工作的失败。溶剂量少亦会出现修复失败。

磨道修复法常采用的溶剂为：硝酸、二醋酸片基以丙酮作为溶剂效果最佳；三醋酸片基以三氯甲烷作为溶剂效果最佳。在使用丙酮溶剂时，若出现不匀斑点，需逐渐添加醋酸乙酯，直到不匀斑点消失。若片基上出现不透明白雾，则应添加少量醋酸异戊酯，但用量不要超过丙酮用量的 20%。在使用二氯甲烷作为溶剂时，若片基上出现半透明白雾，则应添加少量丁醇，用量在 10% 左右。

磨道前必须彻底清理胶片，否则会由于片基上的油渍污点而产生不可消除的痕迹。用于磨道的丙酮、三氯甲烷等溶剂必须纯净不含杂质，特别是不能含有水分，否则会产生白色条纹。

（2）涂膜修复法

使用折射率与片基接近的溶剂，把它均匀地涂布在被划伤的片基上，形成一层薄膜，填补划痕。修复后的影片片基用肉眼还是能够看到划痕，但放映或再印片时由于划伤处的透光折射指数与片基的折射指数接近，放出的画面及拷贝将不会显现划伤迹象。

（3）保护膜法

美国 3M 公司、国产的护膜液均是以聚合硅烯为主体的。涂在胶片的两面具，有修复划道、耐磨损、防静电、抗化学腐蚀、易清洁等优点。其耐磨程度近似于玻璃，却又十分柔软，可用在中间片和发行拷贝上。中国电影资料馆与西安电影制作厂合作研制的高分子涂膜液，不仅具有修复划道的作用，还有抗化学腐蚀、防彩色影片褪色的作用，但此保护膜的存储还需进一步试验。

2. 乳剂层划伤修复

乳剂层划伤的原因很多，其中主要有空气中的灰尘吸附于胶片的表面，与胶片之间产生摩擦，划伤乳剂层，这些划痕没有一定的规律性，且痕迹较浅；另一种情况是放映机或检查机器在使用过程中划伤乳剂层，划伤比较有规律，划伤深浅不一；手触摸胶片表面时，留下手印或划痕，这种划伤一般很浅。不论划伤是深还是浅，如不进行修复，都会影响影像的质量。只要乳剂层没有划透，就有可能修复，若乳剂层划透，就很难进行物理修复，只能借助摄影或计算机进行修复。常用的修复方法如下：

（1）清水浸泡：乳剂层在水溶液中会膨胀。若乳剂面划伤较浅，乳剂在水溶液中膨胀并亲和再干燥，划伤缝隙能自然吻合，蹭伤或划痕的纹路即可减轻或消除。在一般情况下，轻微细道通过水洗就能清除，但影像层已划破，则无法应用此种方法进行修复，需使用数字影像处理的方法进行修复。

（2）溶液浸泡：将胶片放入清水中浸湿，再放入干酪素液（其配方：蒸馏水200mL、硼砂 25g、干酪素 25g、甲醛 7.5mL，加蒸馏水至 500mL）中一分钟后，取出晾干即可。这种方法不仅可以消除胶片磨痕，而且可使胶片增加一层无色透明的保护膜。

（3）显影液浸泡：将胶片放入流动清水中5分钟，使乳剂膜松软后，再放入显影液内浸泡5分钟。在浸泡过程中，可用手轻揩胶纸片折伤部位，将灰尘等杂质洗掉。胶片从显影液中取出后放入5%的冰醋酸溶液中浸一下，以中和显影液中带的碱性物质，再放入流水中漂洗15分钟。如有必要，可将胶片按折痕反方向轻折几下，水洗后晾干即可。

（4）乳剂层修复方法：将一个光洁的玻璃轮浸入修复液（三醋酸片基用修复液或硝酸片基用修复液）中，在胶片的带动下，将修复液涂布在乳剂层上，然后进入烘干箱。在干燥过程中首先是乳剂层膨胀，使划痕吻合，继之被干燥。但无论是修复片基还是乳剂层的划伤，事先都必须做好清洁工作，不能有手印、油迹、灰尘等。

常用的修复液如下：

①好莱坞修复液

这种修复液分正片用和负片用两种。它们的主要成分为二氯甲烷，约占修复液体积的70%，其余30%主要是由酯类（乙酸乙酯、醋酸丁酯、甲酸异丙酯等）、醇类（甲醇、丁醇等）、酸类（乙酸等）、酮类（甲乙酮、丙酮等）、片基增塑剂等组成。

这种修复液对Kodak公司和富士公司的三醋酸片基的修复效果很理想。即使使用中号砂纸用力划出的道子也能被很好地修复。但对乐凯公司、Agfa公司的三醋酸片基修复的效果有好有坏，甚至对某些胶片拷贝几乎没有修复作用。

②国产修复液

中国电影资料馆与中国科学院感光化学所共同研制的修复液，不仅对柯达、富士的三醋酸片基有良好的修复作用，对国产阿克发的三醋酸片基也有很理想的效果。

近年来，由陕西师范大学研制的划痕修复液，是由水性氟混合液（22.5~28.5）、纳米胶体硅WV-33（2~8）、乙醇（4~10）、ADM-F209水性聚氨酯（1~3）按体积份配比的原料混合制成。涂布在有划痕的三醋酸片基上，成膜后能消除划痕，恢复图像原貌，并增强了胶片的耐久性、耐磨性、抗张强度和耐折度等机械强度。

③硝酸片基用修复液

硝酸片基修复液是由二恶烷、丙酮、醋酸异戊酯及邻苯二甲酸二丁酯等成分组成的混合液，对大多数厂家的硝酸片基有良好的效果。

3. 消除折痕

胶片折伤后，在其折伤处往往沾有灰尘，久而久之会影响胶片画面，因而对折伤痕迹要加以消除。

操作时先将胶片放在流动的清水中水洗5min，使乳剂膜松软。然后，放入显影液内浸泡5min。浸泡时可用手轻摸胶片折痕处，除去灰尘。随后把胶片放在5%冰醋酸溶液中浸一下，中和从显影液中带来的碱性物质。再把胶片放入流动清水中漂洗15min，并可将底片按折痕反方向轻折几下。最后，取出晾干。此方法既可以除去灰尘，又可消除或减轻折痕。

（四）恢复褪色黑白影像

黑白影像由金属银的颗粒组成。在光、氧、水分等因素作用下，银起化学变化，生成浅色的银类化合物而使影像褪色。可采用卤化再显影法、硫脲自射线照相等方法使影像恢复。

1. 卤化再显影法

卤化再显影法是首先将影像中的金属银及化学变化过程中生成的银类化合物氧化漂白成卤化银，然后再还原成金属银，使影像再显。修复步骤如下：

（1）预坚膜。为防止乳剂膜在修复中过度膨胀而被破坏，应首先使用碱性甲醛坚膜液进行坚膜处理。

（2）漂白。把经过坚膜的胶片放在漂白液中处理15~2min。使影像中的银全部变成乳黄色的卤化银。漂白液配方：重铬酸钾95g、氯化钠140g、硫酸13mL、加水至1000mL。

（3）清洁。将漂白后的胶片放在清水中冲洗后浸入10%亚硫酸钠或5%亚硫酸氢钠的清洁液中，以除去残存的重铬酸钾。

（4）再显影。经过清洁、水洗后的胶片放入显影液中显影。一般可用正片显影液，如D-72显影液（1∶2稀释）或柯达D-15原液。因乳剂膜中无多余的卤化银，不会产生显影过度现象，所以显影时间无须严格控制，也无须定影。

2. 硫脲自射线照相

采用硫脲—S35自射线照相法恢复的基本原理是用含有放射性同位素硫—35的有机化合物硫脲，把已经褪色的胶片上残存的银转化为放射性硫化银。放射性硫化银能释放出β射线（即高能电子），用这种β射线代替普通光源对新胶片进行曝光，可使褪色的影像重新显示出来。由于修复后的胶片是通过原片本身的放射作用得到的，故称为自射线照相。修复步骤：

（1）预处理。把胶片放入显影罐中，依次用定影液、50%甲醇溶液、蒸馏水漂洗，以除去指纹、灰尘及污斑。

（2）转化处理。胶片预处理后，往显影罐中加入硫脲—S35的碱性溶液（用氨水或氢氧化钠溶液调节），然后摇动30min，再用甲醇和水进行漂洗，最后取出干燥。在这一过程中，胶片上的银转化成带有放射性的硫化银。

（3）拍照。将带有放射性硫化银的胶片放入暗箱内，与未曝光的胶片接触，进

行 β 射线曝光数小时。然后进行显影、定影和水洗，褪色的影像便得以恢复。

用自射线照相法恢复褪色胶片影像，其修复效率高，只要褪色胶片上有 15% 的银的残留量，就可以获得比较满意的修复件。此方法可以恢复在白光、滤色光下无法辨认的照片、黑白正负片的影像。但费用较高，此方法适用于珍贵而褪色严重的胶片档案。

第二节　磁性载体档案的保护

磁性载体档案系指国家机构、社会组织和个人在社会活动及科学实践中直接形成的有保存价值的磁性载体文件。磁性载体文件系指以磁性材料（如计算机磁带、软磁盘、录像带、录音带）为信息载体的文件。磁性载体档案是随着磁记录技术发展而产生的一种新型档案，它是通过将声音、图像和数据变成电信号使磁性材料发生选择性磁化来保存声音、图像和数据。以录音机、录像机、计算机为主体的磁记录技术已成为人们对声音、图像、数字等信息记录、存贮、传递的重要手段，是人们工作、生活必不可少的工具。磁性载体档案的种类较多，并且仍处在不断发展之中，现有的磁性载体档案主要有磁带、磁盘、软盘等。磁性载体档案的载体材料和记录材料的耐久性决定了磁性载体档案的寿命。

一、磁性载体档案的主要种类

磁性载体档案按其外形和材质分为磁带、磁盘、磁鼓、磁泡、磁卡等。其中最常见的是磁带、磁盘和磁卡。

（一）磁带的种类

磁带按使用需要不同，可细分为录音磁带、录像磁带、数字磁带和仪器磁带四类。录音磁带可用于记录音频信号；数字磁带主要用于电子计算机及数字计算和传输；仪器磁带多被工业部门作为记录和重放物体的温度、电磁场等的工具。

1.录音磁带

录音磁带的应用，已从 20 世纪 30 年代的单磁迹录音发展到了今天的立体声录音和数字录音时代。它分为开盘式、盒式和循环式三大类，除用于广播、新闻采访和电影录音外，还广泛应用于文化教育及家庭娱乐等方面。所记录音频信号的频率从几十 Hz 到 20kHz。

2. 录像磁带

又称为视频磁带，能在较宽的频率范围记录音频和视频信号，所记录信号从几MHz到几十MHz频率，带速可达每秒十余米。根据录像机不同，录像磁带分为四磁头横向扫描录像磁带和螺旋扫描录像磁带两类。按录像磁带结构分为开盘式和盒式两个系列。

3. 数字磁带

是计算机系统的主要脱机大容量外存设备存储介质。作为计算机用磁带，与音频信号不同，需要在规定位置记录和重放（即写和读数据），为此，需要反复走带、倒带和停止。也就是说，计算机磁带要在高速运动过程中进行数据写入和读出，所以要求它应具备良好的物理机械特性，如高抗变性、高耐磨性和适宜的动摩擦系数、表向电阻小（$<5 \times 108\,\Omega/cm^2$）、表面光洁度高等。为了交换作业和兼容性的需要，磁带的几何尺寸要小，物理特性和磁性参量及电磁转换特性均应保持在尽可能小的公差范围内。

4. 仪器磁带

是遥测技术、科学试验、资源勘探和自动化控制中信息记录的主要磁记录介质。与其他记录介质相比，其优点是：使用寿命长，耐磨性好，信号漏失少，可靠性高等。仪器磁带和数字磁带在磁带构造、组成及带宽等方面有许多相同之处，并且都要求表面光洁、摩擦系数低、耐磨性好、漏失少、表面电阻低，磁带在全长范围内不允许有接头。

(二) 磁盘的种类

随着计算机技术的飞速发展，磁盘已成为磁性载体档案的后来居上者，是数字磁记录的主要信息材料。磁盘主要有两类：软盘和硬盘。

1. 软盘（FloppyDisk）

它是早期个人计算机中作为一种可移动存储设备，主要用于那些需要被物理移动的小文件。软盘先后有14英寸、8英寸、5.25英寸、3.5英寸和2.5英寸等多种规格。从内部结构上来看，又可按使用的记录密度不同，分为双面双密度、双面高密度等多种。例如，5.25英寸、3.5英寸容量有360KB、720KB和1.44MB等。由于其容量有限，传输速度慢，无法适应人们对移动存储的要求，目前，软磁盘用于档案的存储已逐渐被容量大、传输速度快的其他移动存储设备所取代。

2. 硬盘

硬盘（HardDisc 简称 HD，或温彻斯特式硬盘）是计算机的主要存储介质之一，由一个或多个铝制或玻璃制的盘片组成。这些盘片外覆盖有铁磁性材料。绝大多数硬盘都是固定硬盘，被永久性地密封固定在硬盘驱动器中。

硬盘根据不同的用途，可分为以下几种类型：

（1）固定硬盘。它是一个集机、电、磁于一体的高精系统，通常安装在台式计算机的机箱中和笔记本电脑中，硬盘的内部是数据盘片。在硬盘的正面贴有产品标签，主要有厂家信息和产品信息，如商标、型号、序列号、日期、容量、参数、主从设置方法等，这些信息是正确使用硬盘的基本依据。硬盘的背面则是控制电路板，硬盘外部结构可以分成控制电路板和外壳两个部分。在硬盘的一端有电源插座、硬盘主从状态设置跳线器和数据线连接插座。

（2）活动硬盘。活动硬盘是相对于计算机内部的固定硬盘而言的，二者的存储原理相同，但在制造技术和使用方式上有所不同。虽然也采用传统的"驱动器＋盘片"的构成形式，但其盘片可以从驱动器中取出、更换。

（3）移动硬盘。是目前较为流行的移动存储设备，它汲取了固定硬盘的技术特点，具有安装简单、轻巧便携、超大容量、稳定安全、存取快捷等优点。这类硬盘与笔记本计算机硬盘的结构类似，多采用硅氧盘片，并且具有更大的存储量和更好的可靠性，提高了数据的完整性。采用以硅氧为材料的磁盘驱动器，以更加平滑的盘面为特征，有效地降低了盘片中可能影响数据可靠性和完整性的不规则盘面的数量，更高的盘面硬度使硬盘盘片具有很高的可靠性。

（三）磁卡的种类

磁卡（magneticcard）是一种卡片状的磁性记录介质，经记录和重放可通过专用终端与计算机或网络交换信息。它由高强度、耐高温的塑料或纸质涂覆塑料制成，能防潮、耐磨且有一定的柔韧性，携带方便、使用较为稳定可靠。通常，磁卡的一面印刷有说明提示性信息，如插卡方向；另一面则有磁层或磁条，具有 2～3 个磁道以记录有关信息数据。根据使用基材的不同，磁卡可分为 PET 卡、PVC 卡和纸卡三种；根据磁层构造的不同，又可分为磁条卡和全涂磁卡两种。磁卡使用方便，造价便宜，用途极为广泛，可用于制作信用卡、银行卡、地铁卡、公交卡、门票卡、电话卡、各种交通收费卡等。磁卡根据磁层构造的不同主要有以下两种类型：

（1）磁条型：一般抗磁力卡（300oe）和高抗磁力卡（2700oe）（如地铁卡、电话卡）。

（2）直接涂印型：低抗磁力卡（300oe）（如公园门票）。

二、磁性载体档案的特性——耐久性

由于磁记录档案所载信息能够毫无痕迹地被修改、增加和删除，另外，磁盘上信息的读取还与相应设备、软件的生命周期息息相关，当前计算机技术发展迅速，现在形成的磁性载体上的信息几年之后就可能面临着无法读取的危险。本部分内容所涉及的磁性载体档案耐久性专指磁性载体底基材料和记录材料的耐久性。

（一）磁性载体档案底基材料的耐久性

磁性载体档案底基材料主要有聚酯纤维、醋酸纤维、聚氯乙烯、玻璃和铝合金等。它们承载着记录档案信息的磁记录介质，是磁性载体档案的基础，如果它们的理化性能、机械强度等发生变化，就能影响到磁记录档案信息的完整性。

1. 底基材料老化变质

不论是作为高分子材料的聚酯纤维、醋酸纤维和聚氯乙烯，还是玻璃和铝合金，当它们在光、氧、臭氧、热、水、辐射、有害气体、腐蚀性液体和霉菌等外界环境影响下，材料容易发生老化反应而引起外观、物理化学性能、机械性能、电性能各方面的改变。

聚酯纤维作为底基材料具有许多优点，但其对碱的稳定性较低，碱中又以氨的影响最大。此外，聚酯纤维易带静电，易吸附灰尘。当外界的温湿度发生较剧烈的变动时，醋酸纤维会发生显著的尺寸变化，严重时会使磁性涂层脱落。聚氯乙烯的熔点较低，遇热容易变形。铝合金中的金属铝容易和卤化物、碱溶液发生化学反应而溶解在卤化物和碱溶液中。

2. 底基材料表面污损

磁材料在使用时，都是以一定速度在不停地转动。对于磁带来说，带面之间相互摩擦次数多，会使带基表面温度升高。在这种使用状况下，如磁带表面沾上灰尘或磁带自身脱落的磁粉颗粒，在压力下被卷入磁带中，会使重放信号跌落，噪声增大，甚至由于磁粉或灰尘颗粒掺入磁头缝隙造成磁短路，使信息无法重放出来。

磁带在使用中高速运转也易产生静电，带电的磁表面，能吸附空气中的尘埃、有害气体，对磁带具有腐蚀作用，致使带基变质、磁粉脱落。在保管使用中，手上的油、盐、汗渍也能被带体吸收，同样对磁载体有腐蚀作用，因此不能用手直接接触磁载体，操作时应戴上非棉线手套。

3. 底基材料过度使用造成的磨损

磁记录档案的存取是通过录放设备完成的，磁记录层与机械运转系统间的磨损是其寿命缩短的重要原因之一。

使用时，磁带沿导轮运转要经受强烈的摩擦，即使使用性能良好的磁记录仪在磁头与磁带接触的情况下，运转数次后磁带也会被磨损。特别是四磁头的录像机，磁带被磁头压迫得很紧，它们间的相对速度很大（有时达 5m/s），一般使用 200 次后，重放信号质量就要下降。如果磁记录仪器运带系统低劣会更加重这种磨损，有时甚至使磁带出现凹凸不平的拉长及带体边缘卷曲现象。因此，磁记录层的耐磨性是衡量磁记录档案耐久性的重要指标，实际工作中常用脱落磁粉（个/min）来衡量磁记录材料的耐磨性。如电视台对录像带规定是：每分钟走过的磁带脱落点不得超过5个。

为了减少被磨损的程度，磁带运转系统不得有划伤磁带的尖角或砂粒，应保持磁头及运带系统的清洁。每走一盘磁带，最好检查一下运带系统的磁头、导轮，并及时清除污物或更换已损坏的磁头。

对于一些需要长期保存的磁性载体档案应尽量减少使用频率，或用复制带提供使用。带基老化、变形、粘连的磁带修复后才能使用。

(二) 磁性载体档案记录材料的耐久性

磁性载体档案记录材料的耐久性主要是指磁记录层在其保存和利用中，保持原有电磁转换性能的完整性，也就是能否完整地将最初存入的档案信息再现出来。磁性载体档案信息电磁转换性能的完整性受到破坏主要有剩磁消失、信号漏失、噪声干扰等方面。

1. 剩磁消失

剩磁的产生使磁记录材料具备了记录和保存信息的功能，但当剩磁受到不良环境等因素影响，也会逐渐消失，使整个磁记录信息丧失甚至完全消失。

致使剩磁消失的原因主要是外界杂散磁场的消磁作用。激烈摔打、震动改变了磁记录介质原有排列秩序。高温或强光辐射使磁分子热运动加剧而消磁。磁层自去磁效应，因磁介质记录信息后，磁层外部会产生一个与磁化方向相反的去磁场；磁层越厚，信号频率越高，自去磁场强度越强，自去磁损失也越大。

2. 信号漏失 (失真)

信号漏失表现为重放时信号出现衰减、跌落或消失。漏码率是衡量信号漏失的指标，也是衡量磁记录质量，尤其是衡量计算机磁带与仪器用磁带记录质量的一个重要指标。如数字磁带的任一磁道读出信号幅度小于标准磁带读出信号幅度的50%时，就被认为是信息丢失，即漏码；录像磁带的漏码表现为屏幕上有条带、嘈杂或图像不清晰等现象。

造成信号漏失的原因主要是磁带表面粗糙或粘有异物，磁层内磁粉分散不均或磁层内有针孔、划伤、折痕等缺陷；磁带形变导致与磁头接触不良，如录像带上有一个较深的凹槽，几秒钟内就可丢失600个信号；保管或操作环境不洁，磁层发生粘连、脱落和表面有润滑剂析出；磁层表面氧化或被污染等，这些因素都会使读出电压瞬时衰减到规定的最低值，致使信号无法读出。

3. 噪声干扰

噪声或杂波干扰是影响磁性载体档案使用性能的常见现象，产生该现象的原因很多，与磁带的保管和使用有关的噪声有三类，即调制噪声、串音和复印效应。录音带上的噪声很易识别，录像磁带上的噪声一般表现为图像上有雪花似的主观感觉。

（1）调制噪声

在重放过程中，由于磁带的纵向振动而产生的抖动可使重放信号发生噪声。这种噪声往往同重放信号混在一起，被称为调制噪声。调制噪声同磁带表面光洁度、柔软度、环境湿度、磁头与磁带表面的接触状态以及传动机械中的磁带运动系统有关。如盘式录音带的放音噪声与放音磁头有关的有：放音磁头工作缝隙有污垢，磁头磨损严重，磁头受外界磁场干扰，磁头、导带杆、导带轮有剩磁等。

（2）串音

磁带串音是指相邻近的磁迹或通过信号泄露而给相邻的磁迹或通道造成的干扰。也就是说，磁带串音主要是磁带上原来记录的信号未消除干净，在新记录的信号中出现串音。有两方面的原因可能造成磁带重放时出现串音：一是播放设备的工作状况，如放音磁头水平位置不正确；二是因磁带感染了噪声，使原来的录音信号受到感染。防止后种串音的最好方法是记录前对磁带进行彻底消磁。

4. 复印效应

复印效应是指已录有信号的磁带卷绕在带盘上面，因磁层间相互作用而使邻层磁介质被磁化，将记录信号复印到邻层带上的现象，这种现象又称回声效应、转印效应或印透。其表现为重放时前后信号出现轻微重复。复印效应的大小用分贝表示。

使磁带产生复印效应的原因主要是存放环境温度的影响，环境温度越高，复印效应越大；环境温度每升高1℃，复印效应约增加1分贝，0℃时复印效应最小。磁粉颗粒越细，带基越薄，复印效应越大；卷带越紧，复印效应越大；复印效应还与存放时间有关。复印效应往往在邻层接触的最初几小时之内迅速形成，经一段时间后逐渐放慢直至稳定。与记录内容也有关，记录静止间歇的语言，复印效应显著；记录连续音乐，复印效应不显著。

此外，磁层霉变和粘连，轻者局部破坏磁层表面结构，影响磁介质电磁转换的完整性；重者则酶解磁层，使带基难以粘连，导致磁带完全报废。

三、磁性载体档案保护的方法

磁性载体档案的再现依赖记录和播放设备，属于机读档案，即读取其内容必须依赖相应的设备。磁性载体档案录放设备和磁性载体档案的日常保管环境共同影响磁性载体档案的耐久性和预期寿命，因此维护录放设备，创造适宜的保管环境是磁性载体档案形成后的必要工作。

（一）磁性载体档案录放设备维护

磁记录录放设备主要有录音机、录像机、计算机，它们构造不同，记录信息功能不同，但工作的基本原理相似，都是通过机械传动和电磁能转换磁头来完成录放功能的。所以，这些录放设备的机械传动系统和电磁能转换系统的工作状态直接影响着磁记录载体档案的录放质量和信息使用寿命。

1. 了解每一种录放设备的工作原理和正确使用方法

不正确的使用会导致磁带断裂、磁粉脱落等现象，特别要注意对录音机、录像机等设备上的快进、倒带和起动控制键的正确使用。为了保证这些功能键的良好工作状态，录放前应认真做好检查，检查各个功能键是否能正常工作，反应是否灵敏、准确。机器走带噪声要小，谨防录放中因机器轧带、卷带不齐或带速不均而影响磁带的有效使用寿命。同时，要加强对录放设备的保养。

（1）设备存放环境

设备应放置在干燥、清洁、通风的场所，这对不经常使用的设备尤其重要，不要放在靠近暖气等热源装置附近；勿使其受潮、雨淋或阳光直射。保存中库内外温差相差较大时，使用前要对其温度进行调节（调节一般不少于6h），以防止机器结露。潮湿季节应经常通电，消除潮气。

（2）定期对传动系统和磁头清洁、润滑

录音机主导轮轴承（每使用300h）、压带轮轴承（每500h）、马达轴承（每120h）应定期加润滑剂；录像机的润滑部分是供带或收带盘袖、各皮带转动轴等处，注1～2滴润滑油，油量要少，不能溢出。操作时严禁使带盘表面、皮带轮沾上油，万一沾上油应立即清洗干净，防止它们遇油伸长或受损变形。

磁头是具有写入、读出和清洗功能的元件，其表面保养状况直接影响到磁记录电磁转换特性和磁带寿命，所以对磁头应定期检测、清洁。磁头表面应平整、光滑、清洁和无磨损痕迹，磁头不洁是导致磁粉脱落，漏失增大，灵敏度下降的重要原因。磁头的清洁可用专用清洗剂擦洗，如录音机可用无水酒精、四氯化碳等擦洗；录像机可用无水酒精、甲醇或二甲苯等擦洗。清洗时应切断电源，禁止用棉织物或硬物擦洗磁头表面。

（3）定期对磁头消磁

磁头虽为软磁材料，但长期使用也会在一定程度上被磁化，磁头被磁化后继续使用会增大杂波（噪声）干扰和高频损失，因此，应定期消磁。具体方法是：用消磁器距磁头 1m 处接通电源，将其尖端慢慢移近磁头（勿接触），再使其慢慢离开；往复几次后将消磁器电源关闭。清洗磁头时尽量不要用磁头清洗带，因它对磁头磨损较重。有资料指出：每 10 秒钟可磨去 $1\mu um$；如不得已而为之，使用时间要短，一般不超过 10 秒钟，用后立即取出，且不得在机内速进速倒。

2. 保存前的准备

（1）长期贮存的磁性载体档案的信息要经过调整、清洁的设备录制。

（2）贮存前，检查磁带缠绕是否规整、边缘有无损坏，并应将磁带在存储环境中平衡 1 ~ 3 天，然后在全长度上使用清洁机慢速、均匀、连续地重新缠绕，缠绕张力为 1.7 ~ 2.2N。

（3）应将磁带在干燥的环境中快封到塑料袋中和（或）密封容器中，以防黏合剂、润滑剂挥发。

（二）磁性载体档案保存环境

1. 保存环境

（1）库房温、湿度环境

温、湿度变化范围：温度 14℃ ~ 24℃、相对湿度 45% ~ 60%，选定后在 24 小时内温度变化不得超过 2℃、相对湿度变化不得超过 ±5%。

（2）清洁管理要求

不要用手触摸磁带（软磁盘），应戴非棉制手套操作；不要使磁带（软磁盘）接触不清洁表面，如地面、桌面等；装磁带（软磁盘）的装具应洁净无尘；库房地面不应打蜡、铺地毯。吸尘器的排出气应通向专用容器或库房外；库房中禁止使用打印机。

（3）防火要求

库房及装具应使用耐火材料，库房内及附近不得有易燃物品；库房内严禁出现明火；库房中应备有 CO_2 型灭火器；纸张、木材、洗涤液等物品应尽量不要存放在同一库房中，库房中物品应摆放整齐，不能有路障；对重要档案应专柜存放。

（4）防磁要求

磁性载体档案与磁场源（永久磁铁、马达、变压器等）之间的距离不得少于 76mm；可使用软磁物质（软铁、铁氧体、镍铁合金等）构成容器、箱柜，对磁场进行屏蔽；磁性载体档案如装入有磁屏蔽的容器中，应距容器内壁至少 26mm；使用无屏蔽的容器运输时，磁性载体档案距容器外壁至少 76mm；不得将任何磁性材料及其制品（包括磁化杯、保健磁铁、磁铁图钉等）带入库房；在存有重要档案的库区，应设置测磁设备，以查出隐蔽的磁场。

（5）其他要求

库房宜保持为正压，减少灰尘对环境的污染；库房中应无腐蚀性气体，并保证通风良好。库房内的设备要避免被水淹；磁带（软磁盘）架最低一层搁板应高于地面30cm以上。不允许紫外线直接照射磁性载体档案。磁带（软磁盘）应放入磁带（软磁盘）盒中，垂直放置或一盘盘悬挂放置。

2.保养维护

应定期保养及维护磁性载体档案，并应建立磁性载体档案检测、保养卡，保养维护的具体内容包括：

（1）清洁

要保证磁带机、软盘驱动器、清洗机的清洁，除要定期清洁磁带外，当发现运行磁带（软磁盘）有碎片脱落时，应立即对全系统进行清洗；磁带盘、磁带盒清洗溶剂可选用二氯二氟甲烷、异丙醇、甲醇等，并在通风良好的环境中操作。

（2）倒带

在温度为18℃±1℃、相对湿度为（50±5）%的环境中贮存的磁带，建议倒带间隔为4年。如果不能保持上述温、湿度范围，倒带间隔应视保存环境不同相应缩短。倒带速度要慢，张力要恒定，保持1.7N～2.2N，倒带后，磁带要保持在标准的读、写（录、放）状态。

（3）定期检查

定期对磁带（软磁盘）外观、计算机磁带漏码、误差进行检查，对受损磁带（软磁盘）修复，对不能修复的磁性载体档案进行复制。

（4）复制

每年对大型磁性载体档案按3%的比例随机抽样读检，如发现有永久误差，则应对整套磁性载体档案重新检查，对发生永久误差的磁性载体档案进行复制；极重要磁性载体档案的复制周期由单位自定；正常保存的磁性载体档案，可每10年复制一次。

（5）再使用

磁性载体档案在使用场所的温度、相对湿度与库房的温度、相对湿度相差范围应分别为±3℃，±5%。否则，应在使用前，将计算机磁带在使用环境中平衡三天以上，录音带、录像带需平衡24小时以上。在读带前还应将磁带按正常速度全程进带、倒带各两次。

3.运输过程中的保管

磁带（软磁盘）应封装在塑料袋中，再放入容器里运输，运输时要轻拿轻放，严禁剧烈震动和翻滚。应防潮、防曝晒、防重压。运输环境的温度为4℃～26℃，相对湿度范围为20%～60%。应避免使用金属探测器进行探测（X射线除外）。

4.工作环境的基本要求

工作间应是清洁的，且温、湿度可控；应使用稳压、稳频电源。直接工作区内禁止吸烟、携带食品。卷轴（包括空轴）应放在专门的保护容器内。不应把磁带（软磁盘）放在热的地方，比如接近热源或阳光直射处。定期对工作间的磁带机、软盘驱动器的机械、电气部分进行系统的检查。应保持磁带机、软盘驱动器中全部磁带、软磁盘接触面的清洁。工作间应备有磁带清洗机和检验器，以用来清洁和卷绕磁带。

四、磁性载体档案修复技术

（一）去除磁带上的污斑

磁带上如有污斑，可用无毛的布沾上四氯化碳、氟利昂等有机溶剂去除。注意：不能用棉花或普通纸擦拭，以防落下绒毛沾在磁带上。另外，操作应在通风橱中进行。

（二）磁带的剪接

在长期使用过程中，磁带会受到一定损伤，如磁带断裂、磁粉脱落等。此时需要剪去损伤部分的磁带，以免在使用中损害磁头及出现轧带现象。可用磁带切割机进行机械剪切，也可用剃须刀或防磁剪刀进行人工剪切。剪切时一般使用45°角法，即顺磁带45°角的方向剪开，随之剪去损坏部分，然后可用胶纸、接带液进行黏结。使用胶纸黏结时，应选用纸薄、黏力强的透明胶水纸或涤纶纸。黏结时磁带之间不能重合，但接口处缝隙要小，带基与胶纸之间无气泡，应平整光滑。胶纸长度约2cm，宽度与磁带相同，用此方法黏结的优点是磁带使用时不会产生接头声，但胶纸容易脱落。

利用接带液黏结时，应将剪成45°角的磁带叠在一起，然后均匀薄薄地涂上一层接带液。接带液能溶解磁层内的黏合剂，使磁带黏合。用此方法黏结磁带的接头牢固，不易脱开。但由于接头处稍有凸起，因而当磁带运行速度过低时，易产生接头声。目前使用的接带液有CTC驳接胶和丙酮。前者使用时只需在磁带剪切处匀薄地涂胶两遍，搭接4mm~5mm后轻压一下，停4min~5min后即可正常使用。如使用丙酮黏结磁带时，应先将接头处刮净，然后将其重合，长度不超过10cm。

在黏结磁带过程中，无论采用什么方法，都不能将不同磁带黏结在一起。此外，不能将胶带贴在磁层上，为此一定要会识别带基与磁层，以免发生错误。

（三）减弱、消除磁带的复印效应

磁带一旦产生复印效应，可通过以下措施加以减弱和消除：

第一，让磁带在一根磁性很弱的磁棒上通过，可使复印效应减弱。

第二，让磁带在记录器上运转，但要断开抹音头，并在记录器磁头上通以很低的偏磁电流（确切的偏磁电流量需经实验测得）。

第三，将磁带经常倒带，可打断复印效应。

第四，将磁带放在低温处，可减弱复印效应。

第三节　光学记录档案及其保护

随着档案行业信息化的快速发展，电子文件（档案）大量产生，档案工作面临着新的机遇和挑战，电子文件（档案）长期安全保存问题是档案行业最为关注的重要问题之一。电子文件（档案）的长期安全保存是未来相当长的历史时期的重要工作之一。脱机备份、光盘备份等是一个行之有效的方法。

电子文件（档案）的脱机备份、异质备份和异地备份工作中，光盘以其存储适量、不可更改、寿命较长、文件便于查找、保存成本低廉、数据可监测和预期寿命可监测等突出特点已经在档案行业电子文件长期保存方面得到普遍认同。

《电子文件归档光盘技术要求和应用规范》（DA/T 38—2008）的公布实施，档案级光盘产品的上市以及光盘备份技术的形成，三个基本要素的成熟与完善，光盘已经具备了成为电子文件（档案）的长期安全保存有效载体的条件。

一、光盘刻录与检测相关标准、规范

（1）国际标准 ISO/IEC 10995《信息技术、信息交换和存储用数字记录媒介光学媒介档案寿命的评估实验方法》。

（2）《电子文件归档与管理规范》（GB/T 18894—2002）中的物理备份定义是指把电子文件集中下载到可脱机保存的载体上。推荐采用的载体，按优先顺序依次为只读光盘、一次写光盘、磁带等。

（3）《电子文件归档光盘技术要求和应用规范》（DA/T 38—2008）。

（4）《文档管理电子信息存储真实性可靠性建议》（GB/Z 26822—2011）中建议不同的存储介质具有不同的存储特性。大多数的组织机构将信息存储在不同的介质上，如纸、缩微胶片或光学介质 (一次写入、可重写、可擦除式)。在一些应用中，某些特定信息可能在其保管期限内的不同时间存储在不同的介质上。组织机构宜制定一些政策，针对不同的信息存储要求 (如存取要求，保存时间，安全要求) 使用不同类型的介质。宜在本政策文档中对这些政策加以详细说明。

(5)《基于文件的电子信息的长期保存》(GB/Z 23283—2009) 中规定确保长期电子文件信息真实性的组织应制定合适的政策、实践和控制技术。常用的控制技术措施包括使用 WORM (如不可重写式) 磁性或光学介质。

(6)文件管理 130mm 光盘存储信息的监测和验证 (GB/T30542—2014) 中对光盘信息质量方法和保存性能检测方法进行了规定。

二、档案级光盘

档案级光盘是电子文件 (档案) 的长期安全保存的有效载体之一。目前市场上常见的光盘多是信息记录光盘，信息记录光盘追求的是信号不丢失和可刻录性，光盘寿命不是重点追求指标。光盘的寿命随着光盘质量的不同也存在明显差异。档案级光盘以光盘信息长期保存为目标，在追求信号不丢失和可刻录性基础上强调光盘的保存质量和保存寿命，保证光盘信息长期可读稳定。由于信息记录光盘和档案级归档光盘产品设计目的不同，所采用原材料不同、制作工艺不同、检测标准不同、价格不同，产品特征特点和应用领域也不相同。

档案级光盘是专为重要数据长期保存而设计开发的优质光盘。电子文件归档光盘技术要求和应用规范 (DA/T38—2008) 中规定，电子文件采用 CD-R/DVD-R 归档时应使用档案级光盘，并明确标记了档案级光盘的技术指标。

符合 DA/T38—2008 规范要求的光盘，称为"档案级光盘"。规范要求光盘保存寿命大于二十年。符合 DA/T38—2008 规范要求，ISO/IEC10995 国际标准要求光盘保存寿命大于三十年。

档案级光盘的应用需要具备三个条件：一是建立相应的标准规范；二是要有档案级光盘产品；三是要具有光盘备份技术保障，光盘制作、检测、管理、应用手段和方法。在当前情况下，CD 和 DVD 光盘完全满足上述三个条件，而蓝光光盘 (BD) 还没有相应的标准规范，也没有相应产品产生和检测方法和手段。

由于 CD-R 光盘的记录层材料有花菁、酞菁和偶氮三种不同的染料，金属反射层材料有金、银和铝等金属材料。以 CD-R 光盘的外观颜色来分类，目前市场上主要有绿盘、蓝盘、金盘、白金盘和彩色光盘五大类。

(1)绿盘。它是以花菁染料作为记录层，以金或银作为反射层的 CD-R 光盘。花菁染料为青蓝色，由于与金反射层组合而呈现为绿色 (这种光盘是早期产品，目前已很难找到），故称为绿盘；如果是使用银来作为反射层，其组合后的颜色为蓝绿色（目前市场上主要是这一类产品）。绿盘有翡翠绿、蓝绿和深蓝绿等多种颜色。日本的 TaiyoYuden 公司对花菁染料拥有发明专利。CD-R 光盘的制造标准——橙皮书标准中的记录层是以花菁染料为依据而制定的，花菁染料目前已成为 DVD-R 光盘中唯一的一种染料。

（2）蓝盘。它是以偶氮染料作为记录层，以银作为反射层，两者组合后的颜色呈现为深蓝色，故称蓝盘。它是由 Maxwell 公司和 MitsubishiChemical 公司研制出来的，目前市场上只有极少量的蓝盘出售，如 Mitsubishi 蓝盘等。

（3）金盘。它是以酞菁染料作为记录层，一般使用金作为反射层。由于酞菁染料呈现接近透明的淡黄色而金反射层为金黄色，两者组合后的颜色呈现为金黄色，故一般称为金盘。MitsuiChemical 公司首先发明了酞菁染料并和 Kodak 公司联合研制了酞菁染料 CD-R 光盘。它的优点是耐光性能好，可延长存档数据的寿命，Kodak 公司称其生产的金盘至少可以保存二百年。

（4）白金盘。它是以酞菁染料作为记录层，以银作为反射层，两者组合后的颜色呈现为银灰色，故称为白金盘。由于酞菁染料的耐光性、耐热性和稳定性比花菁染料和偶氮染料好，而银比金的价格要便宜得多，且其对光盘的性能影响不是太大，故白金盘目前已成为市场上的主流品种。

（5）彩色 CD-R 光盘。它们主要是在光盘盘基的 PC 料或在记录层的染料中加入一些色料制作而成，其色彩可以根据要求而定，目前市场上主要有黑色盘、红色盘、银灰色盘、紫色盘、黄色盘、绿色盘、金黄色盘和橘红色盘等。

三、光盘刻录与检测技术

光盘刻录与检测技术包括光盘选择技术、光盘刻录技术、光盘检测技术等。

（一）光盘选择

光盘选择包括光盘记录方式选择、光盘种类选择、光盘容量选择、光盘级别选择、综合经济性选择。

（1）光盘记录方式选择。如只读光盘、一次写光盘、可重写（多次写）光盘。备份数据可以划分为两类，一类是可恢复性数据，一类是凭证性数据。用于记录恢复性数据可采用可重写（多次写）光盘，用于凭证性数据归档光盘的记录方式首选为一次写光盘。

（2）光盘介质选择。如 CD、DVD、BD。用于归档光盘种类很重要，主要依据数据的容量。CD 光盘的容量 700MB；DVD 光盘的容量 4.7GB、7.6GB。在光盘种类选择时，应避免品牌混搭，因为品牌混搭会直接影响光盘匹配性选择，而光盘匹配性选择对于档案级光盘的专业制作尤为重要。

(3) 光盘级别选择。如普通级、档案级。用于信息传播性记录可采用普通级，经济适用；用于凭证性长期保存性记录应采用档案级光盘。

(4) 综合经济性选择。综合盘片、制作、检测、管理、保存和人工等项成本，综合成本与数据总量有直接的关系，这种关系也是有规律可循的，DVD档案级归档光盘应当成为电子文件(档案)长期安全保存的首选。

(二) 光盘制作

光盘制作的实质是数据迁移，将业务系统的数据完整、准确、有效地迁移到光盘上。

光盘制作又可划分数据获取、数据处理、光盘刻录和盘面印刷四个部分。

1. 数据获取

包括获取对象选择、文件检索，背景数据提取、数据导入。

2. 数据处理

包括格式转换、文件封装、文件排序、数据分盘和目录抓取等数据迁移前的处理准备。

3. 光盘刻录

包括匹配性选择、刻录倍速选择。

(1) 匹配性选择

刻录光驱与驱动程序的识别匹配、光驱固件程序与光盘写策略的识别匹配。

刻录光驱与驱动程序的识别匹配直接影响不同类型文件的刻录成功与否。在光盘确定的情况下，正确选择刻录光驱是一个容易被忽略的问题。在人们已有的常识中，光盘和刻录机是兼容的。但是，档案级光盘刻录工作是一个专业性较强的操作，有着明确的质量检测指标、寿命年限和成品率的要求。因此，刻录光驱匹配性是保证刻录质量的一个重要因素。有试验数据表明，不同型号的刻录机对于光盘指标有影响，光驱固件的写功率和写策略对于CD-R光盘的块错误率BLER、DVD-R光盘的内码奇偶校验错误PIE参数有直接的影响。

选用刻录光驱应能识别档案级光盘的最佳写功率和写策略。

执行大批量光盘刻录之前应对刻录光驱与光驱驱动程序的识别匹配性、固件程序与光盘写策略的识别匹配性进行评估测试。

(2) 光盘刻录倍速选择

对CD、DVD刻录最佳倍速选择应该是该光盘最高倍速的0.6倍左右。CD-R的最高倍速是刻录应在采用24～30倍速，DVD-R的最高倍速是刻录应采用8～12倍速。倍速太低影响工作效率，倍速太高影响刻录质量。

（3）光盘刻录时应注意的问题

第一，进行刻录操作的计算机应为专用设备，不得进行与光盘备份无关的任何操作，以保证系统的正常与无病毒污染。

第二，数据刻录应采用全盘一次刻完方式，不能对光盘数据进行增减。

第三，禁止在光盘的信息记录面的数据区书写标识；禁止在光盘的印刷面粘贴任何标识。

第四，档案级光盘的数据刻录工作环境应有良好的通风条件。光盘刻录前，必须在工作环境中放置2小时以上。

4. 盘面印刷

包括图案、文字、编号和条形码的设计和印刷。印刷可划分为两类，印刷盘面和可打印盘面。印刷盘面分为胶印、激光雕刻、喷墨和热转印四种，适合光盘长期保存的方法有两种。

胶印光盘在出厂时已经印刷的盘面，一般为套色胶印。这种印刷方式对于光盘的动平衡会产生影响，在图案设计时应考虑到油墨对于光盘动平衡的影响。胶印适合于大批量生产，成本最低。

热转印在光盘的印刷面设置可热转印的材料涂层，经专用的热转印单元形成图案、文字。色彩丰富艳丽，分辨率高。防水、防划、防褪色，制作效率高，适合个性大批量生产。制作成本相对较高。较适合作为档案级光盘盘面印刷。

5. 光盘制作套数

归档光盘按查阅使用频度，分成普通级和频繁级。

（1）普通级归档光盘一式三份，一份供查阅使用、一份封存保管、一份异地保存。

（2）频繁级归档光盘一式三份，一份采用防划型档案级光盘供查阅使用、一份封存保管、一份异地保存。

（3）在选择档案级归档光盘时，可采用CD-R光盘、DVD-R光盘和CD-R与DVD-R格式混搭的方式。

（三）光盘检测

光盘检测包括对光盘数据检测、光盘物理检测和抽样方法。光盘检测也进行可读性检测、规范性检测、可靠性检测和可靠性趋势评估。

1. 光盘数据检测

光盘数据检测主要是通过专用的检测软件对光盘刻录的数据进行检测，以保证刻录在光盘中的电子文件（档案）数据的完整、有效、长期可读等。其中包括目录检测、文件精度检测、挂接正确性检测和病毒检测。

2. 光盘物理检测

光盘物理检测主要是通过光盘检测仪和专业软件对光盘刻录质量进行检测，以验证光盘的寿命和安全。CD 和 DVD 光盘应分别进行检测。

（1）CD 光盘的物理检测：寻轨错误 TE、聚焦错误 FE、块错误率 BLER、不可校正错误 E32、信号不对称度 SYM、抖晃 Jitter。

（2）DVD 光盘的物理检测：寻轨错误 TE、聚焦错误 FE、内码奇偶校验错误 PIE、奇偶校验外码失败 POF、信号不对称度 ASYM、抖晃 DCjitter。

3. 检测抽样方法

抽样方法对于检测结论的正确性有着直接的影响，规范的抽样方法是得出科学结论的基础。抽样方案应按照《计数抽样检验程序》（GB/T 2828.1—2003）计数抽样检验程序执行。

对于特别重要的文件在制作阶段和移交阶段要求全部逐一进行检查，对于重要文件且数量较大的可按照随机抽样标准提高抽样频次。

四、光盘载体档案的保护

（一）空白 CD-R 光盘的选取

现在的 CD-R 光盘种类繁多，品质良莠不齐，在购买时应注意以下事项：

（1）首先查看光盘上的生产批号。光盘出厂时厂家对每张光盘都有一个唯一的编号，包括印模的编号，刻录速度规定，生产的年、月、日以及本张光盘的序号等信息，这些信息可以从光盘的内圈的喷码中得知（这些信息厂家都是用代码来表示的）。同时，可以查看整批光盘的编号是否连续，如果连续则表示这批光盘是 A 级光盘，如果号码不连续则表示这批光盘可能是 CF（Check Fails）光盘（CF 光盘是在生产线上在线检测的不合格产品）。

（2）仔细查看读写面有无水波纹。有水波纹代表制造过程不佳，在刻录时一般不会有影响，但对品质较差或机型过旧的刻录机会造成挑盘现象，对长久保存不利。

（3）利用反光查看读写面的外环边缘有没有毛边的现象。有毛边的不能购买，另外内圈染料有溢出至内环也是不良品。如果出现这种现象，在今后的长期保存中会使光盘中的反射层和染料层容易被氧化，导致光盘损坏。

（4）印刷面有不明的黑点。若有黑点可能是印刷油墨或空气质量不良导致，这会影响光盘的读写面的质量。同时，可能会使光盘产生较大的偏心，从而导致光盘读写时的块错误率增大。

（5）注意反射层的厚度。有些光盘生产厂家为了节省镀金或镀银的原料而把反射层制作得很薄，在刻录机及刻录软件的配合下，刻坏的可能性不大，但经过一段时间的存放，加上保养不当，会造成光盘数据读取困难，严重时会导致所保存的数据丢失。检测的方法是在室内正常灯光下，透视光盘下方的物体，若是光盘下方的物体很容易被识别，那就表明反射层很薄。

（6）避免买到重复印刷的光盘。在选购时应注意整张光盘的印刷面，检查底色下的印刷痕迹，最明显的是内环编号被覆盖，因为编号可以追踪出光盘生产厂家，这样的光盘可能是厂家在多年前生产的库存光盘，只要有这些情况最好不要购买。

（7）查看光盘上是否有染料结晶现象，如果有染料结晶现象一定不能购买。可将光盘侧着光仔细查看，特别是花菁染料光盘容易发生染料结晶现象（在光盘上的形状像一条彗尾），它对光盘的刻录和读取都有很大影响。

（二）光盘档案的保护

光盘档案的保护措施主要包括防光、防治空气污染物、调控空气温湿度、保持信息读取面的清洁和防止标记面的机械损伤等。

1. 禁止在光盘盘面上粘贴任何标记

在盘面印刷面上书写时应采用专业笔；禁止光盘长期平放叠压，在刻制完成时应盒装竖立码放。

2. 防光及空气污染物

光尤其是紫外线对光盘记录信息有一定影响，光照时间越长，光照强度越大，信息丢失或出现错误的概率增加，因此，在保存光盘时要避光保存，在利用光盘时要减少光照强度和光照时间。禁止将光盘裸露在阳光或长时间在强光下照射。

工业区的空气中常有氟化氢（HF）、氯化氢（HCl）气体等有害物质，在靠近海洋的地方，空气中含有较多的海盐（NaCl）微粒，这些卤化物对光盘档案有一定影响，光盘保存环境要注意远离以上环境和产生卤化物的场所，必要时须采取空气过滤措施。

氨气对光盘档案的寿命有较大的影响。常温下，氨极易挥发成气体，使用氨气的工业区、晒图室等场所的空气中常含有氨，因此，保存光盘的环境同样应注意远离这些场所。有机溶剂会使光盘档案表面产生龟裂；避免光盘接触灰尘，非使用状态应置于光盘盒中。

3. 调控环境温湿度

恒温恒湿的环境，最适宜光盘档案的长期保存。由于光盘档案的构成物质较为复杂，各种组成物质因其性能各个有别，其适宜的温湿度条件不尽相同。综合考虑各组成物质的特点时，光盘档案保存比较适宜的温度范围是14℃～24℃，较适宜的相对湿度范围是45%～60%，且每天温度的变动不应超过±2℃，湿度每天的变化范围不要超过±5%。保存光盘档案的环境最好是自动恒温恒湿。

4. 保持信息读取面的清洁

虽然采用编码技术能够检测和纠正光盘档案上长达2.5mm长的轨迹误码，但这一误码的纠正还必须依靠对其同一轨道前后位置数倍于2.5mm长的轨道信息的正确拾取。这就要求必须保证光盘档案读取面的清洁，不能有过大的脏污和划痕。在每次拿取光盘档案时，只能接触光盘档案的内外沿，不能触摸光盘档案的数据区，以免油渍、汗渍和指纹落在读取面的数据读取区。使用完毕后，应将光盘档案立即放回到盘盒中，避免灰尘、异物的污染。

5. 防止标记面的机械损伤

由于标记面的保护涂层非常薄，距离信息记录的坑点只有约30μm，因此，即使轻微的划伤都有可能大面积地破坏信息记录的坑点，导致原始记录信息不可纠正性的损坏。因此，绝对禁止在标记面上进行任何形式的书写、划伤，以免造成信息记录不可挽救的损坏。

(三) 光盘的保管措施

(1) 光盘因受天气、温度的影响，表面有时会出现水汽凝结，使用前应取干净柔软的棉布将光盘表面轻轻擦拭。

(2) 光盘表面如发现污渍，可用干净棉布蘸上专用清洁剂由光盘的中心向外边缘轻轻擦拭，切勿使用汽油、酒精等含化学成分的溶剂，以免腐蚀光盘。

(3) 光盘在闲置时严禁用利器接触光盘，以免划伤。若光盘被划伤会造成激光束与光盘信息输出不协调及信息失落现象，如果有轻微划痕，可用专用工具打磨恢复原样。

(4) 光盘存放时因厚度较薄、强度较低，在叠放时以十张之内为宜，超之则容易使光盘变形影响播放质量。光盘若出现变形，可将其放在纸袋内，上下各夹玻璃板，在玻璃板上方压5公斤的重物，36小时后可恢复光盘的平整度。

从光盘选择、光盘制作、光盘检测、光盘转运、光盘管理、光盘保存、光盘应用、光盘重制到光盘销毁整个生命周期，物流和信息流全过程有效控制和监测。建立光盘备份操作全过程可追溯性记录是光盘管理过程的重要工作。在合格的归档光盘产生之后，对于光盘规范的保存是安全性保证的重要环节。按照规范归档光盘长期保存必须盒装、竖立码放、避免挤压，放置在防尘、避光的专用保存设备中。

　　光盘应用可划分为传播性应用和凭证性应用。传播性应用要采用一些新技术和新手段，结合光盘制作系统效果更好。凭证性应用可以通过光盘管理系统提供应用平台。通过光盘阅读机读取光盘，由终端机提供信息服务。光盘利用是通过应用系统将多张光盘的文件按照需要编辑整理后再制作成为光盘提供的介质服务。具有保密要求时可以对光盘进行加密处理。

第七章　档案馆建筑与档案保护

档案馆是收集、保管、提供利用档案的基地和信息中心，是集办公、展览、阅览、学术交流及档案库房于一体的综合建筑。因此，科学规划、合理布局至关重要，不仅关系到档案的长期保护，也关系到档案价值的充分发挥。档案馆中最为特殊的部分就是档案库房，其设计、建造是否合理，将直接关系到档案能否得到长久、安全、完整保护。

第一节　档案馆建筑的规划与设计

档案馆在规划设计时要兼顾其保管和利用的双重功能，使之成为档案集中统一保管的安全基地和发挥档案资源的资政、学术研究、文化教育等功能的场所。

一、档案馆地理位置的选择

档案馆地理位置的选择是一个既重要又复杂的问题。所谓重要，是因为如果地址选择不当，将会带来长期的隐患，特别是如果影响了档案长期安全保存甚至需要弃而不用，另建新馆，这种损失将是巨大的。所谓复杂，是因为馆址的选择要考虑多种要求，而有些要求之间往往会出现一些矛盾，实际情况又很难完全符合多项要求。这就要从具体情况出发，权衡轻重，慎重考虑，充分搜集所勘查地址的气象、水文、地质、地震材料以及城市建设规划等方面信息，作出正确的决策。

档案馆地理位置的选择应符合下列要求：

（一）选择工程地质条件较好地区

所谓工程地质条件，是指工程建筑物所在地区地质环境各项因素的综合，这些因素包括地层的岩性、地质构造、水文地质、地表地质、地形地貌等。在设计档案馆建筑时，档案部门要根据保存档案的特点提出相关要求，保证档案馆在未来使用中避免因地质因素带来的灾害。

为了预防地震、泥石流、洪水等地质灾害，应选择远离这些地质隐患的地方。《档案馆建筑设计规范》中规定：位于地震基本烈度7度以上（含7度）地区应按基本烈度设防，对基本烈度6度地区重要城市的档案库区建筑可按7度设防。为防止地震的危害，建筑档案馆时应从馆址的选择入手，还要在建筑结构、材料、施工等方面都具有抗震功能。

为了满足新建档案馆防水、防潮的要求，不应选择在靠近江河湖泊或地势低洼的地方，以防水患；不应选在地下水位高的地方，以免地下水通过地面影响档案馆库的湿度，使之潮湿。

（二）选择环境条件较好的地区

档案馆是长久保存档案的场所，选择良好的环境条件，是防止不良环境危害档案最简便、经济有效的措施，尤其是防止有害气体的最佳选择。现代工业厂矿企业区域、居民集中生活区及交通主要干道是空气污染较为严重的地方，因此在选择新建档案馆时必须考虑环境状况，要远离有污染腐蚀性气体源的下风向，远离厂矿企业区域、居民集中生活区及交通主要干道；选址时还应向城建部门了解情况，以保证在一定的距离内，目前和远景建设规划中都不会有产生大量有害气体及灰尘的工矿企业；新建档案馆应尽量处于空气流通的地区，并参考档案馆周围环境近些年空气质量资料，若没有现成数据，可请环保部门进行随机监测。新建档案馆所处地区及周围环境空气的质量不能低于二级质量标准。

（三）选择便于档案提供利用的地区

为了便于档案的提供利用，档案馆地址最好不要选在远离城市的地方，应选择交通便利、城市公用设施比较完备的地区。过去由于战备的考虑，有些档案馆，尤其是档案库建在远离城市几十公里的郊区。实践证明，这样不仅对利用档案不方便，而且也给档案工作人员的工作生活带来一定的困难。目前有些档案馆在新建库房时改在市区里，建一层或两层地下库，并与人防工程接通，必要时可通过人防工程转移出去，这样既满足了战备，又方便了利用。

（四）选择有利于档案馆长期发展的地区

1. 从档案馆长远发展考虑，由于不断接收档案进馆，馆址周围要留有以后扩建档案库及其他档案馆用房的空地。

2. 为了确保档案的安全与防火的要求，选择地址时，应注意周围环境，不要选在城市的繁华中心区。档案馆建筑应与其他建筑物保持一定的距离，并不应暴露在临街的位置上。

二、档案馆建筑原则

任何一个建筑物的设计、建造都应遵循适用、经济、美观的原则，只是不同功能的建筑物其内涵各不相同。随着建筑技术的发展，目前建筑行业中又提出了一些新的可持续发展的理念和原则，其中对建筑的节能、环保以及智能化管理的要求是研究和推行的热点。那么，对于档案馆这样一种专业性比较强、使用时间长、要求高的建筑物来说，节能、环保、智能化的新要求应更好地贯彻。

(一) 适用原则

适用是建筑物应具备的最基本的功能。档案馆适用的原则重点满足的是最特殊的部分——档案库房的建筑功能需求和发挥档案资源利用的需求。

档案库房建筑的适用性主要体现在满足"九防"的要求上，即防潮 (水)、防高温、防光、防尘、防虫霉、防有害气体、防盗、防火、防震。档案需要长久保存和提供利用，库房则是满足这一条件的基本前提。库房建筑为档案保护提供了最基本的保存环境。档案库房建筑的好坏直接影响到档案的保护条件。库房建筑比较理想，档案保护条件就能得到相应的改善；反之，库房建筑不符合要求，档案保护条件的改善就要受到很大的影响。一栋库房建成后，一旦发现某些方面不合适，要想改动则十分困难，特别是一些结构上的问题，很难进行根本性的改动，即使能够改动的部分往往也需要投入较高的资金，造成很大浪费。例如，若库房地面未作防潮处理或处理不当，地下水就会长期通过地面向库内蒸发，造成库房潮湿，如果重新采取有效的防潮措施，则比建库时采取同样措施花费高，效果也不一定理想。

档案资源利用功能的发挥主要通过档案的阅览、展览等场所满足，因而在档案馆设计时应充分考虑为公众提供舒适、宽敞的阅览场所和展示档案资源文化教育功能的展览空间。

(二) 经济原则

档案库房建筑在贯彻经济原则时，首先要考虑与国家经济实力相适应，离开国家经济力量的支撑，片面强调过高的要求，实际上也办不到。按照《档案馆建设标准》(建标〔2008〕51号) 档案馆建设规模应按照行政区划，综合辖区档案保存数量、档案重要程度、经济状况等因素合理规划，中央一级的档案馆，省、市、地 (县) 级档案馆，建筑上要具体问题具体分析，不可一律追求最高的标准，造成不必要的浪费。最佳的经济原则就是少花钱，多办事，也就是把投资的多少与达到的经济效益统一起来考虑。把有限的资金尽量用于档案保护和利用功能上的需求。如库房的窗户，设计成小而少，既有利于防热、防潮、防尘等要求，又可以降低造价，获得了既经济又适用的建筑要求。

经济原则中更高层次的要求就是智能化管理要求。智能化管理条件下的智能建筑是应用大量的计算机技术、人工智能理论等高科技，采用集成化设计和开发，使建筑物的各个系统相互配合、协调运行，实现楼宇设备自控的智能化、综合保安的智能化、消防报警管理的智能化及通信管理的智能化等，这种智能化的管理可以节约能耗，降低人工成本，使档案库房内的设备运行管理、保养维护更趋自动化，达到能源、人员的集约化目的。

(三) 节能环保原则

节能环保应该是经济原则中的重要组成内容，但强调的侧重点也有些区别。之所以单独提出来还有一个原因，"节能环保"是目前建筑行业发展的趋势和新观念。我国是一个能源消耗和环境污染问题比较严重的国家，在建筑行业存在着建筑总量大、能耗高、污染重的严峻形势，已成为制约我国可持续发展能力的突出问题。所以，本着可持续发展的原则，贯彻节能环保是非常迫切的需要。有关建筑上的节能环保要求也有多种提法，诸如生态型节能建筑、智能建筑、绿色建筑等。不管如何称呼，其核心内容是倡导在建筑设计与建造过程中贯彻以自然生态原则为依据，探索人、建筑、自然三者之间的关系，为人类营造一个最为舒适合理且可持续发展的环境。即将建筑融入大的生态循环圈，从整体的角度考虑能源和资源流动，将建筑设计、建筑建造、建筑使用过程中的消耗、产生的废物纳入整个生态系统来考虑，从而改变资源与能源单向流动的方式，趋向良性循环的模式。它对建筑的要求不仅仅是建筑的使用过程，而是建筑的整个生命周期。[①]

我国建筑节能环保的重点包括建筑围护结构节能、采暖、空调设备效率提高和可再生能源利用等方面。有关这方面我国也相继发布了一些相关的法规、标准、条例等，明确了公共建筑节能设计的综合性国家标准，提出从勘察、设计、施工、监理、竣工验收等各环节，对公共建筑的节能措施的实施进行行政管理。该标准适用于新建、扩建和改建的公共建筑的节能设计。

档案馆库在新建、改建和扩建中要充分考虑节能环保原则，并按有关法规、标准贯彻。

---

① 仇建军，汤蕾. 生态型节能建筑技术的发展和实施对策 [J]. 能源研究与利用，2005，(05)：22-24.

（四）美观原则

一个建筑物是环境整体的一部分，应在适用、经济基础上适当考虑美观，与周围建筑既协调一致，又体现独自的专业建筑特色，起到美化环境的作用，这是最佳的选择。美观的更高要求就是要考虑到建筑文化的内涵，注意把建筑技术和建筑艺术完美地结合在一起，传递出档案文化、地域特色的内涵这是更高境界的一种美观原则。但要注意不能片面追求外观美，而影响了适用、经济等其他基本原则。

三、档案馆各类用房的布局

按照功能划分，现代档案馆可分为公共开放区和非公共区两部分，两个区域要进行合理分割，发挥好各自的功能。公共开放区主要功能满足教育、信息服务的需求，具体包括接待区、咨询处、阅览区、展览区、休闲区等；非公共区主要功能是档案管理区，包括业务办公区、档案库房、技术用房等。整体布局上达到方便公众在开放区享受到人性化的服务设施和浓厚的文化气息的熏陶，在建筑、设计时应根据不同等级、不同规模和职能的档案馆合理配置各类用房，配置时应按照功能分区的原则，合理布局，既要相互联系，又避免交叉，达到利用方便、保障安全的目的。

档案库房关系到档案安全的大问题，因而库房在档案馆中的布局应精心设计。档案库的设置没有统一的模式，具体部门在实际设计、建造时应参照《档案馆建筑设计规范》(JGJ 25—2010) 中的有关规定，以及各类地区典型库房建造经验，因地制宜合理设计。

大型档案馆可采取库房与各类用房分开建筑的原则，以确保档案的安全。但为了保证与其他各类用房的联系，有采用"工"字形的，即办公、业务楼在前，库房楼在后，中间有通道相连形成"工"字形；也有采用放射形的，库房主楼在中间，环绕库房四周为层数较低的其他用房；也有库房主楼在中间，两边为层数较低的其他用房，形成裙房。中、小型档案馆往往把库房和馆内其他用房放在一栋建筑内，其布局基本有两种方法：一种是将整栋建筑纵向一分为二，一部分是库房，一部分是馆内其他用房。中间用较厚的防火墙隔开，两部分各自单独开门，互不开通（为了工作方便，也可以在一定的楼层上开有通往库房的门，但最好是防火门）。另一种做法是将整栋建筑横向一分为二，某些层次作库房，某些层次作馆内其他用房。一般是将底层作展览、利用办公用房，顶层作会议室、技术室等使用。中间几层作为库房，这样可以简化地面基础防潮、屋顶隔热、防潮等措施。但这种交叉状况，不利于安全。此外，对于省级以上的综合档案馆来说，由于档案数量庞大，出于安全和保管上的要求，各区域要有独立的通道。

随着电子文件数量不断增多，档案备份中心的建设也不断提到议事日程上来。备份中心可有两种建设方式：一种是本地区单独建立；一种是不同地理位置的两个档案馆采用交换备份的异地备份。

技术用房包括档案修裱室、缩微翻拍室及配套冲洗室、档案保护技术室、档案数字化室、电子文件管理室等，根据各自的技术特点和要求合理布局和设计。

四、档案馆水电系统的设计

(一)给排水设计

主要依据《档案馆建设标准》(建标〔2008〕51号)和《档案馆建筑设计规范》(JGJ 25—2010)的要求实施：

(1)馆区内给排水系统尽量集中布置，避免管道过长、过深，减少出现故障维修的困难。

(2)库房内不应设置除消防以外的给水点，给排水管道不应穿越库区。

(3)上下水立管不应安装在与档案库相邻的内墙上。

(4)各类业务用房的污水排放应符合国家规定的排放标准。

(二)供电系统设计

(1)总的原则是将照明电和动力电分开布线，在电压和电源上要合理安排，保证稳定供和用电，防止电压电量过载引起断电、短路等事故的发生，用电上还要考虑安全接地和避雷要求。

(2)为了适应档案信息化建设的要求，根据办公自动化安全、保密等要求综合布线、预留接口，通信与计算机网络设施齐全。

第二节　档案库房的设计

档案库房的设计包括使用功能的设计和围护结构的设计。

一、档案库房使用功能的设计

(一) 库房容量的确定

1. 总容量的确定

档案库房容量（总面积）的确定涉及因素很多，如现存档案的数量、年平均接收档案的数量、计划接收年限以及排架情况等，具体可参照《档案馆建筑设计规范（JGJ 25—2010）》所提供的计算指标。

档案库房的总容量不宜太大，也不宜太小。太小很快需要扩建，太大易造成浪费，技术上也难以更新。一般预计满库年限以 10 年 ~ 20 年为宜。

2. 库间容量的分配

档案库房根据容量的不同，分为大间、中间和小间：大间面积为 201 ~ 300m²；中间面积为 101 ~ 200m²；小间面积为 100m² 以下。

小间库房由各小间形成一个独立的环境，安全而且有利于防火，尤其随着新型档案材料的形成，小间库房更易于为不同材料的档案创造特殊的环境，起到更好的保护作用。但是，小间库房内墙增多，减小了有效使用面积，在排架与管理上都不如大间方便；当然，大间虽增加了有效使用面积，便于管理和排架，但在安全与防火方面不如小间库房。

在实际建造时，应该根据馆内保存档案类别、数量等因素来进行。合理设计，大、中、小间库房兼而有之，以大间为主，结合一些小间库房，把重要的特殊材料的档案存放在小间库房，把一般档案存放在大间库房。这样既便于管理，又较为安全，有针对性。

在设计时还应注意无论是大间库房还是小间库房，都要预先根据档案柜架的尺寸、摆放的位置、过道的尺寸，经过精确计算，确定每间库房的长度和宽度，以免造成使用面积上的浪费。

(二) 库房负荷、结构和举架高度

库房是一种荷载大的建筑，在结构上要求坚固耐久。建库时，档案部门应根据所使用的档案柜、架放满档案的重量，精确计算出库房每平方米（m²）的负荷，并增加 20% ~ 25% 的保险系数，提供给设计人员参考。

根据目前条件，我国大、中型档案馆的库房结构以钢筋混凝土框架结构较为适宜。这种结构在荷载、防火、防震等方面有较好的保障。小型档案馆如果库房层数不多，也可采用砖石结构加钢筋混凝土。

库房的举架高度与所使用的档案框架高度结合考虑，以略高于档案柜架为宜，一般净高不低于 2.4m；当有梁和通风管道时，其局部净高不应低于 2.2m。

（三）装具排列

档案装具的排列对档案库的平面布置及档案库的利用率等有着直接影响，设计时应注意选择合适的装具尺寸及排列方式。按照《档案馆建筑设计规范》（JGJ 25—2010）规定，装具排列的各部分尺寸如下：

(1) 主通道净宽不小于 1m。

(2) 两行装具间净宽不小于 0.6m。

(3) 装具端部与墙之间的间隔不小于 0.6m，装具背面与墙的间隔不小于 0.08m。

（四）库内交通

档案库内交通包括水平交通和垂直交通。水平交通是指库内的走道，这种交通在排列装具时就基本上固定下来。垂直交通是指楼梯、电梯及升降机等，这种交通在建筑设计时应合理设计，将其设在库区防火门外临近档案库的地方，并采用封闭式的垂直井道。

（五）特殊档案材料库房的设计

档案库房除了存放大部分纸质档案外，还有相当数量胶片、磁性载体的声像档案、光盘等，如专门存放缩微胶片的母片库房、声像档案的磁载体库房、光盘柜以及战备库房等，在具体设计时应有特殊的考虑。特殊材料档案对温湿度控制、防光、防尘、防磁等方面有严格要求，这样在具体设计时应充分考虑到。如母片库宜设计成无窗库房；地下库在防潮上有特殊措施；磁性载体档案库应有防磁场的屏蔽环境。

二、档案库房围护结构的设计

（一）档案库房的围护结构的定义

档案库房的围护结构是指形成库房六面体的构造，包括屋顶、墙体、门窗和地面。档案库房对档案的保护作用，就是通过这些围护结构，为档案材料提供了一个适宜的环境条件，起到控制温湿度、防光、防尘、防虫霉、防有害气体、防盗、防火、防震等多种作用，档案库房的围护结构对档案的保护起到隔绝外界环境的作用，但这种隔绝是相对的，各种外界因素可通过这些围护结构对档案产生影响。造成库内温度高的原因，主要是太阳的辐射热通过库房屋顶、外墙、门窗把热传到库内；

另外，库外的热空气通过门窗等缝隙流入库内，把库内温度较低的空气排出库外，这样不断循环，也会使库内温度升高。

（二）造成库房内潮湿的因素

造成库房内潮湿的因素主要包括：地下水通过库房地面向库内蒸发；雨水通过屋面、墙体渗透到库内；库外湿空气通过门窗缝隙侵入库内等。因此，库房的防热防水（防潮）就要在屋顶、外墙、门窗、地面等处采取相应措施。

（三）档案库房的隔热

我国大部分地区处于温带和亚热带，多数档案馆库内的温度比要求的温度标准高且高温时间较长，如长江、黄河流域的大部分地区和长江流域以南的广东、福建等地区气温高而且持续时间长，这些地区 7 月份平均气温为 26℃～30℃，7 月份最高气温为 30℃～38℃。日平均气温高于 25℃ 的天数每年有 175 天；昼夜温差不是很大，但内陆比沿海大一些；太阳辐射强度较大。因此，防热（隔热）是档案库房建筑中一个极其重要的问题。

库房围护结构的隔热重点是对屋顶、墙体、门窗采取相应的隔热保温、遮阳措施。

（四）档案库房的防潮、防水

档案库房的防潮、防水，需要在屋顶、墙体、门窗和基础几个部位做相应处理，以提高库房防潮（防水）能力。

常见的防水屋顶结构有两种：一种是屋面铺设防水材料，这种形式多用于平屋顶；一种是构件自防水屋顶，这种多用于坡屋顶。

（1）档案库房应属于 I 级和 II 级防水要求。在建造时，应按照相关要求去做。此外，对墙体的缝隙、外墙的勒脚（外墙墙身与库外地面接近部位）等部位也要做好细部防水防潮处理。

（2）为了减少库外湿空气和雨水通过门窗缝隙向库内侵入，库房门窗宜小而少，且有良好的密封性。

（3）库房地面的防水与防潮是库房建筑中必须解决的一个重要问题。如果库房地面防水防潮处理不当，地下水会经常通过地面的材料影响库内，即使库内采取吸潮、降湿等措施，也很难收到理想的效果。地上库地面的防潮做法很多，根据档案部门多年来的经验，架空地面防潮较为理想。架空地面的防潮是将地面基层与库房地面之间留一定的空间，以减少地下水直接通过地面影响库内，从而起到较好的防潮作用。采用架空地面时，架空层净高不小于 0.45m，架空层下部的地面宜用简易的防水地面，并高出室外地面，不小于 0.15m，并做不小于 1% 的排水坡度。架空层上部的地面宜采取适当的隔潮措施。如在地面的背面涂刷防水涂料等。基层地面也应进行一定的防潮处理，如用三合土夯实；做水泥砂浆地面；铺设防水材料；做钢筋混凝土浇灌地面等。

（4）架空层的外墙应做通风孔，使架空间层内潮湿空气排出，风口处应装铸铁通风篦或金属网以及可开启的封闭设施。另外，库房地面也可做适当的防潮处理，如用密实的 100 号以上的细石混凝土实铺地面；用 1∶2 水泥砂浆抹面，或采用做一层混凝土垫层，然后加铺油毡防水层，最后做面层的方法等。

（5）地下库的封闭性好，具有安全、防光、防尘、冬暖夏凉、库温比较稳定的优点，但地下库的地面和墙体通常是在地下水位以下，容易使库房潮湿，这是地下库需解决的问题。

（6）按照地下工程防水等级要求，一共有四级，档案库属于最高级别 1 级要求的地下工程。在此级别的建筑物不允许渗水，结构表面无湿渍。为此，在设计和施工中都要本着高质量的要求来进行。

（7）在施工中采取各种措施做好防水、防潮工作。如地下库墙体外侧做水泥砂浆抹面，再涂防水材料、地下库地面架空，基础表面铺卵石后再灌水泥砂浆、地下库的外墙与地面做相应的防潮处理等。

总之，围护结构的防潮、防水主要是利用各种防水、防潮材料和防潮、（水）结构的设计来达到目的。

档案库房的防震标准应选择甲级和乙级标准。并且在建筑时，建筑物不能跨居于坚硬地基与松软地基场地之间，建筑物重量要轻、重心要低，建筑物柱梁等结构及其接缝处要有足够的强度和韧度。目前比较常见的木质结构、砌筑结构、钢骨结构、钢筋混凝土结构和钢骨钢筋混凝土结构中，前两种的抗震能力较差，后两种的抗震能力较强。

第三节 档案安全保护设施

档案安全保护设施是防止或减缓档案损坏的三项（库房建筑、必要的设备、经常性的技术管理）主要措施之一，只有提供了必要的档案安全保护设施才能为开展经常性的技术管理创造条件，才能确保档案的完整与安全。

档案安全保护设施应包括空气调节装置、档案保存设备 (档案装具) 防火、防盗装置以及照明设备等。对于这些基本设备的设计、安装应本着智能化建筑的原则去实施。这是目前一些功能性建筑设备发展的趋势。智能建筑的技术核心主要是信息网络、安全防范和楼宇控制实现资源共享、优化系统配置、满足方便管理，达到高质量、节能的要求。从这种技术和理念上来看是非常符合档案库房设备的设计和管理需求的。

一、空气调节装置

空气调节装置是便于档案文献库房取得符合保护要求的气候条件的理想设备。它可以使空气在输入库房以前经过适当的处理，使库房空气的温度和湿度按照人们的意愿保持在要求限度内，从而给档案库房创造出一种人造的气候。但是，空调必须与建筑方面防热防潮措施结合使用，才能取得理想的效果，否则费用高、收效小，造成浪费。

空气调节简称空调，它是指维持室内空气的温度、湿度、洁净度和流动速度 (简称四度)。在一定范围内变化的调节技术，包括对库内空气温湿度的调节、空气的过滤、交换、通风、空气流通等，其目的是使库内空气温度、湿度、洁净度和流动速度符合一定要求，为库内创造一个适合档案保存的理想环境。

(一) 空调装置的类型及特点

空气调节系统一般有空气处理设备、空气输送管道、空气分配装置以及自动控制装置共同组成。其类别主要有以下几种：

1. 按空气处理设备的装置分类

(1) 集中式 (中央式) 空调系统。集中式空调系统采用大型或中型制冷机组，把所有空气处理设备以及风机、水泵等集中在一个空调房间中，经集中处理后的空气用风道送到多个空调房间。此系统适用于空间大、空气处理量大、房间集中、使用规律一致，并需同时、长期使用的空调环境。如大的档案库。但缺点是缺乏灵活性，无法满足不同的要求，容易造成能源浪费和送风管道中的空气相互污染。

(2) 局部式空调系统。将所有空气处理设备以及风机等组合在一起，形成一个整体机组，也称为空调机组或空调器。使用时直接安装在需空调的房间或邻室中 (以很短风道相连接)，就地处理空气。这种空调不需要集中在机房里，使用灵活，随时开、停，安装方便。适用于一个大的建筑物内只有少数房间需要空调或不同房间具有不同的送风要求。有利于防止相互交叉污染，节约能源，对于中、小型档案库比较适合。目前这种空调的自动化程度高，不需专人管理，制冷、制热功能齐全。但使用寿命短，初期投资高。

（3）半集中式空调系统。半集中式空调系统既有集中的空调机房，同时在各空调房间设有局部处理装置。这种系统的空调对来自集中处理设备的空气在使用房间内再做二次处理，减轻了集中空调系统的负担，综合了集中式和局部式空调系统的优点，克服了二者的缺点，但该系统较复杂，常用于对空调要求较高的场所。

2. 按集中式空调系统所处理的空气来源分类

（1）封闭式系统。封闭式系统空调所处理的空气全部来自使用房间本身，没有室外空气补充，全部为再循环空气。这样使用房间与空调处理设备之间形成了一个封闭环路。多用于无法使用室外空气的密闭房间，如战时地下庇护所，很少有人出入的仓库等。这种系统冷、热耗量最小，但卫生效果差。

（2）直流式系统。直流式系统所处理的空气全部来自室外，经过处理后送入使用房间。其冷、热耗量大，投资和运行费用高，但卫生效果最好。适合于不允许回风的场所，如散发大量有害物的车间、厂房。

（3）混合式系统。综合封闭式和直流式二者优点。进行一定的回风处理，根据回风次数，又分为一次回风系统和二次回风系统，即在空气处理室后再进行一次混合回风，然后送入库房。混合式系统既满足卫生要求，又经济合理，应用最广。

3. 根据功能分类

空调设备可达到对空气的"四度"处理，但由于空气处理的要求不同，不是所有空调都能达到"四度"处理，也可以只对空气"四度"中的某"一度"或"某二度"进行处理。根据这种对空气处理功能的不同，可分为以下几种：

（1）恒温恒湿机组。能将室内空气的温湿度恒定在一定数值范围内，如温度控制在 20℃ ~ 24℃，湿度在 50% ~ 60%，波动范围，温度不超过 ±2℃，湿度不超过 ±5%。这种空调可为大多数档案材料提供良好的保存环境。

（2）冷风机组。只对空气进行降温处理。适用于夏季降温。

（3）窗式（热泵式）空调机组。具有降温与采暖的功能，体积小、重量轻，可安装在墙上或窗口上。

（4）窗台式空调机组。具有降温、采暖和去湿功能，装在窗台下或靠墙处。

（5）超净空调设备。调控温湿度同时，还可对空气的清洁度加以控制。某些非纸质档案（如胶片、磁带）对空气污染物极为敏感，应选用这种空调。

此外，目前出现了一些新型节能环保的空调方式，如辐射供冷空调方式、"低温"空调系统、下送风复合型空调方式等。档案部门可了解这些新型的空调科技发展动态，更新空调设备设计、使用的理念。

(二) 空调系统的选择

1. 选用原则

购置和安装空调设备时应注意以下原则:

(1) 了解空调设备不同种类的性能和适用范围,选择与本单位对空调具体要求相符的品牌,以适用为前提,并非自动化程度越高越好。

(2) 多种费用的预算:一次性投资费用、运行费用、维修费用等。

(3) 空调适用方式和场所情况:如使用时间及负荷变动、建筑空间的性质和用途等,充分发挥围护结构的作用,因地制宜。

(4) 与空调有关的土建、水电设施配合关系,如空调房间面积、位置、风道、管道布置等情况。

总之,不管选择什么样的空调系统,都应使库房条件在规定的范围内,保持温湿度的稳定状态;气体和固体的污染物应从进入库房的空气中滤掉;通风彻底,避免产生污染空气的死角,而且要节能。

2. 选用方法

选用空调应从制冷、制热量、电源、噪声、耗电量、价格等方面考虑,并适当对外观、结构、重量也加以选择。

选用空调的制冷量,应大于或等于对库房所计算 (或理论估算) 的总耗冷量。具体可请有关空调技术人员详细计算。

空调系统在短时间内可使库房温湿度调节到适合的范围内,但一旦停机,库内温湿度波动幅度就会明显增加,以下几种办法可减缓温湿度剧烈波动状况。

(1) 在开启空调机时,逐渐增加制冷 (制热) 量,使之平稳过渡,以降低温湿度变化速率,并尽量把库房温湿度控制在调控要求的上限或下限,减少调控前后温湿度的变化幅度。这样既节省能源,又降低波幅。

(2) 根据外界气候条件的季节性变化,春秋两季温湿度比较适宜,可合理增加新风送入量,减少空调开机次数。

3. 库内空气的净化

空调机的运行是通过对空气进行冷热处理来达到调控温湿度目的,根据对空气处理的方式,有不送新风的循环式 (回风式)、送入部分新风的半循环式和完全使用新风。这三种处理方式都存在库内空气污染问题:一方面是反复循环中空气的互相污染;另一方面是库外空气的大气污染。所以,需要对空调的空气做净化处理。具体可采取两种方法:一是在空调系统的新风和回风口处安装空气过滤装置,如活性炭吸附等;二是选择送入新风的最佳时机。

库外温湿度、大气污染浓度都有一定的变化规律，根据不同地区的大气污染状况，选择一天中空气污染浓度最低值的时候送入新风，可有效改善库内空气质量。

为了提高空调系统对库房温湿度调控的效果，一些单位还研制出计算机集中管理系统，如第一历史档案馆和航空航天部第四规划设计院合作设计的，"散布式空调计算机管理系统"，对大中型档案馆集中管理空调，节省能源，提高工作效率起到良好的作用，该系统基本布局是：在总控制室内设置计算机调度操作台，每个空调机房设置一个执行端箱并与空调机组连接，中心操作台由微机系统对空调机组和冷却水系统进行远距离遥控和遥测，把系统内的所有机电动作信息全部反映在彩色显示器和模拟系统图盘上。该机具有自测自检、打印记录功能，提高了档案库房温湿度的调节精度。

二、档案的消防设备

档案制成材料多为易燃物质，一旦发生火灾，档案将受到无法弥补的损失。档案库房发生火灾的原因很多，如电气设备起火、机房事故、随便吸烟、雷击以及人为纵火等。因此，防火在档案库房安全管理中是至关重要的。在具体实践中，既要强化库房建筑设计上的防火问题，又要加强日常管理，配备必要的消防设备，防患于未然，将火灾发生率降到最低的限度。

(一) 库房建筑的防火

根据建筑构件的燃烧性能，可分为三个类别。第一，非燃烧构件。即空气中受到火烧或高温作用时不起火、不燃烧、不炭化的构件。如钢、钢筋混凝土、加气混凝土等构件。第二，难燃烧构件。即在空气中受到火烧或高温作用时难以起火、难以炭化的构件。如经过防火处理的木材、刨花板等。第三，燃烧构件。在空气中受到火烧或高温作用时能立即起火或燃烧，并且建筑物的耐火等级是由建筑构件的燃烧性能和最低耐火极限决定的。《档案馆建筑设计规范》要求档案库房建筑的耐火等级，不应低于一级。我国将建筑物的耐火等级分为四级：一级建筑物是钢筋混凝土结构或砖墙与钢筋混凝土结构组成的混合结构；二级是钢结构架、钢筋混凝土柱或砖组成的混合结构；三级是木屋顶和砖墙组成的砖木结构；四级是木屋顶、难燃墙体组成的可燃结构。

档案库房选择一级耐火结构，可起到有效防火作用，但仍不能彻底避免失火。为了防止失火、火势蔓延，缩小损失范围，还应在库房设置耐火极限较高的防火分隔物，如防火墙、防火门，以及档案库与其他建筑物保持一定的防火间距。防火墙选择用4小时以上耐火极限的构件。直接砌筑在基础或钢筋混凝土的框架上，不开门窗,以防火灾时热气流传播。如需开门,应设防火门封闭。防火墙可以把整个库房建筑的空间分割成若干防火区,从而限制燃烧面积和火势的蔓延。库内的通风及空调管道不宜穿过防火墙。防火门根据其耐火极限分为甲、乙、丙三级。甲级防火门耐火极限不低于12小时,主要设在防火单元之间的防火墙处;乙级防火门耐火极限不低于0.9小时,主要设在疏散楼梯及消防电梯前室的门洞口处;丙级防火门的耐火极限不低于0.6小时,主要用于管井壁上的检查门。档案库区的缓冲间及档案库的防火门均应设为向外开启,其宽度不小于1m。空调设备应设在专门房间内,且房门应为甲级防火门。

(二)消防设备

消防设备是指防火、灭火装置。随着现代科学技术的发展,防火、灭火装置种类也不断增加,自动化程度也逐步提高。

目前,适合档案库房的灭火系统主要有:

(1)新型惰性气体灭火系统——IG-541混合气体灭火系统。IG-541灭火剂是由氮气(52%)、氩气(40%)和二氧化碳(8%)三种气体组成的无色、无味、无毒的混合气体。不破坏大气臭氧层,对环境无任何影响。不导电,灭火过程洁净,灭火后不留痕迹。其灭火机理为物理作用,通过降低燃烧物体周围的氧气的含量,来达到灭火的目的。该类灭火系统适用于扑救表面火、油类气体类和电气火灾,可以用于保护经常有人的场所。其灭火剂价格低,现阶段主要用于通信设备、计算机房、工艺控制中心和其他机电设备室等场所。

(2)细水雾灭火系统。细水雾灭火系统是利用高压或气流将流过喷嘴的水形成极细的水滴进行灭火或防护冷却的一种固定灭火系统。细水雾具有良好的电绝缘性,对环境无污染,可以降低火灾总烟气含量的毒性。它的灭火机理是冷却、窒息、阻隔辐射热。高低压细水雾灭火系统是近年来国际上流行的绿色灭火系统,此技术具有投资成本低、灭火效率高、污染小、灭火以后不影响档案质量等优点,是档案库房智能化消防系统的一种选择。

(三)灭火装置

根据《档案馆建筑设计规范》(JGJ 25—2010)规定,库区外应设室外消防给水系统。特级、甲级档案馆中的珍藏库和非纸质档案库应设惰性气体灭火系统。特级、甲级档案馆中的其他档案库房、档案业务用房和技术用房,乙级档案馆中的档案库房可采用水喷雾灭火系统或非卤代烷气体灭火系统。

灭火装置根据其自动化程度的不同可分为人工灭火、半自动灭火和全自动灭火装置。

（1）人工灭火。基本上靠人观测和操作，如库房制定防火、灭火规章制度和责任制，并配备手提式的灭火器。中、小型档案馆均采用这种灭火方式。

（2）半自动灭火系统。该系统具有火灾自动探测、报警和灭火功能。火灾刚一出现，自动探测报警装置立即启动报警。若需要，人工启动探测灭火装置立即进行灭火。但这种装置彼此独立，没连成一个体系，中间需人工判断操作。许多大、中型档案馆都有这种装备。

（3）全自动灭火系统。具有火灾自动探测、自动判断、自动报警和自动灭火等多项功能，且各功能均连接在一个统一的系统中，在无人操纵状况下自动工作。甲级档案馆应在档案库房、空调机房、缩微用房和计算机房等重地配置这种装置。

三、档案的防盗设施

档案是档案保护的主体对象，做好档案安全保护工作是根本。倘若由于档案存放环境没有严密有效的安全保护措施而造成档案文件丢失或泄密，其损失是无法挽回的。所以，保障档案及信息安全除了具备必需的安全责任意识，防盗设施的作用同样不容忽视。

档案是国家的宝贵财富。在日常管理工作中，一方面要防止自然因素的破坏作用，另一方面要防止人为因素的破坏作用。这要求我们采取一定的安全措施，制定一定的制度，从档案的流动、利用等各个环节着手，保证档案的安全。

已研制成功的防盗自动报警系统采用接触式自锁装置，分别安装在档案库房各楼面的前门和后门内上端。当外来因素致使门开启10mm时，便构成电器回路，连通控制系统防盗自动报警信号的继电器，立即发出报警信号。

四、照明、保安系统以及库内各种设备的智能化控制

（一）档案库房照明的控制

档案库内的照明与办公室和公共场所照明的要求不同。档案库房的照明亮度不需要太高，只需满足库房管理者调卷、清洁、维护库内设备的照度即可，同时选择的灯具应为发出的光线对档案没有伤害或损害很小的白炽灯、灯管表面经过防紫外光处理的日光灯。对灯的开关控制可以使用人进灯开、人走灯灭的自动控制，既节能又安全。

（二）档案库房的保安系统——闭路电视监控

档案库房的安全级别要求较高，为了防止库房有非法人员闯入、盗窃重要档案文件事件等情况的发生，应安装实时闭路电视监控系统。闭路电视监控由四部分组成：一是产生图像的摄像机及其装置；二是图像传输装置；三是控制设备；四是图像显示装置。档案部门可根据不同的需要，找专业厂商进行设计和安装。

（三）档案库内设备的智能化控制

档案库内的建筑是整个档案馆中比较重要和核心的建筑，库内设备种类多，功能多，它们之间既各负其责，又相互关联。传统建筑中，各种不同设备采取单独设计、单独运行、单独管理的模式，这种模式既浪费能源，管理起来也比较麻烦。随着科学技术的发展和进步，建筑行业中出现了智能建筑理念和技术。智能建筑的"智能化"在于它采用多元信息传输、监控、管理以及一体化集成等一系列高新技术，实现信息、资源和任务的共享，以达到"节能、安全、高效、舒适、环保"的目的，取得较高的建设投资效率。

有关建筑设备智能化控制和管理的技术主要是综合采用目前国际上最先进的4C技术（计算机技术、现代控制技术、现代通信技术和现代图形显示技术）建立了一个由计算机管理的一元化集成系统，实现系统管理的最优化设计和节能目的。这些技术的综合应用体现在智能化建筑上主要包括建筑物自动化系统（BAS）、办公自动化系统（OAS）、信息通信系统（CAS）和结构化布线系统（SCS）。有关建筑设备管理上的智能化控制主要集中在建筑物自动化系统（BAS）中。

建筑物自动化系统（Building Automation System，即BAS）又称楼宇自动化控制系统或建筑设备管理自动化系统。它采用现代传感技术、计算机技术和通信技术，对建筑物内所有机电设施进行自动控制。这些机电设施包括交配电、给水、排风、空气调节、采暖、通风、运输、火警、保安等系统设备。具体可以概括如下四方面构成：

（1）能源环境管理系统。用于对冷、热负荷预测控制，室内二氧化碳浓度控制，各种冷源机组、空调机组、新风机组等的监测控制，以及太阳能集热、蓄热控制管理，以及给积水控制管理等。

（2）防灾与安保系统。用于火灾报警及消防控制系统（包括火灾报警、自动消防、排烟系统）和安保系统，闭路电视监控、电子出入口控制、身份识别、防盗防抢、保安巡逻等。

（3）电力供应管理系统。用于配电及备用应急电站的监控系统和照明控制等。

　　（4）物业管理服务系统。运输设备控制系统（包括电梯、停车场监控等）和运行报表统计、分析与计量，设备维护与管理系统（包括数据采集、能源计量、节能诊断、故障与诊断、各种信号记录采集、机器维护、设备更新等）。

　　对于档案库房来说，主要是对各种设备和档案馆整体要求的配电系统、照明系统、温湿度调控系统、防火监控安保系统、终端控制等进行智能化的设计和管理。目前，已经研制成功档案库房计算机安全监管系统，它是一种可对库房温度、湿度进行自动调节和对火警、盗警进行自动监视的微机综合管理系统。有条件的库房可以优先考虑应用这样的系统。

第八章　档案灾害的预防及灾害档案的抢救

档案灾害即给档案带来严重破坏的灾害，如洪涝灾害、火灾、地震、台风、滑坡、泥石流、雨雪冰冻灾害等；受灾档案即受到灾害影响的档案。一旦档案灾害发生，档案这种不可再生资源将会受到严重破坏，档案的抢救修复也面临很大的难题，给档案的安全保管造成极大威胁，因此，档案部门需要做好档案灾害的预防及受灾档案的抢救工作，把档案灾害对档案的影响降到最低程度，最大限度地延长档案的寿命。

第一节　档案灾害的预防

档案灾害的预防是指在档案灾害发生之前，档案部门为消除或减轻潜在档案灾害破坏性影响而采取的措施，包括档案灾害主要类型及危害的普及宣传、档案灾害预警系统的建立、档案灾害应急预案的制定与演练、档案备份机制的建立、档案馆建筑防灾工程的实施等内容。

一、档案灾害主要类型及危害

灾害类型很多，只有给档案带来严重破坏的灾害才称之为档案灾害。了解档案灾害主要类型及危害，是开展档案灾害预防工作的基础。

档案灾害分为自然灾害和人为灾害两大类，自然灾害由自然现象引起，包括地震、飓风、旋风、台风、洪涝、滑坡、泥石流、雨雪冰冻、火山爆发等，大多难以控制，一旦爆发将造成巨大损失，对档案危害极大；人为灾害则来自人员的失误，包括跑水、起火（含蓄意纵火）、爆炸、冲击等，以及恐怖活动、战争、武装冲突等，一般具有可控制性，只要预防得力，管理到位，可以避免其发生。

我国常见的档案灾害类型有水灾、火灾、地震、台风、滑坡、泥石流等。这些档案灾害给档案带来了很大的危害。

（一）水灾

水灾是对档案造成损失最为普遍的灾害。许多自然和人为的灾害都会引起水灾的发生，如洪水进入馆库淹没档案，台风伴随的暴雨进入馆库淋湿档案，火灾时使用的消防用水淋湿档案，给水、排水系统出现故障从而淹没档案等等。

水灾给档案带来的危害主要表现为：长期受水浸泡或处于高湿环境下的档案制成材料会发生物理和化学变化，如变形、黏结、污染、生霉、老化等，档案记录材料污染、信息丢失、读取困难等，从而大幅缩短保存寿命。

（二）火灾

火灾是对档案造成损失最为严重的灾害。火灾主要由电线老化短路、电气设备使用不当以及人为过失（如吸烟、操作不当）等因素引起，另外也可由其他自然灾害引发的次生灾害引起，如地震引发的次生性火灾。

火灾给档案带来的危害主要表现为：烧毁档案、烟熏档案、使档案高温老化等。火灾对档案造成的损害大多是毁灭性的，具有不可挽救的后果。火灾还会间接地产生档案被消防用水淹没或污染等危害。

（三）地震

地震是由地壳运动产生的自然灾害，目前人类还无法对地震进行精确预报。我国是世界上遭受地震灾害最为深重的国家之一，也是世界上最早对地震进行监测的国家。地震的破坏性极大，除了地震直接引起的山崩地裂、房屋倒塌外，还会引起水灾、火灾、爆炸等灾害。

地震给档案带来的危害主要表现为：档案被埋压，受到机械性损伤；如遇到阴雨天气，抢救不及时，档案会被水浸泡而发霉，甚至形成档案砖；地震引起的水管破裂、漏水，可能造成档案受潮或浸湿；地震引起的土地返浆，使地面冒水或泥浆，可能造成保存在一层以下库房的档案被泥浆污染或淹没；地震引发的火灾可能造成档案被烧毁，而消防部门在灭火时使用的灭火材料也可能连带损毁档案。

（四）台风

台风是一种强烈的热带气旋。我国海岸线较长，沿海许多省市都会受到台风影响。台风的破坏力较强，强大风力会造成建筑物坍塌，还会引发海潮和暴雨。

台风给档案带来的危害主要表现为：档案被埋压，受到机械性损伤。另外，台风引起的海潮可能造成档案被海水浸泡，甚至被潮水冲走；台风伴随的暴雨可能造成档案被淋湿或受潮。

（五）滑坡、泥石流

滑坡是由地震等地壳运动引起的山体错位。泥石流是山区沟谷中由暴雨、冰雪融化等水源激发的、含有大量泥沙石块的特殊洪流，往往突然爆发，破坏性极大。

滑坡、泥石流主要危害档案馆库建筑，从而损害档案，如档案被冲走、水淹、受潮等损坏。

档案灾害带来的危害是多方面的，不仅仅损毁档案，还会对档案馆库、设施、设备以及档案利用者和档案工作人员等带来危害，如造成档案馆库建筑坍塌、设施设备毁坏、档案利用者和档案工作人员人身伤害等。

二、档案灾害预警

档案灾害预警是指在档案灾害发生之前，预先提出档案灾害即将爆发时间和强度的警告，以提醒档案工作者注意，及时采取相关的防灾减灾措施，避免档案灾害在不知情或准备不足的情况下发生，从而最大限度地降低由于档案灾害的发生所造成的损失。

（一）档案灾害预警级别

档案灾害预警依照灾害可能造成的危害程度、波及范围、影响力大小、人员及财产损失等情况，由高到低划分为特别重大（Ⅰ级）、重大（Ⅱ级）、较大（Ⅲ级）、一般（Ⅳ级）四个级别，并依次采用红色、橙色、黄色、蓝色来加以表示。如总水管爆裂、特大火灾、计算机系统崩溃等为Ⅰ级预警，密集架突然倒塌、水管渗漏为Ⅳ级，其他与气象有关的灾害预警可以参照气象部门的预警级别。

预警级别由承担档案灾害处置的档案馆依照所确定的预警等级提出预警建议，并报国家档案局批准。一般或较大级别的预警，由提出预警建议的档案馆按照有关规定，组织对外发布或宣布取消。重大或特别重大级别的档案预警信息的发布，须报请国家档案局主要领导批准，由档案馆统一对外发布或宣布取消。同时，档案馆应密切关注档案灾害进展情况，并依据档案灾害变化情况，适时调整预警级别，并将调整结果及时通报。

（二）档案灾害预警流程

以档案馆作为档案灾害的预警主体，一个完整的档案灾害预警流程应包括以下模块：

1. 预警监测

预警监测即通过各种途径收集档案灾害信息，监测档案灾害状况。为了有效地对档案灾害进行监测，需要有一个完善的档案灾害预警监控系统，包括视频实时监控系统、门禁系统、防盗报警系统、消防监测系统、专用通信系统、入侵报警系统、与消防和公安等部门报警联网系统、温湿度监测系统等，同时要配备工作人员对档案灾害预警监控系统的运行情况进行实时监控，保证档案灾害预警监测系统的正常运行。

2. 预警评估

预警评估是根据监测到的档案灾害信息对档案馆的各种潜在危险进行分析评价，即对档案灾害可能发生的类型、时间、概率进行预测分析，结合已发生过的各种档案灾害进行成因、过程分析，预测可能发生的档案灾害类别、演变过程、扩散方式、持续时间以及档案灾害对档案造成的影响等，分析档案风险向档案灾害转化的概率，判断是否需要发出档案灾害预警报告，规划档案灾害应对策略。

3. 预警预报

预警预报即档案灾害预警信息的发布与传播。预报或监测到档案灾害后，经审核符合档案灾害预警级别的，应当立即完成档案灾害预警报告表，经由授权的负责人签发后，及时迅速上报上级机构和部门。报告内容应包括档案灾害类别、影响时间、地点、范围、强度、预警级别、未来变化趋势和决策建议。同时，对于档案馆人员，上至主管领导，下至保安和保洁人员，应依托先进的信息技术，如互联网、对讲机、电话等进行跨层级的信息传递，确保预警信息能够及时地上传下达。预警信息内容应准确、明了，以便档案工作人员能够按照预警传递的信息做好充足准备。

4. 预警响应

预警响应即根据预警级别有针对性地响应。与预警级别相对应，预警响应分为四个级别。级别不同响应的范围也不同。

5. 预警终止

预警终止即在档案灾害影响结束后，由档案馆及时填写档案灾害预警终止报告，经预警启动签发人或其授权的负责人签发后，终止各级预警。

三、档案灾害应急预案

档案灾害应急预案是指预防档案灾害发生的具体措施或档案灾害发生时降低档案和人员遭受损害程度的防护措施。档案灾害应急预案不能完全避免档案灾害给档案造成的损失，但可使危险大大降低。制定档案灾害应急预案并定期进行演练，是预防档案灾害的有力保障。

档案灾害应急预案的内容主要有：

（1）编制和实施预案的有关危机情况和背景；应急处置工作的目标和要求。

（2）应急指挥机构的建立及其人员组成，应急处置工作人员的数量、分工、联络方式、职能及调用方案。

（3）有关协调机构、咨询机构以及能够提供援助的机构、人员及其联系方式；抢救档案的顺序及其具体位置，库房常用及备用钥匙、重要检索工作的位置和管理人员。

（4）档案库房所在建筑供水、供电开关及档案库区、重点部位的位置等；向同级党委、政府和上级档案行政管理部门报告的联系方式。

（5）其他预防突发事件、救灾应注意的事项。

档案灾害应急预案制定后，不能将其束之高阁，还需要开展演练和培训活动，使相关人员熟悉了解预案内容，熟知各种抢救设备位置并掌握其使用方法，明确自己的撤离路线等等。通过演练，可以查找出档案灾害应急预案存在的弱点和不合实际之处，从而不断修订和完善；通过培训，可以增强档案工作人员面临灾害的随机应变能力和科学处置能力。另外，档案灾害应急预案还应根据环境、人员、库存档案等条件的改变做相应的调整、更新，以保证档案灾害应急预案的有效实施，真正达到防灾减灾目的。

四、档案备份

档案备份是指对档案、档案信息管理系统及电子数据采取某种技术手段和方式进行复制，建立"副本"，以便在纸质档案、档案信息管理系统及电子数据遭受破坏或其他特定情况下，档案信息不致丢失，以减少档案灾害对档案造成的损失。档案备份是抵御档案灾害破坏、确保档案安全的一项重要措施。

档案备份主要有异质备份和异地备份两种方式。档案的异质备份是将重要档案迁移到其他载体上，即对档案进行各种形式的复制，同时减少对原件的磨损，使档案原件得到妥善保存，延长寿命，达到保护原件的目的，包括静电复印、缩微、翻拍、数字化、仿真复制等。档案的异地备份是将档案原件的复制件存放在异地，一旦本地档案发生意外，即可启用在异地存放的档案复制件。异地备份时，省以上档案馆最好选择相距300公里以上，不属同一江河流域同一电网、同一地震带的地方；地级、县级档案馆则由省级档案行政管理部门确定。

档案信息管理系统备份即档案信息管理系统容灾备份，必须满足以下3个条件：

第一，软、硬件环境、数据都应具有冗余性，即一个系统发生故障，另一个系统能够保持系统正常运转，数据传送顺畅。

第二，具有远距离性，因为档案灾害总是在一定范围内发生，只有足够远的距离才能够保证数据不会被档案灾害全部破坏。

第三，追求全方位的数据复制。

档案信息管理系统容灾备份时，可参考国家标准《信息安全技术——信息系统灾难恢复规范》，根据所选择的灾难恢复能力等级，在数据备份系统、备用数据处理系统、备用网络系统、备用基础设施、专业技术支持能力、运行维护管理能力和灾难恢复预案等7个方面采取相应的技术和管理手段，避免由于发生档案灾害或故障使档案信息管理系统瘫痪，保证档案的安全。

电子数据备份是指使用存储介质，定期将档案信息管理系统中的数据（主要包括电子化的文件目录、案卷目录、数字化全文、电子文件等）复制下来，以保证档案灾害和故障发生时数据能尽快恢复，将损失降到最低点。

电子数据备份主要有完全备份、增量备份、差分备份、按需备份等四种方式。完全备份是指每天对系统进行完全备份。这种备份的优点是当发生数据丢失时，只要用前一天的备份介质就可以恢复丢失的数据；缺点是所需要备份的数据量较大，备份所需的时间也较长。增量备份是指在一周里选择某一天进行一次完全备份，然后在接下来的几天里只对当天新的或被修改过的数据进行备份。这种备份的优点是节省了空间，缩短了备份时间；缺点是当档案灾害发生时数据的恢复比较麻烦，可靠性较差。差分备份是指在一周里选择某一天进行一次完全备份，然后在接下来的几天里，只要再将当天所有与完全备份介质不同的数据（新的或修改过的）备份到介质上。相对于完全备份和增量备份而言，差分备份无须每天都对系统做完全备份，备份所需时间短，灾难恢复也较方便。而在实际应用中，电子数据备份通常是完全备份、增量备份和差分备份三种方式的结合，如每周一至周六进行一次增量备份或差分备份，每周日进行全备份，每月底进行一次全备份，每年底进行一次全备份。按需备份则是指仅备份所需要的部分数据，这种备份比较灵活，但不能完整、系统地恢复档案信息管理系统的数据。

电子数据备份目前所用的介质主要有硬盘、磁带和光盘等。从存取速度来看，硬盘最快，光盘次之，磁带最慢；从保存时间、备份成本来看，磁带最低，光盘次之，硬盘最高。比较常用的备份介质是磁带和光盘。

五、档案馆建筑防灾

档案馆建筑是档案灾害发生时保护档案安全的最重要防线，是防止档案灾害对档案造成损害的首要屏障。预防档案灾害的一项重要措施就是提高档案馆建筑的抗灾能力。

为了避免或减少档案灾害对档案的破坏，档案馆建筑设计时应充分考虑可能发生的各种档案灾害，根据档案馆所在区域可能发生的自然灾害和不可预测的人为灾害，遵循"预防为主"的原则，采取相应的防灾措施，例如设计档案馆承重时，既要考虑本身自重和库存档案荷载、人员和设备的荷载，还要考虑台风、寒潮、雷暴、地震以及滑坡、泥石流等档案灾害的影响，做到安全可靠，坚固耐用。

档案馆建筑应符合《档案馆建筑设计规范》(JGJ25—2010) 和《档案馆防治灾害工作指南》，满足抗震、防火、防水、防雷击等技术要求，并配备相应的设施设备。

第二节　灾害档案的抢救

档案灾害发生后，应及时采取措施抢救受灾档案，减少损失。

一、抢救原则

灾害档案的抢救工作任务繁重，时效性强，必须坚持如下原则：

第一，优先抢救重要档案、珍贵档案。受灾档案的抢救工作应先重点后一般，先抢救后修复，优先抢救重要档案、珍贵档案。

第二，尽量保持档案原貌。所谓档案原貌是指档案形成时的全部物理特征信息，如档案使用的纸张、大小、字迹、颜色以及当时组卷使用的卷皮、目录、备考表等等。在受灾档案抢救修复过程中应最大限度地保持档案的原貌，以保证档案的参考价值和凭证作用不受影响。

第三，尽量减少对档案本体的干预。受灾档案的抢救修复应将保证质量放在第一位，在保护档案原貌的前提下，选择出风险最小、效果最佳的方法和最耐久的材料，科学合理地确定修复档案的范围和应采取的措施，力求所选择的抢救修复内容、修复材料、修复方法等均对档案本体干预最小。

二、抢救流程

受灾档案抢救时可按照如下流程开展活动：

第一，检查灾害档案受损情况。按重要程度分别检查各种档案材料，对已受到损坏需加以处理或是不宜继续存放的档案，要运到事先规划好的临时存放区内暂存；受灾档案重要程度相同情况下，应先运走最湿的档案材料，同时去除上面所沾的淤泥；对烧焦或烟熏的档案文件，不要立即处理。所有检查情况都要详细记录在案，分别处理。

第二，制定受灾档案抢救方案。根据受灾档案的重要程度和受损程度，制定受灾档案抢救方案，包括是立即抢救还是先存放然后逐步抢救，是本馆自行抢救还是送馆外专业人员抢救，以及具体抢救技术方法的选择等。

第三，实施受灾档案抢救方案。根据受灾档案抢救方案，实施具体抢救措施。例如，烧焦、烤脆或烟熏的档案，可以不立即处理，先存放然后逐步抢救；水淹档案，由于受损现象会随时间推移而进一步发展，如纸张受水浸会发霉，照片、录音(像)带和计算机磁带等特殊载体受水浸会导致其所载信息消失，需要立即开展抢救工作。

第四，评价受灾档案抢救效果。受灾档案抢救工作结束后，还应对受灾档案抢救效果进行评价，总结经验教训，提高灾害受灾档案抢救水平。

三、抢救方法

受灾档案中最常见的是水淹档案和炭化档案、泥石流致损档案等，大致抢救流程如下：

现场抢救→紧急处置→抢救修复→系统整理→数字加工→安全保管

（一）水淹档案的抢救

在洪涝灾害、地震灾害、台风灾害中档案一般会面临水淹、受潮等现象，需要采用科学的技术方法尽快去除档案中的水分，同时不能对档案的耐久性产生不良影响。

1.纸质档案的抢救

纸质档案在档案灾害中被水淹后或遇到雨水淋湿后，应首先清除档案上的污泥，然后将档案放在一个持续低湿的环境中进行干燥，使纸张中的水分迅速蒸发，保证纸张中的水分达到安全含水量的范围内，这样才能防止长霉。若没有进行及时处理，档案会非常容易滋生霉菌，使得纸张机械强度下降，而且会产生粘连。纸质档案的抢救主要有以下几种方法：

（1）清除污泥

不同档案字迹的耐水性是不同的，要根据具体情况，区别对待，分别处理。因此在污泥被清除之前，要先鉴别档案字迹的耐水性。

对于耐水性好的档案，处理方法如下：先将档案放在清水中洗去泥土。用吸水纸衬垫吸水，反复几次，到半潮干。用削得很薄的竹签将每一张纸挑开后垫上一张毛边纸或宣纸。将整卷档案上下垫衬吸水纸，在其上放一重物加压干燥矫形或用压力机压力定型。

对于不耐水字迹的档案，处理方法如下：先轻轻刮除纸张上的污泥，然后十分小心地将档案分成一页一页，放置在阴凉处自然风干。等到档案基本晾干时，再缓慢、定时、经常性地将其来回翻卷多次，并且要沿着装订处。最后等到档案已经全部晾干后，可用小刀再次轻轻刮去纸上的污泥，再沿着一个方向用排笔刷去纸上的浮土。

（2）干燥

干燥方法多种多样，要注意的是，无论采取哪种干燥方法，在干燥过程中都不能使档案制成材料受到损坏。因此，不能把水淹档案放在阳光下暴晒，因为阳光中的紫外线会加快纸张中纤维的水解和光降解速度，使纸张变脆。

自然干燥法：是一种以自然晾干为主的简单抢救方法，适用于气候相对比较干燥的地区。当档案馆遭受水灾后，应尽快打开门窗，使空气流通，如有条件，可使用风扇去湿机，加快空气流动，驱散室内的潮湿空气。在进行自然晾干处理前，需首先沥去档案表面的水分，然后将其竖放在桌面上或书架上干燥。当档案达到半干状态时，为避免纸页粘连，应将其逐页翻一遍，也可在每页纸中夹一张吸水纸。需要注意的是，一次夹入吸水纸的总厚度不能超过纸质档案厚度的1/3，否则易使档案变形。当干燥到一定程度后，将档案平放在桌面上，在其上面放重物加压，并继续干燥，这样可以使纸张不起皱。

真空冷冻干燥法：该方法是将档案置于低温条件下，使纸张中的水分冷冻结成冰，然后，再将档案放在真空条件下，将冰直接变为蒸气，从而达到干燥的目的。采用冷冻真空干燥法，离不开真空冷冻干燥设备，如真空冷冻干燥机。操作时首先控去档案表面的水分，然后将其放置在真空冷冻干燥机的格板上，关上机门，缓缓降温。当温度降到 -4℃时，开动真空泵进行真空干燥。此方法简单易行，干燥速度快，纸张不易变形，还能杀虫灭菌，但必须拥有价格昂贵的真空冷冻设备。

远红外线干燥法：该方法是利用远红外线特有的高温效应干燥档案，不需要媒介物质的传递。具体方法是将档案分格放入远红外干燥箱中，摆放时档案之间排列不宜过密，以利于水分蒸发，同时档案应和远红外发生器保持一定距离。打开干燥箱开关后，使之缓慢升温（半小时升温10℃）至50～70℃左右恒温，1小时后再缓慢降温至40℃左右恒温，直至干燥为止。注意箱内温度不能超过70℃，在升温或降温时应缓慢进行，否则会对档案产生不良影响。此方法干燥后的档案平整而蓬松，还可杀灭档案中的虫霉。

去湿机干燥法：将沥干明水的档案放置在密封较好且配备有去湿机的房间内，开启去湿机，由于去湿机能不断排除空气中部分水蒸气，这样可以加快档案中所含水分的挥发速度，从而提高干燥速度。当档案纸张的含水量达到6%~8%，或者手摸无潮湿感时，即可停止去湿。

（3）消毒

档案被水浸泡后往往会出现生霉、长虫现象，因此档案在干燥处理后，还需要进行灭菌杀虫消毒处理。目前，常见消毒方法有物理方法、化学方法两大类。消毒方式和消毒剂的种类也很多。对纸质档案消毒时，应选择不会对纸张、字迹造成损害，无残留、无污染、操作简便的消毒方法。消毒要根据被消毒档案被污染程度，根据各自具备的现有条件选择适当的方法。

（4）清洁

档案消毒之后，还不能马上展开大规模的修复。因为档案表面还沾有大量的尘土和死亡的霉菌，需要对其表面进行清洁。清洁是对消毒后待修复档案进行修复前的一个重要环节，可用专用的"档案清扫机"进行自动清洁，该设备由自动感应的振动除尘区、密闭负压的工作室、无级变速的清扫轮和定向高压气流组成了立体清洁工作流程，被清扫下来的灰尘被负压气流带入集尘袋中，能清扫掉受损档案表面上的大部分污物；也可用"多功能档案修复台"进行手工清洁，该设备是一种用于档案文件清洁、修复的专用设备，具有负压、净化、调湿、光桌等多种功能，工作时形成一个密闭近似负压的工作空间，在此工作空间中对档案进行除尘、除霉。

除上述步骤外，有些受损严重的档案还需要进行去酸、修补、装订、更换卷皮等工作，依据不同情况，分别采取不同的抢救方法。

2.胶片档案的抢救

胶片被水淹后，胶片上的明胶容易发生溶化、划伤、粘连等现象，应及时进行降温、清洗、坚膜处理。

降温、清洗处理：把水淹档案放在干净的低温水中，温度控制在18℃以下。然后用棉花球轻轻擦洗胶片上的污泥，要注意不能用棉花干擦，否则尘土会划伤胶片上的乳剂。

坚膜处理：由于长时间被水浸，胶片上的明胶已经充分膨胀，极易被划伤，因此可用甲醛溶液进行坚膜处理。在坚膜处理中要防止胶片互相碰撞，以防划伤乳剂膜。然后，在流动的清水中水洗15分钟，最后将黑白胶片放入润湿液1分钟、彩色胶片放入稳定液1~15分钟，随后晾干。

3.磁性载体档案的抢救

根据国家档案局颁布的《磁性载体档案管理与保护规范》（DA/T15—1995），如磁带被水浸后，应先用无纤维毛巾将磁带擦干，然后在温度为50℃的烘箱内悬挂3天，再在正常室温下放置2小时，用磁带机缠绕2次后方可使用，并且应复制。

（二）炭化档案的抢救

火灾以后档案一般很难幸存，但如果火灾扑灭及时，有的纸质档案可能尚未完全灰化，成为炭化档案。此种档案的纸张已经炭化、酥脆，强度极低，极易成碎片，需要及时进行抢救，具体方法如下：

1. 加固

由于炭化档案纸张的机械强度几乎完全丧失，因此加固时可采用干托裱方法，即将一张厚薄适中的单宣纸放在油纸或塑料薄膜上喷润展开，然后刷上稀淀粉糨糊，再将炭化档案背面轻轻放置托纸上，并用排笔轻轻地一点点上平，然后将它正面朝外贴在绷子上。另外，炭化档案的加固还可以采用光化学方法，使纸灰固化、成型固定下来。

2. 翻拍

加固后的炭化档案，字迹难以辨认，可采用照相机放在小型翻拍架上进行摄影复制的方法来显示字迹。翻拍时为使光源照度均匀，可在翻拍架上安置 4 盏 100W 或 150W 功率一致的乳白色照明灯，此灯距工作台面 0.4m，与翻拍档案呈 90° 垂直照射。翻拍使用的照相机为 135 型照相机，照相机的镜头距工作台面约 0.6m，同时使用高反差的 35mm 的文献全色片，拍摄时可选用光圈 8、速度 1/2s。翻拍后，选用高反差显影液、高反差正片进行显影冲洗。这样，通过逐级加大反差的方法可将黑底不清晰字迹的炭化档案翻拍成清晰的复制件，随后在静电复印机或阅读复印机上放大，即可复印出与原件一致的复制件，使炭化档案能够再利用。

第九章　文物档案的保护与管理

第一节　文物保护修复中档案管理工作的重要性

随着我国文物保护行业标准化进程的不断深化，特别是《馆藏出土竹木漆器类文物保护修复档案记录规范》（WW/T 0011—2008）的发布和实施，文物保护修复档案工作步入了科学化、规范化、标准化的发展轨道，加强文物保护修复档案管理与利用工作也就变得越来越重要。但是，从近年来我国文物保护修复档案管理与利用实际工作情况来看，仍然存在着一定的问题，给文物保护修复工作的发展造成了诸多不良影响。因此，必须充分认识文物保护修复档案管理与利用工作的重要性，努力提高文物档案管理人员业务素质，建立健全文物保护修复档案管理制度，在文物保护修复过程中，特别重视和提高保护修复档案的管理与利用工作。

一、文物的不可再生性，决定了文物保护修复档案管理的重要性

文物是不可再生的文化资源，是中华民族生生不息发展壮大的实物见证，是传承优秀传统文化的历史根脉。文物保护修复工作历来也是文物工作的重点，而文物保护修复档案则是指在文物修复过程中所产生的历史记录文件，是将各类分散状态的原始记录按一定逻辑规律归纳整理而成的信息单元，包括文字、图表、声像等表现形式。如何将这些各类分散状态的原始记录真实、完整、详细地记录下来，且真实地反映整个修复工作中的具体操作及实验过程，以至于最终不会影响对文物价值的认识，这对于文物保护修复档案管理工作来说至关重要。

《馆藏出土竹木漆器类文物保护修复档案记录规范》中规定，保护修复档案记录不得随意删除、修改或增减数据。如必须修改，可在修改处画一斜线，保证修改前的记录能够辨认，并由修改人签字，注明修改时间及原因，保护修复档案记录要详细、清楚、真实记录竹木漆器类文物保护修复的全部过程。这也恰恰证明，文物保护修复档案管理在文物修复保护过程中具有举足轻重的作用。

（一）文物修复档案客观真实地反映了文物修复的全过程

文物保护修复档案能真实而全面地反映整个文物修复过程以及在修复过程中所发生或产生的各类信息。文物保护修复档案是文物修复工作人员在文物修复过程中留存下来的历史真迹，记录了整个文物修复处理过程中不同阶段、不同时期的情况。通过文物保护修复档案我们可以完整、清晰地了解这个文物过去的所有信息，从而更好地认识这件文物。因此，文物保护修复档案管理工作是一项维护文物真貌的重要事业。

（二）文物保护修复档案是文物机构进行文物管理的工作基础

文物保护修复档案是各文物保护修复单位或者是文物考古单位，又或者是文物展出等单位开展各项工作的重要基础，一件文物涉及方方面面的内容，如何管理好这件文物，处理好这件文物的日常，必须依靠这件文物的保护修复档案或者是更全的信息档案。因此，不管这件文物处于哪个阶段，它的日常管理也是离不开它的保护修复档案管理工作的。

（三）文物保护修复档案是对文物进行修复和保护的重要依据

文物保护修复档案在积累和传播知识、技能方面功不可没。文物保护修复专业性强，在积累和传播知识方面，文物保护修复档案具有十分显著的作用。文物保护修复档案其实就相当于这件文物的一份"病历"，它详细记录了这件文物从"接诊"到"出院"的整个治疗过程，是宝贵的资料，也是科研的重要资料来源。一个成功修复的案例无疑会为同类别的文物修复提供宝贵借鉴，也是文物修复工作中的"活教材"，通过相互之间的传授，有助于文物修复工作人员尽快掌握修复技巧和方法。此外通过成功案例的理论分析和研究，能总结出经验和科研成果，有利于新技术、新材料的推广，使得更多文物在保护修复工作中受益。若一旦在文物保护修复档案管理工作上存在漏洞或疏忽，第一手资料就将遭到破坏，从而影响这件文物的价值。所以说，做好档案管理工作是绝对不容忽视的。

二、保护修复过程中文物档案的主要内容

（一）文物信息表基本内容的录入

保护修复信息表中的基本信息一栏，记录着需要修复的文物或藏品的基本信息。其中包括文物的名称、文物的登录号码、文物的年代、文物的来源、文物的重量、文物的修复史、文物的收藏单位、文物的等级、文物的尺寸、文物的属性和文物的类别等。这些都是在修复文物前需要了解的重要信息，所以，文物工作者在保护修复前，应整理相关文物的档案，首先要进行文物信息表中基本内容的录入。

相关的管理人员必须意识到，修复档案的记录工作不能只局限于表面，还需要对非物质文化内容的调查结果进行整理。在录入期间，工作人员要在充分了解文物自身历史信息、艺术价值信息的基础上，准确地记录与之相对应的信息，精准地记录修复、保护、处理的全过程。另外，档案记录工作的最终目的是转变人们对文物的认识，将文物蕴含的历史背景和文化意义尽量展现出来，让人们能够走近文物中蕴含的历史文化，使文物得到更合理、更科学、更有效的保护与修复。

(二) 组建专业化的文物保护修复档案管理团队

从现实的角度分析，文物保护修复档案管理工作对于相关管理人员的要求相对严格，管理人员不仅要具备较强的历史素养，还要具备较强的档案管理能力，也必须熟知文物保护、修复技术。只有这样，他们才能够根据修复环境以及相关修复日志，清楚填写文物保护修复的信息，并完成档案管理工作。从工作的角度分析，对于文物的保护修复，并不只是简单的文物登记、归类、修复，而是在保护修复工作中逐渐体现文物的价值，这也是文物保护修复的意义。在修复的过程中，文物修复之后的质地、稳定性、储藏环境是否符合标准，这些都需要管理人员清晰掌握。对此，相关的管理部门负责人必须加大对档案管理人员的培训力度，定期对档案管理人员进行专业技能培训，在培训期间要侧重实务操作，同时注意提高其自身的历史素养、对文物的认知度和文物保护修复技术水平等，全面提升其综合素质，以满足当前文物保护修复档案管理工作的需求。此外，主管人员也要重视提升自身的综合素养，在日常工作中关注相关技术动态，累积工作经验。

(三) 记录文物质地、病害成因及检测的分析结果

只有明确分析文物的材质，对文物可能遭受的病害进行分类辨析，才能了解文物病害的基本情况，对症下药。在对病害进行分析时，一般有形貌分析、成分分析、微观观察等多种方法，检测过程需要借助现代的科学仪器设备。在当前的文物修复工作中，一般采取无损分析多一些，这样能够保证对文物的最小干预。在这一过程中，档案管理人员的工作是对分析结果进行记录，记录检验人员如何利用科学手段复原制作工艺及文物的详细信息，使文物受到的外界干预最小。

(四) 坚持修复保护文物档案管理完整性原则

对于文物保护修复档案管理工作而言，最需要坚持的一项工作原则就是完整性

原则。该项原则强调，档案管理人员必须确保每一项文物修复保护的档案留存完整，信息全面。因此，档案管理人员在对文物保护修复档案进行管理时，需要审查档案中是否记录文物的科学研究、价值信息、文物的状态信息以及其保存环境信息等。同时，档案管理人员在进行档案存储管理的过程中，必须科学合理地使用信息化管理技术，在储存纸质档案之后，还要重新记录一份关于相关文物保护修复档案的电子版本，存储到独立的信息库中，然后对各类档案信息进行分类存储，并添加信息检索功能，确保以后使用的时候可以快速找到所需要的信息。除此之外，主管人员在工作期间必须对档案进行定期审查，在审查纸质档案的过程中需要检查档案的存储是否符合标准，如档案有没有受潮等。在审查电子版档案的过程中，还应确保各类数据信息不被改动，着眼于档案存储工作的保密性和安全性。

（五）详细记录文物修复过程

文物修复的过程也需要档案管理人员进行详细的记录，包括文物的整体修复过程、文物的修复材料、修复所用到的工艺等。除此之外，对于修复文物的环境，如修复设备、仪器以及人工修复中的细节加工器具等，都要一一记录在案。针对修复流程较长的文物修复项目，档案管理人员可以采用写日志的方式来记录修复的过程，在修复完工之后，上交一份以日或周为单位的修复工作日志，详细划分修复的每一个阶段，这样的记录工作对同类文物的修复能够有所帮助，体现了文物修复中档案的重要作用。

文物的修复是一项专业性极强的工作，强调细节，不容有一丝疏忽。历史文物汇聚着我国劳动人民的智慧精华，对文物的修复，乃至对修复过程的记录都具有重要的历史意义和文献研究价值。从目前的形势来看，国内的文物修复和保护体系尚待进一步规范，而档案工作的有序化，能使文物的修复工作更加成熟。解决这些问题，需要我国文物修复人员不断地积累相关修复经验和相关专业知识，完善理论体系，让文物的修复水平不断提升。文物部门必须重视档案管理工作的重要性，只有对各博物馆、机构的档案管理工作做统一的规划，制定详细的文物档案管理细则，才能推动我国文物保护修复档案的管理工作进一步标准化。

三、做好文物保护修复档案管理工作的对策与建议

近年来，我国文物事业取得很大发展，文物保护、管理和利用水平不断提高。但也要清醒地看到，我国是世界文物大国，文物保护工作任重道远，开展文物保护修复技术的科学研究和管理，防止文物遭受各种破坏，是一种不可缺少的手段，是文物保护修复工作事业的一项重要工作。因此，要特别重视和提高文物保护修复档

案的管理工作，提高档案管理人员的专业素养，以此来满足文物保护修复档案管理的要求，保障文物档案的传承性与完整性。

（一）提高认识，切实加强领导

文物保护修复档案管理是一项重要的、长期而又系统的工作。此项工作涉及的不仅仅是工作本身，更多的是涉及文物本身。一个单位的领导是否重视此项工作，对档案管理人员的工作态度起着决定性的作用，也在很大程度上决定着这项工作的好坏，因此要特别加强领导对档案工作的重视，逐步提高认识，增强全员档案意识，将档案管理硬件设施、专业人员配备，以及现代化管理建设、考核办法建立健全等方方面面落到实处。

（二）系统学习，培养专业人才

文物档案管理是一门专业性很强的工作，不仅要求档案管理人员要有高度责任感、认真细心的工作态度、乐于奉献的工作精神，还要具备扎实的档案管理理论知识。因此，首先要加强对文物保护修复档案管理人员进行系统的专业化的学习，优化其知识结构，提高其专业素质，这样才能做好新时期文物保护修复档案管理工作。其次，当代信息技术的快速发展，更要重视档案管理人员的培训再教育工作，充分认识到对档案管理人员教育、培训在文物保护修复事业发展中的战略作用和实际意义，认识文物保护修复档案事业的发展，档案服务质量的提高，其根本出路在于档案人员整体素质的提高，培养专业化人才队伍尤为重要。

（三）健全制度，促进档案的规范管理

目前，尚有部分单位还是以原始的纸质档案保管为主。纸质档案不仅容易陈旧老化，还难以长久保存，在查找方面也存在着很多不便，利用起来各方面都比较复杂，大大降低了档案的利用价值。因此，为了健全档案管理工作，要学会运用强大的高科技手段，建立健全档案管理制度，促进档案管理进一步规范。一是可以建立专业的文物保护修复档案管理数据库，将现有的能够进行数字化的档案尽可能形成电子档案，或制成音像、光盘，实行"双轨"管理，为文物保护修复人员或档案管理人员提供更快捷的服务[①]。二是构建共享平台，建立网络传输共享平台，畅通档案利用渠道，利用数字化管理系统进行查阅，有效促进各单位之间相关工作的开展。

---

① 东海梅，高俊.浅谈新时代加强古建筑文物档案管理及对策 [J].档案天地，2018(7).

(四) 重视利用, 提高档案服务水平

目前, 重视和开发利用档案信息资源, 提高档案服务水平, 对文物保护修复工作似乎还不是重中之重的一项工作, 但是对于文物保护修复档案管理工作绝对是必不可少的一项重要环节。

文物建档后, 其档案里面的内容不会是永远不变的, 随着文物本身的性质, 需要对文物档案进行补充和完善。文物保护修复档案管理作为其中的重要环节, 只有得到重视和利用, 把文物修复档案管理作为一项重要的工作来开展, 才能使其在文物研究、社会宣传等方面得到有效发挥, 从而提高档案服务水平。

文物, 是对民族传统文化的血脉记忆; 文物保护, 是中华儿女对历史的传承和对未来的责任。

总之, 文物保护修复档案管理工作是文物保护修复档案中的重要环节, 它所处的基础性地位不容忽视。只有重视和加强文物保护修复档案管理工作, 树立科学的发展观, 才能让文物保护修复档案管理工作及时有效地为文物保护事业的管理和发展提供服务, 在文物保护科研、修复等方面发挥更大的作用。

第二节 文物保护修复档案的标准化建设

一、开展文物保护修复档案标准化建设的必要性

文物是不可再生的资源, 由于年代久远, 受到自然与人为等多种因素的破坏, 需要对其进行保护修复。文物保护修复档案记录了文物保护修复的具体过程, 可以了解文物的历史与艺术价值、保护情况, 是提供科学修复的重要依据。

文物保护作为一门新兴学科, 起步晚, 学科基础薄弱, 虽然近年来发展迅速, 但文物保护尚未在学界内实现标准化、规范化, 这势必影响文物保护档案的发展。相比于其他档案的管理工作, 文物保护修复档案是亟待发展完善的工作, 但部分文保机构仍没有认识到文物修复档案对文物保护的重要意义, 更没有重视文物保护修复档案的管理与利用。

近年来虽然出台了部分类别文物修复档案的规范, 但推广使用范围有限, 并未对文物保护修复档案的标准化建设起到实际的指导作用, 许多文保机构至今没有建立标准的文物保护修复档案格式和流程。缺乏科学化、规范化、标准化的文物保护修复档案将会对文物的保管、利用与研究产生不利影响, 因而加快文物保护修复档案的标

、准化建设，是文物修复工作的实际需求，更是发展文物保护事业的必然要求。

二、文物保护修复档案记录的标准化

（一）记录内容的标准化

1.修复点交单

修复点交单是文物交接时双方填写的单据，用于明确文物情况，点交单内通常包括文物的基本信息，如文物名称、年代、大小、尺寸、编号、来源、保管单位等。

2.修复方案

修复方案是指导文物修复必不可少的环节。修复方案通常包括文物基本情况、历史价值和艺术价值、保存现状、检测分析、修复目的、拟修复流程（处理方法和材料）、可能遇到的难题、后续保护等内容。

在清楚文物基本情况的前提下，需要对文物的历史价值和艺术价值做进一步的探讨，以故宫博物院文保科技部修复的文物为例，大多数文物为院藏传世文物，具有独特的艺术价值和历史价值，是了解皇家历史与生活的重要途径，探明文物的历史与艺术价值，结合文物修复后的用途，进而指导文物的修复。

保存现状主要是指文物的保存环境、原修复记录和病害状况。文物经过几百年或几年的历程，均会受到不同程度的破坏，文物通常保存于室内，以往很多室内无温湿度调控设备、温湿度随四季更替不断变化，这种环境不利于文物的保存。而光照、粉尘污染、大气中的污染物、动物病害和微生物病害都是文物保存中常见的病害类别。在历史的进程中，冬季低温低湿、夏季高温高湿等都是导致文物迅速劣化的原因。

部分文物由于展览的需要，已经由前人修复并保留了修复记录。文保工作者需要对文物保管的环境和病害状况深入调查，并详细地记录文物受损情况，如褪色、开裂、脱落、残缺、霉菌等。同时要对文物进行拍照，用图片或视频的方式记录文物修复前的状态。借助光学显微镜、高光谱扫描系统、拉曼光谱仪、X射线断层扫描系统等设备细致观察文物表面或内部构造，也可以利用荧光光谱仪、X射线衍射仪、红外光谱仪、气相色谱/质谱仪、液相色谱/质谱仪等设备分析文物的纤维、颜料、染料等成分，利用现代化仪器设备对文物开展检测，不仅可以观察到文物的伤况，并且有助于探明文物制作使用的材料与工艺，为文物的修复提供科学支撑。

文物修复后各有用途，有的文物用于展览，有的放于库房继续保存，有的则用于学术研究。文物修复后的用途不同，文物修复的程度与规模不尽相同。对于展陈的文物，根据对文物的基本信息采集、病害调研及评估以及利用仪器对纤维材质、组织结构、染料等进行分析检测并确定保护修复技术路线后，采取清洁、揭取、加固等技术手段实施修复，使其在外观、强度及保存状况上得到改善，典型病害得到有效治理，向观众展现宫殿式博物馆文物原状陈列最佳观瞻效果。对于存放于库房的文物，则采取最小干预原则并结合预防性保护原则，给予文物最恰当的存储方式，达到延缓文物寿命的目的。对于学术研究的文物，通过文物修复与补配材料的制作过程，充分探究文物工艺价值，从工艺及制作流程等方面进行深入挖掘，最终形成学术研究成果。

拟修复流程是指修复方案中须写明计划实施的修复步骤。目前文物修复大多为抢救性修复，针对伤况严重的文物，需采取除尘、去锈、拼接、加固、全色、补配等步骤；而受损不严重的文物，则需经过除尘等保养步骤即可。不论文物的修复流程复杂或简单，修复步骤都将列入修复方案中，以便用于指导实际修复。修复过程中可能遇到各种难题，如样品较少、文物老化严重、清洁困难等，根据预测的修复难题采取无损分析等措施，最大限度保护文物价值及原有信息。

3. 修复日志

修复日志是文物工作者记录文物修复的进展。日志中需如实记录文物修复的具体步骤、使用的材料与工具以及操作方法。文物修复通常是按照文物修复方案进行的，但是在实际修复中，往往会遇到新的问题，因而可以开展局部实验，采取新的措施。如开展清洁实验，记录所用的溶剂名称、浓度及使用方法。在开展加固实验时，记录所用的黏结剂、加固剂和材料等。

由于文物保护的不可逆性，文物修复的每一个步骤都需要准确详细地记录下来，日志中重点部分可以通过照片或视频记录，便于对比文物修复前后的状态。修复过程中，可能会发现新的文字、装饰或图案，由于多数信息是首次发现，修复人员应将此类信息详细记录下来，为文物的历史或考古研究提供新的线索。修复中倘若遇到无法解释的现象或文物制作技艺等问题，修复人员也需详细记录，为日后的研究提供建议。修复日志不仅可以清楚地掌握修复人员在文物修复过程中所用的材料与工艺，有助于文物的修复方法开展后续的评估，也对日后文物的修复保养及学术研究有参考借鉴价值。

4. 修后总结

修后总结是指对文物的状态进行评估，通过对比文物修复前后的状态，评估文物修复是否达到预期的效果。评估文物的病害是否得到处理，文物的牢固性是否得到加强，文物的缺失处是否补配完整，文物原有的文字等信息是否得以保留。通过多方面对文物进行检查，总结文物修复操作，统计修复材料的使用量，反思修复方法，对文物修复实践做出客观的评价，为日后的文物修复提供实际的帮助。

　　文物修复结束后，更为重要的是文物后期保养。文物保养涉及储存环境、运输环境、展陈环境等。文物的储存环境应相对稳定，保持恒定温度和恒定湿度。运输时文物应相对稳固地放置于固定装置内防止滑移和摩擦，同时应注意温湿度的变化，可在文物包装内放置湿度调节剂便于控制小环境的安全性。展陈环境温湿度应参考储存环境温湿度，可在展柜内放置湿度调节剂和防霉防虫剂。照明方面，库房内需避光存储，可在地上库房粘贴防紫外线膜或是采用窗帘进行紫外线隔离。展陈时，使用文物专用照明设备，存放时可整体存放于文物囊匣中。通过预防性保护，有效地减缓文物劣化现象的产生。此外，通过专家验收环节，对修复提出更加专业的意见，有助于今后的修复操作。

　　（二）记录原则的标准化

　　1. 真实准确性

　　记录文物修复档案时必须真实准确，不仅要对文物的状态、病害等信息如实进行记录，而且要对文物修复采取的技术、工艺、材料进行准确描述。由于修复档案会以文字、图片、视频等方式呈现，因而除了保证文字的准确性外，还要确保照片清晰，避免因图片模糊与色差等问题导致图片失真影响修复档案的真实性。真实记录文物修复档案的相关内容，可以为文物修复提供可靠依据。

　　2. 客观完整性

　　描述修复档案内容时需要客观完整，具体要求为根据翔实可靠的观察或操作记录文物的相关信息，不带有主观色彩的记录。如客观地记录保护修复新方法的利弊，客观评价新材料的有效性，为文物的研究提供珍贵的原始资料。每件文物的修复都有一套完整的修复流程，因而记录文物修复档案时要力求全面、系统、完整。客观完整地记录文物保护修复的全过程，为文物保护修复工作提供必要的参考和补充。

　　3. 科学规范性

　　采用严谨的术语对文物进行专业化的描述。由于文物档案没有统一的格式，档案记录存在着用词不规范、语言表达模糊等问题，严重影响文物档案的质量。因而要采用行业标准的术语，规范文物保护修复档案的内容与数据，尽量统一纸张规格和图片等格式，避免使用非专业术语造成文字歧义与内容上的模糊，确保档案的内容科学化和规范化。

　　4. 及时有效性

　　文物修复过程中需要及时记录文物变化的详细信息。实际工作中文物修复工作者往往在文物修复结束后补写修复档案，档案的不及时更新容易导致文物修复的细节记录得不够准确和全面。文物修复工作者必须认识到文物修复档案对文物保护及档案管理工作的重要性，确保档案及时有效地建立。

三、文物保护修复档案管理的标准化

(一)管理制度的标准化

随着文物保护行业标准的不断出台，竹木漆器、丝织品、金属等文物的修复档案记录规范已制定实施。如《馆藏出土竹木漆器类文物保护修复档案记录规范》《馆藏丝织品保护修复档案记录规范》《馆藏纸质文物保护修复档案记录规范》《馆藏金属文物保护修复档案记录规范》等对部分类别文物档案的记录做出了明确规定，但是无法指导文物修复档案的收集整理，也没有对文物修复档案的管理做出标准化规定。文物修复档案记录完成后，需要整理归档，按照档案的类别，填写年份、编号、责任者等信息，编制目录，装入档案盒统一管理。参照《中华人民共和国档案法》《中华人民共和国文物保护法》《全国重点文物保护单位记录档案备案工作实施方案》等条例，结合实际工作制定一套严密的档案管理制度，将文物修复档案的收集、整理、编目、取用纳入规范统一的流程，为档案的合理利用创造前提条件。

(二)保管方式的标准化

文物修复档案的保管应当采用纸质档案和电子档案两种保管方式，纸质档案由于其存储载体的寿命有限，而电子档案可以长期保存，两种档案互为补充，避免由于一种保管方式操作不当引起的信息遗失[①]。无论何种保管方式，都可以借助文字、图片、摄像、录像等多种方式进行记录，通过多种方式的存储，确保档案信息的完整可靠。

(三)人才培养的标准化

文物修复档案的记录主体为文物工作者，一件文物从送到修复部门、开始修复到结束修复，整个文物的修复保养及档案记录都是由文保工作者参与完成的，如果修复人员缺乏档案撰写的相关知识，容易导致档案的撰写不够客观完整，影响档案的整体质量，因而要提高档案撰写人员的专业素养，开展档案撰写人员的标准化培训工作，同时要配备专业档案管理人员，为文物修复档案的科学管理奠定基础[②]。

---

① 程春艳. 浅谈如何做好文物档案管理工作 [J]. 中国管理信息化，2017(24)：179-180.
② 东海梅，高俊. 浅谈新时代加强古建筑文物档案管理及对策 [J]. 档案天地，2018（7）：57-61.

（四）档案利用的标准化

文物修复档案的标准化建设，不仅为了促进档案的科学管理，更重要的是为了文物档案的提取利用。文物修复档案利用的标准化，需要建立一套完善的档案查询、索引、登记、取用等流程。当前文物修复档案的利用主要是满足学术使用的目的，即修复人员通过查阅文物以往的修复信息，为修复操作提供帮助。而随着文物修复档案管理与利用系统的科学化建设，未来文物修复档案在满足学术使用的基础上，也将为普通大众服务，为大众提供档案的阅览功能，充分发挥文物档案的价值，促进信息的交流与共享[①]。

文物是中华民族传统文化的宝贵财富，文物保护就是传承历史的主要方式。文物保护修复档案的记录与管理是文物保护修复档案科学发展的重要环节，加强文物保护修复档案的标准化建设，使之朝着科学化与规范化的方向发展，促使其更好地为文物保护事业服务，为社会公众服务。

第三节　档案馆与博物馆中的文物档案资源一体化范式

随着当前信息技术的不断发展，多学科、多门类知识纷繁复杂，导致各类信息资源融合得艰难与混乱。其中，文物档案资源因其具有文物特性和档案特性的双重属性，加之国家档案法、文物保护法对这一特殊历史记录的收集界限规定十分模糊，成为档案管理部门和文物管理部门最有争议的对象，也是信息资源融合难的代表领域之一。

一、文物档案概念明晰及文物与档案资源整合必要性探讨

文物和档案从概念内涵上划分，两者尤其相似；从逻辑上划分，两者有交叉重合，档案中具有重要历史文化价值的实物可以视作文物，但不是所有的文物都可以视为档案，这是因为有些文物记载的史实不清楚。所以，本节所涉及的文物档案并非社会组织或个人在进行文物管理过程中所产生的历史记录，而是介于文物与档案两者之间，同时拥有二者属性的固化信息，即它既有档案所具备的原始记录性，又拥有文物所特有的"记录由时间的衰变所构成的历史"这一特性。

档案馆与博物馆两馆工作业务及性质促使文物档案资源整合。两馆在日常工作

---

① 王扬能，符史新 . 浅谈文物档案的科学管理 [J]. 档案，2007(2)：57-58.

中常常因为文物档案归属问题产生分歧，因此档案与文物的整合势在必行。在信息化时代，人们更加关心的是自己所需的信息能够最大限度被满足。从某些方面讲，档案与文物只是信息知识的载体，对于机器来说档案与文物都可以用相同或者相似的方式输入，呈现给大众的面貌只是数字资源，部分档案与文物的界限变得不那么清晰。为了适应新时代的步伐，更加高效地满足用户所需，为用户提供最便捷的"一站式"检索，促进文物与档案资源整合成为一种趋势。

二、文物档案资源整合及转型相关预测

文物档案整合后的一体化管理，档案馆与博物馆可以利用各自馆藏、综合展览、提供利用相关研究成果，减少两馆纠纷的同时，既能将利用效果与资源利用率快速提升，又能促进档案馆转型持续发展。第一，文物档案利用效果与资源利用率将快速提升。社会文化机构一项重要的职能是为公众提供更好的公共服务。文物与档案的整合不仅能通过头脑风暴聚集专家的专业知识，共同为分析用户需求建言献策，使工作者在整合信息资源时，用更好的方式提高利用效果，缩短时空距离，减少用户往返两馆之间的车马劳顿之苦。第二，信息化时代人们对于数字资源的生产、利用及获取方式都产生了全新的变革。文物与档案资源整合实现了异构资源的统一整合，构建了一站式的信息检索服务，提高检索效率，节省了用户的时间和精力。第三，文物与档案资源整合将促使档案馆转型再发展。文物档案资源的整合给档案馆带来了机遇与挑战。档案馆与博物馆运用跨学科思维开展两馆合作与共享，两馆通力合作、广开思路，积极开展文物、档案跨学科融合的有益探索和实践，必将促进两馆的转型再发展。

三、文物档案资源一体化方案的实施概念、指导思想及实施手段

（一）文物档案资源一体化方案的实施概念

"一体"体现了一个新的有机统一体的形成，"化"则体现了旧的个体转化为新整体的过程和装填。资源一体化也可以理解成在某一范围内，将原本离散的、多元的、异构的、分布的资源通过逻辑的、物理的方式组织起来，使之成为结构有序化、管理一体化、配置合理化的整体。目前我国档案、文物分别隶属于档案馆及博物馆管理，各自为政的制度环境阻止了档案、文物的资源共享。部分档案、文物界限较为模糊，一些事物既有档案属性又有文物属性。那么在界定此事物是交由档案馆保存还是博物馆保存会引起争议。此时，文物档案资源一体化管理就成了档案、文物资源共享的解决方案。

（二）文物档案资源一体化方案的指导思想

档案和文物具有密切的联系，甚至一些物品同时具有档案和文物的双重身份，或者在一些条件下，两种身份也会产生转换。所以很多人不知道这些有双重身份的物品是应该放到档案馆还是博物馆。档案、文物一体化方案的指导思想不仅可以实现档案、文物实体在地域空间上的一体化，而且主张实现档案、文物信息资源一体化的组织与管理。档案、文物实体的地域集中实现了信息资源的集中，人们可以在很小的地域范围内接触到档案、文物等多种信息载体，进而直观地获得全面、系统的信息内容；档案馆、博物馆在制度上的合并也解决了两馆各自为政、互不关心的状态，作为新机构内部两个独立的部门，旧"二馆"之间的合作和沟通变得简单易行，不会再受到行政体制的阻碍；原先跨系统的网络信息资源共建共享中的矛盾和冲突也能在新机构内部得到妥善解决。可见，一体化管理是档案、文物资源共建共享的最佳途径。

（三）文物档案资源一体化方案的实施手段

在文物、档案管理的工作实践中，层出不穷的新事物、新问题强烈地呼唤着文物档案一体化的建设。档案学与文物学等相关学术研究出现前所未有的繁荣局面。随着二者研究领域的开阔、研究内容不断深化、研究方法不断娴熟，文物档案一体化开辟了全新的研究领域。对于这样一个新领域，首先应根据文物、档案整合工作的内容复杂性，结合文物、档案的特点拟定详细的管理标准，避免各自为政的情况出现，这样才能有效杜绝"信息孤岛"等问题。其中，文物、档案整合标准应该具备前瞻性、导向性与可操作性，确保能够通过管理体系将数据文档规范落实，保证整合工作有条不紊地开展。其次，制定好标准后，档案与文物之间如何进行移交也是个关键问题。再次，对文物、档案进行整合时，可以以特定主题为核心，结合档案和实物的相关因素，按照一定的整理方式，如时序、因果等，构建和再现特定文化或历史事件。

在整合中，实物可以帮助档案信息加强直观表达，档案信息又为实物提供原始性支撑。最后，完成文物、档案的整合，筹办联合展览，令公众熟悉整合后的文物与档案特征，切实地去应用也是关键所在。

四、构建文物档案资源共建整合相关策略

（一）制定并夯实规章政策

当前，我国档案馆与博物馆虽都属于文化系统，但在其行政隶属方面存在着一定的差异性，工作既有侧重点，又有重复点。如果档案与文物整合后，工作人员依然各司其职，二者整合就失去了应有的意义，无法满足文物、档案合作的发展策略。因此，需要改变传统馆内工作意识，拓展员工的可操作范围，逐渐缩小行政机关之间的差异性，减少整合后文物与档案之间的合作矛盾，在两馆之间建立协调机制或成立跨机构的协调部门，对整合后的文物与档案进行管理。如何能够协调好档案部门与文物部门之间的关系存在一定的困难。正所谓无规矩不成方圆，整合后首先要做的事情就是制定符合文物、档案一体化实际情况的规章政策，让两馆之间能够通过沟通与协作解决当前的合作问题与矛盾，完成国家所给予的开发任务。由于档案部门与文物部门在各自的领域都有相应的规章政策，整合后的规章政策需要在尊重本领域原有政策的基础上，结合实际工作内容，针对不同的问题来制定，促进二者有机融合。为融合后的文物与档案提供政策上的保障，其中建立责任分配制度是政策制定的首要工作。档案馆与博物馆可以考虑设置专门工作小组保证整合工作专职专责，解决各自分离、故步自封的情况。在制度设计方面，要分析用户需求，与用户有效沟通，重视工作者与用户共同参与，实现效益最大化。

（二）校准展览定位，筹办联合展览

博物馆的藏品主要是以实物为主，通过陈列展览的形式能够给人以最直观的感受，让参观者通过自己的亲身感受来获取文物知识和信息。因此，博物馆在举办藏品展览上具备丰富的经验，可以为档案馆的展览宣传提供支持和帮助。文物独具的美学观赏价值为博物馆平添不少人气，人们将到博物馆参观文物展览看作一种高雅的、艺术的娱乐休闲活动。因此，档案馆可以和博物馆联合开展专题性展览。在提供利用上，合并后的两馆共同举办展览式的主动服务变得简单易行；共有的展厅等服务场所和设施可以极大地降低投资成本。档案、文博两方学者共聚一堂有利于多角度地认识某历史事件或人物；博物馆数量庞大的参观者又可以提升档案馆的人气，一举多得。所以，"二馆合一"是情之所定，势之所趋。

（三）实现政企联合，拓宽筹资方式

在政企合作以及筹资方式方面，无论是国际还是国内的文化机构亟待解决的问题都是资金问题，各类文化机构应当将数字化建设提到工作日程，积极寻求有关政府机构对数字化建设的重视，积极寻求经济资助。博物馆与档案馆通力合作，可以在争取经济支持方面获得比较大的话语权，为了引起媒体和政府机构的注意共同提出发展诉求。整合后的档案馆与博物馆也可利用更多的现代化技术拓宽筹资方式。比如，大众用户可以支付一定的费用购买展品的3D打印模型，这样不仅能带来经济上的收益，也能提高宣传力和影响力。

（四）办理移交手续

各自为政管理以及多头服务的体系阻碍了文物、档案资源的整合。因此档案整合的一项重要任务就是如何移交档案与文物的问题。档案与文物的移交，尤其是实体的移交需要有一定的手续，确保档案与文物在移交的过程中不至于因为丢失而造成损失。首先，要确认移交的范围，哪些具有交叉属性，需要整合，确实需要移交的才移交。文物与档案的整合不意味着不分事物属性，简单粗暴地将两馆合并在一起管理。其次，双方在移交前应该整理完毕，例如纸质材料需要装订规范、实物需要粘贴标签，填写完整题名、年代、保管期限等要素。双方单位认真填写移交清单，填写好题名、数量、移交者、接受者等必要信息。

（五）提高档案工作者的职业素养

作为一名新时期的档案工作者应当恪守档案职业道德规范，努力提升档案职业道德修养，不断用科学理论知识和博物馆学、档案学的学科知识来提升自己，定期参加档案业务技能培训和计算机网络培训，将自己打造成多料人才。同时，要增强合作与沟通能力，促进档案文化遗产的保护和利用。诚如第十三次国际档案大会上《北京宣言》所指出的那样：博物馆学和档案学在道德价值观方面具有共同的信念，在道义或法律上都肩负着保护人类社会文化、知识和社会存在绵延繁衍共同的责任，并为其产物的免费利用提供服务。因此，无论文物工作者还是档案工作者，为其相应的利用者提供服务，都是他们的首要任务。

第四节 新媒体环境下文物档案管理工作的建设

新媒体环境是我国实现数字化建设的基础，在各个行业中都有着重要的作用，其不仅可以将信息准确、快捷、有效地进行传播，还可以提高信息的覆盖率。因此，在当前新媒体环境下，文物档案管理工作应实现融合发展，不断进行变革，防止自身存在局限性，有效推动文化建设。同时，文物档案管理工作必须实现融合发展，有效利用当前时代的数字化技术拓宽管理渠道，进而实现可持续发展。

一、新媒体的概念及特征

（一）新媒体的概念

一般将根据数字技术、网络技术，凭借计算机、手机等终端，结合卫星、宽带局域网等方式给顾客提供娱乐服务的宣传方式，称之为"新媒体"。新媒体继承了传统媒体优势，又整合了数字媒体的众多优势，为短视频快速发展、有效传播提供了载体。新媒体最鲜明的特点就是不仅满足人们休闲娱乐需求，还是一种高频社交工具。

本书所探讨的新媒体可以被视为新技术的产物，它是随着网络技术与无线通信技术进步带来的革新所产生的一种媒体形态。它出现的基础条件源于数字化、网络、多媒体等技术的进步，是不同于传统媒体的一种新型的媒体形态。新媒体是在互联网技术高速发展中衍生出的新兴传播媒介，被视为是以数字报纸、手机短信、桌面视窗、数字电影、触摸媒体、一体化互动等功能为主的"第五大媒体"。相对于传统媒体，新媒体使得信息的传播更加方便、快捷、多样化，并在形式、内容、风格上都有了巨大的创新与突破。从早期的网站、论坛、贴吧，到后来的博客、微信、微博，再到如今的抖音、小红书以及各直播平台等，借助通信技术与智能手机的发展与普及，新媒体通过移动端的各类 App，快速扩大了影响力，并且通过对其本身与传媒格局的解构和重构，实现了点对点的传播。同时，新媒体也涵盖了数字化的传统媒体、移动终端媒体以及数字形式呈现的报纸、杂志、电视节目等，是依托于数字化传播的新媒介。

（二）新媒体的特征

新媒体传播特征如下：

当今，在移动互联网时代的现代生活中，公众加快的工作速度与生活方式，致使生活和休闲时间更少。信息的传播在新媒体背景下，图片、文字同影像、动画等可以相互融合，展示方式全方位、多角度，传播渠道除了 PC、手机，还有其他智能终端。新媒体传播具有如下特点：

1. 较强的时效性

时效性是新媒体宣传的最大优势，不像以往的媒体，例如报纸、广播等获得的信息很多都是次日信息，更不用说即时发生的热点新闻，但新媒体条件下，智能手机轻轻一点，网上信息就会瞬间吸收到眼底^①。

2.较强的互动性

新媒体传播时代，在线互动是受众最便捷的模式，媒体和受众及时有效互动反馈信息，形成互相促进的闭环。

3.多元化

传统媒体电视报纸的信息传播需要专业化、职业化的编辑、记者团队，而新媒体传播中对创作者要求很低，不一定是新闻科班出身。而且新媒体信息来源、传播途径、传播受众都是多元化的。

4.全时性

传统媒体电视广播的信息传播时间固定、频道需要提前设计好、受众需要随时跟踪，否则会错过时间。新媒体条件下，则是全时性的信息传播力度，你身上发生的事件，一瞬间全国的受众都可以拿出手机播放，随时重复。

二、新媒体环境下文物档案管理工作的进程

(一) 文物档案的发展进程

我国的文物修复档案始于21世纪初，目的是保护文物，为文化传承做好铺垫。在当前新媒体环境下，各类现代化技术被广泛应用在文物档案管理中，各单位已经开始利用数字化技术进行修复工作，档案管理正在不断完善。随着新媒体的发展，各地区的档案馆正建立智能化档案修复系统，实现现代化管理模式的转型，使档案资料可以准确录入数据库中，提高管理效率。如2017年，河北省推出档案三级管理制度，并设立了三级管理模式，要求每一件修复的文物都设立一个单独的案卷，案卷中需要包含文物详细的信息资料，使建档过程更加规范化。

(二) 文物档案的立法进程

我国在1961年颁布了《文物保护管理暂行条例》，这是我国文物档案管理最早的规定。1982年，我国颁布了《文物保护法》，要求各地区建立馆藏文物档案，并在1987年颁布了《档案法》，要求社会各方面对文物档案有效利用，发挥文化建设的作用。2020年6月20日，第十三届全国人民代表大会常务委员会第十九次会议修订，自2021年1月1日起施行。在当前新媒体环境下，信息传播更加便捷，2017年的"山寨兵马俑"一案，系通过互联网窃取了西安档案馆的相关文物资料，最终以《知

---

① 刘洁.航拍纪录：放眼看见的意味 [J]. 现代传播：中国传媒大学学报，2015，37(11)：115-118.

识产权法》和《著作权法》保护档案，避免了侵权问题带来的不良后果，如出现违规行为，可以根据法律追究不法分子的责任。

（三）文物档案的普查进程

文物普查属于文物调查的一种特殊形式，档案为真实记录，是确保国家历史文化遗产安全的重要措施。我国当前正不断加大文物普查力度，因而产生了一大批文物普查档案，并进行了档案报备工作，形成共享化管理系统，为后续建设奠定了基础。截至 2018 年底，我国除西藏和青海外，各地区已开始全面推行数据管理系统，使文物普查档案与权威机构紧密相连。

三、新媒体环境下文物档案管理工作的策略

我国文物种类较多，管理中需要从全方位、综合化的视角入手，结合多种手段记录文物信息，成立专门的工作小组开展筹备工作，对文物进行完整的记录，避免出现纰漏。

（一）规范文物档案管理

在新媒体环境下，文物档案管理工作必须规范化，以真实性、安全性、完整性为基本原则，从而提高管理效率，具体有以下三点：

（1）为有效提升领导层的管理意识，需要从制度方面入手，对文物电子档案原始记录进行管理，建立指导性管理部门，明确文物档案管理主体，保障文档传输的安全性。

（2）从技术方面着手建立文物档案管理规章制度，让文物档案数字化规范管理有效落实。例如结合实际情况来构建完善的数字化管理体系，各机构进行协调管理，使文物档案数字化管理规范化与标准化。

（3）在管理过程中定期对档案进行安全性检查，借助现代化手段进一步完善管理细则，电子档案需要进行保密设置，防止档案数据被恶意窃取或丢失。在此基础上，需要构建责任风险体系，满足新媒体环境的需求。

（二）强化文物档案的修复

文物普查作为管理的核心环节，其作用是将相关文物纳入保护范围，使形成的档案资料具有权威性。普查中如发现已损坏的文物，可以根据相关资料进行修复工作，修复过程需要进行详细的记录，避免普查档案与修复记录脱节。文物修复是文物保护的一部分，文物普查需要加强与修复档案之间的关联，使文物普查档案的互

联网管理得到进一步完善，所产生的档案资料能够为文物普查提供一定的依据，避免出现"信息孤岛"的现象，使两者的关联性得到充分体现，发挥出文物档案修复的价值。

(三) 建设文物档案管理队伍

在当前新媒体环境下，文物档案管理需要实现数字化，并在此基础上加强工作队伍建设，从而实现高质量管理。在发展过程中要考虑工作人员的综合素质，要求其能够在工作过程中不断完善和提升自己，而相关部门也应该加强对档案管理工作人员的培训与教育，通过培训树立档案信息安全意识，满足时代的发展需求。同时，为了提高档案管理人员的素质与水平，需要有效落实数字化管理，使相关人员能够结合数字化管理手段完善专业知识，为后续发展奠定坚实的基础。

(四) 加强文物档案管理技术研究

在新媒体环境下，先进的管理技术是文物档案管理创新与发展的有力支撑。为进一步提高文物档案管理水平，需要对系统进行创新升级，从而减轻档案管理人员的日常工作量，达到事半功倍的效果。为此，相关部门要引入精细化管理技术，改变传统的粗放管理模式，使管理职责层层深入，形成有纪律的管理局面，避免出现管理失误。同时，档案管理需要融入更多先进的技术，如相关部门可应用当前先进的 6S 管理技术，对文物档案进行全面整理，确保档案储存的安全性，进一步提高文物档案管理水平。

文物档案管理十分重要，在当前新媒体环境下必须实现创新发展，将各类现代化技术手段融入管理中，以此提升文物档案管理工作的质量，统一档案管理标准，避免文物查找与档案脱节，发挥文物档案的价值，为我国文化建设奠定基础。

第十章 明清档案概述

第一节 明清档案的历史变迁

一、文献馆时期的明清档案

（一）文献馆时期对明清档案的收集整理

文献馆是民国时期故宫博物院的下属机构，从其创立到中华人民共和国成立之前的这段时间，曾几次改组，三次更名，创立时称文献部，1927年11月文献部改为掌故部，1929年又改掌故部为文献馆，直至国民党政府垮台。二十多年间，文献馆全体人员在极端艰苦的条件下，兢兢业业，恪尽职守，为抢救和整理明清档案做出了不朽的贡献。1925年10月，文献部成立后，就开始接收和收集明清档案，当时在故宫的档案有内阁大库、内务府、宫中各处、清史馆的档案；还有不在宫内而属于清室范围的宗人府档案；以及原存宫内，民国初年被北洋政府调出的军机处档案。所有这些机构的档案都属于文献馆业务范围，1925—1931年开始陆续接收。首先就地接管了内阁大库档案，如上所述，大库档案清末民初曾有一批流散于社会，此即宣统元年大库维修时拨交学部的那批原准备销毁的档案。还有一大批档案移存在文华殿两庑和内银库，待大库修好后又移回，被文献部接管。接着，开始集中宫中懋勤殿、景阳宫、批本处、内奏事处等各宫殿所存的档案，主要是臣僚缴回的朱批奏折、上谕、档簿、贡单、试卷、图籍等档案，共有三百八十多箱。同年12月，又接收了原存于东华门外光禄寺内的宗人府玉牒和其他档案[①]。1926年1月，接收了军机处档案，此宗档案数量巨大，仅奏折数目就达八十余万件，清时全部保存在故宫隆宗门外、咸安宫左侧的方略馆内。1914年由北洋政府国务总理孙宝琦呈请大总统移交国务院，移存中南海的集灵囿。因保管不善损失很大，被人偷走了一部分，霉烂的也不少。文献部接收后，将其移到北海附近的大高殿暂存。同年8月，又集中了内务府的档案，以总管内务府堂的档案最多，占总数的五分之四，剩余的为上驷

---

① 徐仲舒. 内阁档案之由来及整理 [J]. 明清史料（首本）

院造办处的档案，其他各司、院档案，民初已散佚，溥仪出宫后全部遗失。文献部在短短一年的时间内集中接管了内阁、军机处、宫中各处、宗人府和内务府的档案；这些档案因保存于清宫内廷，免受了战争的破坏，还算比较完整。此后，文献部又开始陆续收集在宫外的部分衙署的档案，但数量不大。

清代中央各部院衙门均设于故宫之外，这些衙署所存档案绝大部分毁于战火。1900年，八国联军侵入北京，进行了大规模的烧杀、抢劫和破坏，捣毁了许多中央机关衙门，档案文件也被焚烧、抢劫一空。如翰林院的档案图书全部被烧毁；礼部、理藩院所藏的近二百多年的档案被毁坏。对此《东华录》有所记载："京师迭遭兵燹，各衙门文卷册籍荡然无存。""京师兵燹之后，各部署案卷不过十存四五"。其后，所谓"新政"之时，又因清廷痛恨书吏把持案卷，为害官府，竟愚蠢地下令各部院将八国联军洗掠后幸存下来的档案"一并烧毁""以示廓清弊窦，锐意自强之意"①。此次因噎废食之举又使各部院衙门的档案遭到一次破坏。北洋政府时期，清中央各部院档案被北洋中央各部分别接管，由于接管工作毫无计划，北洋政府只注意接管内阁、军机处等重要部门的档案，对中央其他"闲散衙门"的档案无人过问，使之不知去向，有的甚至卖给造纸商（如八旗都统衙门的档案），有的因保管不善而损失（如吏部档案）。以后又由国民党政府各部接管，又损失了一些，因此造成了现存清代档案中，各部院衙门的档案很不完整，许多重要机关仅留存下很少一部分档案。

1929年9月，文献馆从司法部北平档案保管处接收了刑部103箱档案，存于大高殿。10月又集中了清史馆档案。清史馆即清代国史馆，是清代纂修国史的机构，所存档案由北洋政府成立的清史馆接收，作为编修《清史稿》的史料。1927年书成，1929年10月清史馆档案移交文献馆。至此，文献馆对大宗档案的接收工作基本完成。经过多年努力，文献馆已集中了二百多万件明清档案。

1929年文献馆改组后，开始点查内阁大库档案。1931年以清内阁大堂遗址为临时办公处，对大库档案进行整理，他们先把大库中比较整齐和数量较多的档案拣出来清理。大库中的档案最整齐的是实录库所存实录、圣训及起居注三种，至今完好。数量最多的档案是红本库所贮的红本及其抄录本——史书，还有黄册和乡会试录。以上档案拣出后，分别整理。对那些屋角柜后以及地上堆积的大量杂乱档案，从1932年起，也附带进行整理，他们把这些档案分架分堆地提出来，逐件检视，加以区分，残编断简，破损过甚者，装入箱中留待将来整理。杂乱档案的整理工作曾一度因北平危急，档案随文物南迁占去了不少时间，到1934年10月才大规模开始，直到1936年才告一段落。经过整理，文献馆把大库所有档案按照来源分成六大类，

---

① 徐仲舒.内阁档案之由来及整理 [J].明清史料（首本）.

对此王梅庄《整理内阁大库杂乱档案记》有详细记载，谨录如下：

第一类　内阁承宣或进呈的官文书

诏书　敕书　诰命　大金榜　小金榜　试卷

满文试卷　题名录　红本　副本　奏折　贺表

黄册　满文黄册　时宪书官员考语名单

第二类　帝王言动国家庶政的当时记载

起居注　起居注稿本　内起居注　史书

第三类　官修书籍及其文件

实录　实录稿本　满文实录稿本　圣训稿本　会典　会典稿本　满文会典稿本　平定罗刹方略稿本　宗室　王公表传　各馆档册　收到文件　实录馆匠役腰牌

第四类　因修书而征集的参考材料

明武职选簿　朝鲜档册　三藩文件　三藩图记　明题稿　明揭帖　札付书籍　会典图稿各种则例

第五类　内阁日行公事的档案稿件

摄政王多尔衮致史可法书抄件　摄政王多尔衮谕马科通书稿　堂谕　堂稿　咨文　移会揭帖　来文　清册　内阁京察册　内阁试卷　金匮图　世爵　谱档　丝纶　大事记　各房档册满文档册　兵部兵票　行刑录　俸米表　俄罗斯来文　满文俄罗斯档　蒙文　碑文　册文拓片碑文拓片　坛庙祝文　祭文　实录册样　宝样　政治官报等　诏谕则例等木刻版片

收发红本处图记

第六类　盛京移来旧稿

满文老档满文老档重抄本　满文档册　满文文件满文木牌朝鲜贺表　奏疏户部禁种丹白桂告示

1933年后，文献馆对明清档案进行了普遍的整理，民国二十三年（1934）八月，文献馆在其工作报告的弁言中写道："往者本馆亦尝编次若干有关清史之重要材料问诸世矣，大抵皆零星振拾，故多挂一漏万，其弊要在不待基本工作——普遍整理之完成而急求表现有以致之，欲速则不达，此之谓也。本馆有见于是，自此次改组后，即决定办法，以全力注重普遍之整理，分北平现存史料军机处之照会、函电、内阁大库之黄册、档册、内务府之各种档案为若干组，同时整理，先因名以立类，再即类以编目"。提出了整理以不失原来之真相为原则，保持历史档案的原貌。根据历年整理工作的经验，文献馆于1936年制定了《文献馆整理档案规程》，进一步系统地提出了整理明清档案的原则和方法。《规程》规定："整理档案，应保存其原件之形式""不得拆散割裂"。要"以原来行政之系统为整理系统""其原有包扎或标识者，不得任意拆散废弃"。档案的原始性和完整性是保证档案价值的重要因素，保持和维护档案原件的本来形式及档案与档案的相互联系，就是保持和维护了档案的价值，使利用者可以通过档案全面系统地去研究档案所反映的历史内容。文献馆的经验为历史档案的整理提供了科学的方法。1936 年，鉴于国民党政府中央各部院驻北平档案保管处大批损坏各部所存清代档案和北洋政府旧档，故宫博物院院长马衡提请行政院，要求将各部院所存清朝和北洋政府的档案移交该院文献馆保管。中央各部院驻北平档案保管处，接收保管着北洋政府各部旧档，因保管不善，档案损失严重。财政部驻北平档案保管处因经费困难，准备出售大批清代户部、度支部的档案，其中有雍正、乾隆的手谕、奏折、外国秘密借款合同、大清银行的股票等，还有北洋政府的往来函件、公报等重要档案材料，约百万斤。当时该保管处曾电请南京国民政府，据复电称："京中无地存储，且运费为数亦巨，而运京后更无大用，除准招商出售外，并于售出时，由财政部印刷局切毁。"保管处接电后，经数度磋商，决定五万斤一售，破烂纸一分钱一斤，整齐的二分五，洋纸每斤售价四分。因价廉利厚，商贩争着购买，后又听说这些档案中有乾隆亲笔朱谕以及度支部的秘费单等，于是有些商人贿赂押运员，在运送切毁的途中撤出一些。财政部招商出售档案，引起了社会舆论的哗然，当时《北平时报》揭露了这一丑闻，故宫博物院职员单士元也亲自调查这个事件，写出了专门的调查报告。国民党政府责成行政院秘书长翁文灏处理此事。12 月 3 日，在翁的主持下，召开了行政院中央各部署会议，同意各部会署所存档案"其可以公开之不用旧档及已失时效档案，顺予处置时，应呈经行政院核准后，拨交故宫博物院及其他适当学术机关检查整理"。会后请国民政府鉴核施行。12 月 16 日，国民政府训令颁下，称"查所请尚属可行""令仰该院部会处参考"。如此训令等于一纸空文，所以故宫博物院接收各部会署所存旧档的要求没有能够实现。

十四年抗战期间，北平沦陷，故宫博物院院长、文献馆馆长都离职，由总处长张廷济维持院务。院内的工作人员除护送文物南迁者外，留院人员基本未动。文献馆在艰苦的环境下看护着余存的档案，使之免遭损毁，另一方面仍在坚持进行收集和整理工作。他们先后从孔德学校（清宗人府旧址）、实业部接收清宗人府和商部、农工商部的档案，还陆续收购了端方档案九百余册，陆军部档案一千余斤，贵胄学堂档案二百余斤，三海档案五百余斤等。

到 1948 年解放前夕，文献馆馆藏明清档案已达五百多万件（册），共分十三个全宗，为今天中国的第一历史档案馆打下了基础。

国民党时期，文献馆的工作条件十分艰苦，经费极其匮乏，工作环境非常恶劣。文献馆以内阁大库和南三所库房为档案的集中地。这些库房都是数百年的老房子，都曾数次倒塌，年久失修，所存档案多有损坏。王梅庄记述内阁大库情况时说："库中档案……霉气弥漫，令人欲呕……直到最近（1936 年）一堆一堆的乱档，已经清理完竣，但是架顶柜后，尚在遗留灰尘中可以发现红本，地板上可以铲起档册，随时随地仍有发现档案的可能"①。在档案管理制度方面也由于局势不稳、人事变动频繁，造成制度不健全，或有规不循的现象。"由于当时社会环境和主客观条件的局限，文献馆二十多年所取得的成效虽然是有限的，但是，应该承认，前辈档案工作者为明清档案事业是竭尽所能的。"②

（二）抗战时期部分档案的转移与回归

九一八事变爆发后，日本帝国主义侵占我国东北地区，华北失去了屏障，北平危在旦夕，为了确保民族文化遗产的安全，预防侵略者的掠夺和破坏，当时就计划选择精要文物装箱以备南运。经过两年的时间，准备工作基本就绪，适值"榆关事变"骤然发生，平津密迩，时虞危险。故宫博物院奉令将物品南移上海暂避兵燹，以预先在上海租定的法租界北四川路天主堂街仁济医院旧址和业广公司为储藏库。遂于1933年2月6日开始起运，到5月22日止，陆续起运五批，其中第一、二、三、四批运有档案。为了运途安全，防止敌人抢劫，取道平汉路，转陇海、津浦、京沪等铁路，迂回转运到达上海。

第一批2月6日起运，运送的有内阁大库红本，共1064箱。

第二批3月15日起运，运送的有刑部、军机处、宫中档、内务府等档案，共412箱。

第三批3月29日起运，运送的有军机处（上谕月折包）、内阁大库（史书、满文档册）、宫中档（康熙至宣统各朝奏折），及内务府、清史馆、舆图档案共590箱。

第四批4月19日起运，运送的有起居注、玉牒、内阁红本、诏敕、宫中档、军机处上谕档、收发电档，共527箱。故宫博物院在上海设立了驻沪办公处，负责保管这些文物。

文物迁沪储藏本是一时的权宜办法，并非长久之计。1934年，故宫博物院决定在南京朝天宫旧址盖造库房。朝天宫旧址地势高，地名"冶山"，在此地筑库较为理想。1936年春动工，秋季竣工，新建库房的防空、防湿、防火、防盗等条件都比较好。同年12月即将库存在上海的文物，包括档案经京沪铁路迁到南京新库。博物院驻沪办公处被撤销，在南京设立了分院。文物迁入新库不久，"七七事变"和"八一三"事变相继发生，南京危在旦夕，于是又计划把这批文物向西迁移。分三路迁移到四川内地。

第一路走南线：1937年8月首先将八十多大箱文物珍品（没有档案箱），用船只从南京运到汉口，改由火车运到长沙，移存湖南大学图书馆。1932年2月，又用汽

① 金梁：《内阁大库档案访求记》，载《东方杂志》民国十二年二月第二十卷，第四号。
② 徐仲舒：《内阁档案之由来及整理》，载《明清史料》首本。

车载运，经桂林运抵贵州的贵阳，1939 年又运到安顺华严洞储存。直至 1943 年冬运运至重庆市巴南区储存。

第二路走中线：1937 年 12 月在淞沪前线失利的消息传来后，又将备迁文物分批用船只运离南京，溯江而上驶至汉口。这批文物共有 9215 箱，其中有档案 998 箱。到汉口后，租借了平和洋行仓库暂存。1938 年 1 月，又奉命西迁，由汉口经宜昌，历时半年，全部到达重庆，分存在法商吉利洋行、瑞典商安达生洋行和川康平民银行的 7 个仓库中。重庆山城气候潮湿，山高雾多，不利于文物的晾晒。斯时重庆是国民党政府的陪都，目标大，容易遭受日军的空袭。最后决定，把这批文物迁到旧嘉定府治乐山县安谷乡。该乡祠堂庙宇较多，比较宽敞，并且与民房距离较远，容易保卫又能防止火灾，于是选定三氏祠、宋氏祠和古佛寺等六处为仓库，于 1939 年 3 月 28 日至 4 月 23 日将重庆所藏文物陆续运来保存。

第三路走北线：于 1937 年 12 月起运，共运文物 7286 箱，其中有档案 748 箱，由南京经津浦铁路北上至徐州，转陇海铁路到陕西宝鸡，将文物暂存关帝、城隍两庙。后考虑到宝鸡是当时陇海铁路的终点站，又是南下四川、北入甘肃河西走廊的要道，容易受到日军空袭，遂于 1938 年 2 月 22 日至 4 月 21 日由公路移转到汉中的褒城，随即又迁成都，最后移藏峨眉的大佛寺和武庙。

自 1937 年起由南京分批运出的文物经过南、北、中三路多次转移，最后分别保存于四川的巴县、峨眉、乐山三地，直到抗战结束。1946 年将乐山、峨眉、巴县三处的文物先集中于重庆，次年，将特别重大的箱子由陆运取道四川、湖南、江西、安徽、江苏直到南京。其余的都由水运从重庆沿江顺流而下达南京，所有东归文物重新送入南京分院的朝天宫库房保存。

这批文物由西迁到东归历时整整十年，在西迁的途中，数遇风险，但在护卫人员的精心管理下，无一受损。

与文献馆档案南迁的同时，中央研究院、北京大学等单位所存明清档案于 1933 年初也奉教育部之命转移南运，中央研究院历史语言研究所将历年购买的图书、已整理的档案以及历次发掘的文物全部装箱南运。一些尚未整理的残缺档案与装在麻袋中的碎烂档案没有南运，仍然堆存于午门楼上。后来，历史语言研究所考虑到长江流域雨水多，空气潮湿，档案易霉烂，于是在"塘沽协定"之后，将所有档案又全部迁回北平，贮存于北海蚕坛内。

北京大学也将明清档案装箱南迁，在杭州市浙江大学存放了一年，"塘沽协定"后，也全部北返。

二、中华人民共和国成立后明清档案事业的蓬勃发展

（一）中华人民共和国成立后对明清档案的收集

中华人民共和国成立后，党和政府对旧政权档案实行了有领导、有计划地全面接管和收集工作。1949 年 10 月 25 日，中央人民政府政务院设置了以陈云副总理为主任的指导接收工作委员会，统筹指导处理国内外有关国民党政府中央各机关人员、档案、图书、财产、物资等接收事宜。党和政府十分关怀故宫博物院工作，在百废待举，财政困难的情况下，给故宫博物院大量拨款，并对博物院进行了改组。1951 年 5 月，将文献馆改组为档案馆，将文献馆所管理宫廷历史文物，如图像、册宝、钱币、兵器、乐器、仪仗等都移交院内有关业务部门，档案馆专门保管明清档案，1955 年 12 月故宫档案馆正式从故宫博物院分出，改由国家档案局直接领导，定名为中国第一历史档案馆。1953 年后改称为明清档案馆。1959 年 10 月，中央档案馆成立，明清档案馆并入，成为中央档案馆下属的明清档案部。1968 年底，中央档案馆调整体制，又将明清档案部迁出，仍归属故宫博物院，称作故宫博物院明清档案部。直到 1980 年 4 月，中央决定将明清档案部从故宫博物院划出，成立中国第一历史档案馆，升为司局级单位，扩充了机构，增加了编制。三十多年来，尽管第一历史档案馆名称多变，但业务始终没变，一直是我国收藏明清档案的中心。

中华人民共和国成立后，党和政府确立了档案工作集中统一管理的原则，档案是全民共有的文化财富，这些财富不仅包括党、政、军以及一切企事业单位的档案，而且也包括历史上一切旧政权的档案。在党和政府的统一部署下，故宫档案馆在原文献馆的基础上先后从中宣部、外交部、财政部、广播事业局、中国银行、北京大学、中国历史博物馆、沈阳图书馆、旅大市图书馆、长芦盐务局和南京史料整理处等许多机关单位、高等院校以及全国各地的私人收藏者手中，接收和征集了明清档案近 500 万件（册），使档案馆的库藏量由原文献馆时期的五百多万件（册）增加到一千多万件（册），翻了一番。档案全宗也由原来的 13 个，增加到 74 个。长期流散在社会上的明清档案基本上得到集中，并得到妥善的保管。1949 年后，接管和收集大宗明清档案主要有以下几次：

1950 年 1 月到 1962 年，陆续将抗战时期南迁档案由南京全部运回。

1953 年 4 月，接收了北京大学文科研究所移交的档案 813 箱，这是内阁大库流散出去的一部分。

1954 年 8 月，接收了保存在端门上的清内阁档案 671 箱又 1694 麻袋。这是原中央研究院历史语言研究所的存物。

1956 年 11 月，接收了苏联档案总局移交的清黑龙江将军衙门、宁古塔、珲春和阿拉楚喀副都统衙门的档案，共 310 箱，17081 卷，是为康熙十四年（1675）至光绪廿六年（1900）的档案。这批档案是 1901 年八国联军侵略中国时被沙俄军队劫走的。

1957 年 8 月，接收了食品工业部盐务总局移交的清代长芦盐运使司的档案共五千多卷（403 100 件）。

1958 年接收了沈阳图书馆移交的清内阁大库档案，这是"八千麻袋事件"中，罗振玉自留的部分，共 163 箱。其中明档五百多件，清档五万四千多件，另有残破题本五百多捆。

1963 年 4 月，接收了山东省档案馆移交的赵尔巽全宗的档案，是赵尔巽光绪元年到民国元年，任职中形成的一些公私文电和私人信函，共两万多件[①]。

1949 年后，在党和政府的统一指导下，全国各地都对历史档案进行了大规模的接管和收集。东北人民政府接管了国民党"国立沈阳图书馆筹备处档案组"所存档案，改组为东北图书馆档案部，1960 年改为东北档案馆。这个档案馆的前身是伪满"旧记整理处"，集中保管有明清至日伪时期东北各地的档案约二百一十多万卷（册）。其中有部分明代档案、清内阁大库档案和清东北各官署的档案。内阁大库档案是北洋时期"八千麻袋事件"中，罗振玉将档案转售给李盛铎后自留的部分，后来，这部分档案移交给故宫明清档案馆。

1953 年四川巴县樵坪乡的一座古庙里发现了大量清代巴县档案，这是西南博物馆长冯汉骥偶至樵坪时发现的。全部档案被堆积在几间破庙里，任凭风吹雨淋，无人看管，当时牧童、乞丐常用作引火材料。被发现后，由西南博物馆运回，并负责整理。1955 年，该馆改组为重庆博物馆，经四川省文化局同意，将巴县档案移存四川大学历史系（徐中舒先生任系主任）整理利用。1964 年 3 月移交给四川省档案馆。

其他省、自治区、直辖市对明清档案的收集工作也颇有成效。目前，我国已有各级各类档案馆三千余个。在省、地、县各级综合档案馆中都或多或少地保存有清代档案。明清档案几经历史变迁，流散十分严重，至今还有许多散存于民间，收集工作仍然是各级档案馆的重要任务。近年来，陆续发现了一些清代档案。如 1982 年夏，在大连考察的辽宁省社会科学院历史研究所清史研究室的几位同志，参观大庙书库时，看到在库房角落堆放着一批零乱的文本。据保管人员介绍，这些文本是幸存下来的。经清史室的同志查看，原来都是顺治、康熙、雍正、乾隆等朝的清宫秘档，有满文本，也有满汉合璧本。大连市图书馆闻讯后立即将这批档案移到善本库

---

① 徐中舒：《中央研究院历史语言研究所所藏档案的分析》，载《中国近代经济史研究集刊》第二卷第二期《明清档案专号》。

精心保存，并与辽宁省社会科学院历史研究所一起清点整理。最后确认是清内阁大库散佚在外的档案。

(二) 中华人民共和国成立后对明清档案的整理

中华人民共和国成立后，档案事业蓬勃发展，各级政府都拨出巨款加强档案馆建设，修建新库房，增添新设备，改善档案的管理条件。1976 年以前，中国第一历史档案馆所存明清档案分别被保存在故宫内的十几个大殿及原内阁大库、清史馆、皇史宬库房中，政府曾多次拨款加固改建，以确保档案的安全。1976 年又在西华门内建筑了面积为一万七千多平方米的新库楼。将档案全部搬入。1983 年又对库房进行改建。改建后，普遍安装了轻钢龙骨岩棉石膏板护热材料，增强了档案库房的密封性和保温性。更新了空调设备，增设了去湿机，安装了自动防火设施、防盗警报器、温湿自动巡检记录仪器、闭路电视系统等现代化设备，使库房基本上达到恒温、恒湿、防火、防盗、防尘、防光的要求。

在改善档案保管条件的同时，档案管理部门加强了明清档案的整理工作。1949 年前，老一代档案工作者在整理明清档案中为我们积累了可贵的经验，但由于整理工作没有科学理论的指导，没有统筹的计划，因而在整理中存在着不少立场、观点或方法上的错误。

1949 年后，档案工作者根据明清档案的历史实际，尊重前人的劳动成果，充分利用原有的基础，坚持整理档案与科学研究相结合，不断提高整理水平。在整理工作中，他们首先摸清档案形成机关的历史沿革，内部机构，职权范围及主要活动，使档案在整理过程中保持它们之间的自然联系，保持它们原来的次序。如录副奏折，原来军机处按年、月、日排列，每半月一包；缴回宫中的朱批奏折，原来按人名分类保管，现在整理就要保持原貌，不要打乱。对每份文件，凡在其产生过程中所形成的封套、标题、说明、签注，即便是只字片纸，都不随意去掉或改动。对于 1949 年前已整理、全宗划分和分类立卷比较正确的，就不再重新整理。凡是整理不够科学，缺点较多，不便利用的，也要尽量利用原来基础，个别加工调整，主要在编目和索引上下功夫，加强档案的查找工具，弥补原来整理的不足。

总的来看，1949 年前经过整理或编目的明清档案，数量并不太多。文献馆在 1949 年前二十多年中约整理了 100 万件。仅占 1949 年后第一历史档案馆总藏量的 10%。在党和政府的关怀下，中国第一历史档案馆全体人员经过三十多年的艰苦努力，全部档案都已得到初步整理，少部分还被加工整理，并编制了检索工具。

（三）做好明清档案的抢救工作

明清档案都是传世一二百年的旧物，几经浩劫，破损十分严重，有的甚至到了毁灭的边缘。据统计，中国第一历史档案馆的档案有 50% 需要修复，大约有 10% 的档案因糟朽、虫蛀、黏结成砖，破损相当严重，因此必须做好明清档案的抢救工作。明清档案的破损，当然与保管条件有关，但在同样条件下，有些明清档案至今洁白如新，老化情况很少，如起居注、实录、奏销经费的黄册、玉牒、满文老档副本等，都完好无损。这说明明清档案的破损与纸的质量也有密切关系。

明清时，纸的品种很多，主要有两大类：一种是皮纸，是用青檀皮、楮皮或桑皮为主要原材料制造的。如皖南所产"宣纸"就是皮纸。还有一种是竹纸，原料主要是嫩竹子。竹纸的种类很多，有毛边纸、毛六纸、奏本纸等。题本、奏折多用毛边纸和奏本纸；各种物品登记簿多用毛边纸；写草稿用毛六纸。奏销钱粮的黄册、宫廷的起居注、实录、玉牒等少数档案使用宣纸，至今尚完好，而使用毛边纸、奏本纸及毛六纸所写的题本、奏折、簿册及草稿等多数已遭虫蛀或糟朽。明清档案的修复抢救工作显得十分迫切。中国第一历史档案馆自 1980 年以来，陆续培训了一批修复技术人员，最多时达到 15 人，专事档案的修复工作。几年来先后修裱了大量的残破舆图和各种文字档案。四川省档案馆对清巴县档案的修复工作也抓得很紧，仅在 1980—1983 年 3 年时间里就修裱了破损档案二十多万张。辽宁省档案馆修裱二十三万多张。托裱技术是我国传统手工工艺，高手之下，可妙手回春，做到天衣无缝。这种传统技术至今仍是修复档案的主要手段。手工托裱效率不高，目前外国使用了一些现代修复和加固手段，但造价贵，工艺上也不够成熟，所以尚没有大面积推广。

（四）现代新技术在明清档案管理中的应用

随着我国四化建设的蓬勃开展，社会对历史档案的利用越来越频繁，手工管理的方法已经远远不能满足社会利用的需求。从前，我们的档案工作主要是对档案实体的收集、管理和利用，管理工作的各个环节都离不开档案实体本身。今天看来，就有重新认识的必要。我们已步入信息社会，档案作为可贵的信息资源，是整个社会信息系统中的一个重要组成部分。社会对档案利用不是为了观赏年代久远的故纸，而是需要获得记载在这些故纸上的有关信息。因此档案部门在为社会提供利用中，不能只停留在提供档案的原件，而应该设法提供原件上的有关信息。多年来，档案部门一直把档案原件提供利用，磨损严重。利用和保管的矛盾比较突出。

近年来，中国第一历史档案馆及部分省档案馆已开始在档案管理中试行新的技术手段。主要是缩微技术和计算机技术。缩微技术就是把档案信息从纸张的载体上移到胶片上，可以保护档案原件不再受到人为的损害。缩微技术费用较低，且缩微胶片容量大、体积小，易于保管，许多档案馆都已采用。如中国第一历史档案馆自1972年开始设置专门的缩微照相机械，到1985年，先后配置了35毫米缩拍机、16毫米缩拍机、冲洗机、拷贝机、复印机、胶片还原机、放大机、烘干机等各种照相机械，配备了12个照相复印人员，有计划地拍摄明清档案的缩微胶卷，供查阅利用，并作资料出售或交换。四川省档案馆从1981年起开始对馆藏清代档案进行缩拍，已经缩拍了清代"川滇边务大臣"全宗等档案。在使用电子计算机管理方面，各级档案馆也取得了一定成绩。使用电子计算机管理档案就是将档案文件的内容和特征，按照国家统一标准进行著录并存储到计算机中，实现计算机一次输入和多功能检索。这样，经过加工的档案信息通过计算机网络系统得到传递和交流。

第二节　明清时期文书档案工作制度

现存明清档案是明清两朝封建统治阶级政务活动的产物，是一定机关或个人在社会活动中为了上传下达，相互沟通及备忘信守等各种不同需要而自然形成的。档案的前身是文件，档案是业经承办完毕，为备日后查考而有意识保留下来的文书，文书与档案实为"一样东西的两个过程。"[①] 因此，档案的种类及格式直接取决于一定的文书档案工作制度。明清两朝集我国封建社会文书制度之大成，制定有一套等级森严、内容详尽的文书制度，对文书的名称、种类、格式、用语、尺寸大小、使用范围、处理程序及其他方面都有着明确的规定。了解明清时期的文书制度，不仅有助于对明清史的研究，对现存明清档案整理和利用工作也有着重大的意义，它可以告诉我们不同名称、不同种类的文件所形成的档案的重要程度和利用价值以及档案之间的相互关系等等。

一、明代的文书档案工作制度

（一）题奏制度

奏本和题本是明代中央与地方上下沟通的最重要文书，使用极其广泛。明制，

---

① 龙兆佛.档案管理法.

臣民上疏，公事用题本，私事用奏本。题本使用范围较小，只限于内外衙门各项政务使用，内容涉及军国庶政，十分重要；奏本使用范围广泛，凡男性公民，无论官民，只要有所陈情、建言、申诉、谢恩、乞恩、认罪、告假等，都可使用，内容较之题本为次。题奏文书多由通政使司中转进呈，通政司专职文书转呈，"凡在外之题本、奏本，在京之奏本，并受之，于早朝汇而进之，有径自封进者则参驳。""凡天下臣民实封入递，即于公厅启视，节写副本，然后奏闻。"[1] 内外题奏，要先经通政使司开启审阅，抄写副本，然后进呈给皇帝。在京各衙门题本，可直接由会极门交司礼监文书房封进[2]。题奏皆待宸断，务以辞简意赅为本，以便省览。洪武时，以元季官府文移纷冗，诏廷臣减繁，著为定式。此后，历代天子申令再三，但鲜有收效，臣僚题奏烦文虚饰，或全录往来文移，或小题大做，一本而数纸，有的竟日不能周读。隆庆时，大学士高拱说："近来章奏，日趋薄泛，铺缀连牍，徒烦圣览，且言多意晦，端绪难寻，翻可窜匿事情，支调假饰。"[3] 崇祯皇帝即位后，于元年（1628）三月，根据内阁李国槽的建议，下令臣僚呈进本章各用另纸撮其大要，不过百字，贴附于本章尾后，以便圣览，称为"贴黄"，实际为本章的内容提要。从此就产生了题奏的贴黄制度[4]，为清代所沿袭。而有关军国要政，因事关重大或紧急者，不需贴黄。

（二）公文处理制度

明代中央机关，就其文书工作性质而言，可分为"草诏""拟旨""抄驳""议复"等机关。原则上，草诏由翰林院，拟旨由内阁[5]，抄驳由六科，议复由六部，形成了一套以皇权为中心的较为严密的文书工作系统。其中，皇权是至高无上的，皇帝独揽权柄，事皆亲裁，臣民奏疏通过不同渠道呈进后，由皇帝批阅，自然应接不暇，于是由内阁代为批答，"于中外奏章，许用小票墨书，贴各疏面以进"[6]，呈皇帝最后裁定。明中期以后，皇帝多不勤于政务，几天甚至数月不上朝，票旨的批示之权就落入御前司礼监之手。司礼监是专为皇帝接递奏章，传宣谕旨的文书班子，有掌印太监，"掌理内外章奏及御前勘合"；秉笔太监"掌章奏文书，照阁批朱"；典簿太监"掌典记奏章及诸出纳号簿"。司礼监设文书房，有太监十名，挑选内廷有才识者为

---

① 《明史》卷七十三，职官二。
② 《明史》卷七十四，职官三。
③ 余继登：《典故纪闻》卷十八、卷六。
④ 孙承泽：《天府广记》卷24《通政司》。
⑤ 成祖之时，"简翰林官直文渊阁，参预机务"，开翰林入阁之制，从而草诏和拟旨之职混在一起。
⑥ 廖道南：《殿阁词林记》。

之，"掌收通政司每日封进本章，并会极门京官及各藩所上封本，其在外之阁票，在内之搭票，一应圣谕旨意御批，俱由文书房落尾簿发。"[1] 文书房收到通政司封进本章后，开拆登记，送交秉笔太监处，再发交内阁票拟。内阁票拟后，再交回司礼监，由秉笔太监"照阁批朱"，即用朱笔将内阁的意见再写一遍，即为圣旨。如果内阁票拟与皇帝或司礼监的意见不符，司礼监可发还内阁重拟，或径自用朱笔改定[2]。本章批朱后，由六科每日派给事中领出审阅，驳正违误，"奏内有数目、日月等字错谬者，皆令从旁改注，用印盖之"，或有漏写，并非故违，亦令从旁增之[3]，然后再将本章及所奉诏旨抄发给有关部院执行。同时，六科还须将每日接到的题本、奏本，分别抄写，五日一送内阁，以备编纂。

现存科抄题本、奏本，主要是兵科所抄，上有兵科之印，抄写较为草率，别字、异体字较多。

明代中央除内阁掌有票拟之权，在文书处理过程中起着重大作用外，六部也负有"议复"之权。六部分掌全国政务，地位崇高，参与国家庶政的决策，皇帝随时可以将有关事务交六部商议处理。明代中央议事制度有三：一为"廷议"，即廷臣会议，凡事涉几个部或重大军国政务的处理都可以廷议会商，由几个部及相关院司共同处理，类似现代各部门的联席会议。廷议中形成的各种意见要分类并呈，最后由皇帝决定。二为"朝议"，即朝堂议政，皇帝在场。三为"部议"，即事关某部庶务，须交相应部院商议处理，提出处理意见，覆奏给皇帝定裁。题奏经廷议、部议或朝议后，形成初步意见，由皇帝圣裁后，直接传旨处理。"部复奉旨再交科，科不驳再抄交部，部乃再覆奏，此时以其已经科臣赞同，故并行稿同具，但候再奉一复述之旨叙入稿中，"[4] 此即为"题行稿"。现存明题行稿大部分为兵科所抄，上盖了兵部职方清吏司之印，亦有不用印者。

（三）文书行移勘合制度

明初为强化皇权统治，防止文牍泛滥，于"洪武十五年（1382），始置文书半印勘合"[5]。"其制，以簿册合空纸之半，而编字号，用内府关防印识之，右之半在册，左半纸册付天下布政使司、都指挥使司及提刑按察司及直隶府、州、卫、所收之，半印纸藏于内府，凡五军都督府、六部、都察院有文移，则于内府领纸，填书所行之事，以下所司。所司以册合其字号，印文相同，则行之，谓之半印勘合，以防欺

---

① 《明史》卷七十四，职官三。
② 参阅刘若愚:《酌中志》卷十六。
③ 余继登:《典故纪闻》卷十八、卷六。
④ 孟森:《崇祯存实疏钞·跋》。
⑤ 《国榷》卷七。

弊。"① "勘合至日，即便附写缘由明白，满日差的当人员赴内府奏缴，若诸司不证勘合，擅接无勘合行移，及私与行移者，正官、首领官各凌迟处死，吏处斩。"② 明代文书勘合制度，应用十分广泛，有行移勘合、除授官员勘合、军事勘合、军籍勘合、调军勘合、勾军勘合、出关勘合、通贡勘合、王府勘合、宗藩勘合、用宝勘合等，每种勘合都有特定的格式和编号方法③。实行行移勘合制度后，有效地控制了中央机关的发文数量，一定程度上制止了公文行移中的贪赃枉法、诈伪欺弊的现象。另外，通过勘合编号可以了解政令所出，文件所属。如除授官员勘合，洪武初官员上任皆发给勘合，到任后须与本机关对比勘合字号。各布政司及南北直隶府州，各编一字为号，惟顺天府不用勘合，故无字号；浙江布政司寅字，江西布政司巳字，湖广布政司卯字，河南布政司申字，福建布政司亥字，山东布政司未字，山西布政司午字，四川布政司毕字等，《大明会典》卷九所列甚详，此不一一列举，通过这些字号，我们就可了解文件的形成机关。

二、清代的文书档案工作制度

清朝文书档案工作制度多承明制，而稍加变更，雍正即位后，曾对文书档案工作进行了一次大的整顿，建立了一套较为严密的文书档案制度，为后世历代皇帝所遵循。

（一）题奏制度

清入关后，沿用明制，以题本和奏本作为臣僚的上奏文书，仍按公事用题本，私事用奏本加以区别。雍正三年（1725）规定："题奏事件理应画一，行令各省督、抚、将军、提（提督）、镇（总兵），嗣后钱粮、兵丁、马匹、地方民务所关大小公事，皆用题本，用印具题，本身私事，俱用奏本，虽有印之官，不准用印。若违题奏定例，交部议处。"④ 雍正七年又重申："嗣后举劾属官，及钱粮、兵马、命盗、刑名一应公事，照例用题本。其庆贺表文，各官到任、接任、离任、交任，及奉到敕谕，颁发各直省书籍，或报日期，或系谢恩，并代通省官民庆贺称谢，或原案件未明奉旨回奏者，皆属公事，应用题本。至各官到任、升转、加级、纪录、宽免、降罚，或降革留任，或特荷责赏谢恩，或代所属官员谢恩者，皆属私事，应用奏本，概不钤印。"⑤ 雍正两次上谕，严格地划分了题、奏的使用范围，并规定了题、奏文书的最

---

① 《明太祖实录》卷一四一。
② 《明典章》。
③ 黄才庚：《明代文书行移勘合制度》载《历史档案》1981 年 3 期。
④ 光绪《大清会典事例》卷 13，《内阁》。
⑤ 光绪《大清会典事例》卷 1042，《通政使司》。

基本特征，即公事用印具题，私事具奏概不用印。然而公私两者并非泾渭分明，且题、奏又同经内阁处理，加之雍乾之际，奏折已被广泛应用，逐渐成为最重要的上奏文书，常常发生题本与奏折使用界限不明，使得三种上奏文书的使用更为烦琐。因此，到乾隆十三年（1748）决定简化上奏文书的种类，停止使用奏本，"著将向用奏本之处概用题本，以示行简之意"①。此后，题本和奏折并行，作为臣僚上书皇帝的两种最重要的文书。

奏折是清代出现的一种新的上奏文书，始于康熙朝，起初仅限于康熙皇帝少数几个亲信有权使用，主要以"密缮小折"形式直接向皇帝密奏，是一种保密性很强的文书，所奏事项洪纤皆具，类似亲信臣襟给皇帝的私人信件。如康熙四十八年（1709）玄烨在李煦的请安折上批道："朕体安。近日闻得南方有许多闲言无中作有，议论大小事。朕无可以托人打听，尔受恩深重，但有所闻，可以亲自书折奏闻才好。此话断不可以叫人知道，若有人知，尔即招祸矣！"②又如五十六年（1717）在江宁织造曹頫的请安折上批道："朕安。尔虽无知小孩，但所关非细，念尔父出力年久，故特恩此。虽不管地方之事，亦可以所闻大小事，照尔父密密奏闻。是与非，朕自有洞鉴，就是笑语也罢，叫主子笑笑也好。"③到康熙末年，奏折的使用范围不断扩大，地方将军、总督、巡抚、提督、总兵、中央领侍卫内大臣、大学士、都统、尚书、副都统、侍郎、学士、副都御史等都先后获得了奏折权。

雍正即位后，为了巩固皇位，加强独裁统治，进一步扩大了奏折的使用范围。允许科道官员使用奏折，并"恩许"某些官职较低的官员，如布政使、按察使、道员、知府等使用奏折直达御前，以免督抚等要员耳目有限或有所不肯言奏者④。康雍之际奏折并未被视为正式公文，"凡为督抚者，奉到朱批之后，若欲见诸施行，自应另行具本（题本），或咨部定夺。为藩、臬者，则应详明督、抚，候督、抚具题或咨之后，而后见诸实施。"⑤奏折所奏之事虽经朱批，仍要再具题请示或咨部定夺，经批示后才能实施。军机处建立后，奏折的处理制度得到健全，有权使用的官员越来越多，据光绪《大清会典》载："在京宗室王公，文职京堂以上，武职副都统以上，及翰林詹事授日讲起居注官者，皆得递奏折。科、道言事亦得递奏折。在外各省，文职按察使以上，武职总兵以上，驻防总管府守尉以上，新疆北路办事大臣、领队大臣以上，皆得递奏折。道员言事亦得递奏折。其言事得递奏折者，遇除授谢恩、老疾请假等事，仍不准自递奏折。凡在京例不准递奏折人员，如特旨派往外省查办

① 光绪《大清会典事例》卷13，《内阁》。
②《李煦奏折》图版二，中华书局1976年出版。
③《关于江宁织造曹家档案史料》，中华书局1975年出版。
④ 见《雍正上谕》雍正元年二月十六日。
⑤《史料丛编》卷3，《雍正上谕档》。

事件，及任学政、织造、关监督，并科道及抽查者，亦得递奏折。其派各省正副考官，例得递奏折人员，出京回京皆得递奏折；例不准递奏折人员，唯回京时准递奏折复命。其外省得递奏折人员来京时，亦准递奏折请安。"可见奏折的递呈并非臣僚皆可为之，有着种种限制，需要严格遵守。内外奏折都由皇帝的御前文书机构——奏事处负责接收，由皇帝亲自朱批，然后发还给递折之人奏旨行事，所以奏折的处理简便、迅速、保密性强。与其相比，题本就显得迟缓，需要循例具题、层层运转、往返驳查、稽延时日。于是奏折使用后，许多官员上书奏事，喜欢用奏折，不愿意用题本。为此，自康熙以来，多有训饬，如乾隆十五年（1750）重申："各省督抚参劾不职官员，或请降补改教，皆地方公务，并非应行密办之事，理应缮本具题，方合体制。近来督抚有先具奏折闻，声明另疏题参者，尚属可行，而竟有以奏折代具题者，究于体制未协。著通行各省督抚，凡遇此等参奏，概用题本，以照慎重。"①此处点明了题本与奏折使用的最主要区别，在于地方例行公务使用题本，而"应行密办之事"使用奏折。清统治者意在维持用题本来处理国家日常例行公务，用奏折来处理军国机要大政两大途径，如此规定虽取得了一些效果，但仍未彻底禁绝以奏代题的现象，乾隆六十年（1795）六月不得不再次禁令滥用奏折②。此后，题本、奏折并行的文书制度基本上得以维持。光绪庚子后，垂死的清王朝，为了挽救其覆灭的命运，决定变通政治，以图自强，在改革官制的同时，决定废除效率低下的题本制度，光绪二十七年（1901）八月十五日下谕"改题为奏"③，题本最终为奏折所取代。至此，沿自明代，历数百年的题本节书被废止。

(二) 公文处理制度

清代上奏皇帝的政务文书主要有题本和奏折，其文书处理也形成两大系统，内阁负责题本的处理，军机处负责奏折的处理，各规定有严密的处理程序，由不同的机关经办，层层登记、摘抄、发抄、汇抄，故一件公文在其运转过程中，往往派生出众多内容类同的簿册，形成不同名称的档案。因此，了解清代文书处理制度，对认识清代档案价值、相互关联等有着重要的意义。

1.题本、奏本处理制度

题本、奏本处理制度基本上沿袭明制，负责处理的中央机关有通政司、内阁以及六部各院、六科等。清代本章有通本和部本之分，外地衙门所上本章称通本，在京部、院、寺、监衙门的本章称部本。通本及随本揭帖由通政司接收，经通政司

---

① 光绪《大清会典事例》卷13,《内阁》。
② 光绪《大清会典事例》卷13,《内阁》。
③《东华录》光绪二十七年八月戊申。

审阅，检查其撰写格式及到京期限等事项，再交送内阁。随本揭帖（见副本制度一节）是题本、奏本的抄件，用来通知有关部、科以免迟延。清初，各省本章到京，通政司于送交内阁的当天，就将随本揭帖交提塘官分投各有关部、科。雍正十二年（1734）定制：除员缺事件外随本揭帖于本章投送内阁五天，才可投送，加强本章的保密性，防止"先期泄漏"和"别封预投"等情弊①。

每日本章到阁后，先由汉本房接收、登记，根据事由定其缓急，将汉文本章的贴黄翻译成满文（清初，有将本章全译者）。清初贴黄字数有严格限制，"不许过一百字，如有字数溢额，及多开条款，或贴黄与原本异同者，……以违式纠参"②。雍正二年（1724）取消了这个规定③。汉文贴黄译成满文，经校改、复校、总核确实后，再送满本房。

满本房将汉本房所译满文贴黄缮写、校阅，黏结于原本之后，送汉票签处。部本原为满汉文合璧，故不需经满汉本房的翻译，直接送汉票签处。

票签即票旨，与明代的票拟制度相同，由内阁预先审阅本章，并替皇帝起草一个初步处理意见，按照固定的格式写在小纸票上，送皇帝裁定。王正功《中书典故汇纪》卷二载："汉侍读拟写票签，呈中堂阅定者为草签，进呈者为正签。草签后各书拟票侍读及协办侍读中书之姓，中堂阅定后，即书中堂之押，正签背各小书缮写中书之姓"。票签有单签、双签、三签、四签之别，每签即为一种处理意见。本章的票签先由汉票签处拟写汉文票签，送满票签处拟写满文票签。满汉文票签草拟后，同题本一起呈送内阁大学士审定，再发回满、汉票签处缮写满汉文合璧正签，与本章一同由满票签处于次日黎明赴乾清门送批本处④，批本处登记后，送内奏事处。

奏事处是御前呈递章奏、传宣谕旨的机关，大约设立于雍正年间⑤，由御前大臣兼管，其下分内奏事处和外奏事处。内奏事处由太监充任，设有记档太监；外奏事处遴选六部和内务府善书司员充任，设有笔贴式记录档案，凡应进呈之文件，都须经奏事处转呈。内阁进呈题本，由批本处接收送交内奏事处以后，记档太监要逐件登记，再呈皇帝批阅。每日呈进本签皇帝阅后，"或照拟，或于原签内奉朱笔改定，及双签、三签、四签，奉旨应用何签。"⑥ 不能最后决定需要再行申述或另行票拟者，折角发下。

---

① 光绪《大清会典事例》卷 1042，《通政使司》。
② 光绪《大清会典事例》卷 1042，《通政使司》。
③ 光绪《大清会典事例》卷 1042，《通政使司》。
④ 单士魁：《内阁满票签、部、通本式样介绍》，载《文献专刊》1945 年 10 月。
⑤ 参见张德泽：《清代国家机关考略》，中国人民大学出版社出版。单士魁：《清代奏事处考略》，载《文献论丛》沈兼士先生纪念刊。
⑥《钦定大清会典》卷二。

本签经皇帝批阅后，再发回批本处，批本处照皇帝核定的满文签用红笔于本面批录满字，次日由满票签处中书带回登录档册，由典籍厅学士照汉文签用红笔于本面批录汉字，即谓之红本，遇有需重新改签及"折本"①，皆由满票签处登记交典籍厅存储；待皇帝"御门听政"时启奏请旨，另缮票签。

凡批过的红本即交红本处（又称"收本房"）。六科每天派值日给事中一人赴红本处"接本"（领出红本），发抄各有关衙门办理。红本发抄后，原本皆存六科，到年终缴回内阁，存于红本房，另"由六科别录二通，供史官记注者曰史书，储科以备编纂者曰录书，皆校对钤印。史书送内阁，录书存科"②。如果批下之本有不便施行者，允许六科封还，有错误者，六科有权驳正。

2. 奏折的处理制度

奏折是处理军国大政的重要文书，其处理制度和处理手续缜密、简便、迅速。负责奏折处理的中央机关，主要是军机处。另有奏事处、捷报处以及内阁，分别负责奏折的接收、呈递和发抄等事宜。

奏折的处理分外省和京内两个方面进行。在京各衙门奏折用黄绫匣装储，有密奏之件则要加封，于每日寅初二刻（约晨4点钟）送至景运门九卿房外奏事处接收登记，待寅正（约晨5点钟）乾清门开启后③，外奏事处官员持折入内；交内奏事处太监接收登记。

各省呈递奏折皆封固加贴印花，外加夹板。应速递急件，准由驿站马上飞递，依照程限，或三百里、或四百里、或五百里、或六百里，星驰京师，送至兵部捷报处，由捷报处官员及时转递内奏事处，内奏事处随时接收。外省奏折，事关庆贺、谢恩、奏请陛见等私书贺禀，不得由驿站驰奏，应派专差递送。

内奏事处每日接到内外奏折都要逐件登记档簿，再分外省和京内折件依次递呈御览。皇帝亲自拆封，朱笔披阅，谓之"朱批"。内奏事处将发下的朱批奏折再次分别登记档簿，然后送交军机处。"每日奏折必于寅卯二时发下（约晨5点多钟），军机章京分送各军机大臣互相缮阅，谓之接折。"④ 发下奏折已批示处理办法者，即遵照拟旨，称为"早事"。凡奏折朱批"另有旨""即有旨"及未经朱批，"须见面请旨定夺者，每日不过数件，称为'见面折'；以纸面请示者，称为'奏片'。"⑤ 皇帝每日召见军机大臣，面授机宜，"每值事务殷繁，军机大臣有召见数次者，早间称为'早面'，

① 题本进呈后，因故未经批示者，折一角发下，谓之"折本"。
② 光绪《大清会典》卷六十九，《六科》。
③ 乾清宫是清朝皇帝办公之所，前门称乾清门，批本处、内奏事处都设于乾清门内。
④《枢垣纪略》卷十四。
⑤ 王钟翰：《清史杂考》附录一"谈军机处"。

晚间称为'晚面'。"① 军机大臣承旨后，将承旨内容转述军机章京记录，并由军机章京根据旨意草拟谕旨，重要机密谕旨由军机大臣亲自撰拟。谕旨缮清后，交"达拉密"（章京领班）复校，贮于黄匣，送军机大臣审阅无误后，再送内奏事处递呈，谓之"述旨"②。谕旨草稿例不存留，责成值班章京与领班章京于当日焚销③。军机大臣所拟谕旨经皇帝阅定，再由内事处下发军机处。值日章京将本日所接奏件，所递片单，所奉谕旨，详悉分载，登记簿册，形成了许多不同种类的档册。凡奉朱批者，皆录副存查，此即现存大批录副奏折的由来。军机处接折登记录副后，明发谕旨交内阁传抄各有关衙门奉行，次日，将所领奏折缴回军机处。外省机密奏折，原经驿站递呈的，皆由军机处封发，由军机大臣钤印后交兵部捷报处封固，发驿站，分寄各省，称"寄信涌旨"，又称"字寄"或"廷寄"。寄信又因受文者官级地位不同，而分为"字寄"和"传谕"两种形式。行经略大将军、钦差大臣、将军、参赞大臣、都统、副都统、办事大臣、领队大臣、总督、巡抚、学政及督办军务大臣等，凡军机大臣字寄，其程式为"军机大臣字寄某官姓某，某年、月、日奉上谕，云云，钦此"。行关差、盐政、蕃司、臬司及各省提（督）、镇（总兵）等称"军机大臣传谕"④。外省奏折，原是专差递呈的，无论有"旨"无"旨"，皆交内奏事处封固，发还原来递折之人领回。京内各衙门所递奏折，除"留中"不发，或由军机处发下，或交当日召见的大臣发下外，其余都由外奏事处传旨发下，由各衙门领回。对此震钧《天咫偶闻》记之甚详：每日清晨，"乾清门石栏上，置白纱灯一，递事者以此灯为表缀，若灯移至阶上，则事下不久矣；少顷奏事官徐捧折而出，高呼曰'接事'，则群集以俟，奏事官呼某衙门，则某衙门人前，奏事官手付口传，曰'依议'，曰'知道了'，曰'另有旨'。"

从题本和奏折的处理程序，可以大体了解清代上奏文书从呈递、批阅到下发的完整过程，以及文书在不同机关的运转过程中的派生情况。清初，国家政务具题上呈，先经内阁票拟，最后又有六科司封驳，有碍皇权独断。康熙时年间奏折出现后，皇权得到空前的加强，奏折先经御览朱批再交军机处根据皇帝的旨意拟旨，国家大政的处理完全掌握在皇帝一人手中。清代题本与奏折并行，成为皇帝与中央及地方政府相互联系，上传下达的两条主要途径，形成并遗留下来为数众多的档案资料。

① 王钟翰：《清史杂考》附录一"谈军机处"。
②《枢垣纪略》卷十四。
③《清文献通考》卷一一八。
④《枢垣纪略》卷十三，卷二十二。肥《朱批谕旨》序。

（三）缴回朱批奏折制度

现存清代档案中，朱批奏折很多。朱批奏折是经皇帝亲自朱笔批示的奏折。批语或寥寥几字，如"览"、"是"、"知道了"、"该部知道"、"该部议奏"、"另有旨"、"即有旨"；或简短数语；或"数百言，且有多至千言者①。""一字一句，皆有朕之心思②"。为防臣下"承旨之后，出外私相传播记载，或记忆不全，或粉饰太过，以致错误之处甚多"。③ 特别是害怕臣下利用朱批奏折招摇撞骗，并通过朱批窥视圣上实虚，"为生事证据"，雍正即位后的第八天，就立即下令收缴康熙时的朱批奏折："所有皇考朱批谕旨，俱著敬谨封固进呈。若抄写留存，隐匿焚弃，日后发觉，断不宽宥，定行从重治罪。""嗣后朕亲批密旨，亦著缴进，不可抄写留存。"④ 从此，缴回朱批奏折成为定例，所缴回朱批奏折由皇帝的御前机构内奏事处保存。缴回朱批奏折制度加强了皇权对臣下的控制，同时为朱批奏折的保管提供了良好的条件，使康熙至宣统时期历时二百余年的数十万朱批奏折免遭破坏而得以遗留至今。

（四）副本制度

清代政府公文的副本就其来源而论，可以分为两大类，一类是文件作者在制定文件正本的同时，所制作的内容与正本完全相同的副本，以备它用；一类是文件运转处理过程中，处理机关为发抄、备查和保存之用而抄录的副本。

清初，官僚进呈本章，须随本备送"呈文揭帖"三份，呈文揭帖是题本、奏本的抄本，二者内容基本相同。随本揭帖一份留通政使司存案；一份知会有关各部院；一份送六科备查。雍正七年，鉴于吏部失火档案被焚和书吏把持档案营私舞弊情况严重，便开始普遍推行档案文件的副本制度，"雍正七年谕……嗣后内阁本章及各衙门档案，皆应于正本外立一副本，另行收贮。""各省督、抚题奏事件，例有副本送通政司，嗣后应令一并送阁，奉旨后，内阁遵照红本，用墨笔批录，另存皇史废。"⑤ 藏于皇史宬两厢，到乾隆时，所存副本已是"积若崇山"⑥ 屋满为患，嘉庆时又设副本库存放。其他档案也立有副本"用钤记以分别之。"⑦

臣僚进呈奏折不备副本，唯乾隆后期权臣和珅为军机大臣首揆时，滥用职权，

① 《朱批谕旨》序。
② 雍正语。雍正十年三月初一日上谕。
③ 《东华录》雍正八年。
④ 《世宗实录》卷一。
⑤ 光绪《大清会典事例》卷十四。
⑥ 阮葵生：《茶余客话》。
⑦ 光绪《大清会典事例》卷十四。

传知各省在上奏折的同时，须抄一副本给军机处。嘉庆四年（1799）和珅被诛，向军机处抄送奏折副本的做法被禁止。但奏折的处理过程中，都要由军机处录存副本，这种录副制度亦开始于雍正朝，奏折录副是为了日后查考和供发抄各部院之用。嘉庆《大清会典》卷三载；"奉有朱批之折，发抄不发抄，皆另录一份，备案存查。""凡抄折，皆以方略馆供事；若系密行陈奏及用寄信、传谕之原折，或有朱批应慎密者，皆章京自抄。各折抄毕，各章京执正、副二本，互相读校，即于副本折面注明某人所奏某事及月、日，交不交字样，谓之开面。"[①] 开面即封面，较之原折更便于利用。副折是原折的抄件，只有封面和末幅的内容与原折稍有不同，在副折封面中上方，除照原折书一"奏"字外，并注明某人奏某事和年、月、日，及"交"或"不交"或"补交"，或"密交"，使原折的下落，一目了然。有附件的奏折，其录副折封面还注明附件的名称、数量，如"图一附""单一附""供单一""有清单"等。原折行间里若奉有皇帝朱笔夹批，副折则在该处上方标明"朱"字，并于封面注明"有旁朱"或"旁朱"等字样。副折的末幅注明奉御批日期，间亦书明具奏时间。从中可以了解奏折递呈、呈进和奉批日期，较之原折便于查阅利用，军机处将每日的录副奏折和未经朱批的原奏折，收存在一起，每日若干件捆作一束，每半月合为一包，归档备查，名为月折包。月折包数量多，内容丰富，清代编修史书，多取材于它，也是现存清代档案中最系统、利用率最高的一项档案。

（五）文书的汇抄制度

现存清代档案中，各机关汇抄备查的各类档册名目繁多，所占比例较大。在清代，文书的原件不叫档案，而称之为文案、案件，将各种文书的原件分门别类（或按种类，或按问题等），按年、月、日排列汇总，抄录成册，称为"清档"，从而形成了为数众多的大型档案史料的长编。根据现存清代档案看，清代中央各机构对文书的汇抄可以分为三类：

第一类，各种诏令谕旨汇抄。早在顺治年间，就有了汇抄上谕的制度，顺治朝称"上传谕旨"，康熙、雍正时称"上谕簿"。军机处确立后，承宣谕旨除内阁外，又有军机处和奏事处，谕旨的汇抄工作也由他们负责，因此形成了不同种类的谕旨汇抄。如内阁汇抄的"丝纶簿""上谕簿""外纪"（乾隆六年前叫"别样档"），每月向皇帝汇报的"谕旨汇奏"；军机处汇抄的"上谕档""寄信档""字寄档""现月档""纶音档""谕旨档"，光绪时电报出现后，又有"电寄档"；奏事处汇抄的"汇奏上谕""朱批档"等等。清代对谕旨的抄录工作要求极其严格，乾隆五年规定，抄录上谕和特交

---

①《枢垣纪略》卷十三，卷二十二。肥《朱批谕旨》序。

事件，不校对明确，致有舛误者，罚俸三个月；如奉命抄录谕旨，迟延拖拉，也要受同等惩罚。

第二类，题奏汇抄。题本的汇抄有"史书"和"录书"，是由六科在发抄题本后，另外抄录的两种档册，《大清会典》卷六十九载："凡抄本，皆副史书、录书。红本发抄后，由科另录二通，供史官记注者曰史书，储科以备编纂者曰录书，皆校对钤印。史书送内阁，录书存科。"史书、录书都按吏、户、礼、兵、刑、工六科分别抄录，装订成册。现存清代档案中，史书较多，录书仅存顺治朝的几本。史书起自顺治二年（1645）止于光绪二十四年（1898年），前期史书内容丰富，所录甚详，基本上抄录了题本的全文，并且是满汉合璧，后期的史书则极为略，仅记题本的事由和批红。奏折的汇抄有大型的"满文月折档"，由军机处方略馆按时间顺序将满文奏折汇抄成册。还有内阁汉票签处抄缮的外纪簿（档），"中外臣工奏折奉旨允行及交部议复者别为一册，曰外纪簿，以备查考。"[①] 外纪簿（档）专抄军机处交内阁发抄的明发上谕及其直省奏折。

第三类，专题汇抄。这类汇抄是以重大事件或重大案件为纲，将同一事件或案件的各种重要文件采用纪事本末体，按时间顺序抄录成册。如汇抄乾隆以后镇压人民起义的有关上谕、奏折等文件的"剿捕档"，汇抄对外关系文件的"俄罗斯档""东事档"，汇抄有关洋务运动文件的"洋务档"，经营西藏的"西藏档"，有关宫廷钱粮、营造及八旗事务的"内务府奏销档"，以及"光绪大婚档""慈禧六旬庆典档"等多种专项档册。这些档册，内容集中，条理清晰，利用起来十分方便，作为利用者可以从专档中弄清事件或问题的基本情况，避免于浩瀚的档案中拾掇之烦。

（六）清末文书制度的变革

清末，随着近代资本主义的发展和封建政治的变革，文书工作在其形成、内容和处理制度方面都发生了新的变化，形成了大批新的档案材料。首先，档案在内容上突破了单纯政务活动记录的范围，在外交、工商等专门领域出现了照会、条约、国书、护照，各种财务报表，如季报册、预算报告册、决算报告册等，以及各机构的各类统计文书。其次是光绪二十七年（1901）八月十五日下谕"改题为奏"，废除了沿自明代历时四百七十多年的题本，随后又撤销了一些原来办理题本的中央机构。公文在形式上也有突破，1877年8月福建巡抚丁日昌奏准，在台湾府修建我国第一条电报线，电报在政府公务活动中出现。最初，电报并不作为正式公文，发电通知后，还要补发正式公文。戊戌变法时，光绪皇帝才正式下令："嗣后明降谕旨，均著

---

① 嘉庆《大清会典事例》卷十二。

由电报局电知各省，该督抚即行遵照办理，毋庸专候部文。"[1] 自此，电报取得了与其他公文同等的效力。当时官方的电文可分为：皇帝的下行电报，称"电旨"或"电寄"；臣僚上奏电报，称"电奏"；平行电报，叫电信。电报档案起初不存档，由发报者自己保存，中国第一历史档案馆所存几个个人档案全宗中有一些电报，后来才作为政府的档案保存，并汇抄成册。另外，照片也开始在文件中加以运用，清政府曾用摄影来摄制国内兴建工厂、铁路等实况，宣统三年还规定官员的人事文书要贴照片。

第三节　明代档案的种类及格式

一、明代档案的种类

明代档案种类繁多，为了简明起见，在此略加区别，分作两类依次介绍如下：

（一）政务文书档案

根据《明史》和《大明会典》所载，明代政务文书档案包括三大部分：诏敕文书档案、上奏文书档案和官府行移文书档案。

1. 诏敕文书档案

这是皇帝在处理政务中，下发给臣民的各种文书所形成的档案，其种类有诏、敕、诰、制、册文、谕、书、符、令、檄等[2]。

诏，亦称诏书，是皇帝布告天下臣庶，宣布重大政令时，使用的一种文书。举凡重大政事、大典礼，如皇帝登极或死亡、蠲免地方钱粮、重大祭祀活动等皆有诏颁于全国，使臣民咸知。

敕书使用较为广泛，皇帝对臣下的请示、报告，都要颁降敕书，予以批示或勉责。廷臣外任或委任地方官员都要发给敕书，申明职守，敕内写明管辖地方，职掌事宜，作为官员明确职责，行使职权的法律依据，并申训诫，于敕末附勉励之词，以便官员奉敕从事，这种敕书实质上是皇帝发给官员的凭证文件，其内所列职权，因人而异，即使同官亦有不同，主要取决于皇帝的好恶。

诰，亦称诰命、敕牒，它是皇帝封赠臣僚官职或赐爵时颁发的专用文书（生曰封、死曰赠），其上写明其受封者的官职、事迹和享有的特权。诰敕的发授不仅仅限

---

① 《光绪实录》第六册，卷424。
② 《明史》卷七十二，职官一。

于官员本人，而且根据官阶不同，官员的妻室、先辈及其他亲属都可以获得诰敕，有的还可以袭封数代，甚至"世袭罔替"，世世代代享有某种特权。明制："五品以上授诰命，六品以下授敕命。曾祖、祖、父皆如其子孙官。公、侯、伯视一品。外内命妇视夫若子之品。"[1] 诰敕文书卷轴形式，用贵重的丝织物制成，由工部所属神帛制敕局(后称南京织染局)负责织造，分成苍、青、黄、赤、黑五种颜色。"诰用制诰之宝，敕用敕命之宝。"其图案轴头，按官品高低有严格的区别[2]。明代"公侯伯封拜，俱给铁券。形如覆瓦，面刻制词，底刻身及子孙免死次数。质如绿玉，不类凡铁，其字皆用金填。"[3]"凡券，左右各一，左藏内府，右给功臣之家。"[4] 明代于内府置"古今通集库"，由太监掌管，负责典藏皇帝赐封给功臣、名将、藩王、驸马等人的封诰、铁券及内外官员的封诰底簿。

　　制，亦名制书。制书，帝者制度之命也，多用于颁布国家各项制度，另外在重大庆典或祭祀活动中以及册封太子、皇后等礼仪中都使用制书。

　　册，又称册书，有玉册、金册、银册，分别以玉、金、银制成，规格大小因其受封者不同而异，上刻册文，每片侧边有孔，用以连贯开合，如书账之状。凡追尊先祖，尊封皇太后，上徽号，皆用玉册；册封皇后、皇太子、太子妃、亲王、王世子等用金册；皇妃嫔、公主、郡王用银册[5]。

　　符是古代为执行重大使命而使用的一种凭证性文书，用金、铁或竹木制成，上书天子敕命，剖为两半，一半藏于内府，一半由各藩镇守收存，用时相合，以为证信。凡有军情重务，使者须赴内府领取符验，前去执行，事竣缴回。另有一种符牌只起着身份证的作用，如武臣及随扈巡守官员所佩带的金牌、银牌即是。武臣所佩金牌上刻有太祖敕命，曰："上天祐民，朕乃率抚。威加华夏，实凭虎臣，赐尔金符，永传后嗣。"

　　谕，其使用较为广泛，与上述诏、敕、诰、制等文种不同，皇帝因某一具体事务需要向内外臣民宣示多用谕。

　　书，外交文书，在对外使节往来中多用书。

　　檄，古代下行文书，多为军事之用，用于声讨敌人，宣扬声威，鼓舞士气。

　　2. 上奏文书档案

　　明代上奏文书有题本、奏本、表笺、讲章、书状、文册、揭帖、制对、露布、

---

① 《明史》卷七十二，职官一。
② 鞠德源《明清诰敕命文书简述》，载《清代档案史料丛编》第 7 辑。
③ 《万历野获编》卷五。
④ 卷七十二，职官一。
⑤ 《明史》卷六十八，《舆服》四。

译十种①。其中题本和奏本应用最为广泛，对此已在上一节中谈到，不再赘述。

表笺是每逢圣节、冬至、正旦等重要节日，朝廷举行庆典时，臣你依例进呈的礼仪性文书。进呈皇帝、皇太后用表，进呈皇后或太子用笺。洪武年间规定："天寿圣节，在外五品以上衙门，止进表文一通，正旦、冬至拜进皇帝表文、中官笺文、东宫笺文各一通。在外各王府并各布政司、按察司及直隶府州表笺，俱各差官赍进礼部；各州表笺进于各府，各府进于布政司，其余五品以上衙门隶布政司者，亦进于布政司，布政司差官赍进礼部。其各都司及直隶卫所，差官赍进五军都督府。至日，礼部官以各处所进表笺目通类奏闻。"②另外，臣下受恩赏、四方有祥瑞、呈进书册也要例进表笺。表笺"多务奇巧，词体骈俪"，且要按照规定的格式"如式录进"③。其内容多为浮文颂美之辞，史料价值较之题奏为低。

讲章是经筵讲官的讲稿，经筵为皇帝听讲经史的地方，初无定所，正统时"以月之二日御文华殿进讲。"明代经筵仪制繁缛，以勋臣或内阁学士知经筵事，"尚书、都御史、通政使、大理卿及学士等侍班，翰林官、春坊官及国子监祭酒二人进讲。"④经筵结束后，讲章呈皇帝御览。

揭帖是阁臣使用的一种机密文书，以文渊阁印封缄进呈，直达御前，左右近侍盖不得窥。陈继濡《见闻录》言："然揭亦不敢数数轻进，每进揭，主上辄动色，谓左右云：阁下揭帖至矣。其重如此。"其后使用渐广，《海忠介公集》卷二有海瑞禀总理盐法都御史鄢懋卿的揭帖；《徐光启集》卷4载光启《移工部揭帖》等。据现存明档来看，揭帖又是题本的副本，臣僚在上题本的同时，必须备有"呈文揭帖"，其内容与题本基本相同，文尾必称"除具题外，理合具揭，须至揭帖者。"

书状和文册，指奉敕搜集或编修的书册，都要依例呈进，明代官修书籍颇有成就，仅据李晋华《明代敕撰书考》统计，就有二百余部。《明史》卷五十六载"进书仪"，进书仪制唯实录最为隆重，皇帝具衮冕，百官朝服，如大朝仪。

制对是臣僚答复询问的文书。露布是军队告捷文书，以其不封检，露而宣布，欲四方速知而得名。洪武元年诏定军礼，凡亲征、师还，以露布诏天下。大将出征，奏凯以露布闻。"永乐四年定，凡捷，兵部官以露布奏闻。"⑤

译是进呈给皇帝的有关外国和少数民族文字的译文，明于太常寺设四夷馆（初隶翰林院），"置译字生、通事，通译语言文字。"

---

① 《明史》卷七十二，职官一。
② 《大明会典》卷七十五。
③ 《大明会典》卷七十五。
④ 《明史》卷五十五，《礼》九。
⑤ 《明史》卷五十七，《礼》十一。

3. 官府行移文书档案

官府行移文书根据其行文关系可以分为上行文书、下行文书、平行文书三种类型。上行文书有咨呈、呈状、申状、牒呈、牒上五种；下行文书有照会、札付、下帖、故牒四种；平行文书有平咨、平关、平牒三种。由此形成了不同种类的档案。

明制，官府相互行文必须根据本衙门的品级按照规定使用某种文书。洪武十五年（1382）专门颁布了《行移署押体式》和《行移往来事例》两个法规文件，规定了官府文书程式，每种文书的使用范围和官府间相互的行文关系[①]。有明一代二百多年，奉行始终，变化不大。

咨呈是官府在对地位略高而无隶属关系的机关行文时使用的一种上行文书。六部行文五军都督府，各布政使司行文六部时使用。

呈状，凡都指挥使司、布政使司、护卫指挥使司、提刑按察司、王府长史司行文五军都督府；护卫指挥使司、外卫指挥使司、提刑按察司、王府长史司、大常寺、钦天监、太医院、翰林院、光禄寺、太仆寺、国子监、应天府行文六部；以及王府长史司行文布政使司、都指挥司；盐运司行文布政使司；千户所行文卫指挥司均使用呈状。

申状，凡卫指挥司、千户所、应天府、兵马指挥司行文五军都督府；盐运司、直隶府、直隶州、兵马指挥司行文六部；在外各府行文布政司、都指挥使司、直隶布政司统属各州行文本司；府属各州行文本府、按察司、各卫及护卫指挥使司；县行文府、按察司、护卫指挥使司及在京兵马指挥司；州属县行文本州；各处杂职衙门（仓库、驿、司狱等）行文府或州皆用申状。

牒呈，凡按察司行文布政司、都指挥司；应天府行文布政司；应天府、卫指挥司行文都指挥司；各府行文按察司、护卫指挥司、盐运司；王府长史司、千户所行文按察司；各处杂职衙门行文各县皆用牒呈。

牒上，仅明代有之，凡各处守御千户所、兵马指挥司行文各府皆用牒上。

照会，都督府行文六部；六部行文布政司；布政司行文应天府、按察司；都指挥司行文按察司皆用照会。

札付，札付是五军都督府、六部、都指挥司、布政司使用的一种下行文书。凡五军都督府行文都指挥司、布政司、按察司、应天府、兵马司、卫指挥司、王府长史司、王府护卫、千户所；六部行文太常寺、太仆寺、太医院、钦天监、光禄寺、翰林院、按察司、应天府、卫指挥司、王府长史司、王府护卫、兵马指挥司、国子监、盐运司、直隶府州；都指挥司行文王府长史司、府、州；布政司行文王府长史

①《大明会典》卷七十六。

司、府、州、金吾羽林府军等十卫经历司皆使用札付。

下帖，凡指挥使司行文所属千、百户所、州、县；按察司行文内外五品至七品衙门；盐运司、府、王府护卫行文州、县；州行文所属县；王府长史司行文各护卫经历司；千户所行文所属县、百户所皆使用下帖。

故牒，凡都察院行文各道按察司；都指挥司行文各卫、应天府；卫指挥司、按察司、盐运司、应天府、王府护卫行文各府；按察司行文在内四品衙门及在外各府长史司；府行文千户所、兵马指挥司；千户所行文各州；王府长史司行文审理所；县行文县属各杂职衙门皆使用故牒。

平咨是六部、布政司与都指挥司之间相互行文时使用的一种平行文书。

平关是在无隶属关系的同级衙门之间相互行文时使用的一种平行文书，使用范围极广，如各卫指挥司、盐运司、按察司、太常寺、太仆寺、光禄寺、国子监、应天府等内外三品衙门相互行文；府、州、县各与自己同级衙门相互行文；各低级杂职衙门不论品秩相互行文都使用平关。

平牒，仅在各王府长史司与府之间相互行文时使用。

除上述规定的文书外，明代官府行文还有其他一些文种，如禀、牌、票、告示、勘合、手本、付等。禀是非正式文书，又称禀帖，为地方百姓向官府或者下级向上官有所申述、请示报告时使用；牌也是非正式文书，明后期府、州、县地方衙门凡遇催征钱粮，勾摄人犯等，皆发给牌，以为凭信，故又称信牌，并根据地方远近定立程限，承差人须随事销缴，若违过限期而不销缴者，计日科罚。后来，直接用信牌发布命令、指示。票的用途与牌相似，作为派遣差役执行公文的一种凭证，如火票，由兵部印发，各沿边沿海总督镇巡衙门收用，专备飞报声息，刺探贼情使用，用完缴回再发；告示是官府因事需宣示于公众而使用的一种下行文书；勘合是一种凭证性文书。手本为平行文书；付，为衙署内各房间相互行文而使用的文书。

以上为明代文书档案种类之大概情况。在行文关系方面，明代也有定制：洪武十五年所定《行移往来事例》中规定有哪些衙门可以直接行文，哪些必须经其他衙门转行。其中，通政司与在外诸司无直接行文关系，有径行申禀通政司者，以违制论[①]。在京卫所及在外都司等不得直接行文宗人府，若有行移，俱由五军都督府转行。太常寺、应天府、光禄寺、太仆寺、国子监、钦天监、翰林院、太医院、南北城兵马指挥司、仪礼司、行人司等衙门，及在外各布政司、直隶府州不得直接行文宗人府，若有行移，俱由六部转行。各道监察御史及在外按察司，行移宗人府，也须由都察院转行，不得直接行文。各道监察御史与诸司无行文关系。仪礼司及内府六科与内外

---

① 通政司掌收天下章奏，与内外诸司联系甚密，何以不得与在夕诸司有直接行文关系，令人费解，待考。

衙门无行文关系。此外，向上级行文，必须根据隶属关系，层层上报，县申州、州申府、府申布政司，再转达六部，在外卫所必须经过本处都指挥司转呈都督府。

（二）图册簿籍

图册簿籍与政府文书档案有着密切的联系。有些是随同公文呈报的各种统计资料，有些是各衙门登录存查的各种档案，有些是各种公文的底簿，还有部分官修政书的稿本等，种类庞杂，存留至今者，尚有多种。

1. 有关赋役的各种清册、细册

如户帖、清册供单、鱼鳞图册等，反映和记载了明末有关田亩、粮草、盐、铁、课税、制造等方面的内容。其中，户帖是明初征调赋役的依据，每户持有一帖，详列本户乡贯、人丁、姓名、年龄、产业等情况。

清册供单是黄册制度实行后，于每十年大造黄册之前，下发给各户按式填写的本户人丁、事产及在近十年内变化情况的原始材料，由所在甲首、里长逐级汇订成册，呈送本管州、县。各州县再根据供单汇造黄册上报。

鱼鳞图是丈量田亩的登记册，洪武二十年在全国推行，图册根据所登记土地的大小、形状，"图其田之方圆，次其字号，悉书主名及田之丈尺四至，编类成册。其法甚备。以图所绘状若鱼鳞然，故号鱼鳞图册"[1]。

2. 有关文武职官考试、考核、奖惩、升迁、袭职、候缺等方面的材料

如中国第一历史档案馆现存的武职选簿即是明代京内外各卫所职官袭替补选的登记簿。还有新官袭职选簿、优给优养簿、替职官舍簿等。辽宁省档案馆还存有各卫官员考核评语名册，民事诉讼中的审讯记录、监囚名簿和各种收发文簿。

3. 各类户籍册

在户籍管理方面，明代以职业作为区分户类的标准，有军、民、驿、灶、医、卜、工、乐，诸色人户，除统一登入赋役黄册外，还要规定不同户类分别登记，形成各类户籍册，由不同主管部门分别管理。如兵部掌管的军户文册，就有军户户口册、收军册（入伍服役军丁的登记簿）、清勾册（检查各地军户、追查逃军的文册）、军黄册、兜底册（兜底追本，详列军丁本人及父祖长辈的情况）、类卫册（按成所不同而分类编造的户册）、类姓册（按姓氏编造的户口册），对此《明会典》卷115有记载。

4. 舆图

如九州山镇川泽图、海防图、西沙地理图、大明混一图等。

---

[1]《明实录》《洪武实录》卷一百八十。

5. 地方契约

这类档案存世很多，包括买卖、租赁、雇佣、卖身、投屋、借贷、典押、贸易、继承等项活动中形成的各种文书。民间不动产的买卖典当待双方立契后，须向地方官府纳税，由政府钤盖官印，才能取得法律效力。崇祯八年改为由政府发统一契纸。民间契约由立约双方保存，并不作为官府的档案。

二、明代档案的格式

档案的格式在文书处理中就已确定，主要包括文面规格、用字、封装、文字排列方式，每行字数、行式、字式（正楷、草书、字体大小）等许多方面。研究档案的格式对查阅利用、收集鉴定、考订工作都有重要意义。

（一）文移纸式

洪武十七年（1384）定诸司文移纸式，统一各衙门公文用纸的规格：凡奏本纸高 1 尺 3 寸，净裁高 8 寸 4 分；题本比奏本略小，净裁高 7 寸 1 分。各衙门行移文书用纸规格，按衙门品级不同加以区别，一品、二品衙门文移纸高 2 尺 5 寸，分三等，长 5 尺、4 尺、3 尺各为一等；案验纸长 2 尺 5 寸，分二等，高 1 尺 8 寸为一等，高 2 尺为一等。三品至五品衙门文移纸高 2 尺，长 3 尺；案验纸高 1 尺 8 寸，长 2 尺 5 寸。六品、七品衙门文移纸高 1 尺 8 寸，长 2 尺 5 寸；案验纸高 1 尺 6 寸、长 2 尺。八品、九品与未入流衙门文移纸高 1 尺 6 寸，长 2 尺；案验纸高 1 尺 4 寸，长 1 尺 8 寸。"官员任内公文纸皆如式者，考为一最，不如式者，罪之"，把执行文移纸式的情况作为官员考核的奖惩条件之一。

（二）档案的格式

明清时期是封建社会文书档案工作发展的鼎盛时期。各种文书的撰写、处理都有明确的规定，除皇帝的诏敕文书一般不受通常的程式限制外，其余都必须遵循朝廷颁布的公文程式。文书档案的行款格式用语遣字等都有定式，题奏文书尤为严格，因题本违式而获罪者史不绝书。文书档案工作已逐渐形成了一项专门的学问——公牍学，一大批刀笔小吏视公牍为巢穴，舞文弄墨，也助长了文牍主义的泛滥，治理公牍已非一般士人可为。今日读来更感端绪难寻。

还有一些地方官府文书为大明会典所不载，《昭代王章》卷五所列甚详，有府用行移式、县用行移式，总的看来，其格式与上表基本相同，如批文式："某府为某事云云，告投施行，须至批者"等。明代官府文移虽种类繁多，究其结构不外乎前衔、事由、正文、结尾几部分。前衔书明文件的作者（个人或衙门）。事由是在正文之前扼要地叙述文件的原由，"立片言以居要"，简单概括文件的主要内容，如"为镇帅骤更，边事可虞，谨合吁请，仰恳圣裁事。"[①]"各州府为尊礼先贤以敦治化事。"[②] 如此事由，可开门见山，让受文者首先了解全文之大概，对今天的利用者更有助于掌握档案的主要内容。明代题、奏所列事由比较详明，在官府文移中，有些则冠以固定的起首语来表示事由，如"为咨呈事"(咨呈用)、"为呈请事"(呈状用)、"为札行事"(札付用) 等，以这些用语表示事由，仅能表示文移的要旨和种类。可以从中了解行文双方的关系。

正文部分是每种文移的主题与核心，其利用价值也决定于此。表中，"云云"表其内容，其后文字为归结语。"谨题请旨""谨具奏闻""合行……""合下……"等，用以归结全文的宗旨和目的。其后"须至……者"为终结正文的套语，意义不大。官府文移是执行政务的工具，或命令、指示、训饬、答复，或请示、报告、陈情、回复，或通报、商洽、协作、转达，所涉机关多为繁复，所涉案由亦多复杂，故多数文移在机关分转往复之间，或上或下，或下或上，往返辗转，文件内容层层套引，盘根错节，互为因果。洪武年间，鉴元之弊，屡禁繁文，太祖以峻法绳下，有刑部主事茹太素，上书陈言，洋洋洒洒写了 17 000 字，切中正题者仅最后 500 字，朱元璋令人把茹太素打了一顿，并定建言格式。但明中期以后，随着吏治的腐败，官府行移诸司章奏，日趋浮泛，有的全录往来文移，铺缀连牍，竟日不能周读。官府文移因事务繁简，正文长短殊同，格式都有定规。徐望之《公牍通论》将公文结构分为依据、引申、归结三段，即指正文而言。每件文移表达作者一定的希求，为达目的，必须言必有征，首重依据，此乃立言之根基，"或据法令，或据前案，或据先例，或据理论，或据事实，或据来文"。二要引申推断，提出见解。三要归结，"即本引申之种种理由，以定其所以如此命令，或如此请求，以使对方不得不遵从，或不得不准行。"[③] 殷仲麒《清代文书工作述要 (初稿)》将清代文书结构概括为三段法、四段法，这些论述对了解明代公务档案的格式都有重要的参考作用。清代文书档案制度，多沿袭于明代，其多数公文的种类、格式与明制大同小异。由于明代档案多不存世，对明代文书档案正文的格式可参照下节清代档案的格式。

文书的结尾部分，一般都使用一"右"字和受文机关或个人组成的套语，既说明受文者 (上奏文书因受文者是皇帝，故无须说明)，又表示全文的结束。其下是行文时间和发文者或发文衙门长官署押，并用印。

在明代文书档案中，每于起首、依据、引申、归结、附言、结尾等关节之处，

---

① 明崇祯七年十二月巡按宣大等处监察御史米助国题本。
② 弘治十四年台州府行黄岩县帖，载《杜清献集》卷首。
③ 徐望之《公牍通论》第六章第一款。

都有专门用语出现，用以标文意起止，或借以别尊卑上下，或资以关联转承，"凡文气之起承转结，与阶级之尊卑上下，全在此用语表明"①。这些用语于文移的结构格式上起着桥梁或框架作用，为结构公文之工具，犹如代数方程式中的大、中、小括号，舍此就难以表达内容的前后承转和因果关系，也就不成其为公文。明清时期，公文用语十分发达，自成系统，别具一格。许多公文用语肃穆庄重，言简意赅，于今阅读十分有益。但是，公文化的套语也比较多，基本失去字面之含义，使人不可猝解。明文书档案中的用语，就其在结构中之作用而论，可分作：

（1）起首语。出现于文书档案正文之前，常用"为……事"，用以表达文件的原由、宗旨和目的，可详，可略。

（2）引叙语。正文部分，在引叙有关依据（如法令、来文、前案、先例等）时，开首即用此语作为前导，常用"看得……"、"查得……"、"会看得……"（会，会同之意）、"会查得……"、"照案……"（案，即前案、例案）、"照得""钦奉""敬奉""承奉"、"备奉"、"该奉"、"先奉"、"续奉"、"依奉"、"今奉"、"明奉"、"又奉"等，引叙下文。

（3）承转语。正文部分，在引叙有关依据性内容（如有关法令、来文、前案、先例等）后，转而申叙自己的意见之时，使用转承语开头。如"……。等因""……。等情。""……。等因钦此。""……。等因奉此。""……。等因蒙此。"等等。《昭代王章》卷首载有明代行移式所用"九此"，即钦此、奉此、准此、得此、敬此、为此、蒙此、承此、据此，都属承转用语，因文种而异。

（4）归结语。自己的意见申述完毕，需要加以总结。总结之前，先用一归结语领叙。常用的有"合行……"，下面紧接"照验施行"。如"合行咨呈。伏请照验施行"，"合行申覆。伏乞照验施行"，"合行移关。请照验施行"等。下行文用"合下仰照验"等；题本则用"谨题请旨"或"谨具题知"作为归结语；奏本用"谨具奏闻"作为归结语。

（5）陈述语。即附带说明与本节有关的事物、行为的用语。主要有"除外""除……外"，一般在归结语之前。又有"计开"，于归结语之后，领叙开列随文物件的名称数量。

（6）终结语。用它来表示全文终结。常用语有"须至……者"，后面紧接一"右"字起首的短语，表明文件去处。如"须至呈者。右呈某军都督府。""须至申者。右申某布政司。""须至咨者。右咨某都指挥司。""须至帖者。右下某县。"等等。

（7）替代语。即文书中引叙的内容再次出现时，为避免重复而使用的替代语。

---

① 吴江等《公文程式大观》。

主要有"前因""前由""前情""前事""等情"等。

(8)称谓语。即文书中,行文者自称和称谓受文者的用语,以示尊卑敬谦。如在下行文书中,行文者自称"本",如"本部""本府""本县"。上行文书中,行文者自称"卑""职""属"。地方百姓对政府的呈文中甚至自称"蚁"。而对上级衙门和官员的称谓,则以"大""宪"等字开头,即"大人""大老爷""大宪""宪台"等。

此外,在公文的用字方面也有一定例分,如司法文书中的"即""以""准""皆""各""其""及""即""若""加""减""计""通""坐""听""依""从""并""余""递""重""但""亦""称""同"等字,都有固定的用法,不得任意使用。另有常用的切情语、称官语、求怜语、乞断语、惩罪语、感恩语以及吏、户、礼、兵、刑、工各条朱语和通用朱语①。

(三)抬头与避讳

明代档案的行款十分凌乱,文字犬牙交错,空格、空行比比皆是,阅读起来十分困难。这种不合理的行款是由于明代文书的抬头制度造成的。抬头制度是我国封建社会文书工作中的一项重要制度,是各封建王朝以国家权力规定的一种文书书写制度。在文书中,凡遇国家规定的词汇,都要辍笔,提行书写,或在其上空出一至数格再写。用文字的高下来体现皇帝、国家及上级的尊贵。抬头制度始终与文书中的避讳制度并行,给我国古代文书档案工作造成极大的混乱。明代文书档案中的抬头制度,《昭代王章·名例》记之甚详:

1.第一抬头,即双抬,为:太祖、太宗、皇祖、皇考、太上、明皇、布德、天戒、天道、天威、皇上、太皇、圣旨、旨意、陛下、圣节、睿闻、大诰、钦依、钦差、钦蒙、钦升、钦除、钦定、钦奉、钦恤、君恩、大赦、赦书、敕书、诏书、敕命、纶意、御制、圣恩、圣裁、圣睿、圣伦、圣德、圣断、圣听、圣慈、敕谕、恩宠、天恩、恩宥、特恩、特旨、御览、御制、御前、天地、敬天、日月、上命、天朝、列圣、德音、上裁、天颜、赐名、先朝、宣谕、宝位、大位、龙衮、九庙、太庙、皇阁、皇陵、宗庙、宗社、祖宗、神器、先宗、大祀、大统、主上、太社、太稷、君父、圣母、圣明、九重、龙颜、神主、文庙、万寿、祖训、圣诞、祖陵、陵寝、上、驾、准、诰、制、宠、恩、宸、赦、旨、觐、封、皇太后、太后、皇太子、大明律、天寿山、先师孔子、大不敬、钦定请、明宪新题、宪纲、玄极宝殿、金陵禁山、天拜斗、帝社稷、圣济殿、大会典、天地坛、君命,等等。凡遇以上词汇都要另起一行,高出两格书写。

---

① 《昭代王章》首卷,《大明律集解·附例·附图》。

2. 第二抬头，即单抬，为：端门、午门、进香、顾门、皇城、御桥、朝仪、朝房、乘舆、内阁、廷试、陵户、朝廷、国家、内府、令旨、懿旨、庆赏、赏赐、丹陛、殿陛、车驾、斋戒、实录、正旦、进贡、亲王、殿下、启本、登闻、敬依、敬奉、敬赏、进呈、献章、笺文、成宪、觐事、戒谕、朝政、丧礼、陛殿、命妇、冬至、冬节、神机、题车、廷臣、节册、今日、阙廷、陛赏、皇墙、封赠、皇店、御宝、山陵、园陵、宗室、扈从、万乘、兆域、东宫、国宪、宪章、宫禁、中都留守司、左右角门、华盖殿、内府尚膳监、左右阙门、承、内府尚宝司、大报恩寺、大庙门、武功中卫、孝陵卫、内织染局、大烹门、朝阳门、宣武门、东西华门、宗人府、驻驿所、行在所、东西角门、节丹、武英殿、登文楼、大社稷坛、谨身殿、大社门、公生门、左右顺门、正阳门、各王府、山川坛、长安二门、思善门、洗衣局、乾明门、东北安门、神木厂、登闻鼓、神乐观、内承运库、内官监、公王府、长安街、大兴隆寺、宝船厂、宣圣庙、泰陵卫、奉天殿、留守所、玄武门、御马监、大明门、御用监、神机营、庆寿寺、奉天门、朝天宫、累期、宗支、行幸、京师、内帑、宝、朝、进、春、题、銮、贺、启、召、笺、令、律、车、贡、亨、庙、赐、表。凡遇以上词汇都另起一行，高出一格书写。

3. 地方官府在行文平级机关或上级机关时，凡遇受文者称谓也要另起一行，平格书写，称之为"平抬"。凡提及长官行为，都要空出一至数格后再写，称之为"空抬"。

避讳制度，也是古代文书书写中的特殊制度，源于周。有"国讳""家讳"之分，所避者，君、亲、祖宗及尊者的名字。在官府文移中，必须严守"国讳"之禁。明代"国讳"有御名、庙讳、亲王名讳等，"表、笺及一应文书，若有御名、庙讳者，合依古，二名不偏讳，嫌名不讳，若有二字相连者必须回避，写字不可缺其点划。"[①] 这就是说，当朝天子及其父祖的名字为两个字的，其中间的一字不必回避，如太祖朱元璋的"元"字可不避讳；声音相近的字亦不讳，如与神宗朱翊钧的"钧"字近声的"军""遵"等不须避讳。若是二字相连则必须改作它字加以回避，但不允许用缺笔的方法。"凡遇御名、庙讳下一字，俱要减写点画。"[②] 对天子及其父祖名字的最后一字须加回避，凡遇到这些字，要用缺笔的方法将其最后一笔不写。明代"国讳"甚严，"凡上书，若奏事误犯御名及庙讳者杖八十，余文书误犯者笞四十，若为名字触犯者杖一百，其所犯御名及庙讳声音相似字样各别及有一字止犯一字者皆不坐罪。"[③] 另

---

① 《昭代王章》四卷。

② 《大明会典》卷七十七。

③ 《昭代王章》三卷。

外，表笺等吉庆性文书，还须"回避凶恶字样"①。

抬头和避讳对文书档案工作有百弊而无一利，但作为历史的既成事实，在当今的利用工作中，我们应时时加以注意，并可利用这一特殊的文书制度，进行明代档案文献的校勘工作。

（四）文书档案中的抄写符号

明代对文书撰写虽有严令峻法，但由于事繁政敝，公文错误之处仍无法避免。因此，除重要文书中事关兵、马、钱、粮等要害文字及有关国讳字样不得有错外，还是允许公文中的一般性错误，"常行字样，偶然误写者，皆勿论。"②明成祖曾谕六科给事中说："为治贵得大体，比尔等疏驳奏牍，一字之误，皆喋喋以言，琐碎甚矣。……自今奏内有数目、日月等字错谬者，皆令从旁改注，用印盖之，不必以闻。"奏内有不称臣者，或一时急，漏写，"必非故违，亦令从旁增之"③。因此，在明代的文书档案中，出现有许多标识符号，在查阅明代档案时，必须了解有关符号的作用。明代文书档案中常见的标识符号主要有两类，一类起正误作用，公文中一般性文字因错写、漏写、多写，或次序颠倒等，需要改正时，使用相应符号加以示意；一类起着标点作用，古代公文皆无标点，人们主要通过内容和文书专用语加以断句，明代开始出现少数标点④。

第四节　清代档案的种类及格式

一、清代档案的种类

清代文书的名称、种类，多承袭明制，又有所变通，随着清代文书档案工作制度的发展，清代文书的名称种类在明代的基础上有所增加。

（一）政务文书档案

1. 诏敕文书
诏敕文书主要有制、诏、诰、敕、谕、旨、册等，其用途与明略同。

---

① 《昭代王章》四卷。
② 《昭代王章》一卷。
③ 余继登：《典故纪闻》卷六。
④ 潘嘉主编《中国文书工作史纲要》第七章第三节。

制，"凡朝廷德音下逮，宣示百官曰制"①。清称制辞，凡文书开头使用"制曰"者，都可称为"制"，如诰命、敕命、金榜、天子纳后、皇子公主婚嫁等都有制文。诏，"布告天下曰诏"②。举凡重大政事、大典礼都要颁诏。如皇帝的登极诏、亲政诏、遗诏、哀诏、加上徽号尊谥诏、大赦诏、维新诏、立宪诏以及大婚诏等等。诏书多集中反映了国家的大政方针，其颁发仪节极为隆重，先于天安门前宣读，然后仪仗导从送交礼部照式刊刻副本，以黄纸印刷，谓之"誊黄"，颁布全国。诏书正本交回内阁③。诰，其用途有二：一是"覃恩封赠五品以上官，及世爵承袭罔替者"④，用途与明制同；二是用以"昭垂训行"，用途与诏同，只是使用者为皇太后、太皇太后、太上皇，如慈禧太后死后颁有遗诰。

敕，其用途与明类同，是使用较为广泛的文书。据《光绪会典》卷一记载，敕可分为敕谕和敕命两种。敕谕亦称敕书，皇帝为某一事务需要指示有关人员或有关衙门时使用敕谕。在任命地方重要官员时都要发给敕谕，敕内写明该官的职权范围、管辖地区，并写有训诫之语。发给督抚、学政、盐政、织造、提督、总兵等官员的敕内写明职衔姓名，称"坐名敕"，本官任满后要缴回内阁。发给布政使、按察使、道员等官员的敕内只写明职衔，不写姓名，任满后不缴回，转交接任官员，故称"传敕"。敕命则用于敕封外藩，覃恩封赠六品以下官，及世爵有袭次者。

谕、旨，皇帝下达的指令有时称谕，有时称旨，其区别在于指令下达的对象不同。因臣下奏请而下达的简单指令，或传达皇帝的某项言辞称为旨；并非因奏请而由皇帝自动颁发的，或因奏请而批令内外官员遵照执行的指令称为上谕⑤。谕旨因其处理程序不同，分为"明发谕旨"和"寄信谕旨"两种，二者都由军机处拟稿。还有一种是由皇帝亲笔起草的(有时由大学士拟草)，称为"朱谕"。

2. 上奏文书

主要有题本、奏本、奏折、表、笺、启以及随题本或奏折呈送的各种附件。

题本、奏本和奏折是清代最重要、使用最为频繁的上奏文书，其使用范围、使用时间及有关处理程序，我们已在第五章第二节中论及。

表笺，亦沿明制，是中外臣工上书庆贺使用的文书，每年元旦、长至、万寿三大节日及其他重大庆典，外省文官按察司以上。武官副将以上，例得随进表笺称贺，进皇帝及太后者曰表，进皇后者曰笺。其文式由内阁撰拟，奏定颁行，臣工依式录进，故表笺内容雷同，数量虽众，而史料价值甚微。另，外国及藩属依期进贡亦用

---

① 《乾隆会典》卷2"内阁"。
② 《乾隆会典》卷2"内阁"。
③ 光绪《大清会典事例》卷316"颁诏"，卷1042。
④ 《光绪会典》卷2注。
⑤ 《光绪会典》卷3；《枢垣纪略》卷13。

表文，也有用金叶制作者。

启本的款式与奏本完全相同，使用的时间不长，清入关前后，臣僚上书摄政王多尔衮使用启本，顺治三年（1646）四月被废止。康熙年间，平定三藩，地方官员上书领兵的各亲王、贝勒也多用启本，是为官府行移中的上行文书。

随题本呈进的文书有揭帖、副本和各种图、册、单、签等，这些文件经皇帝御批后，有的留在宫中，有的随题本一起发交内阁，内阁处理完毕后，一部分仍要交还内廷。揭帖与副本类同，都是题本的抄本，只是用途不同。图、册、单、签的造报方法，因事而异，如"河工报销，及各项营建工程，例应绘图缮册，随本进呈。各处钱粮报销，及朝审、秋审本，皆缮册。其乡试、会试题名录，钦天监时宪书式，及随本奏折亦如之。"① 各种河工图、营建图、黄册、青册即此。单为依例开具的名单、缺单、覆历单、祭祀点单等。签即夹签，"刑部本内，有罪应重辟，或案关服制，罪名加重而核其情有可原，或死者在保辜限外例得减等者，刑部（须）另缮夹签，随本声明请旨。"② 随本的图、册、单、签内容上与题本有不可分割的联系。

随奏折进递有夹片，夹片不是独立的文书，不具姓名和上奏时间，只用"再"字起首，直书其事。清代奏折一般一文一事，有事情不须单独缮折，就用夹片的形式附在奏折之中上呈。

3.官府行移文书

清代官府行移文书的种类较之前代更为繁多，其中大部分沿袭明制，一部分出于创新。按照行文关系的不同，上行文有：咨呈、呈文、申文、牒呈、申呈、详文六种；下行文有：札文、牌文、札付、牌票、牌檄五种；平行文有咨文、移会、移、关文、照会、牒六种③。清代以前，政府衙门是以官员为主体的，衙门堂官的品级即是衙门的品级，而清则不同，清代职官比较紊乱，有时品级高的官员反而是低品级官员的属员，如翰林院编修、检讨虽为七品官，若简充学政，其地位则列于布、按两司之前，道、府以下都要以上级相待，在行文关系上也须使用上行文。有时某些衙门的行文关系也偶有不清，衙门之间的上下行文，或互为平行，并不是对称的。如，在京各部院行文宗人府用上行文咨呈，而宗人府行文各部院却使用平行文咨文；总兵与州县行文，总兵用照会，而州县用咨呈。清代官府往来行移种类较多，使用范围亦无规律，兹就《光绪会典》所载，以表列出各种文书的使用规制。

清代官府往来行移除上述种类外，尚有会典所不载者，如禀、札、谕、示、函、票、验文、付等，均为地方官府所广泛使用。

---

① 《光绪会典》卷2注。
② 光绪《大清会典事例》卷13"内阁"。
③ 《光绪会典》卷30。

禀是清代下级官员向上司有所请示时常用的一种上行文书。禀最初由书信转化而成，不受政府公文运行体制的限制。下级对上级言事，为预先打探消息，可越级具禀。大约在乾隆初年，禀文正式转化为上行文。禀文由白禀、红禀两部分组成。白禀是禀文正件。红禀是白禀的附件，原为具禀官员的名帖，上书其官衔、姓名；作为正式公文后，一般于前衔之后摘叙事由，供上司批示之用。白禀由受文的上级衙门归档保存。红禀批回发文衙门归档，如上级衙门欲保存红禀上的批语，可将其照录于白禀上。具禀官员除白、红禀外，如另有陈述，则用单片附于禀中，称作夹单。

札是清代官府经常使用的一种下行文。与禀一样，也由书信转化而成。清初，下级给上级官员的书信用"禀"，上级给下级的书信则称为札。乾隆年间，札成为正式公文。

验文的使用范围和程式与详文相同，都是地方官府的上行文书。验文多用于申解钱粮，押解人犯，报送物件等具体事务。与详文不同，它不须上级对文件批示，只起照验备查的作用，也不带任何附件。清末，验文和详文以及申文在使用上有些混乱。

谕，清代官府长官对属下有晓示时使用的一种文书。京内各部院堂官谕下，用堂谕；州、县衙门审判案件有所告示时，也用堂谕。各府、厅、州、县长官谕下用谕帖。光绪末年，谕帖又作为地方官行文城镇乡议事会、董事会的一种文书与札文体例同。

函，非正式公文，但常在公务活动中使用，或于正式公文发出之前事先联系商洽公务的私函；或为上级对下级于正式公文外，另有所告时，而使用的"附函"(亦称加函)，附夹于公文内，与禀文中的"夹单"作用相似。

示，长官公开通知属下吏民而使用的一种文书，对属下官吏小范围内发布的称为示；对广大平民百姓发布的称为告示。示一般用单纸书写，采用张贴的方式，还有一种示粘贴在木牌之上发布，称为牌示。由于示的发布方式特殊，绝大多数原件已被毁坏，但仍有许多示稿被保留了下来。

票是清初官府常用的一种下行文书，其形制与牌相似，乾隆年间逐渐被札文所取代。票的主要用途是作为派遣官吏执行公务的凭证，如兵票、火票、差票等。

付是中央各部院内诸司之间相互行文所使用的平行文书，又称付于。

清代有些衙门相互之间不能直接行文，须经其他衙门转行。如六部行文道府以下，一般须咨督、抚转饬，道府以下行文六部，一般需要按隶属关系层层上报。在京内阁、各府、司、寺、监、科道、旗等行文外省均须由相应部院转行。目的在于加强各主管部门对下属衙门的控制。

（二）各种档册簿籍

清代文件处理过程中出现的派生情况十分严重，一件公文经过层层批转，往往衍生出许多种内容相似的档案来，有文书处理过程中所形成的副本、附件、抄件、底簿、登记册；有文书的汇抄；有关于官员任免奖惩、值班考勤、请假销差、交接往来等日常工作的记事簿。这些档案在利用中可以互相印证补充。我们以谕旨和题本、奏折为例略加说明。

皇帝的谕旨分由内阁和军机处办理。每日本章御览圣裁后发回内阁，由满、汉票签处摘记事由，详录谕旨，每月装订成册，称为丝纶簿，取其"王言如丝，其出如纶"之义。不由奏请而发布的特降谕旨，由满票签处别录一册，称为上谕簿（档）。内外官员奏准允行及交部议复的由汉票签处另录一册叫"外纪簿（档）"（乾隆六年以前叫别样档）。由军机处每日发交内阁承宜的满汉文谕旨，都要移交稽察房存储，由稽察房详细核对，每月向皇帝汇报本月通过内阁颁发谕旨的总况，形成汇奏谕旨。经军机处办理的谕旨，派生出的档簿种类也较多，凡由军机处起草的谕旨，经皇帝审定后，都发回军机处，由值日章京逐日逐条地录写在特备的簿册上，每月一册，称为"现月档"。每年的现月档，都要另修一份副本，按季节分别称为春、夏、秋、冬四季档。专记特降谕旨的纶音档；专录寄信谕旨的寄信档（廷寄档）、电寄档；兼录寄信上谕、内阁奉上谕等各项上谕的上谕档；还有按问题或事件汇抄的谕旨，如：督抚署补谕旨、军务上谕、漕粮事务上谕等档簿。

题本在处理运转过程中，则派生出副本、揭帖、正抄（红本由六科传抄主管衙门者）、外抄（传抄关系衙门者）、史书、录书等。

奏折在处理过程中，有些奏折由皇帝一次朱笔批定，称朱批奏折；有些皇帝不能亲裁，须下军机处由大臣会晤，称见面折；有些因种种原因留中不批不发，称"留中奏折"；凡交军机处讨论上奏即议复的奏折，军机处都要汇抄成册，称议复档；由军机处交内阁各衙门议复的奏折，都由军机处登记目录，以备催办，称交议档；每日将收发折件摘由登记，全录朱批的随手登记档；每日将朱批奏折录副存查的录副奏折；还有奏折的各种专题汇抄、档册。

清代各级衙门在公文处理及日常活动中所形成的各种登记、记事簿册的种类也极其繁杂，其内容囊括了各级衙门的全部活动，事靡洪纤，都有记载。其档簿名称的拟定也无统一的标准，或以文种、或以内容、或以工作性质、或以形体署押、或以满文之译音等等，不胜枚举。有可以见名知意者，也有些名称怪诞，不知所载为何物。兹以内阁、军机处两个中央机关为例：

清内阁部门林立，主要有典籍厅，是为内阁的秘书部门，分南、北二厅。南厅主职内阁文书收发，掌关防及官员考绩、吏役管理等事务；北厅主持皇帝的事务，内阁向皇帝陈奏事情，进呈庆贺表笺、请用御宝、请上谥号、筹办大典事务及收藏红本等图籍都为北厅所掌。另有五个主要业务部门，即满、汉本房，蒙古房，满、汉票签处，通称五房。还有稽察房，收发红本处等机构。内阁日行公事，章奏文移撰写有抄稿，收发有登记，贮储有目录，记事有簿册。如北典籍厅所形成的档簿就有30余种，有抄录内部行文全文的"移付档"；抄录对外发文全文的"行移档"；登记收文种类及件数的"收文簿"；登记内阁内部通知的"知照档"；登记六科上交红本的"红本册"；各馆各科清查红本的"红本档"；登记为出席祭祀等事复文的"堂谕档"；登记奏折件数的"上谕摘由档"；登记堂官批示的"堂行档"；登记每日所领出满文上谕数量及当事人的"请上谕档"；登记皇帝每次出巡时请、接御宝人姓名地点的"请宝档"；登记每日收文及办理情况的"记核档"；值班登记的"日记档""护军营官弁值班职名档"；大行皇帝事宜收文档、康慈皇太后崩逝事宜档、大行慈安事宜档；还有各种堂稿、阅稿、文稿、题稿、奏底等。南厅所形成的档簿则有：日记档、交文档、领照档、销照档、知照档、知会档、堂行档、行移档等，此为办理收发文移所形成者；又有官员考绩、吏役管理类档簿，如侍读典籍中书详细履历档、中书到厅履历档、京察履历档、京察事宜档、内阁京察册、招考供事档、供事补缺档等。满本房有：堂稿簿、来文簿、随手日记档、行移档、堂行档、表本档、领本档、分本档、收发本档、急本档、皇史宬尊藏总档、将军印谱档、进实录帮档、收记注簿、封条档、祝版档、神牌式样档、宝谱档、香册香宝档、领写玉宝玉册文档、办理皇册行移档、考勤簿等。汉本房有收文档、发写档、到本档、放津贴档、通本略节档、各省大计档、考勤簿等。蒙古房有日记档、行文档（蒙文）、实录档、实录收发档、抖晾实录档（蒙文）、实录编号簿、皇史宬圣训蒙文编号簿、考勤簿等。满票签处有通本档、部本档、收发档、随手档、发抄档、交片档、交事档、发报档、清折档、清旨档、领红本档、出科红本档、贺本档等。汉票签处有谥号簿、撰文官员档、票本档、总复通本档、总复部本档、军机档、缴回谕旨数目档等。稽察房有收文档、发抄档、发抄清册、流水档、各部院投文档、不入事件档、应入事件档、已完事件档、未完事件档、注销清册等。收发红本处有收文档、交文档、交汉本堂收本簿、揭帖簿、行移档、行付档、发批档、奏底簿、收饭银档、放款档、收各省饭银档、考勤簿等^①。

军机处所形成的档册簿籍种类亦很繁杂。有文书处理和日常政务的登记册，如随手登记档、收发文档、交发档、折片登记档、交班档、签到簿、饭桌档等。有日

---

① 徐中舒：《中央研究院历史语言研究所所藏档案的分析》；方姓生《清内阁库贮旧档辑刊叙录》。

常工作的记事簿，如议叙履历册、考勤簿、堂谕簿、存记档、交事档、发报档、早事档、官员衔名档、引见档及各种领发饭银簿、各省节省经费簿、各省解津贴簿、随扈用账簿等。有大量按问题汇抄的档册，如洋务档、俄罗斯档、藩属事务档、谒陵成案、各帝后万寿庆典档、东巡事宜档、醇亲王祭葬典礼档、行围木兰档、巡幸档、剿捕档、军营档、军情档、补放武职档、监察御史簿、各省保举人员档、大员子弟档、验放人员档等，还有为数众多的发文底簿。军机处所形成的档簿也有数百种^①。

(三)地方契约文书

清代民间契约文书的种类名称与明代类同。数量相当多，据估计分散在全国各地的明清契约文件数量不亚于中央机关的档案。1949年后各地陆续都有发现。我国各地档案馆、图书馆、博物馆都有保存。民间契约文书比较复杂，相当多的契约只是当事人双方以及中证人共同签立的，没有用纸、格式、用语的种种限制，也不经过官府认可。为了增加官府的税收，清代规定民间土地房屋等不动产的买卖、租赁、典押都要向地方官府纳税，官府加盖钤印，并办理有关权力转移过户手续，才成为正式契约，具有法律效力。1949年后在徽州、福建等地都发现了大批的民间契约文书。20世纪70年代以来，台湾部分学者开始广泛收集台湾各地所存清代契约，影印出版了《台湾公私藏古文书影本》72册，收录了数十种契约文书，有房地产买卖、租赁、转让的契约，钱粮执照、垦屯执照、各类税捐收据、家产分配合约、各种借贷字据、卖身契、招婚、收养及退婚字契、诉讼书状等等。

二、清代档案的行款格式

(一)清代档案的格式

清代题本、奏本的格式与明代大致相同，"题本格式，顺治八年题准，每幅六行，每行二十格，平行写十八字"，抬头二字^②。一份完整的题本，包括本面、首幅、内幅、日期衔名幅、贴黄、满文六个部分。本面一幅居中上方书一"题"字，其下钤用具题衙门的印信或关防，自右上角而下书写"批红"。首幅第一行先写具题官员衔名，再以"谨题"二字领叙具题事由。内幅若干，陈述事务，以"谨题请旨"或"谨具奏闻"结束。其后另以一幅书写具题年、月、日及具题者衔名，上加印信或关防。贴黄贴于日期衔名幅之后。满文部分内容与汉文部分同，自上至下书写，字行自左

① 张德泽:《军机处及其档案》，载《文献论丛》民国二十五年双十节。
② 光绪《大清会典事例》卷316"颁诏"，卷1042。

向右排列。至日期衔名幅止，无贴黄，接于汉文贴黄之左，谓之满汉合璧。文献馆时期，因其内容与汉文重复，为保管方便，遂将所有题本汉、满文两部分分割。

奏本书写格式与题本类同，每行24字，抬头2字，平写22字，本面书一"奏"字，内称"某衙门某官臣某某谨奏为某事云云"，本面及文尾均不用印。

奏折最初只有皇帝少数亲信官员才能使用，其格式未见具体规定，大约与奏本相似。雍正时，奏折成为正式上奏文书后，其行款、格式就有了严格的规定。奏折分幅折叠，首尾共13幅半，第一幅为掩首，封时向后折转；第二幅为折面，仅于正中写一"奏"字；第三幅至第十二幅为书写奏折正文之处；第十三幅不写字；最后半幅为折尾，于正中书写年、月、日。第三至第十二幅，每幅6行，左右两幅称为"一开"或"一扣"，每开共计12行，每足行20字，低2字作抬头之用，实写18字，如遇3抬，则高出一格书写。奏折正文首先要书写具奏人衔名，紧接以"谨奏"或"跪奏"固定用语领叙事由，其格式为"某官臣某某谨奏为某事云云"。

清代官府之间行移文书行款格式亦多承袭明制，而稍有变更。一件完整的公文，一般包括5个部分：

1. 前衔

在文件开首标出文件的作者及其身份。上行文，要在前衔下写明作者的姓名，即"×官×姓名"；平行文和下行文则只须写明作者姓氏，即"×官×姓"。除前衔外，有一部分公文还有后衔，写于文尾年月日之下，表示作者对文件负责。

2. 事由

于前衔之后，以固定用语"为……事"，装叙事由，表明文件的要旨和种类，较简略，如"为知照事""为遵批实覆事""为移会事""为飞行咨会事"等。

3. 文件正文

正文的结构最为复杂，总的来看，一般公文都由依据、引申、归结三个段落组成。依据乃公文立言的根基，要想言之成理，就必须持之有故，或据法律、条例、先例、前案，或据谕旨、指令、请示报告等文件。引叙之时，或逐字照抄，全部引叙；或略加删减，择要引叙；或撮其旨义，加以概括。有些公文所涉事务简单，有的是初次转行之件，引叙都较为简略；有些公文内容所涉衙门众多，呈转往返，驳诘申覆，都要层层辗转引叙，甲引叙乙，乙引叙丙，丙引叙丁，头绪纷繁，不堪卒读。

引申是在依据的基础上，分析推论，顺理成章，提出作者自己的处理意见。归结是根据引申的种种理由，肯定公文结论（命令、请求、咨商等）的正确性，以期达到令必行、请必准之目的^①。

有些公文采用"起、承、转、合"四段式，与三段式相比较，其起、合相当于三段式的依据和归结，其承、转相当于三段式的引申部分。

4. 结束语

出现于全文之末，表示全文结束，常用"须至……者"作为固定套语。如"须至牌者"(牌文)、"须至票者"(票)、"须至札者"(札)、"须至咨者"(咨文)、"须至关者"(关文) 等，除能表明公文种类外，另无意义，只能作为一个句号。有时为了方便，将此套语省略成"须牌""须票"等。

5. 受文者

常以"右"字起首，以文件种类作动词，领述受文机关或官员，如"右牌仰××准此""右票行××准此""右札××准此""右申××""右呈××""右禀××""右移××"等等。

(二) 清代公文用语

文书用语是清代文书的重要组成部分，一件文书的种类、行文双方的高低贵贱、文书内容层次、所涉问题的来龙去脉都能根据不同的用语加以区别。

清代文书用语袭明之旧，又有发展，达到登峰造极的地步。兹就清代档案中常见用语，参阅有关论著资料^②，分别辑录如下：

1. 称谓语

对皇帝称"皇上""圣驾"，自称"臣""臣部""奴才"(满员奏折用)；对上级称"宪台""上宪""大宪""督宪""宪鉴""大人""大老爷"，自称"卑""职""属""蚁"(百姓用)；对平级称"贵"，如"贵县""贵道"，自称"本"或"敝"，如"本府""敝府"；对下级称"该""尔""尔等"，自称"本"，如"本府""本道""本部"等。

2. 起首语

上奏文书和官署往来行移都用"为……事"作为起首的套语，装叙事由。如"为请旨事""为详明定限抄录并请分别扣限以免贻误事""为钦奉上谕事""为咨呈事""为牌行事""为照会事"等。

3. 引叙语

引叙谕旨，开头用"奉上谕""奉旨""钦奉"等，结束多用"钦此""等因"。引叙

① 参阅徐望之：《公牍通论》第六、八章；殷钟麒：《清代文书工作述要》(初稿) 下册，中国人民大学档案系油印本；刘文杰：《历史文书用语辞典》四川人民出版社 1988 年出版。
② 参阅徐望之：《公牍通论》第六、八章；殷钟麒：《清代文书工作述要》(初稿) 下册，中国人民大学档案系油印本；刘文杰：《历史文书用语辞典》四川人民出版社 1988 年出版。

·239·

上级来文，开头多用"奉""蒙""案奉"等，结束时多用"等因""各等因"。引叙平级机关或官员的来文，开头常用"查"、"准"(依据的意思)、"案准"、"前准"，结束时常用"等因""等语"。引叙下级来文，开头常用"据""兹据""案据""照得"，结束时常用"等情"。引叙成案时，开头常用"查""案查""有案""照得""看得"，结尾常用"在案""各在案"作结。

4. 承转语

题奏文书，在引叙谕旨完毕，以"等因"或"钦此"作结后，紧接着即用"钦此"或"钦遵"一语，合成"等因钦此"或"钦此钦遵"，作承转语转入到引申段。引叙上级来文后，在结束语"等因""各等因"之下常用"奉此""蒙此""前来"，组合成"等因奉此""等因蒙此""等因前来"等用语，转而引申自己的意见。引叙平行文后，承转语常用"等因准此""等因前来"。引叙下级来文后，承转语常用"等情据此""等情前来"。

5. 归结语

文件引申结束后，接着转入归结段，此处须用归结语作为起首。题奏和官署行移中的上行文，一般都使用"相应""理合""合无"，作为归结语。"相应"即应该之义，如"相应具覆""相应如议""相应请旨""相应援案"等。"理合"即于理相合，理应如此之意，如"理合恭疏具题""理合恭折具奏""理合呈请鉴核"等。"合无"，即"应否"或"是否"之义，表示陈请之事，作者不敢擅断，如"合无仰垦天恩，俯准……"，"合无仰垦宪恩，俯赐饬书检查"。在官署上行文中，还使用"为此"作为归结语，如"为此具呈"。平行文的归结语，除使用"相应"和"为此"外，还常用"合亟"，即应该急速办理，如"合亟咨会"。下行文的归结语常使用"合行""合亟""为此"。"合行"即应该如此办理，较之"合亟"，语气上比较平和，如"合行札饬，札到，该县即便遵照办理""合亟飞饬，为此仰厅官吏文到立即查明……"。

6. 结尾语

它是文书全文结束处的例用套语。题本常用"谨题请旨""谨此题知""谨具奏闻"。奏折用"谨奏"。官署行移无论上行、下行、平行，都使用"须至……者"这一套语公式，只需将文种填于"须至"与"者"之间即可。但在行文中某些文种的结尾语也有变化，如详文、验文常用"须至申者"或"须至呈者"，有时为了简便，又将"须至……者"简书为"须×"。

清代文书中还有一些用语，浅显易懂，使用普遍，如经办语"历经""业经""前经"；附述语"除……外"(出现在正文部分)；补述语"再……"(出现在正文后)等，多为今所沿用。

（三）清代公文中的抬头和避讳

1. 抬头制度

清代公文的抬头形式有空抬、平抬、单抬、双抬、三抬、四抬①。

在官署行移中，凡下级向上行文，提及上级长官的行文都要空抬，空抬不提行，只在应该尊重的字样之上空一格，再将其书写。

凡提及上级官府、长官之处都要平抬，即另起一行平格书写。平行文凡提及对方之处也要平抬，以示礼重。

单抬即另起一行，高出平行一格书写，主要在录写当朝皇帝谕旨须回行时，或提及国家、国朝、宫殿、宫门的名称、玉墀、上苑、太液，以及题、奏文书中的"题"与"奏"字，都须单抬。

凡提到皇帝及皇帝有关的言行、事物均要双抬，另起一行，高出平行两格书写。如遇到：皇上、皇帝、主、圣主、天子、天颜、行在、驾、躬（以上泛指皇帝本人）、诏旨、谕旨、纶音、明诏、圣旨、朱批、圣谟、圣训（以上泛指皇帝之言）、天恩、天威、特恩、圣明、圣化、面恩、帝德、恩膏、德意（以上泛指皇帝恩德）、御览、钦差、圣鉴、钦颁、眷顾、临莅、鉴照（以上泛指皇帝的行动）、御书、御宛、御屏、九重、銮辂、丹陛、大典、大计、文庙（以上泛指与皇帝密切相关的事物），以及本朝谕旨首行文字、先朝谕旨回行文字等，都须双抬书写。

凡提及"天地""宗庙""庙号""实录""玉牒"，录写先圣列圣谕旨的首行文字，以及乾隆皇帝晚年为太上皇时，文书中的"太上皇"，慈禧太后当政时，文书中的"皇太后"，都要三抬，另起一行，高出平行三格书写。

四抬只在乾隆皇帝做太上皇时使用过，因"太上皇"用三抬，其先祖、天地又高于太上皇，故用四抬。

从现存清代档案来看，公文书写的抬头制度并不一致，上奏文书因是呈御之件，要经有关机关审查驳正，唯恐违式获罪，所以要格外小心，抬头制度遵守得较为严格。而官署往来行移就灵活得多，为了溜须拍马，取悦长官，下级官吏乐于在上行文中玩弄抬头的把戏，清代禀文中称上级长官有双抬、三抬以至四抬者。有的县官向下行文，"县"字竟高于"国"字之上，"县"字顶格书写，而"国"字只作空抬②。

2. 避讳制度

清代公文书写中的避讳尤为严格，偶有不慎，参处立至。在公文中遇有庙讳、

---

① 根据清代档案以及《光绪会典》卷69，道光二十九年《科场条例》。
② 中国人民大学档案系编《清代文书》（油印本）"祁门县告示"。

御名及声音相近的字句，都要回避，酌情改写别的字句。有的用改字的方法，如"玄"改作"无"，以避圣祖玄烨讳；"弘"改作"宏"，以避高宗弘历讳；"甯"字道光时改作"寍"字，咸丰后又改作"育"字，以避宣宗旻宁讳；光绪时，"淳"字改作"湻"，以避穆宗载淳讳。雍正时为避御名胤禛，甚至将死于康熙五十年的学者"王士禛"，改作"王士正"，乾隆时又改为"王士禛"。可见清初讳禁之严。

有的使用缺笔的方法，对所避之字的最后一笔不写。

题奏文书中还有一些不吉利的字句必须避忌。如"年终"，改为"年底"；"尽数"改为"全数"。"崴"改为"岁"，因其上部从"止"，中部从"少"。"葬"因中间笔画申断，改为"毒"。另外，前后并排之文字也不得构成忌讳字句，如"大计""大典"不得与"行在"并排书写，以免"大"与"行"左右相邻构成"大行"(初死的皇帝)忌讳。

第五节　明清档案的特点

档案工作自古以来就是一项机要性的工作，档案作为统治阶级政务活动的原始记录，历来都受到严密的保护，被禁锢在宫廷秘阁、石室金匮之中，明清时期统治阶级制定有严厉的档案管理法令和种种防范措施。明代收藏内阁档案史籍的文渊阁库房，"深严禁密，百官莫敢望焉，吏人无敢至其地，阁中趋侍使令，惟厨役耳，防漏泄也"[1]。清代内阁大库"三百年来，除舍人省吏循例编目外，学士大夫罕有窥其美富者"[2]，"九卿翰林部员，有终身不得窥见一字者"[3]。统治阶级的严密封锁，割断了档案与社会利用的联系，致使人们对明清档案无法了解。

20世纪20年代以来，明清档案才被作为社会历史财富，开始在历史文化领域发挥作用，得到社会的广泛关注。但是，长期以来，人们的档案意识较为淡薄，人们熟悉于图书报刊资料的收集利用，对于档案则有些陌生。社会各行各业，甚至许多学术团体和个人，因缺乏对明清档案的了解，产生盲目的畏惧情绪，浩如烟海的档案史料使他们望而却步，即使有一部分人走进了这座史料宝库的大门，也往往由于不了解明清档案的特点，查阅利用起来，困难重重，不得要领。因此，了解明清档案的特点是十分必要的。

---

[1]《中书典故汇记》卷六。
[2]《观堂集林·库书楼记》。
[3] 阮葵生：《茶余客话》卷一。

明清档案是我国历史文献的重要组成部分，与其他历史文献相比较，明清档案不仅具有一般文献资料的共性特征，还有着区别于一般文献史料的鲜明的个性特点。

一、原始性

这是明清档案区别于其他文献的最大特点。明清档案是明清时期统治阶级及其国家机关处理政务或履行各项职能活动的过程中产生和形成的。每一件档案都是一定机关或个人在一定的时间、地点，处理一定事务的原始记录。明清档案的原始性，主要表现为档案内容的原始性和档案形式的原始性两个方面。内容的原始性取决于档案前身的固有性质，即文件的性质。文件是档案的前身，文件办理完毕，归档保存起来，就转化为档案，文件和档案本为同一事物，只是在具体活动中所处的阶段及所起的作用不同。事务处理中，为了上通下达、左右联系，或请示汇报、或命令指挥、或商讨公务，总要撰拟数量不同的文件，文件是作者当时、当地参与该项事务处理活动情况的原始的文字记录。当文件归档保存转化为档案后，这种原始记录性并没有任何改变。可见，档案内容的原始性早在文件形成之时，就已被确定下来。文件代作者立言，较为忠实地表达了作者的思想意图，是统治阶级及其国家机关行使职权，推行政务的工具，同时，也是追究文件责任者的原始凭证和依据，一条上级的指令是否正确，一件下级的汇报是否真实，一旦成文，就白纸黑字，铁证如山。每份文件都要不同程度地接受实践的考验，同时要受到国家机关有关部门的检查。明清时期，订有种种严刑峻法，惩罚公文处理中的失误舞弊情事，以保证国家机器的正常运转。因此，作为历史的原始记录，明清档案的内容一般来说是真实可靠的。我们可以通过它单刀直入地去观察历史的陈迹，再现历史的亡魂。

形式的原始性是指明清档案载体的实物而言。明清档案都是上百年前的旧物，不管其内容真实与否，它都是明清时期的制作物，有着作者的笔迹，钤有官署的印记，留有作者及时代的各种痕迹，从形式上反映了历史的原始情况，对历史研究仍有重要的参考作用。

二、琐碎性

明清档案数量在1000万件以上，每件档案所载内容多为琐碎。档案不像图书那样内容集中概括，档案所记多是某种事务活动的具体细节，反映面比较狭窄，一件事或一个问题的来龙去脉，往往要通过几件、几十件，甚至数百件档案才能完整地反映出来。因此，我们在利用中，就不能满足于一孔之见，需要全面地查阅，进行综合的分析研究，才能得出正确的结论。如乾隆五十八年（1793），英使马戛尔尼来华要求增开通商口岸，请给租界一事，前后形成了众多的档案。北平故宫博物院

文献馆将有关敕书、谕旨、奏折、奏片等各种档案九十多件选编进《掌故丛编》第
1~9辑，予以公布。记载内容十分详尽，包括迎来、送往、招待、赏赐，以及英使
不肯按中国礼仪行三跪九叩大礼，触怒乾隆，降低其接待的规格，以示冷淡等详情。

　　档案内容的琐碎，还表现在有些档案所涉情节过于详细，特别是在一些上行和
上奏文书中，作者为了显示自己办事的精明强干，往往罗列大量的琐细的数字，如
现存清代内务府"和图利档"（杂档）中，有一批乾隆四十年之际，修建承德布达拉
庙的档案，大都是庙殿毁坏情况、施工过程、筹备物料、所费银两等琐碎细节。具
奏人不厌其烦地诉说庙殿屋顶漏雨情况，各处漏洞的位置、数量，墙壁开裂的宽度、
长度，各种工料用银的数量，公费饭食纸笔、进京盘费用银数量，各项银两的支领、
开支、余存数字等等①。一座普通庙殿的修缮工程尚须如此详细地向皇帝上折奏闻，
其他官府行移文书内容之琐碎就可想而知了。有些档案征收田赋米谷的数字细到升
以下的5~10位数，征收地丁银两的数字小到两以下的6~12位数，如"各该巡逻
把总逐月造册开送户部径自给屯田子粒十四万九千三百六十石七斗二合七抄三撮四
圭六粟一粒五黍。""万历元年贰年未完起运本折色银十四万八千九百六十八两一钱九
分九厘三毫五丝五忽二微九纤四沙八尘二埃。"②看起来一丝不苟，实际上都是累赘
之词。

　　明清档案内容的琐碎不可避免地给今天的利用工作带来一些麻烦，但对某些专
门性研究来说，却是难得的精确史料。一个工程建筑师可以根据修建布达拉庙档案
中的记载描绘出布达拉庙的建筑图。一个医务工作者可以从《万岁爷天花喜进药用
药底簿》的106服药品中研究我国古代的中医医术。明清档案的琐细给历史的定量
研究提供了条件，利用如此细小的史料，我们可以把历史勾画得更加逼真。

三、整体性

　　明清档案是不同机关或个人在不同时间处理不同事务的活动中形成的。每一机
关或个人处理每个问题，开展每项工作，进行每次活动，都会形成数量不等的档案。
机关或个人在政务活动中，并不是一个孤立的主体，它必须在请示汇报、指导监督
和调查研究各项活动中，与上下左右各个方面发生联系。因此所形成的档案来源不
同。有来自上级的指示命令，有来自下级的请示报告，有来自其他机关的文移。这
些档案虽然来源不一，但在内容上、时间上都有不可分割的联系。它们犹如一章乐
谱中的一个音符，一个节拍，看起来如此微不足道，平淡无奇，但连贯起来，却可
以汇集成气势磅礴的乐曲。明清档案中，除少数档案外，绝大部分内容琐碎，很不

① 《清代档案史料丛编》第七辑。
② 明《潘司空奏疏》卷二"酌议军卫事宜疏"："报蠲免过并应征钱粮疏"。

集中，仅凭几件档案不可能了解事件的前因后果。如果从整体的角度把有关全部档案联系起来，就可能是一组十分典型的材料。如中国第一历史档案馆在《清代档案史料丛编》第十辑中选编的"辛酉政变"的 80 件档案，反映了叶赫那拉氏勾结奕訢密谋策划发动政变的经过。但所选档案内容琐细，极其平常，如咸丰遗嘱八大臣辅政；八大臣以皇帝名义让奕訢留京办事；那拉氏要求当皇太后；胜保要求来京叩谒梓宫；八大臣要僧格林沁也来叩谒梓宫等等。看起来平平淡淡，联系起来，则顿露杀机，反映了"辛酉政变"中两派势力的生死搏斗。一个机关或个人一时一事所形成的档案，可以看成一组联系密切的小整体，那么在长时期处理众多事务中所形成的档案，就可以看作一个大的整体，它们之间同样有着密切的联系。在明清档案中，一个独立机关或个人所形成的一组密切联系的档案史料，往往被集中存放在一个卷宗内，称为"卷"；机关或个人所形成的全部档案，也集中存放，称为"全宗"。明清档案的整体性为我们的宏观研究提供了条件。研究明清的政治、经济、文化、教育以及各门专业史都需要从其整体性着眼，只着眼于部分档案，无异于瞎子摸象。

四、相关性

现存清代档案中，常有不同全宗的档案内容相互联系，互为交错的情况，同类事务甚至同一问题的档案常常散见于几个档案全宗之中。假若你需要查阅利用外交档案史料，研究清代的外交史，你就不能只去查阅外务部档案全宗，因为外务部只是清末管理外交事务的机关，在其之前，清代外交由礼部和理藩院兼管，礼部负责东、南两方海路来的国家，理藩院负责西、北两方陆路来的国家；以后又有总理各国事务衙门（1860 年设），1901 年才改为外务部。另外在中央中枢机关内阁、军机处及在宫中所保存的档案中也有大批外交档案史料。因此，研究清代外交的历史，就要分别查找外务部、礼部、理藩院、内阁、军机处、宫中各处等档案全宗。假若你所研究的问题只是某一事件，也常常会涉及各个全宗，例如你需要查阅某一重大刑事案件，那么就可能涉及刑部——法部、大理寺、都察院、内阁、军机处、宫中各处等档案全宗。1931—1934 年，北平故宫博物院，国立北平研究院编印出版的 9 辑《清代文字狱档》即选材于军机处档案和宫中朱批奏折等不同档案全宗。清代不同机关档案内容的相互联系、交错是清代官僚体制造成的。为了强化君主专制，防止臣下擅权，清代实行官制多元化，国家机构重叠设置，互相牵扯，相互稽查。同类事务往往分别由不同机关负责，如掌礼仪祭祀的机构有礼部、太常寺、鸿胪寺、光禄寺、乐部以及陵寝礼部。掌管全国田地、户口、财政的有户部，但八旗官庄旗地的管理权却属于八旗都统。户部内设 14 个清吏司，其分工既不完全按地区，也不完全按业务性质，如山东清吏司"掌稽山东布政使司及奉天民赋收支奏销，青州、德州驻防，盛京、吉林、黑龙江将军所属兵精出纳，并参票畜税之事，兼核长芦等处盐课请引疏销"[①]。清代国家机关职掌如此交错混乱，它们所产生的档案必然就会在内容上产生互相交错的现象。所以在利用明清档案研究历史时，就不能像研究远古史那样仅靠有限的文献史料去分析推理，而是要首先在查阅档案史料上多下功夫，顺藤摸瓜，不把有关档案看完，就不能过早地下结论。

五、专属性和时间性

明清档案不同于一般图书资料，专属性和时间性特别强。查阅利用图书资料，可以丢开作者的姓名和图书的出版时间，只在内容中寻求有价值的东西。明清档案则恰恰相反，要想判断档案的价值，首先必须注重其作者和形成时间。每份档案都是一定作者（机关或个人）于一定时期的产物，是专属于它的作者和特定的时期的。离开了作者和形成时间，不管档案的内容多么重要，都不足为凭。明清档案的专属性和时间性将每份档案都与特定的历史背景紧密地联系在一起，它们标明每份档案在历史中的位置，相互之间的关联，是我们判断明清档案的重要依据。借助档案的专属性，我们可以初步判断档案的重要程度和价值。在同一事务所形成的档案中，皇帝的谕旨一般来说比官衙的指令重要，上级的文件比下级文件重要；主办单位或主管官员的档案比协助单位或官员的档案价值高。借助档案的时间性，我们又可以初步确定同类或同期档案之间的排列顺序，相互关联。时间反映事物的发展过程和阶段，体现了不同的因果关系，打乱了这种时间性就会本末倒置，颠倒和混淆事物的历史发展过程，得出错误的结论。

六、重复性

由于清代普遍实行文件的副本制度以及汇抄和修缮制度，现存清代档案中，有许多重要档案的内容互相重复。大体可以分为四种情况：一是文件的副本。文件副本制度相当广泛。如题本的副本以及揭帖；奏折的录副；誊录谕旨的"上谕档"等，不仅内容相同，有些还具有与正本原件同等的法律效力。除文件外，清代的圣训、实录、玉牒等档案史料也都有多种副本存在。如圣训分满文、汉文、小红绫、小黄绫等多种版本；实录则有满、汉、蒙三种文字和大红绫、小红绫、小黄绫三种版本；玉牒都要缮录三份，分别存放。

二为文件汇抄。文件的汇抄基本上是照录文件的原文，有些则是原文的摘录，内容基本与原件相同，只是不再具有原件文书的印章、签押、衔署等重要标记，可

[①]《清朝通典》卷二十四，职官二。

靠程度较原文要低，但较原文系统集中，查找方便。如现存清代档案中最系统、最典型的档案史料长编——"六科史书"，即是题本的汇抄，起自顺治，止于光绪。

三是档案的修缮本。清代对一些重要档案都要定期修缮。《光绪会典》卷三载："凡清字、汉字之档，岁久则缮，清字档每届五年，汉字档每届三年，均由军机大臣奏明另缮一份，并原档一同存储，以备缺失。"因此，现存的清代档案中有一些是修缮本。

其四，在现存明清档案中还有许多各种文件的底稿，有诏敕表笺的底稿，题稿、奏稿、奏移、奏底、堂稿、发文底簿等，在正本亡佚的情况下，在其底稿中可以得到弥补。

明清档案中，某些重要档案内容上的重复，一定程度上弥补了明清档案的残缺，这些档案可以互相参照使用，为今天的利用工作提供了方便。如题本的正本、副本、揭帖、六科发抄本（又分正抄、外抄两种）、史书、录书（现已亡佚）；奏折的正本（朱批奏折）、录副、议复档、交议档等，都可以在利用时互相参考补充，互相印证。

七、鲜明的阶级局限性

现存明清档案 90% 以上是官府的文书，它们代统治者立言记事，代表着统治阶级的观点、立场，维护着统治阶级的利益，是统治阶级"插入鞘中的剑"。因此，明清档案较之其他文献资料更具有鲜明的阶级性，档案所记内容具有很大的阶级局限性。我们说明清档案一般是真实的，但并不排除由于历史条件的限制和出于个人因素的作祟，而造成的档案内容的虚假现象。在政治腐败，吏治混乱的封建王朝，官场中的钩心斗角，尔虞我诈，营私舞弊的现象屡见不鲜，为了维护阶级的利益，谋取个人的私利，统治阶级往往在公文中作伪，例如为粉饰政绩、邀功请赏；为隐瞒失职、逃避罪责；为争权夺利、挟嫌攻讦；在虚张声势、制造舆论等情况下都存在着作伪的可能性。另外，作者受个人认识水平和历史条件的限制，也容易产生档案文件的失实。现有明清档案中虚假失实的情况还是比较严重的，就其程度而言，可分为以下三种情况。

（一）无中生有，恣意伪造

这种情况在明清档案中并不多见，但仍然存在。例如，雍正年间，曾静、吕留良文字之狱，株连最广，影响最大。为了消弭人民的反清情绪，雍正皇帝授意伪造曾静的"悔过之言"，并将曾静及其门徒张熙在狱中的审答之词，和雍正皇帝的有关谕旨，编入《大义觉迷录》，刊布天下。又如，在清代档案中，有一份光绪三十四年（1908）清政府编制的《农工商部统计表》，记载："源昌机器五金厂。营业，专做五金。

出资人，祝大椿。资本十万元。"这份出自官方统计的典型材料，理所当然地被史家作为研究中国近代工业史的依据，在许多专著中，反复地被引用。但后来经过调查核实，这个"源昌机器五金厂"纯属子虚乌有，原来是祝大椿为了骗取清廷的二品顶戴而伪报的。中日甲午战争后，清政府曾陆续颁发了一些鼓励民间设厂的奖励章程，1907年，农工商部奏定颁发了"华商办理实业奖给章程"，规定凡投资逾二百万元者赏四品卿衔，加二品顶戴。祝大椿为冒领奖赏，就把他以千元起家创办的"源昌煤铁五金号"伪称为拥资十万的"源昌机器五金厂"，加上他的另外一些加工厂及合资企业，凑够了二百万之数，终于得到了个二品顶戴，却给历史增添了疑难①。

清代档案中赝品最多的是有关太平天国的档案文件，有官方的伪造物，也有民间的伪造物，如1852年，清钦差大臣赛尚阿在广西永安兵败后隐瞒真情，为逃避罪责而凭空捏造出一个洪大全及其口供，又于进军献俘途中，伪造了《洪大全上咸丰表》。苏松太道吴建彰于太平军攻克南京之际，为挑拨洋人参与镇压太平军，而伪造措辞强烈，要将洋人"概行诛戮鸡犬不留"的所谓《安东将军平满大元帅罗参赞军机大臣王会衔告示》，现藏在英国不列颠博物院。也有一些是与太平天国同时起义的天地会借重太平天国的声威而伪造，如《太平天国总理军机大臣大元帅万大洪告示》《天王即位告天下诏》《天王讨满清诏》《天王敕御弟定鼎亲王秀琼诏》《平满统兵大元帅杨秀涛布告》等，正如曾国藩所言："莠民动辄贴粤匪之伪示，张太平之逆旗。"②还有一些是后人所伪造。这些伪造的文件有的被保存在明清档案中，有的被辑录在其他文献史籍中，造成了一定的影响，后经专家们的考辨，才弄清了真相。

明清档案中的赝品，还有一部分是书吏造成的。明清时期，吏治腐败，官员多不留意政事，一切委于书吏和幕僚。书吏为害相当严重，他们纵横京师，盘踞官衙，以科房为巢穴，挟文档为利器，借管理文档事务之便，蓄意伪造文件，侵吞钱粮，他们"骗得一朱，偷得一印，便是吓鬼之符，支钱之票"③。如嘉庆时，直隶省书吏王丽南等人私雕假印，伙同州县虚收钱粮；兵部书吏伪造札付，盗用印信，私行调补营弁；工部书吏王书常私雕假印，伪造文件，数次向户曹冒领白银；光绪年间，内务府广储司银库的书吏，勾结銮仪卫书吏假造文件向内廷冒领赤金等，都说明书吏伪造文件的严重性。

(二) 歪曲事实，删削篡改

这类档案论其来源，是真实的，不是蓄意制造的赝品，但其内容并不真实，或

---

① 上海市工商行政管理局、上海第一机电工业局机器工业史料组编《上海民族工业》。
② 太平天国历史博物馆编《太平天国文书汇编·前言》，中华书局1979年8月出版。
③《福惠全书》卷之四。

者并不完全真实，真假掺杂。造成这种情况的原因有二：

第一，档案形成者自身为了达到一定的目的，不顾客观实际，故意捏造假象，歪曲事实，或乔装打扮，瞒上欺下，这是封建官场中的升官之道、护身之符，封建官吏很少例外。这种情况在明清档案中并不少见，如镇压太平天国革命的老手曾国藩就多次具折谎报战功。在攻陷天京后，曾国藩于安庆给皇上写了一个《金陵克复全股悍匪尽数残灭折》，折中绘声绘色地描述了战斗的全部经过，于关键之处虚构了两个情节，一是"三日之间，毙贼共十余万人，秦淮长河尸首如麻，凡伪王主将及大小酋目约有三千余名，死于乱军之中者居其半，死于城河沟渠及自焚者居其半。"对此，罗尔纲先生根据大量的文献资料，揭穿了曾国藩折中的虚构情节，指出天京失陷时，城中太平军不过一万余人，多缒城而走，遭杀戮者多为老幼。折中虚构的第二个情节是"伪忠王传令群贼，将伪天王府及各伪王府同时举火焚烧，伪宫殿火药冲霄，烟焰满城。"事实上，纵火焚烧天京城的不是太平军，而是清军。天京失陷前，清廷正垂涎于传说中天京的金山银海，曾军入城后将各王府金银抢劫一空，焚城灭迹，然后归罪于太平军，既搪塞敷衍了清廷的责问，又中饱了私囊，一举两得，何乐不为[①]。

第二，统治者或当事人为了维护自身的利益或达到某种政治目的采用种种手段涂抹、挖补、删削、篡改他人的档案。曾国藩删削篡改李秀成自述即为一例。清军攻陷天京后，忠王李秀成被俘，监押期间写了约五万字的《自述》，对其生平事迹和太平天国发展及失败的情况作了交代。客观上揭穿了曾国藩夸大战功，欺骗朝廷的谎言，曾国藩为掩盖真相，亲自对李秀成自述逐字核对，删除了于己不利的字句，篡改了一些重大事实，然后在清廷献俘京师的寄谕到达前，杀人灭口。经删削篡改后的《自述》，仅有三万六千字，关键情节已被歪曲。如关于洪秀全之死，《自述》原文："四月将初之候，斯时我在东门上，天王斯时已病甚重，四月二十一日而故。此人之病，不食药方，任病任好，不好亦不服药也，是以四月二十一日而亡。"曾国藩将这段话篡改为："因九帅之兵，处处地道近城，天王斯时焦急，日日烦躁，即于五月二十七日服毒而亡。"篡改天王的死因和时间，显然是为了冒功。

关于李秀成被俘，《自述》原文："因此，我藏不住，被两国（个）奸民查获，解送前来"。曾国藩将"被两国（个）奸民查获"改为"遂被曾帅追兵拿获"，以此夸大战功。又将李秀成带领幼主从天京突围的时间，由原文的"初更"改为"四更"，因依据清律，敌军初更突围成功，围城将官要受处分[②]。曾国藩将篡改后的《李秀成自

---

① 罗尔纲：《曾国藩奏报攻陷天京事考谬集》，《太平天国史记载订谬集》，三联书店1965年版。

② 参见罗尔纲《李秀成自述原稿注序》。

述》抄录呈送清廷，原件由曾氏自己保存着，后随曾氏后裔转移到台湾。1962年，曾国藩的曾孙曾约农将原文交台湾世界书局，按原件尺寸和式样，套红影印，书名《李秀成亲供手迹》，使真相大白于天下。

另外书吏在处理文书档案之机，任意篡改文档的现象也是严重的。有的书吏使用水补掇之法，将重要钱粮数字、年月进行涂改，字面上不留任何痕迹，唯将文档向着阳光，仔细察看，才可看出篡改处纸的帘纹与原纸不续，这是很难被发觉的①。明清对书吏缮写差错，都有定例处分，但也不能杜绝书吏在文档中的舞弊现象。

(三) 记事失实

由于历史条件，特别是作者立场、观点、认识水平等方面的限制而引起的记事失实，这是明清档案普遍存在着的缺陷。强烈的阶级性给每份档案都打上了深深的阶级烙印。统治阶级衡量是非的天平始终是倾斜的，他们总是立足于个人或本阶级的利益去判断事物的是非曲直；对自己、对亲者、尊者、贤者、同僚好友极尽褒扬；对广大人民群众、对政敌肆意贬斥。统治阶级这种不可避免的局限性，就决定了明清档案内容的片面性。明清档案是历史的原始记录，一般说是真实的，但这种真实性只是相对而言的，并不意味着档案的内容完全准确无误地记载和反映了当时社会的客观事实，总有一定程度的偏差。

档案记载失实除阶级局限外，还有一个重要原因，就是历史条件和个人认识水平的限制，使档案的形成者不能正确地认识事物，辨别事物，只见现象，不见本质，只见局部，不见全局，因而导致记载的失实，影响了档案内容的真实性。如金田起义时，任广西提督的向荣，第一个率兵镇压太平天国革命，被清廷任命为钦差大臣，率军从桂平尾追太平军到天京。由于太平天国初期文书档案工作组织严密，很少有文书档案落入清军之手。尽管清军千方百计地派遣间谍、拷问俘虏以及重价收买，也不能得到太平军的核心机密，最多只能得知"一馆一衙之事"。这位尾随太平军多年的清军统帅，由于无法了解太平军的内幕，以至于到金陵后，还弄不清楚是否真有洪秀全其人。他在咸丰三年六月二十三日给咸丰皇帝的奏折中写道："臣等抵金陵后，每见城中逃出难民，必详加访问，全称洪秀全实无其人，闻已于湖南为官兵击毙，或云病死，现在刻一木偶，饰以衣冠，罔置伪天府。"②过了一年多以后，向荣在一次水战中，获得了一部太平天国文书抄本，看到文件上有"旨准"二字，又感到上述说法不对，但到底有无洪秀全其人，还是没有确定。他在咸丰四年八月二十六日的奏折中，又称："至洪逆之有无，向有传闻异词……今观洪逆尚有批答之语，则

---

① 《福惠全书》卷之三。
② 《向荣奏稿》卷四，咸丰三年六月二十三日；四年八月二十六日。

又似有其人。"[1] 向荣作为镇压太平天国的清军统帅，按理说，其有关军情的奏报是研究太平天国史的依据性史料，但由于历史条件和向荣的昏庸无能，竟然在有无洪秀全其人的问题上记载失实，至于其他档案记载失实的可能性就不言而喻了。综上所述，明清档案既具备其他文献史料的共性特征，又具有区别于其他文献史料的鲜明特点。正确认识明清档案的特点是正确利用明清档案的基础或前提条件。只有了解明清档案的特点，才能真正了解明清档案的价值，才能顺其脉络于浩如烟海的档案史料中发掘出有用的东西。明清档案是我国历史文献的精华，但也糅杂着糟粕；明清档案是历史的原始记录，但也存在少数伪造物；明清档案比较真实地记载和反映了历史的客观事实，但也不能把档案内容的真实性与历史的本来面目完全等同起来。明清档案的特点告诉我们，档案不是用以堆砌历史的砖瓦，而仅仅是制作砖瓦的原料，正确发掘和利用一件档案史料，不能奉行"拿来主义"，而是需要利用者付出艰苦的劳动。

第六节　明清档案的价值

明清档案是中华民族历史文化的宝贵财富，是明清时期政务活动的原始记录，具有很高的史料价值和多方面的参考价值，同时具有重要的凭证作用。它不仅是研究明清历史的第一手原始材料，而且对我国社会主义革命和建设有着重要的现实意义，产生着直接或间接的经济效益。1980 年党和政府又作出了开放历史档案的英明决策，向全国人民敞开了这座史料宝库的大门，明清档案的珍贵价值，受到社会各行各业的重视。

一、明清档案的价值

(一) 明清档案是明清史研究的第一手材料

史料是历史研究的基础，详细、充分地占有史料是历史研究的先决性条件，离开了对史料的收集和利用，历史研究工作就成为无源之水、无本之木，这是古往今来，史家治史的一大信条。明清史研究，史料极为丰富，有各种官修史书，有众多的私人著述，还有遗留至今的大量档案文物。就史料价值而论，明清档案较之其他

---

[1]《向荣奏稿》卷四，咸丰三年六月二十三日；四年八月二十六日。

史料更为直接、原始，更为珍贵。当然，我们无意贬低其他史料的价值，像明清两代所编修的实录、圣训、国史、方略、会典等史籍，不但数量多，而且内容广。明代，从太祖朱元璋到熹宗朱由校，共修有13朝实录，共计3045卷，另有思宗朱由检实录17卷为后人所修。清代，共修实录12部，累计4363卷，只有宣统朝无实录，而有《宣统政记》70卷。每朝实录都一式五份，每份又分满、汉、蒙三种文本。按光绪二十七年（1901）统计，清太祖至穆宗，10朝的实录和圣训共有42 568卷。实录所记内容十分广泛，政治、经济、军事、文化、教育、天文地理、民俗等无所不包。另有各种会典、方略、纪略、国史等官修史书都保存完整，成为历史研究的基本史料。但这些官修史籍，都是根据档案编修而成的，都是第二手资料。在内容上处处可见斧凿的痕迹，一般都存在着为统治阶级隐恶扬善、歌功颂德的缺陷。私人著述中，除蒋良骥的《东华录》、王先谦的《十朝东华录》、潘颐福的《咸丰朝东华续录》、朱寿朋的《光绪朝东华录》取材于清代各朝实录、方略、会要外，绝大多数著述多凭间接史料或传闻，充其量亦不过是第三手资料。在私人著述中，不可避免地因个人的好恶而铺张渲染，褒贬于笔端。因此，官修史书和私人著述虽然都有一定的史料价值，但都是经过加工了的史料，都不可尽信，"官书失之于讳，私著失之于诬"，研究明清史应该主要依据明清档案，"把它放在研究历史的最高地位"。

清史研究历来是史学研究中的薄弱环节，我们至今还没有一部高质量的清全史。北洋时期所修《清史稿》，由于作者的反动立场，编修工作的草率，特别是没有充分利用清代三百多年间所遗存的档案，致使《清史稿》观点荒谬，错误百出，疏漏甚多。现在，明清档案实行了集中统一的管理，面向社会开放利用，为明清史研究提供了优越的条件，并取得了丰硕的成果，它不但用于进行政治、法律、宗教等传统的历史领域研究，而且扩大到各个学科史的研究，如工业史、农业史、商业史、科技史、天文史、医药史等。

(二) 明清档案是社会主义精神文明建设的好素材

人类的文明，是一种知识的积累，是人类历史创造活动的结晶。明清档案作为明清两朝政务活动的记录，可以说是我国古代文明的象征。马克思主义认为，民族的道德规范、意识形态以及文化素质，都是一定社会的产物，同时有着历史的继承联系性。在当今精神文明建设中，批判地借鉴和继承古代文明成为思想学术领域讨论的热门话题，也成为全国人民议论的热点。明清档案作为我国封建社会近500年的原始记录，理应成为我们精神文明建设的最可贵的资料。

1. 明清档案是爱国主义的好教材

明清档案记载着中华民族的兴衰，其中有我们民族的骄傲，也有我们民族的耻辱。中华民族有着光辉灿烂的历史，清乾嘉以前，我国作为世界上空前庞大的、统一的多民族国家，不管是在文化、科技、经济、军事等方面都处在世界的前列，受到各国的仰慕。康乾盛世之时，朝鲜、琉球、越南、南掌（今老挝）、暹罗（今泰国）、苏禄、缅甸等国都次第归属，奉表称臣。在现存的清代档案中，仍残存着以上诸国入贡表文，或贡物礼单。对次第东来的西洋荷兰、葡萄牙、西班牙、意大利诸国，清帝国也以属国朝贡视之，绝无平等礼节可言。洋人为获得贸易之利，也只好卑躬屈节。现存清代内阁档案中有俄罗斯、日本、荷兰、英吉利等国进贡的表文及贡单。洋人来中国必须遵守中国的"规矩"，对于那些不遵纪守法或非分奢求的人，都遭到清廷的坚决拒绝或驱逐。在中国第一历史档案馆所藏"总管内务府"满文档案中，有一些关于西洋耶稣会士领票留居中国和被驱逐出国人员的材料。这是在康熙四十四年十月，罗马教皇十一世遣使来华，公然干涉中国教民尊孔祭祖引起的。康熙皇帝认为此事"譬如立于大门之前，论人屋内之事，众人何不恨之？"[①] 因此下令：凡在华传教士均须领票，声明永不返回西洋，才可留居中国，不留者解送澳门，驱逐出国。当然，我们并不称道如此对外政策，我们只想说明，这种政策，并非盲目的"夜郎自大"，是有着强盛的国势为基础的，这与鸦片战争后"量中华之物力，结与国之欢心"的腐败政府形成了鲜明的对比。中华民族在鸦片战争后，历经劫难，屡遭外国的侵略蹂躏，那些保存至今的清代外务部档案，军机处录副奏折等，真实地记载着帝国主义列强的侵华罪行和清王朝卖国行径，反映了中华民族任人宰割的悲惨岁月。这些档案是帝国主义的罪恶史，是中华民族的血泪仇，任何一个中华儿女读之无不怒发冲冠。血的事实告诉我们"优胜劣汰"是任何事物的发展规律，在阶级社会里，任何一个民族落后了就要挨打。

明清档案记载着中华民族的革命斗争传统。在清代档案中，保存有数量众多的反映人民反抗阶级压迫和民族侵略内容的文件。其中有反映农民起义和农民战争的材料，如军机处录副奏折中，有关捻军、太平天国、义和团、辛亥革命，以及白莲教、八卦教、天地会等156个秘密结社的反清斗争材料，充分说明我们的民族富有革命斗争传统和不屈不挠、勇于牺牲的革命精神。另外，还有大批反抗外国侵略的档案史料，诸如林则徐虎门销烟，广州、福建、江苏各地人民群众抗英斗争的档案；中法战争中，有关刘永福黑旗军抗击法国侵略者的档案；中日甲午战争中，以邓世昌、林永升为代表的北洋海军血战日军的档案；义和团勇士与外国侵略者浴血奋战的事迹；以及清末全国各地人民杀死无恶不作的传教士、焚烧教堂教案，都反复说明了一个道理，即爱国主义从来都是我们民族的巨大精神力量，是我们民族的

---

① 北平故宫博物院编:《康熙与罗马使节关系文书影印本》(二)。

强大凝聚力和向心力。国家兴亡，匹夫有责，每当中华民族面临救亡图存的生死关头，中华儿女都甘愿为民族的生存而献身。历史一再证明：中华民族是不可战胜的！中华民族无往不胜，无坚不摧！我们要把明清档案作为今天爱国主义教育的好教材，让我们的人民，特别是年轻一代了解我们民族的历史和革命斗争传统，激发斗志，坚定信心，增强民族的责任感，献身于"四化"建设的宏伟事业。

2. 明清档案在文化建设中的重要价值

明清档案本身就是一笔珍贵的文化遗产。其中有清代文化活动的原始记录，如现存清代升平署的戏曲档案，以及乐部档案都很有参考价值。升平署是负责宫廷奏乐演戏事务的机构。所存档案中，有上千种曲本和大量的戏目单和戏班花名册，花名册自道光初年至宣统三年，详具名伶的角色、姓名、官品、食俸，籍贯等，又有朝廷大曲演奏中和乐、丹陛乐的记载。在现存乐部、军机处档案中也存有部分戏曲、音乐以及会修欠修乐器清单、御制乐章等。上述档案是我们总结借鉴古代戏曲、宫廷音乐，以及研究戏曲的种类、流变、名伶递代的依据资料。

明清档案又是历史题材文学创作的素材。中华民族历来重视历史的研究，以历史人物和事件为题材的小说、电影、电视、戏曲深受广大读者和观众的欢迎。此类文学作品能够使读者和观众于艺术欣赏的同时，一定程度上了解历史，从中得到教育。好的历史题材文学作品，一定要以真实的历史人物、事件为基本线索，进行必要的集中概括和艺术的虚构，但基本情节却不能够违背历史事实，否则也就失去了自身的特点，就不能为读者和观众所接受，长篇历史小说《李自成》、电影《林则徐》《甲午风云》《宋景诗》《海囚》《谭嗣同》《末代皇帝》《垂帘听政》《火烧圆明园》等之所以成功，重要原因之一是参考利用了大量明清档案，使其基本情节符合历史的客观事实，达到了艺术与史实的高度统一。明清档案是历史题材文学创作的史料宝库，由于明清档案具有原始性、系统性、相关性、具体性等特点，它不但为文学创作提供了大量的细小素材和宏观背景性史料，而且具有启迪性，可以启发作者的构思。许多明清档案专题性很强，一个事件的来龙去脉、前因后果，往往都有档案史料可依，有些事件本身就带有戏剧性，只需要我们的文学工作者加以艺术的概括和创造。明清档案作为文学创作的素材，有着广阔的前景，希望更多的文学工作者前去开发利用，创造出更多更好的精神食粮。

（三）在我国社会主义经济建设中，明清档案具有重要的参考价值

明清档案中，有关生产建设、科学研究的档案占有一定比例。农业生产、水利建设和手工业管理，历来都是封建社会中央和地方政府的主要职能活动，形成的档案数量较多：有关于屯垦耕作、雨雪粮价、林牧渔猎的题报；有关于河、湖、海、

塘、渠、堰工程修筑或疏浚情况的材料；有河湖水位、泛滥、决口等水文、灾情的材料；有天文、历法、地震、开矿、工程建筑方面的材料；还有大量的舆图，包括舆地、江河湖渠、水陆路程、行宫、寺庙、矿厂、建筑等类别。这些档案在我国社会主义经济建设中发挥了重大作用。

如清代有关雨雪粮价的档案相当丰富，清代规定，地方各省雨雪粮价、收成分数都要逐年报告。康熙二十四年（1685）开始进行全国性的气象观测，将天气晴雨，雨雪分寸记录在案，反映了清代二百多年气候变化规律和自然灾害情况，为发展我国农业生产提供了参考材料。藏有雍正二年八月七日山东巡抚陈世倌奏报地方蝗灾情形一折，折中称："今春三月中，蝗蝻盛发，势难扑灭。二十七、二十八、二十九等日，忽生一虫，形类螟蛉，其色纯黑，其口甚锐。蝗之大者，辄啮其项，随即中分，其小者则衔其顶，负入土内，分置三穴，次第旋绕，向穴飞鸣，声如蚊蚋。而第一穴之蛹，倏忽亦变此虫，以次二穴、三穴、亦皆如之。所变之虫，顷刻飞跃，相之驱逐，啮噬掘穴，衔负蝗螬，立时尽绝。此虫亦不知所在，土人名之为气不忿，宁南县南义社横岭日有之，众耳众目，惊异称神"[1]。原折内还附图一件，以彩色绘出"气不忿"的形状及啮噬掘穴衔负蝗蝻的动作。这件档案对研究农业虫害防治有着极大的参考价值，是珍贵的农业资料。

清代水文、水利工程档案在当今的水利工程建设中也发挥着重要作用。中华人民共和国成立之初，中国水利科学研究院曾有计划地收集清代二百多年全国河流、雨水、旱涝等档案资料。水电部黄河水利委员会治理黄河档案馆（1983年8月17日成立，馆址河南郑州）保存有两万三千多件有关清代黄河工程、水情、雨雪灾震的档案，和黄河河源图、河道图、工程布置图、河工图、漫口水患图、分洪工程图等图样史料，这是他们连续4年，由9名工程师从清代的朱批奏折、录副奏折、题本、上谕档、杂档、揭帖，及水利专档中选印的。通过这些档案，他们掌握了清代268年间黄河的情况，弄清了黄河历史上最大洪水量和最小枯水量，为治黄工程提供了重要的依据。在治理长江、海河、永定河、洪泽湖的工程中，也都利用过清代的档案。

在建厂、开矿、修桥、筑路及其他工程建筑、古迹修缮等工程中，也利用了许多清代的工程建筑、路矿、地质、地震方面的档案材料。

清宫太医院、御药房的脉案、用药簿，办买和发放药品、药品名称登记等档案更是难得的稀世之珍。清太医院医官在宫中为皇帝、太后、皇后、妃嫔等诊治疾病，都有专册记录，为内监、宫女等宫中使唤之人看病，也有登记，将患者名位、症状、

---

① 见单士魁：《清代太医院》，《故宫博物院院刊》1985年第3期。

处方用药、医者姓名等，都一一登记入册。为宫外王公大臣治病，也须详细回奏皇帝，如乾隆时，太医院使刘裕铎为大学士张廷玉视疾回奏称："十一月十六日，院使臣刘裕铎谨奏：奉旨看得大学士张廷玉心脾虚弱，胃经微受客寒，以致腹胁作胀，夜间少寐，时或头晕、心跳。臣用加味异功汤调治，谨此奏闻。人参三钱，白术二钱土炒，陈皮一钱，茯苓二钱，驳姜八分，附子一钱制，甘草六分，不用引"[①]。这些宫廷秘方被发掘利用后，取得了很多的研究成果，并在门诊、临床上得到应用，效益显著。

即使那些从前看来无足轻重，价值不大的档案，现在也派上了用场，发挥了重大的作用。如清宫帝后的膳食档案，解放前后整理时，只是把它看作帝后奢侈腐化的记录，现在却得到食品业、营养专家的青睐，所谓"昔日皇家独享，今日大家共赏"，推动了我国食品工业的发展和营养学的研究。在北京、广州等城市根据皇帝御膳食谱制作的宫廷佳肴，深受中外游客的欢迎。再如清宫内务府的"穿戴档"，对于清代皇室的服式研究以及当今服装行业也有着参考作用。奉宸苑档案对名胜古迹的庭园管理，开发旅游事业有着重要的价值。

(四) 明清档案在对外交往中具有可靠的凭证作用

我国幅员辽阔，明清时期，我国疆域得到巩固，并遗留下了大量有关我国领土海疆的记载和舆图。这是铁的凭证，粉碎了帝国主义分子妄图分裂我国的种种谎言，揭露了沙俄野蛮侵占我国大片领土的事实。在中苏边界谈判中，我国代表查阅利用了许多清代中俄关系的档案。国际上个别帝国主义分子及西藏叛乱分子不断制造分裂中国的阴谋，叫嚣："西藏不是中国的""西藏是独立国家"等，妄图否认中国对西藏的主权。只要公布一些明清时期有关管理西藏的档案，上述谎言就不攻自破。在现存的档案中，有元明清历代王朝对西藏地方官、达赖、班禅的敕封、赏赍、诏书训令等，以及他们给王朝中央的奏报、谢恩文书；还有清末英、俄、德、法、日等国与西藏地方政府来往的文书，都视西藏为中国的一部分，有一件同治年间英国的汉文照会，明确地写着："中国的西藏"。上述档案都反复证明西藏是中国领土一部分这一铁的事实。

二、认识判断明清档案价值的基本观点和方法

明清档案的价值并非明码标价，尽人皆知的，它好比璞玉浑金，有待人们去认识发掘。正确地认识和判断明清档案的价值是开发利用档案的前提性条件，它会受

---

① 见单士魁:《清代太医院》,《故宫博物院院刊》1985年第3期。

到利用者的立场、观点、认识水平、学识、对档案管理有关知识的了解等多方面因素的影响。因此档案的利用者一定要努力克服主观条件的限制，自觉运用马列主义的认识论和方法论，科学地认识和判断档案的价值。

（一）认识判断明清档案价值的基本观点

1. 历史的观点

每件档案都是一定历史时期的产物，档案所记载反映的内容与档案形成的社会背景有着密切的联系。探讨档案的价值，一定要把它放回到历史的原来位置上去考察。不能用现在的社会价值观去衡量。像考察一件出土文物的价值必须与它出土的地层及伴随物同时考察一样，一件档案只有与当时的历史背景结合起来，才能充分体现它的价值。一件今天看来内容极其平常的档案，可能是反映当时历史或事件的关键性材料，如康熙三十四年（1695）九月，李煦所上《请预发采办青蓝布匹价银折》[①]，简单地向皇帝汇报了上海民间生产青蓝布的情况，建议国家以较低的价格在头一年预先付给织户银两，第二年农闲季节农民再交货，国家少花钱，农民又可不误农时。这件奏折内容看来平淡无奇，但把它放到当时社会去分析，就会发现，它反映了一个十分重要的问题，即康熙三十四年，上海民间已出现了先付钱后取货的资本主义经营方式，出现了资本主义新的萌芽。

与此相反，有些档案仅从内容上孤立地考察它的价值，可能是重要的史料，但一旦联系到它所产生的背景，就会发现，它不过是一种现象而非问题的实质。例如，我们在论证乾隆年间"闭关自守"政策时，经常使用乾隆皇帝的一段话："天朝物产丰盈，无所不有，原不藉外夷货物以通有无。"单从内容上看，的确铁证如山，但，从其产生的历史背景看，就显得没有多少分量。这句话引自乾隆颁给英王乔治第三的一件敕谕里。因英国遣使向乾隆提出了增开通商口岸，减少英货进口关税，将舟山群岛中的一个岛屿和广州附近一个地方拨给英人居住等无理要求，理所当然地引起乾隆皇帝的愤怒，遭到断然的拒绝。乾隆在敕谕中严正地批判了英国的无理要求，指出："天朝尺土，俱归版籍，疆地森然，即岛屿与沙洲，亦必划界分疆，各有所属。"[②] 然后才说出上述那番话的。以当时情境而论，不过是针对英王的狂妄要求而给予的坚决回击，今日将其作为乾隆的对外政策，显然是站不住脚的。

2. 全面的观点

包括两个方面：首先要从不同的角度去探讨档案的价值。明清档案价值是多方面的，同是一宗清宫脉案，既是中医临床、中药学的参考资料，又具有清代宗室人

---

① 《李煦奏折》，中华书局1976年版。
② 《清高宗实录》乾隆五十八年八月乙卯。

口研究的参考价值，还可以作为个人医疗档案，证明皇帝、后妃等疾病、死因，澄清某些历史的疑案。同是一宗漕运档案，可能同时具有漕运、水利、交通、农业生产等多方面的利用价值。认识和判断明清档案的价值，不能只知其一，不知其二，见木不见林，应从政治、经济、文化等更广泛的角度去探讨。

其次，考察档案的价值，要充分考虑到档案与档案间的有机联系，必须将一组有密切联系的档案作为一个整体来看待。对其中某一件档案的考察，以整体为基础，不能孤立地去判断档案的价值。更不能为了标新立异，任意割离档案的内部联系，根据个别档案就断章取义，得出炫人耳目的"新观点"。

3. 辩证的观点

要从档案与档案间的相互矛盾和相互制约中探讨档案的价值。档案的内容错综复杂，围绕每个历史事件或历史人物所形成的档案，可能会因作者、来源、时间的不同，内容上会存在着种种差异，甚至前后矛盾或相互对立。在认识和判断这些档案价值的时候，我们要善于把握住正反之间、直接与间接、典型与一般之间的对立统一的关系，从事物的发展和变化中认识档案的价值。在档案史料中，正面的、直接的、典型的史料当然很重要，但也不可忽视反面的、间接的、一般的史料的价值。后者可以从不同的角度补充印证前者，从而使史料更加完备，更具有说服力。如太平天国历史博物馆编纂的《太平天国文书汇编》，收录了天王、幼主、各王的诏、谕以及各种本章、布告，可以说是研究太平天国的正面档案史料。由于太平天国失败后，太平天国的档案遭到清政府及外国侵略者的破坏，所剩无几，太平天国遗留至今的文书仅存数百篇，另有一部分名册、簿记、挥条等。仅凭这一点档案来研究太平天国是不够的，就必须借助清政府在镇压太平天国时所形成的档案。在中国第一历史档案馆保存的录副奏折、上谕档、剿捕档、朱批奏折、题本和京城巡防处的档案中有几万件有关镇压太平天国的档案。我们可以从清军的调动、官兵的赏罚、粮饷的调拨，来间接地了解太平天国的有关活动。

明清档案中，正与反（泛指矛盾的双方）、直接与间接、典型与一般是相对而言的。因为其作者、来源、时间的不同，其内容的立场、观点、虚实详略、可靠程度都有差别。作者立场、观点的对立，可能导致档案内容的对立，一方所颂扬的，常常是另一方所鞭挞的；一方所竭力掩饰的，往往是另一方所恣意揭露的。档案的来源不同也直接影响档案的内容和价值；从档案信息的获得方式看，有直接和间接之分；从档案所属的全宗或作者看，有些是作者自己形成的，反映自身活动的档案，有些则是甲机关（或个人）在社会交往或职能活动中形成的有关乙机关（或他人）情况的档案。这些档案会因信息获得的方式、档案所涉内容与作者自身关系的不同而价值有异。一般地说，直接记载比间接记载重要；自身活动的记录比他人（或机关）

的有关记录重要；而他人（或机关）对某人（或机关）的记录又会受到利害关系、疏密程度的影响，与某人（或机关）利害攸关的，其记录往往趋同于某人（或机关）的自身记录，反之，则可能产生内容上的差异甚至对立，构成正反两个方面的记载。档案形成的时间不同对档案价值也有影响，档案形成有事前、事中、事后之分，一般说来，事物发展中，随时随地的记录比事前有关的预测、计划、部署，或事后的追记更重要。

4.客观的观点

认识判定档案的价值要尽量客观，尽量减少主观因素的干扰。要做到这一点，首先不要带着成见，带着固有的结论去考察判定档案的价值，把档案作为某种结论的注脚或填料。有些档案史料与自己固有的观点、结论十分吻合，就不加全面分析，放言高论，鼓吹其价值的重要性。有些档案与自己的观点、结论相悖，则又容易采取弃之如敝屣的态度。在历史研究中，传统性结论很多，如果我们事事带着传统的结论去判定档案的价值，寻找我们可资依据的史料，那么我们就永远逃不出传统的羁绊，史学研究也就不会得到发展。

其次，不能带着主观的好恶去考察档案，个人的好恶是个感情问题，受到政治思想、伦理道德和个人心理特征等多方面的影响，因此对待历史人物、事件总会因各种原因而产生成见，加之长期以来，我们片面强调历史科学研究为政治服务，使一些历史人物或事件在我们心目中隐隐约约地形成了一副脸谱：谈到李鸿章就是卖国贼的形象，他在近代外交史上所起的积极作用，就很少有人去研究，去发掘；谈到袁世凯自然就是阴险狡诈的窃国大盗，对反映他在建立近代陆军方面积极作用的档案就容易被忽略。对历史上的正面人物，也是如此，往往只重视褒的史料，不注重贬的史料。

(二) 认识判断明清档案价值的具体方法

历史地、全面地、辩证地分析探讨档案的价值，是我们利用工作中的根本出发点，是对档案价值的宏观性分析和定性的描述，在具体查找利用中，还需要更为深刻细致地分析，才能找出有用的东西。在我们确定了查找的档案全宗或一批档案中，如何准确地认识判断每件档案的价值，尽快查找出所需档案，就有着具体的方法问题。

1.从档案作者的地位作用来判断

明清档案是不同机关或个人在政务活动中形成的。作者地位的高低，作用的大小，决定着档案的重要程度。认识判断某件档案就必须首先考察作者在政府系统中的地位。从普遍意义上看：中央中枢机关军机处的档案要比其他机关的档案重要；

上级机关或官员的有关方针、政策、命令、指示，要比下级机关或个人例行公务的请示、汇报重要；皇帝的心腹宠臣所形成的档案比一般官员的重要。

其次，要考察作者的职能性质，弄清谁是问题的主要责任者，谁是辅助参与者。主要责任者的档案当然要比辅助参与者的重要。清代国家机构设置重叠，职能交错，互相牵制，相互稽查，同类事物往往要几个机构参与处理，在所形成的档案中，其价值会因作者的职能性质、责任大小的不同而不同，查阅利用档案一定要了解作者在政务活动中的职能性质和作用，才能正确认识判断档案的价值。

2. 从档案的名称种类上分析判断

档案的名称种类有两个重要来源：一是由不同种类的文书归档后所构成的；一是文书在处理过程中，由承办机关登记、抄录、汇抄而派生的。档案名称种类表示着在政务活动中的实际作用和价值。在等级森严的封建专制时期，文书的名称种类，使用范围都有着严格的规定，因此，文种不同，其内容、法律效力、重要程度也不相同。同为上奏文书，题本与奏本、题本与奏折也不同。乾隆十三年前，明清两朝题本与奏本并行，公事用题本，私事用奏本。题本内容涉及钱粮、兵马、命盗、刑名等军国大事，奏本所涉多为陈情、进言、谢恩、请假等一己之事。奏折是一种机要性文书，起初使用范围很小，只限于康熙皇帝的心腹、亲信使用，有点像奴才与主子的私人信件，保留下大量鲜为人知的"私房话"。奏折成为政府正式文书后，其用途与题本有着严格的区别，不许混淆。凡涉机密事件，不便露章上奏者，皆用奏折；例行公事，非应行密办者，用题本。奏折内容涉及军国大政的核心机密。题本多为政府日常活动的记载。皇帝的诏旨，政府往来公文都因用途不同，而内容不同，法律效力也不同，因此其价值也就不同。

在文书处理过程中所派生的档案，种类有几百种之多，档案的名称同样反映着档案的内容和不同价值。从名称来看，这些档案可以分成四类：第一类以档案的内容命名，其名称含义简明，读者可以顾名思义。如上谕档、朱批档、议奏档、会议档、剿捕档、平定准噶尔文移档、边备夷情档、剿捕逆回档、洋务档、英美法俄四国条约档、国书档、商约档、奏销档、收文档、随手登记档、知照档、用印档、康慈皇太后崩逝事宜档、考勤簿、穿戴档、膳底档、典礼档、引见档、巡幸档、行围档、谥号档、封号档等，可以举出上百种。这类档案名称使读者一眼看去，就能了解其内容范围。第二类是以档案的形式命名。如黄册、青册、大金榜、小金榜、三传折、塌黄、誊黄、夹板报医档、事简档、寄信档、印花档、御屏京官册等，数量也很多。这类档案是以档案的封装、形成或处理的不同形式命名的，只要了解了它的含义，也有助于认识档案的重要程度。第三类是以档案的作用来命名的。如史书、录书、副本、揭帖、录副等。望其名可知其在政务活动中的作用。第四类是以满文译音或地名及其他方法命名的如和图礼档（和图礼，满文译音，意为"旁枝琐事"）、伊都档（伊都，满文译音，意为值班，系记紫禁城值班王大臣事宜）、护军朱车值班档（朱车，又名堆拨，是护军住的房子）等等。以地名及其他方法命名的也很多，如西藏档、金川档、俄罗斯档、缅甸档、安南档、东案口供档、赔桩皮脏银两数目册①等等。这类档案的名称，不加考证，不能解其意，一旦了解便可帮助我们认识判断档案的作用。

3. 从档案形成的时间、地点分析判断

时间和空间是事物存在的一种客观形式，时间是事物发展的顺序性、间隔性、持续性，以及事物前后联系的一种表现。档案的效力、价值有着强烈的时间性和地点性。一件档案或文件在某一时间内具有法律的效力或约束力，但过了这段时间后，它的价值、作用也就发生了变化。一件档案或文件形成的地点或针对地域不同，它的价值、作用也就不同。考察档案的价值一定要弄清它的时间和地点，弄清档案在事物发展过程中的顺序、位置和效力范围，避免张冠李戴，得出错误的结论。另外，有些档案内容虽不重要，但它是在重大历史事件、重要地点或历史关头形成的，那么，它作为当时当地的原始记录，仍然具有重要价值。

4. 从档案的具体内容分析判断

在查阅利用中，经过对档案立档单位、名称种类、形成的时间、地点分析筛选后，必须进一步对筛选后的档案进行内容上的具体分析，最后判断其利用价值。档案的内容是分析判断档案价值的最重要依据。一份档案价值的高低，可从两个方面去考察：

其一，要看它内容的质量、特点、详细程度。质量是指档案内容的真实性、可靠性。明清档案就其本身而言都是历史上一定机关形成遗留下来的，是真实的；而其内容由于受到作者主观因素以及客观条件的限制，真实可靠程度并不一样。考察档案价值时，要认真分析作者的立场、观点、动机、认识水平以及信息的来源、传递渠道，分析档案内容的质量。档案内容的特点，泛指档案内容所具备的特色。如内容的代表性、针对性、典型性，以及所反映事物的个性、共性特征等。有些档案内容可以互相弥补，或互相矛盾对立，也应视为一种特色。档案的特色不同，其利用价值和作用也就不同。详细程度是指档案内容反映事物的详略、深浅而言。明清档案中，反映具体事务和政府各项职能活动的档案，一般来说叙事都较详尽深刻，甚至琐碎，这些档案有助于事物细节的研究。有的档案是政府方针、政策、规章、

---

① 清官兵支领俸银，副将以下，把总以上，每月扣二钱，马兵扣一钱，步兵扣五分，守兵扣三分，称作朋扣。各省营马未到年限死亡的，要责令用朋扣钱赔偿，称作赔桩。营马到了年限死亡的，出卖死马的钱仍要缴回，称作皮脏。

制度、命令的记载，所反映内容就比较概括，这些档案内容虽然简略，却是有助于事物全面的研究。有些档案内容含糊，模棱两可，语焉不详，严重地影响了档案的利用，其价值是微不足道的。

其二，要看档案的内容是否集中。就一件档案而言，要看它能给我们提供多少有用的信息，是否全面详尽，是否反映了事物发展的本质。档案内容的集中程度往往与其名称种类、在政务活动中的作用以及作者对事物认识程度有关。例如：有关问题的请示汇报就比问题处理中的日常记录集中；总结性文件（黄册、青册、各种统计册）就比一般文件内容集中。另外，事物的发展是千变万化的，档案的作者对事物的认识也有一个由浅入深的过程，这些都会影响档案内容的信息量。如太平天国起义到定都天京这段时间里，清政府对太平天国内幕知之甚少，甚至连太平天国的领袖是谁都搞不清楚，因此在这段时间里清政府所形成的档案中内容空洞，实用价值不大；而在天京失陷后，太平天国许多将领被俘，清政府在审讯过程中所形成的档案，内容就比较充实集中，价值就高。从一宗档案来看，其内容的集中程度，主要体现在档案的系统性、完整性，看它是否方便利用。明清档案中，史书和录副奏折利用率最高，它们都是大型的档案长编，系统完整，便于查阅利用，价值十分珍贵。还有西藏档、土尔扈特档、洋务档、剿捕档等由档案汇抄而成的大型专案档册。这些档册种类很多，都以纪事本末的体裁，围绕某一重大事件、重大专案或某一地区，将有关谕旨、奏折等重要档案按年月日的顺序抄录而成，内容十分集中，为利用工作提供了方便。

总之，明清档案是珍贵的文化财富，价值是多方面的，利用者可以因不同的需要，从不同的角度对档案进行多方面的考察，最后判定档案的利用价值。

第十一章　明清时期的档案保护影响因素和技术

第一节　明清时期的档案库房建筑

明清时期的档案工作随着中央集权的强化得到了进一步发展，档案库房的建筑技术有了很大的提高。

一、明朝的档案库房建筑

朱元璋继承了历代统治者在建元之初访求图书的优良传统。正如丘潜所说："太祖高皇帝肇始之初，庶务草创，日不暇给，首求遗书于至正丙午（1366）之秋。是时，犹登宝位也。既平元都，得其馆阁秘藏，而又广购于民间，没入于罪籍，一时储积不减前代。"[①] 明初既继承了元代重要档案馆库的收藏，又广搜图籍于民间，从而奠定了其档案图籍收藏的基础。为了保存这些继承下来的档案图籍和本朝形成的重要档案，明代修建了大规模的中央档案库房。此外，明代的文书工作制度比较完备，各级官府衙署都有保存档案的机构，地方各级机关如省布政使司、按察司、州、府、县都设立了架阁库。

（一）中央档案库房建筑

1. 大本堂

大本堂是太子藏书之所。朱元璋出身布衣，早年没有受过多少文化教育，但明白教育的重要意义。掌权后，他更深知夺取天下之不易、守住天下之困难。他认为君主贤明与否决定着国家兴亡，而皇太子是国家未来的根本，因此非常重视对太子的教育。在洪武元年（1368）八月辛丑，设置大本堂，充古今图籍于其中，并征四方名儒以教太子和诸王。大本堂的建立是朱元璋培育权力继承人的需要，故其收藏的主要范围是传统的经书和历史典籍。朱元璋认为这些档案图籍中蕴涵有封建社会统治者治国、治民所需要的理论法则，以及历代兴亡盛衰的经验教训。

---

① 《明孝宗实录》第63卷。

2. 文渊阁

文渊阁是明朝政府最主要的图籍收藏机构（文渊阁本是翰林院内署，后称"内阁"，史书所称明代"内阁藏书"，即指文渊阁藏书）。明太祖定都南京，于吴元年（1367）造南京宫殿，文渊阁即建于此时，最初的目的是贮藏古今书籍。文渊阁藏书最初由秘书监掌管，这是沿袭了元朝制度。洪武三年（1370）三月，设置秘书监，掌内府书籍。洪武十三年（1380）七月，罢秘书监，"并其任于翰林院，设典籍二员，掌凡国家所有古今经籍图书之在文渊阁者"。该制度直到明亡未变。南京文渊阁可能毁于正统十四年（1449）南京内署的一场大火之中。永乐十九年（1421），北京皇宫落成，文渊阁建于午门内之东，文华殿南。其功用与南京文渊阁同。最初以阁东五间贮藏书籍，因为规制日益狭隘，后于嘉靖十六年（1537）为藏书专辟一小楼，其条件才得到一些改善。崇祯十七年（1644）李自成入都，北京文渊阁焚毁于农民军的炮火中。

3. 皇史宬

皇史宬位于北京天安门东的南池子大街南口，占地 8460 平方米，建筑面积 3400 平方米。始建于明嘉靖十三年（1534），距今已有四百八十多年的历史，是目前保存最完好的以石为建筑材料的皇家档案库。

中国封建王朝的宫殿基本都是木结构的，颇不耐火。明代以前宫中屡次遭遇火灾，引起大臣对档案图书保护库房建筑的重视。弘治五年（1492）五月辛巳，内阁大学士丘濬上言，首先强调了档案典籍的重要性："所谓经籍图书者，乃万年百世之事。是皆自古圣帝明王贤人君子精神心术之征、道德文章之懿，行义事功之大，建置议论之详，今世赖之以知古，后世赖之以知今也。"然后又叙述古代的石室金匮制度及其在后世的衰微，导致后世编史无据："自古帝王藏国史于金匮石室之中，盖以金石之为物坚固耐久，非土木比，又能扞挌水火，使不为患。有天下者，断石以为室，锢金以为匮，凡国家有秘密之记，精微之言，与凡典章事迹可以贻谋传远者，莫不收贮其中以防意外之虞，其处心积虑可谓深且远矣。后世徒有金匮、石室之名而无其实，典守虽设官，藏贮虽有所，然无御灾备急之具，不幸一时有不测之事，出于常虑之外，遂使一代治体之功、人文国典因而散失。后之秉史笔者无所凭据，往往求之于草泽，访之于传闻。简牍无存，真伪莫辨，非但大功异政不得记载，而明君良臣为人所诬捏者亦多有矣。"丘濬认为各代皇帝的"实录""宝训"是宣扬祖宗"如天地日月巍乎焕然"的圣德神功之依据，但各朝实录仅在内阁和内府各收藏了一部，别无他本，"既无金石藏书之具，又无名山藏副之制"。因此，他请求朝廷在"文渊阁近便去处，别建重楼一所，不用木植，专用砖石垒砌为之，如民间所谓土库者，收贮紧要文书以防意外之虞"。根据丘濬提供的计划，皇史宬应该是一座"重楼"，即有两层。由内阁书办、中书舍人在完成本职工作之余抄写实录，抄完之后用铜匮装起来，藏于楼之上层，内府衙门收藏的与国家大事有关的文书以及《玉牒》也收藏于此。制敕房的一些文书档案，如诏册、制诰、敕书、草检、行礼仪注、应制诗文等档案的底本、前朝遗文旧事等项杂录，也由书办官员有空时陆续抄录以后，用铁匣装起来，贮于楼之下层，内府衙门所收藏的档案文书中可供以后修纂一代全史之用的，如永乐以前的《文武官贴黄》之类的档案，也收藏在这里。经过如此精心布置之后，丘濬才放心地说：“祖宗之功德在万世永传，信而无疑；国家之典章垂百王递沿，袭而有本矣。”①

丘濬的建议得到了皇帝的采纳，但由于种种原因没有付诸实施。直到嘉靖十三年（1534）七月，明世宗降旨开办实录馆，修撰恭睿献皇帝《宝训》《实录》，同时一并重抄历朝实录，并命令修建“神御阁”为贮藏之所，并指定内外用砖石垒砌，内分两层，上层奉御容，下层藏训录。七月十七日，神御阁正式开工，经过两年的施工，于嘉靖十五年（1536）七月二十五日全部完工。“神御阁”本来是要建一座重楼，可能是由于当时对砖石作为建筑材料的性能了解不够，建成之后却成了一座宫殿式的黄瓦大屋，于是竟改了初衷，将其更名为“皇史宬”。

皇史宬的整体建筑非常适合保存档案图书。

第一，皇史宬模仿古代“石室金匮”之制建筑而成，整个建筑“不用木植，专用砖石垒砌”。这样的建筑结构，其优点在于坚固耐久，无水火之虞。

第二，建筑主殿位于2m高的石基上，殿内鎏金铜皮包制的樟木金匮置于1.42m高的特制汉白玉石台上，四周有螭首排水孔，这样的结构设置有利于防潮。

第三，皇史宬最大的特色还在于它特殊的墙壁厚度。皇史宬的南面墙厚6.20m，北面墙厚5.95m，东西两墙厚度各为3.50m。这种特殊厚度的墙壁可以大大降低甚至完全避免因室外温度急剧变化而对室内温度造成的影响。

第四，殿内没有窗户，只在东西两山墙各设一个通气口，有利于防光又起到了通风的作用。北墙无门窗，正南墙开有五座卷门，方便出入，利于运送档案；这五座卷门全为石材制成，重达数吨，有利于防盗。

4. 后湖黄册库

黄册是明代管理户籍、人口和征调租赋徭役的原始档案，因该库建于南京后湖（即今玄武湖）湖中心的几个岛上，所以称其为后湖黄册库。后湖黄册库库房建筑的设计与规划颇具匠心，充分考虑了档案长久保存的需求。

第一，库址选在湖心岛上，四面环水，可以有效防止火灾发生。且周围筑以界墙，断绝人畜往来，便于保密防盗。

①《明孝宗实录》第63卷。

第二，明太祖朱元璋集中群众的智慧，使所有库房的朝向一律为东西向，这样做的好处是可以使档案库房朝夕为日色所晒，从而克服库房四周有水的缺点，降低室内湿度，使黄册无淹烂之虞。

第三，库房内部地面铺垫沙土，以防鼠患。上面再铺盖木板，可以防止潮气上升。

5. 古今通集库

古今通集库建于皇宫内，是明代皇帝的御用库房，主要保存皇帝赐封功臣、名将、藩王的诰封、铁券等，还保存京官、外官的诰封底簿。此库规定每年六月初六，对所保存的档案和图书都要进行晾晒，以防霉烂。

（二）地方档案库

明代的地方档案库普遍发展。根据《古今图书集成·考工部》的记载，当时设立架阁库有二百多处，其名称不一，有称黄册库的，也有称案牍库、案册库、册籍所、造册局、贮册库的。这些库房的规模都比较大，如江西布政司修造的黄册库多达五十余间。建成之后还凿池防火，说明其对黄册档案的重视。该库建成以后，经过多次维护修葺。

架阁库的建筑技术充分考虑了档案保护过程中的防潮、防光、防火、防有害气体、防虫等要求。如明嘉靖年间的太平府架阁库不仅规模较大，而且在建造过程中采取了防潮、防有害生物以及方便利用的措施。太平府架阁库一共建有三栋，每栋有库房五间。左边的库房收藏黄册，右边的库房收藏案卷；地基上铺一层沙，以防止鼠害，沙上又盖一层木板，以防止湿气上升；档案分区存放，以便检阅；每间库房的两旁均有几个窗户，这样空气可以朝夕流通，降低库内湿度；黄册库和案卷库的管理制度相同，由胥吏统一管理；检阅、誊录档案均有专门用房，库房设有便于出入的门，从而避免了以往搬运档案过程中出现丢失、损坏现象的弊端。

二、清代的档案库房建筑

清代很多档案库房都是沿用明制，如取代明政权之后对皇史宬的使用，只是将原来保存的《明实录》转移到内阁书籍库，而其仍保存《实录》《宝训》《玉牒》。同时，清代还在紫禁城的很多宫殿中保存了大量档案，这些宫殿包括武英殿、昭仁殿、五经萃室、养心殿、懋勤殿、毓庆宫、重华宫、长春宫、乾清宫等；在盛京也有一些宫殿收藏档案，如崇谟阁（保存满文老档）、敬典阁（保存顺治十八年至光绪三十四年历次所修玉牒）、凤凰楼（二三层各有15个朱红金龙大柜，存放列帝圣容、玉牒、玉宝、玉册及圣训、实录）、翔凤阁等。此外，清代还修建了一批中央和地方档案库房。具有代表性的如下：

（一）内阁大库

内阁大库是清朝中央最重要的档案库，位于紫禁城东华门内文华殿之南，隶属于辅佐皇帝办理政务的中枢机关——内阁，是内阁存贮档案典籍的处所，建于明代，保存内阁和宫廷的重要档案文献。

内阁大库是红本库、实录书籍表章库两个库的总称。两库毗邻，外观及内部结构完全相同，均为砖石结构。库顶以黄琉璃瓦覆盖，砖石砌檐，不露椽檩。每库各开有两扇北向门，穴窗；窗内有铁柱，柱内有罘罳（设在屋檐或窗上的金属网或丝网），外有铁板窗，窗开而不阖。库内均为二层，楼板、楼梯、梁柱全为木质，以木箱、木柜、木架存放档案。两库东西各长 47.30m，南北宽 13.75m。西库为红本库，共 10 间，通为一体，楼上楼下皆贮红本，兼贮典籍关防。东库为实录书籍表章库，内有隔断，各有 5 间库房，一半收藏《实录》、史书录疏、起居注及前代帝王、功臣画像等档案，另一半收藏书籍及三节表文、表匣及外藩表文等档案。红本库属内阁典籍厅管理，实录库属内阁满本堂管理。两库之间筑有垣墙，各入北门，不能直接通行。嘉庆十一年（1806），原东库内的隔墙被拆除，成为一体，通称为"实录库"。

内阁大库作为保存档案史籍的专用库房，其门窗采用比较坚固的铁皮包面，窗中以铁栏隔断，可以防盗；采用窄门穴窗可以减少灰尘对纸张的损害；库房门窗北向，因为库房地处北半球，可以避免阳光直射，减轻光对档案的损害；内部结构采用木材可以防潮，在当时是适宜于保存档案的。但库内的梁柱、地板、楼梯以及存放档案的木柜、木架均由木材制成，不利于防火。

（二）国史馆

国史馆位于东华门北侧，西为文渊阁，东为宫墙。康熙二十九年（1690）设立，掌修国史。国史馆的设置可以追溯到入关前的国史院。天聪十年（1636）三月，改文馆为内国史、内秘书、内弘文三院，各置大学士、承政等员。其中，内国史院的职责为：执掌记注皇上起居、诏令，收藏御制文字；凡皇帝用兵、行政事宜，都需编入史书；撰拟郊天告庙祝文，及升殿宣读庆贺表文；纂修历代祖宗实录，编纂一切机密文移及各官章奏，掌记官员升降文册，撰拟功臣母妻诰命印文，追赠诸贝勒册文；凡六部所办事宜可编入史册的，选择记载，所有邻国远方往来书札，都编入史册。

（三）四库七阁

清代乾隆年间开始编纂《四库全书》，历经十年而成，收书三万六千余册，七万九千余卷，约八亿字。因该书卷帙浩繁，如何妥善收藏成为亟须解决的问题。乾隆三十九年（1774）命杭州织造寅著亲赴杭州查看天一阁的"房间制造之法如何，是否专用砖石，不用木植；并其书架款式若何，详细询察，烫具准样，开明丈尺呈览"。寅著很快就将天一阁的构造、建制等情况一一查明，迅速禀告朝廷。乾隆皇帝下令"爰依《永乐大典》之例，概行抄录正本，备天禄之储"，同时并参考其结构和样式分别修建藏书库房。这就是被称作"内廷四阁"的北京大内之文渊阁、圆明园之文源阁、承德避暑山庄之文津阁和盛京（今沈阳）故宫之文溯阁，以及被称作"江南三阁"的扬州大观堂之文汇阁、镇江金山寺之文宗阁和杭州圣因寺之文澜阁。四库七阁是为《四库全书》而修建的，而《四库全书》因这七阁而得以保存。

最先修建的是内廷四阁，选址分别在紫禁城内、圆明园、承德避暑山庄和盛京（今沈阳）的故宫内。四阁由乾隆精心命名，分别称为"文渊""文源""文津""文溯"。这既表明了乾隆帝推崇儒家经典的宗旨，也借"渊""源""津""溯"等字，从水而立意，仿效范氏天一阁的"天一生水"而克火，以求阁书永存。

乾隆四十六年（1781）年底第一份《四库全书》抄成，首先藏于大内文渊阁，此后又陆续抄成了其他三份，顺次送藏文溯阁、文源阁和文津阁。乾隆又在四十七年（1782）颁布的上谕中说道："因思江浙为人文渊薮，允宜广布流传，以光文治。现特发内帑银两，雇觅书手，再行缮写全书三分，分贮扬州大观堂之文汇阁，镇江金山寺之文宗阁，杭州圣因寺拟改建文澜一阁，益昭美备。"这就是所谓的"江南三阁"，它们分别于1780年、1779年、1783年建成。这些库房在建筑时都考虑了长久保存档案图籍的需要。

三、古代档案库房的建筑技术

从建筑技术来看，自殷商保管甲骨档案的地下库窖，到汉代的石渠阁、石室，再到明清皇家档案库皇史宬，库房建筑技术不断提高，从最初只求坚固耐久、安全保密，发展到采取全方位的防火、防潮、防光、防虫、防盗等措施。

（一）建筑物的选址

好的地址能收到良好的防火、防潮、防震、防虫之效果，这些效果往往非后天人力之所能及。古代库房建筑的地址都曾运用风水理论经过精心挑选。古代风水理论或者从"形"选择地理环境和建筑外部自然环境，使建筑物能避免水火之灾；或者根据"理气"选择建筑方位朝向和布局，追求天人合一。其理论充满朴素的建筑与环境互相协调的观念和阴阳五行、八卦、易经等古代术数思想。这些思想虽然存在迷信的一面，但由于它考虑了大环境、小环境、山川、水文、气候、空气、生物、地基、地质、方向、建筑材料等因素，因而在大多数情况下这些选址都是比较科学的。古人在营造档案库房的建筑时，也能自觉地全面考虑这些环境因素的影响。如孙从添在《藏书纪要·收藏》中说："古有石仓，藏书最好，可无火患，而且耐久。今亦鲜能为之，惟造书楼藏书，四围石砌风墙，照徽州库楼式，乃善。不能如此，须另置一宅……若来往多门，旷野之所，或近城市，又无空地，接过内室厨灶衙署之地，则不可藏书；而卑湿之地，不待言矣。"[①]

(二) 建筑物的通风

建筑物之通风功能，由来已久。《礼记·月令》："古者复穴皆开其上取明。"取明 (采光) 的功能之余，其主要目的还是通风。古代建筑从地理位置、总体布局、建筑朝向及利用天井和各种式样的门窗、墙体综合地解决通风问题。地理位置不同，建筑的朝向一般也不同，由于南方气候炎热潮湿，一般的朝向都是南或东南，因为夏季的主要风向是南风和东南风，这种朝向有利于通风。明李渔《笠翁偶集·向背》说："屋以面南为正向，然不可必得，则面北者，宜虚其后，以受南熏。"意即一般情况下应以南为正向，当房子由于各种原因不得不朝北时，则南墙应开窗，以引导南风入室。中国古建筑中式样多变的门窗一般采取对称布置，能形成穿堂风，有利于通风防湿。

(三) 建筑物的防光

对于封闭式的地下建筑，光线根本不能透过，其防光措施可以说是最好的。但地上建筑为了居住和工作的需要，则既需要采光，又需要防光，需要根据实际情况区别对待。以明代的两个档案库房为例，皇史宬是一座石结构的库房，南北墙均不开窗，南墙5座门，也不经常打开；东西墙的两窗很高而且小，窗距地面约2.5m，面积仅约3.6m²，有利于防光。后湖黄册库由于地处南方，而且建在湖中，空气湿度大，因此需要采纳阳光，借鉴太阳照射减少湿度，故其朝向为东西向，且前后有窗，使库内档案朝夕为日色所晒，方便湿度调节。

(四) 建筑物的防腐

我国古代地上建筑的材料多为木材，木材是极不耐腐的材料。为了克服这一缺点，古人采取了很多防腐措施。首先，古人对于不同季节所伐木材的性能有丰富的经验。如孔子就知道伐木要在冬季，因为这时伐的木材比其他季节伐的木材更耐久。

---

① 孙从添:《藏书纪要·收藏》。

其次，对于重要建筑，古代一般都使用比较珍贵、耐久的木材。如北京故宫的柱子多用楠木、东北松、柚木，梁架多用楠木、黄松，角梁和门窗多用樟木，脊吻下的构件多用柏木。最后，古代工匠还采用一些技术来防止建筑材料的腐蚀：柱础避免木材与地面直接接触，屋顶加强通风，利用药剂浸渍，以油漆、焦炙等方法对木材进行防腐防蛀处理。以彩色油漆为例，"若作梓材，既勤朴斫，惟其涂丹雘"[①]。油漆除了具有美化建筑物外观的功能外，另一方面也提供了对建筑材料的保护。古代的彩色装饰大多使用不溶于水的矿物颜料，其细微颗粒有很强的覆盖力和隔绝性，干后能够形成一层防护层，可以有效地防止各种侵蚀。

对于砖墙体，则通过抹面来达到防腐蚀的目的，即《尚书》中所谓的"若作室家，既勤垣墉，惟其涂壁茨"。根据考古发现，殷墟建筑的墙面用三合土粉刷过。自汉、晋、南北朝，直至唐宋，外墙面抹壁茨，内墙涂白灰、蜃灰的防护措施一直沿用。自琉璃瓦出现以后，琉璃砖贴面成为高质量的砖墙防腐措施。

（五）库房建筑的防蚁

白蚁对木建筑的危害很大，根据调查，白蚁大多居住在木结构建筑的有缝隙的部位：与墙体交接处的梁头、托梁，与地面交接处的柱脚、柱板，门槛、窗框、梁柱交接的榫卯，在室外的桥头木、柱木、埋柱等。古建筑中木柱下所垫的砖石础墩，高度超过45cm的，可以少受地居白蚁侵害；建筑物的台基提高，除了可以防潮外，一定程度上可以断绝蚁路；对地面采取一定的防护措施，如"用炭屑石灰锅锈铺地，则无蚁"[②]；古人建房一般都选择向阳高爽、排水性良好的地方，也在一定程度上起到防蚁的作用。

此外，选择合适的木材也能起到防白蚁的作用。橘木、臭樟、红椿、酸枝、楠木等木材都有一种特殊的气味，或木质坚硬，白蚁很难破坏，因此建筑物交接处大多选用这些木材。同时，木材的砍伐季节也与防蚁有密切关系。《造砑》说："木性坚者，秋伐不蚁；木性荣者，夏伐不蚁。凡木叶圆满者冬伐不蚁。"说明古代劳动者已掌握这种季节伐木与虫害之间的关系。根据科学分析，坚实的木材，在秋天稍干燥的季节采伐较难生白蚁；带有苦味的乔木，本身具有抗蚁性，夏季采伐问题也不大；而阔叶林的木材在干燥的冬季采伐最为适宜。

（六）档案库房建筑的防震

以木结构为主的古代建筑的平面布置、立体造型以及结构的构造特点有利于防

---

① 《尚书·周书·梓材》。
② 孙从添:《藏书纪要·收藏》。

震。传统木构架建筑的特点是由构架承受建筑物的重量，而墙体仅是一种围护结构，这种结构在地震来时能做到"墙倒屋不塌"，可以减少损失。同时，建筑所用木材本身具有一定的弹性，木构架各节点采用榫卯，结合严实而又有活动余地，遇到强大震动时整个建筑也具有一定的弹性。

从立面造型来看，古木构架建筑柱网布置中，明间开间最大，次间次之，梢间最小，进深方向也是如此，这种分配有利于抗震。同时，古建筑一般在地面上都筑有台基，建筑物立于台基之上，这种台基可以避免地面受到剪切力的破坏。另外，古代建筑很早就有地栿制度，用一种贴地木材固定各柱的柱脚，防止柱脚移动，可以保证建筑物的整体性。以庑殿和歇山为屋顶形式的建筑，由于其屋顶梁加有一些斜向戗角梁之类的构件，可以增强屋顶的侧向稳定性，减轻水平晃动。斗栱式建筑的斗栱各构件则可以起到垫托、联结和杠杆的作用，也能起部分抗震作用。

建筑物的墙体最容易倒塌，古人在筑墙时常将其筑成下厚上薄的梯形，即《营造法式》中所谓的土墙"其上斜收，比厚减半"。这样可以降低整个建筑物的重心，在发生地震时保证其稳定性。为了加强墙体的强度和整体性，还在土墙中夹置延展性好的植物材料，如竹，也就是《营造法式·泥作制度》中所说的"每用坯墼三重，铺襻竹一重"。

（七）建筑物的防潮

古人建屋的目的就是要提供一个"风雨不能袭，燥湿不能伤"的居住、工作、保存环境，防潮是建筑的基本要求之一。

古建筑的防潮是从以下几个方面来实现的：第一，从建筑选址来看，古代很多建筑的地址都经过"相土尝水，象天法地"的选择，先进行水文地质调查："凡立国都，非于大山之下，必于广川之上。高毋近旱，而水用足，下毋近水，而沟防省。"[①]第二，古代建筑都有建高台的传统，如皇史宬的高台达 1.42m。这种高台可以隔绝地下水位，起到很好的防潮效果。第三，古建筑的屋顶很有特色。屋檐很早的时候就扩张出檐的部分，出檐远，檐沿亦低压。《考工记》曰："轮人为盖，上欲尊而宇欲插，上尊而宇卑，则吐水疾而溜远。"为了解决雨水顺势急流导致的檐下溅水的问题，古人发明了飞檐：用双层椽子，上层椽子微曲，使檐向上稍翻成曲线，从而减轻檐下溅水对墙壁和地面的影响。第四，地面的防潮。地面潮湿的原因有二，一是地下水通过毛细管现象上升到地面，二是湿度高时空气遇到湿度低的地面产生凝结水。古代地面防潮最普遍的做法是用"三合土"地面。李笠翁在《闲情偶寄·凳地》

---

① 《管子·乘马》。

中说："以三合土甃地，筑之极坚，使完好如石，最为丰俭得宜。而又有不便于人者，若和灰和土不用盐卤则燥而易裂，用之发潮又不利于天阴。"南方的建筑还在地基之下加铺煤灰和麦根。

墙体上易受斜雨浸溅，下易受地下水因毛细管现象上升，从而破坏墙壁或影响室内湿度。为增加墙体的防潮性能，《考工记》记载了两种措施：一是"白盛"，即用蜃灰调水抹墙；二是"囷窌仓城，逆墙六分"，即下半部比上半部要厚，因为下半部易受雨水和地下水的侵蚀，适当增加厚度有利于防水。

三代以后，古代的档案库房一般都为地上建筑，而且主要的建筑材料是木材。由于木结构建筑不耐火，收藏在这些库房中的档案原件基本上不复存在了；而藏在巍峨雄伟的宫殿中的档案图籍，由于农民战争，也基本上尽毁于战火。

第二节　文化专制对档案保护技术的影响

封建中央集权高度发展的明、清两朝，是我国封建专制禁锢人们思想达到空前高度的时期。明清两朝是我国封建主义中央集权高度发展的国家。为了适应中央集权和加强统治的需要，明、清两朝都对档案的保护和控制采取了一些加强措施。

一、明王朝文化专制对档案保护技术的影响

明王朝建立后，在全国范围内比较普遍地设立了档案库。太祖洪武二十四年（1391），明令"置天下诸司架阁库"。

为了加强思想的封建统治，明代实行八股取士制度，规定科举应试必须用"八股"文体，而且专以四书五经命题。清代统治者看到这是束缚思想的好办法，更加以推广和提倡。这样一来，把大部分知识分子束缚在科举之中，致使知识分子思想僵化，死啃经书，往往"皓首穷经"而一事无成，造成了极其沉闷的学术风气。在这种状况下，当然谈不上去钻研对解决实际问题有用的科学技术知识。宋元时代高度发展的档案保护这一传统技术也逐渐中衰了。明末著名思想家顾炎武曾痛斥八股取士制度毁坏了有才能的人，他说："八股之害，等于焚书。"（《日知录》卷十六）

明中叶以后的档案保护技术，由于科学技术发展的继承性，总的说来，在传统档案保护技术的轨道上仍然是继续缓慢地前进的，如在档案库房建筑技术、档案修裱技术、生物危害的防治技术等方面也都有新的发展。明中叶以后，一些知识分子因科场失意，或自动放弃仕途，把兴趣转向科学技术，如周嘉胄、陶宗仪、方以智、

周二学、孙从添、叶德辉等，则注重对档案图籍保护技术的总结和考察工作，从而在档案保护技术方面作出了重要的贡献，并给后人留下了一些珍贵的历史文献资料。但是，这一时期档案保护技术上的成就没有也不可能突破传统技术的范畴，主要是对传统的档案保护技术进行了一些总结。

二、清王朝文化专制对档案保护技术的影响

1644 年清军入关，建立清王朝后，继续沿用皇史宬、内阁大库等明代皇家御用档案库，各地方官府也还有不少架阁库或黄册库，此外还在中央和地方的国家机关中较普遍地建立了保管档案的各类"档房"。为了保证档案文件的完整与安全，明清两代都制定了有关遗失、私藏、毁坏档案的各种处罚禁令。如《明律》规定："弃毁官文书者，杖一百，有所规避者从重论，事干军机钱粮者绞。"(《明律集解》卷三)清代律法也规定，官署文卷册籍被火延烧者，该管官罚俸 1 年，等等。另外，还制定了一些有关档案保管的制度。《明律》规定，对某些重要档案文件有"损缺不存者，须要采访抄写，如法收贮，永为遵守"(《明会典》卷九)。清雍正七年(1729)在上谕中规定了值宿保卫制度："嗣后各部衙门存贮档案之处，应委笔帖式等官，轮流值宿巡查。"(《大清会典例事》卷十四)上述种种措施，对明、清两朝档案保护工作的发展与加强，都起到了积极的促进作用。但是，由于封建统治阶级的腐朽，这些规定和措施的作用是有一定限度的，实际上并没有推动档案保护技术的迅速发展。尤其到清中叶以后，清廷对待汉族中间阶层知识分子的错误政策，也在很大程度上影响了科学技术，当然包括档案保护技术的发展。清代康熙、雍正、乾隆三朝，因感到汉族知识分子中反清情绪强烈，多次兴起文字狱。一次大案，被牵连而遭杀头或充军流放的往往达数十人、数百人之多。清代文字狱次数之多，杀戮之惨，挑剔差错之蛮横无理，是历史上罕见的。乾(隆)嘉(庆)时期，我国的学术研究之所以走上了考证古典文献的道路，与大兴文字狱的高压政策有很大关系。在意识形态领域实行残酷镇压的政策，必然禁锢知识分子的自由思考，导致学术研究严重脱离实际，从而也严重阻碍了科学技术的发展。档案保护技术的发展，也遭遇到同样的命运。

清代的档案保护技术每况愈下，成果越来越少，除了清代封建统治者不断推行文化专制主义政策以外，同时还受到落后的闭关自守政策的影响。鸦片战争以后，不平等条约相继签订，我国沦为一个半殖民地半封建的国家，与其他各项科学技术一样，传统档案保护技术的发展陷于停滞，并且开始落后于西方。

第三节　档案修裱技术的发展和理论上的完善

一、明清时期修裱技术特点

明清时期，档案保护技术在修裱方面主要表现为两个特点：

（一）官府档案大量裱糊

明清时期，档案保护技术在修裱方面表现的主要特点之一是官府档案大量裱糊，出现一些裱糊档案和文献的高手。历代的官府把裱糊视为修复档案的一种手段，后湖黄册库、内阁大库、军机处档房等都采用裱糊的方法修复档案。清乾隆年间，内阁大库曾对满族入关以前的历史老档"逐页以纸衬裱"。私人藏品的裱糊也刺激着裱糊高手的出现。明清之间民间收藏书籍、字画、碑帖盛行，讲究美观、耐久。明代较为著名的裱糊高手如庄希叔、周嘉胄、季象、子晋，清代的周二学、孙从添等，都可谓"无忝国手之称"。

（二）一些人开始从理论上对修裱技术加以研究和总结

明清时期，档案保护技术在修裱方面表现的另一个特点是，随着修裱技术的发展和普及，一些人开始从理论上对修裱技术加以研究和总结。陶宗仪在《南村辍耕录》中将整个修裱工艺过程划分为13科，称"裱褙十三科"。与此同时，论述装裱技术的专著也纷纷问世。如明代周嘉胄的《装潢志》、清代周二学的《赏延素心录》等，使修裱技术更加理论化、正规化。一些藏书家和学者们也都十分关注这门技术。方以智在《物理小说》中、冯梦祯在《快雪堂漫录》中都就裱糊技术进行了研究性的探讨和总结。理论上的总结使得裱糊技术进一步提高和飞跃。应该说，裱糊技术在明清两代已达到炉火纯青的地步。

1. "裱褙十三科"

在我国历史上，宋元时绘画有13科，明时中医医术也分13科（《明史·职官三》）。明陶宗仪《南村辍耕录》卷二十七云："世人但知医有十三科，画有十三科，殊不知裱褙亦有十三科。"进而将装裱技术的整套工艺划分为相对独立而又有机结合的13个科目：

①织造绫锦绢帛；②染练上件；③抄造纸；④染制上件颜色；⑤糊料麦面；⑥糊药矾蜡；⑦界尺裁版杆帖；⑧轴头；⑨糊刷；⑩铰练；⑪绦；⑫经带；⑬裁刀。

略加分析即可看出，裱褙技术各门工艺的划分，主要是按修裱材料和各种修裱工具的操作使用来划分的。①～④科主要讲究托绢、托纸等基本修裱物料的制作、使用操作方面的技艺；⑤、⑥两科是"治糊"的基本材料和制作方法；而⑦~⑬科则是修裱工艺中各项主要工具的功能及其操作使用。看来，装裱技术还真是一门复杂的技艺。

陶宗仪，字九成，天台人。他对装裱技术各道工艺的科学划分，为我国传统的装裱技艺走向理论上的总结和升华，逐步成为一门独立、系统、正规的技术，做出了重要的贡献。

2.《装潢志》

周嘉胄，字江左，淮海人。善裱糊，明神宗万历间（1573—1620）著有系统论述裱糊技术的专著《装潢志》，至今仍是一部不可多得的裱糊技术参考书。

周嘉胄为何要写《装潢志》呢？他认为，其一，钞卷雕版、书画"赖楮素以传，而楮质素丝之力有限"；其二，由于"兵火丧乱，霉烂蠹蚀，豪夺计赚，种种恶劫，百不传一"，因此古迹残脱者，必须加以背饰。遗憾的是，幸存流传下来的历代名迹，也由于"于百一之中，装潢非人，随手损弃，良可痛惋""故装潢优劣，实名迹存亡系焉"，不可不究装潢。周氏对装裱技艺"探讨有日，颇得金针之秘，乃一一拈志，愿公海内。好事诸讼，有获金匮之奇，梁间之秘者，欲加背饰，乞先于此究心，庶不虞损弃。俾古迹一新，乃同再造，则余此志也"。

《装潢志》论述了有关装裱手卷、册叶、碑帖等的各项技术、手法、格式等。全书共分42条，条条有目，详细介绍了审视气色、洗、揭、补、衬透、小托、镶攒、覆、上壁、下壁、安轴、上杆、上贴、贴籤、囊等十余道工序；介绍了全画、染古绢托纸、治画粉变黑、墨纸的方法；介绍了手卷、册叶、碑帖、硬壳的装裱技法；介绍了治糊、用糊，选择纸料绫绢料和气候、裱糊室条件。内容之广泛全面，论述之深入浅出，均是前所未有的。

周嘉胄认为，古迹重装，如病延医，不遇良工，宁存故物。这应该说是文献古籍进行修裱的基本原则。

3.《赏延素心录》

《赏延素心录》是清人周二学撰著的又一部论述装裱技术的专门著作。周二学，字幼闻，钱塘人。对于装裱技术，如果"世有真赏之士，定知寓目会心，祛凡设雅"，遂"取吾家草窗之言，名曰《赏延素心录》"。从该书的形式上看，其"编法不违古制"，但却有不少新的内容，可以说是对《装潢志》的极好补充。因此，它仍然具有不可低估的价值。譬如，治积年霉白，治屋漏奇迹，补缀破画，制作匣橱，都具有新意和独到之处。

二、修裱糨糊的研究和总结

明清时期，随着修裱技术的广泛普及，人们对这项技艺进行了大量的研究，尤其在提高修裱用糊防虫防霉性能方面取得较大进展，"糊药"的配制与使用成为修裱技术中的一项专门技艺，独列一科。

(一) 丰富多彩的中药糨糊

明清时期修裱糨糊的糊药配方相当丰富，较为常用的药物有川椒、白矾、百部等。有人明确提出，"裱书面用小粉糊，入椒、矾细末于内""裱里，糊用小粉、川椒、白矾、百部草细末，庶可免蛀"(孙从添《藏书纪要》)。椒中含有白鲜、茴芋、小檗等多种生物碱；白矾是一种有毒的刺激性药物；百部草块根中含有百部碱、百部次碱和异百部次碱等有杀虫作用的生物碱，都对蠹虫有驱避或毒杀作用，从而使糨糊具有较好的防蛀效果。裱糊技术专著《装潢志》介绍的治糊方法中，既可采用花椒、白矾、乳香等药物，亦可用花椒、明矾、百部、白及、乳香、黄蜡等。冯梦祯则认为，宜用川椒、明矾和白蜡等碎末。兹将明清时期制备糨糊时加入糊药的部分情况列表于下，以供参考。

《快雪堂漫录》	川椒　明矾　白蜡
《装潢志》	花椒　白矾　乳香
《装潢志》	花椒　明矾　百部　白芨　乳香　黄蜡
《藏书纪要》	川椒　白矾　百部
《赏延素心录》	白矾
《南村辍耕录》	矾蜡

我国明清时期用于防蛀的中药糨糊，还有一些供不同季节使用的配方。1562年左右，明末清初的方以智(1611—1671)撰著《物理小识》，他在卷八《装潢法》中就有使用十几种药材的记载。

分析上面配方，药物的种类、数量各不相同，但总的来说，都是由植物性药物和矿物性药物两大类组成。植物性药物有皂角、川椒、艾叶、木鳖子、秦艽、白及、芫花、乌头信、巴豆、茯苓等，而滑石、白矾、黄蜡、金精石、石燕等则为矿物性药物，有多种中药都是其他配方中所未曾提的，有其独到的特点。

(二) 成熟的治糊方法

周嘉胄在《装潢志》中详细地叙述了"治糊"的方法和注意事项。他说："先以花椒熬汤，滤去椒，盛净瓦盆内放冷，将白面逐旋轻轻糁上，令其慢沉，不可搅动。

过一夜，明早搅匀。如浸数日，每早必搅一次。俟令过性，淋去原浸椒汤另放一处。加入白矾末、乳香少许，用新水调和，稀稠得入冷锅内，用长大搵搵不住手搵转，不令结成块子。方用慢火烧，候熟，就锅切作块子，用原浸椒汤煮之，搅匀再煮，搅不停手，多搅则糊性有力。候熟取起，面上用冷水浸之。常换水可留数月，用之平贴不瓦。霉候不宜久停，经冻全无用处。"

周二学的"治糊法"则有所不同，对治糊用水非常讲究，宜用秋季存下的雨水，并谈到了春夏所配制糯糊使用的期限。他在《赏延素心录》中说："用陈天水一缸，以洁白飞面入水。水气作酸，再易前水，酸尽为度。既曝干，入白矾少许和秋下陈天水打成团，入锅煮熟。倾置一缸候冷。浸以前水，日须一易。临用入瓮瓿千杵烂熟，以前水匀薄，大忌浓厚。夏裱治糊十日之前，春、秋治糊一月之前，过宿便失糊性。"

可见，配方合理，更要方法得宜。有时配方相同，也有不同的造糊方法。明冯梦祯在《快雪堂漫录》中记载了配方相同的两种不同制作方法。

一法："用面作掌大块，入椒、矾、蜡等末用水煮，俟面浮起为度。取出，入清水浸，浸至有臭气、白泛即易水，直待气泛尽，取出待干，配入白芨汁作糊，永远不受霉湿。"

另一种方法是："白芨为末，匀入白面，洁净水漫漫澄过。不可将水入面，但以面、水入器内，盖好。一日一夜，等面沉入底，务令黏腻。量水多少入白蜡及明矾、川椒末，置火上不住手搅。火须用文火，不得令焦结实。如麻腐取出，作数块浸水中，以次用之。"

（三）装订技术的继续演变

宋元时期发明的包背装，在明代也广为流行。包背装克服了蝴蝶装的缺点，但包背装经久翻阅，背脊也易破散。在14～15世纪的明朝中叶，线装的订式又逐渐兴起，而且直到现在还流行着这种装订形式。中国第一历史档案馆收藏的明清两代的皇家档案，大多采用线装这种订式。

用线装订档案、图书的方法，基本上和包背装相同，但不用整张的纸作书皮包背，而是在书的前面和后面各用一张同样的纸作书皮，一面打好折口，黏在书口处。装订时将印页依中缝折正，理齐书口，前后加封面，切齐毛边（将书口以外的其他三面裁齐），然后打眼穿线，订成一册即成。有时，一卷档案内容很长，常常分装数册。

用线装订档案书籍，在传统的装订技术中是最先进的。它既便于翻阅，又不易破散；不仅有美丽的外观，并且便于重装，使已经破旧的档案经过修裱、重装后可以恢复原来簇新的样子。

线装的产生不是偶然的。与各个历史时期科学技术的发展水平相适应，与档案制成材料的物质形态紧密相连，档案的装订形式随之不断发生变化而逐步向前发展。龟甲、兽骨、竹简、木牍都是一片一片的，装订以这些材料为载体的档案是采用捆扎的形式（韦编）；缣帛质地柔软，舒卷自如，则采用卷轴的形式；东汉以后用纸已较普遍，装订档案除沿用卷轴的形式（卷轴装）外，更逐渐改进到采用经折装。到10世纪初，又由旋风装过渡到蝴蝶装，以后又改进为包背装，最后才发展为直到今天还流行的线装。清人孙从添在《藏书纪要·装订》中说过："装订书籍，不在华美饰观，而要护帙有道。"可以说，我国档案、图书的装订技术基本上是按照这一原则发展下来的。

我国传统的档案装订技术，经过三千多年的进化过程，到明清时期才基本固定下来。其中每一道制作的工序，每一种装订形式的改进，都凝聚和代表着古代劳动人民的辛勤劳动和智慧。

总之，明、清两朝为了统治上的需要，在档案保护工作上曾建立了一些制度，档案保护技术也在当时有了某些发展，尤其对前人的经验进行了较为系统的总结，档案库的建筑是其突出的成就。但从全面来看，明、清时期的档案保护技术在很大程度上是沿袭历朝的"成规"，技术方法上没有什么重大突破，发展是缓慢的。这是与封建社会后期科学技术发展迟缓相一致的。

随着社会的发展，科技进步为色彩斑斓的世界增添了更加夺目的光彩。档案作为人类社会活动的必然产物和人类社会发展的重要信息资源而越加被人们所重视。科技进步使档案的载体发生了深刻的变化，主体的变化给人们保护档案提出了很多新的课题。探索、研究、解决这些课题，使得古代档案保护方法与技术注入新科技而富有生命力。同时，也揭开了以多种档案载体形式为保护对象的近、现代档案保护方法与技术的光辉篇章。

第十二章 明清档案保护的实践探索

第一节 民国时期学术机构对明清档案的整理利用

明清档案真正进入社会民众的视野与民国时期的学术机构以及学者们对明清档案的整理利用有着密切的关系，而明清档案能在民国时期得以高效整理、有效开发与利用受当时社会环境的重要影响：一方面，随着封建王朝的终结与"八千麻袋事件"的发生，促进了相关学术机构对明清档案的整理与利用；另一方面，20世纪初中国的史学研究风起云涌，西方思想对于中国学术界的影响甚大。在实证主义的影响下，学术研究注重寻求证据，考辨材料，蔚成风气，明清档案作为研究明清历史的第一手资料受到了重视，多数学术机构投入到了对明清档案的整理和利用中。

国学门、文献馆和史语所在档案的整理和利用方面都做了一定的工作。在整理方面各学术机构制定规范的流程，使明清档案收藏更为科学，便于保护和利用。同时，这些学术机构继承利用档案编史修志的传统，从自己的馆藏中挖掘明清档案资源，针对某一些专题进行出版编纂和刊行，并且还以独到的视角将近代文化宣传形式运用到明清档案利用过程中。

一、北京大学国学门明清档案整理利用活动

胡适先生在新文化运动期间提出"整理国故"的口号并得到北京大学众多学者的积极响应，"以科学方法整理国故"成为学术新的口号，北京大学成为现代学术史文化上一场重要运动——整理国故运动的发源地。1921年11月，北京大学评议会通过《北京大学研究所组织大纲提案》，计划设立一个研究所，作为"研究专门学术之所"贯彻整理国故的思想。1922年，北京大学成立国学门，分为歌谣研究会、明清史料研究会、考古学会、方言研究会和风俗调查会，对各自领域进行专业研究。沈兼士先生认为："大凡一种学问欲得美满效果，必基于系统的充分研究，而此系统的充分研究，又必有待于真确完备之材料。"① 国学门接收教育部所留大内档案后，

---

① 沈兼士.沈兼士学术论文集[M].北京：北京中华书局，1986：362.

会对档案进行整理和利用。

（一）北京大学国学门的整理活动

沈兼士等诸位先生向蔡元培校长提出整理这批档案的建议"查此次搬运来校之内阁档案，卷帙极繁，非集合多数具学识有兴会之人共同整理，颇难克期奏效。以后关于此事之进行方法，尚祈先生酌夺，或另行召集一会议，共同商量办理"。[①]

1922 年 6 月 28 日召开会议，由富有整理档案之兴趣者组织成立整理档案会（在 1924 年 9 月 25 日改为明清史料整理会），制定明清档案初步整理办法。这是我国档案史上有志可查的第一次档案科学整理方案，从此开始系统地整理并陆续在日刊上公布清内阁大库档案，开启了从机构的角度整理明清档案的先河，具有划时代的意义。

随着明清档案工作的不断开展、整理规模的扩大，整理档案会对整理方法进行了第一次调整，不只是关注档案的分类，还将编目和档案整理报告纳入明清档案整理活动中。调整后的整理分为三步[②]：

第一步，形式分类区别年代。根据形式分为誊黄、敕谕、诰命、实录、试卷、表、题本、报销册等，年代则分天启、崇祯、顺治、康熙、雍正等朝。

第二步，编号摘由。先进行题本、报销册两项的整理是因为这两类档案的数量较大并且有许多是十分重要的史料。题本是首先根据档案的内容将年月、机关或者区域还有事件事实、因果、情形等进行摘录，然后依据事实性质进行归类，总类下有分细目，最后编号上架。报销册则是对年月、机关或区域和名目进行摘录。整理中发现特别重要的档案要随时提出公布。

第三步，报告整理成绩。研究考证各重要事件档案及分别编制统计表，摘录事由的表格也有具体的标准。将每项已经编好编号摘由的档案分别进行编目。或者将全文进行录入并在《北京大学日刊》上刊出。国学门先后摘编黄、题本、报销册、金榜等类将近万件。

1924 年 5 月 21 日，整理档案会召开第三届常年会，确定了以后其整理明清档案的具体方向。主要任务有明题行稿的摘录，报销册目录的编辑，将清代官印进行整理，编制陈列要件，制定明题行稿的目录片，装订重要稿册。至此经过两年时间，第一步整理工作，包括将档案进行朝代的划分，种类的区分及陈列上架等大致完成。国学门的明清档案整理活动经历了一个发展的过程，从简单的分类到编目和最后的

① 沈兼士. 研究所主任沈兼士先生致校长函 [N]. 北京大学日刊，1922-06-19（2）.
② 赵泉澄. 北京大学所藏档案的分析 [J]. 中国近代经济史研究集刊，1934，2（2）：222-255.

公开利用，使档案的价值得到了人们的认可，更多机构加入整理利用明清档案的行列中。

（二）北京大学国学门的利用活动

国学门中的许多学者深受西方文化的熏陶，认为明清档案为社会公共资源，反对将明清档案封存不向社会公开的行为，认为要充分发挥明清档案的作用，不仅仅是要将档案保存好，而是要将档案公开供学术研究使用。国学门的利用活动主要是通过《北京大学日刊》进行要件的公布。除此之外，还有开辟明清档案的陈列室、在北京大学二十五周年纪念日举办明清档案展览等，不仅提高了国民对明清历史的认知，而且对明清史的发展做出了贡献。

1. 档案展览与陈列服务

1922 年北京大学建校 25 周年，国学门积极参与了北大举办的展览。此次展览主要分为历史部、美术作品部、出版品部。档案展览、太平御览和考古属于历史部。档案展览当时展出诏 10 件、金榜 2 件、册文 7 件、谕 3 件、朱谕 20 件、上谕 4 件、实录 9 件、起居注 7 件、宝训 2 件、赏格 1 件、题 13 件、揭帖 3 件、奏 5 件、表 27 件、笺 1 件、咨 3 件、档册 13 件、档案 3 件、遵依卷（即甘结）4 件、勘合 1 件、试卷 10 件、史传 25 件、谱 1 件、书 9 件、图 5 件[①]。主要展出了明天启到清同治这一时期的档案，内容不仅有六部重要档案，同时还有一部分关于后宫的档案展出。这次展览拉近了民众与明清档案的距离，同时加深了对明清两朝的理解。国学门经过两年时间的整理，整理工作基本完成，共设立陈列室 15 间、题本占 5 间、报销册占 2 间、杂件占一间、要件陈列室及要件保存室共五间。为方便参观在陈列室每类中抽出一件，摘录事由、填入表片，放在书架前[②]。

2. 档案史料汇编

为了更好地发挥档案的价值，打破档案内部的时间空间的限制，国学门积极开展档案史料文献汇编工作。国学门采用随编随发的模式，将明清档案中特别重要的随时提出公布。将一些题本、报销册以及一些体现地域特色的档案进行分类，编成各地的风俗情况介绍。贺表、会试榜等将其编成历朝职官人名表和地方文风统计表。以官职为经，地域为纬编制出版《清代官印谱》。其余的档案皆酌量缓急，分别进行。

3. 档案公布

档案的公布是指通过报纸、刊物、图书等公开出版物，向社会公开发布档案资

① 北京大学. 档案室展览品一览表 [N]. 北京大学日刊，1922-12-17(6).
② 国学门. 国立北京大学研究所国学门报告 [J]. 国学季刊，1925，2(1)：191-198.

源，使全社会知晓，方便社会各方面利用。北京大学国学门将整理的重要档案加以考证、编为报告，通过《北京大学日刊》每周六进行公布。1922年，为便于稽考改变公布方式，改为编报告书，将整理过的档案摘录事由，重要档案要求抄录全文，分类公布，随时编辑公布，不分朝代和事类，在《北京大学日刊》第四版印成书页式，便于剪订保存①。

1924年进行了明题行稿的摘由编号工作，并在日刊上发表有一千三百余件，在1925年暑假，公布基本完成。

(三) 北京大学国学门整理利用特点

1. 开创学术机构整理明清档案的先河

我国古代有对史料收集和存放的历史，但对于学术机构大规模整理明清档案是没有经验可以借鉴的。从明清档案从"宫内"流出，传统学者只是看到了"宋版书"等版本学的价值，以陈垣、沈兼士等为代表的学者们大部分受到西方文化的影响，加上新文化运动的洗礼，他们成立"明清档案会"制定明清档案整理的规章制度，提出对档案整理人员的具体要求。整理时将档案学、史料学和目录学相结合，对所藏明清档案进行科学分类整理，制定出"文种—时间—形成者—区域"的平列式分类法，成为"中国档案史上有记录可查的第一次科学的整理方案"。在这一时期，陈垣总结了国学门的整理经验提出的"档案整理八法"，即"分类、分年、分部、分省、分人、分事、摘由、编目"，为民国时期明清档案的整理奠定了基础。同时，国学门为我国档案学界培养了第一批档案整理专业人才，为之后学术机构的整理利用活动提供了人员基础和实践经验。国学门提出的开放利用原则，将完全公开利用的档案供给全校、全国以至于全世界的学者，可以随意作各种研究，绝对没有畛域的限制。其"变藏为用，变被动为主动"的做法为后来许多学术机构所采用。

2. 整理利用活动随着实践的发展不断调整

整理活动初期，国学门只是对明清档案按照"文种—时间—形成者—区域"进行形式的区分和筛选，更进一步也仅仅是分类统计，对于要件才进行报告的编写。随着整理活动的推进，除了对明清档案进行分类外，还按照文种的不同使用不同的方法对档案进行编号和摘由的编写。同时，对于要件每周在《北京大学日刊》上进行公布，重视档案利用。整理活动还包括对研究考证各重要事件及分别编制统计表，对明清时期风俗、官职的发展脉络等有直观的认识。在初步整理基本完成时，国学门工作重点也随之转移到档案利用上，档案利用成果相继出版。

---

① 整理版档案会.整理档案会启事[N].北京大学日刊，1922-09-16(4).

二、文献馆明清档案整理利用活动

故宫作为明清时期最高的国家机构所在地，一直充满了神秘感。1911年辛亥革命结束了我国两千多年的封建统治，1912年中华民国成立。虽然帝制废除，清帝退位，但溥仪仍居住在紫禁城，沿用宣统年号，称自己为"大清皇帝"。一直到1924年，这种特殊局面才得以结束。随后，成立清室善后委员会，处理清室的一切善后事宜。在故宫博物院建立时，清室典查、登记造册基本完成。1925年10月10日，国立北平故宫博物院成立，分为总务处、古物馆、图书馆和文献馆四个部门。除了掌管故宫及其所属建筑物如大高殿、清太庙、景山、皇史宬、实录大库等，同时还负责保存、开发和公布古物、图书、档案等。其中，文献馆主要掌管明清档案、实录及历史物品的整理、保管和陈列事项；明清史料的搜集、整理及编印事项；历史物品的分类、摄影及编辑事项[①]。

(一) 文献馆的整理活动

文献馆明清档案资源丰富，除了宫中档案之外，还包括军机处档案、内务府档案、清史馆档案、刑部档案及内阁大库未移出档案，种类多，相比其他机构馆藏较为丰富，达五百多万件。同时，民国时期文献馆整理明清档案的时间跨度也是较大的，从1925年到中华人民共和国成立之前有二十多年的时间，所以方甦生[②]先生将文献馆的整理活动划分为三个不同的时期：第一个时期是拓荒时期，约自1925年故宫博物院成立，设文献部起至1929年改组为文献馆以前为止；第二时期是扩大整理时期，约自1929年文献馆成立后到1933年故宫文物南迁；第三时期是精进时期，约1933年故宫文物南运以后。随着整理活动的不断深入，档案整理也不断发生变化。

1. 拓荒时期（1925—1929）

这一时期的主要工作是将散落在宫中各处的档案集中起来并且进行明清档案的初步整理工作。1926年，从国务院接收军机处档案进行档案的清查和排架。1928年，接收清史馆档案及稿本，选取了其中比较珍贵的史料，刊行掌故丛编等书。这一时期对明清档案进行局部整理，主要分为四个步骤进行：第一，先将尘土拂去，然后进行形式上的整理；第二，依据机关名称进行分类；第三，根据朝代、年月分

---

① 故宫博物院. 国立北平故宫博物院暂行组织条例 [J]. 交通公报，1934(540): 20-24.
② 方甦生. 整理档案办法的初步研究 [J]. 北平故宫博物院年刊，1936(1): 75-111.

类（下面会介绍具体分类细节）；第四，标写号签及登记卡片①。

文献馆分类采取的方法②是：①对于衙门档案的分内阁、军机处、内务府等。②程式档案的分皇帝下达的文书诏、敕、谕旨，臣工上奏的文书题、奏、表、笺；册子是临事缮造的，档子是随时记载的。③依据来源分类。如内阁大库档案根据来源可分为内阁承宣的官文书或进呈的官文书、当时记载的帝王言行与国家庶政档案、官修书籍及文件、因修书而征集的参考资料、内阁日行公事的档案稿件和盛京移来的旧档。④名称的分类。同是誊黄，有制、诏、诰、敕命、敕谕等；同是折子，有题本、奏折、启、揭、禀、咨等。⑤时的分类。分别名称后顺序朝代、年、月。⑥地的分类。如各省的黄册、乡试录、舆图、分地整理。⑦人的分类。例如宫中档案的雍正朱批奏折是一人分包的；内务府的事简档是以人分简的；而使用时、地和人的分类时根据档案的性质来确定分类顺序。

这一时期是文献馆整理的基础阶段。首先基本确定了文献馆的馆藏和大致的明清档案类别；其次是收集档案的同时开始整理并且制定了详细的档案分类的标准。

2. 扩大整理时期（1929—1933）

这一时期是明清档案整理的关键时期。这一时期做了很多工作，除了整理外还出版了不少丛书和刊物。文献馆采用不同全宗的档案不同整理的方法。主要有军机处档案的整理、宫中档案的整理、内务府档案的整理等。如对于军机处档案的整理主要是随手登记档折包相互对校等工作，同时编印各项史料。对于宫中档案则从初步的检视、分库支架，到分别整理登记及一部分档案进行摘由编目。对于内务府档案，是把提到馆里的一部分整理登记。对于清史馆档案，是分类整理、登记编目。

整理内阁大库档案时，清理登记与分类整理逐步进行。将宫中档案整理进行主要介绍。宫中档案整理从1929年工作才开始，这部分档案初步整理步骤为：第一步，将宫中所有档案分清种类朝代，按类装箱，编制草目，分别贮存在库房中。第二步，逐步整理。按照朝代分析年月，点查件数，标签编目，依次排架。第一步又细分为：就原箱检查类别，编制号码；就原箱内原包分类，逐项标签；就原屋内分类装箱，编成简目。共归并为十一类：奏折、上谕、请安折、引见履历、分档册、图籍、试题试卷、进贡单、名单、杂单和杂类③。

随着整理工作的不断开展，又将奏折、档册和杂类整理进行了不同方式的整理。奏折整理第一步将奏折类分析年月，排列档架；第二步，奏折中只有人名而没

① 中国第一历史档案馆. 明清档案与历史研究：中国第一历史档案馆六十成立周年论文集 [M]. 北京：中华书局，1988：39-40.
② 方甦生. 整理档案办法的初步研究 [J]. 北平故宫博物院年刊，1936(1)：75-111.
③ 中国第一历史档案馆. 明清档案论文选编 [M]. 北京：档案出版社，1985：243-249.

有朝代年月的，另行装架，编制人名简目，等以后经过考察之后，确认是何朝、何年，再进行按朝代年月分装；第三步，就雍正朱批谕旨，校勘雍正已录奏折，并按照原包标签人名调查没有录件数，计已校勘186人；第四步，雍正奏折有原包皮书明已录的字样，而实未刊入谕旨者，现已将该项奏折整理完毕，编成简目。关于档册，此项档案分档（如奏事等）、册（如藏罚册）、簿（如日记账簿等）、录（如晴雨表等）四类，依照朝代年月，顺序编。杂类是之前整理档案过程中发现的紊乱的暂定为杂类，整理时按照类分归为各库房，整理完成后杂类名称将取消①。

这个时期是整理档案数量最多的时期，为开展档案利用工作奠定了基础。同时，这一时期受到了战争的影响，文献馆档案被迫南迁，档案整理工作基本中断。随着战争的结束，明清档案整理工作才开始恢复正常。

3. 精进时期（1933—1949）

这一时期的文献馆档案整理工作进入新的阶段，有了之前多年工作经验和较为缜密的工作计划，明清档案整理工作跟随实践不断调整，效率有所提高。1935年，文献馆将所藏明清档案分为八类。第一类，内阁承宣的官文书，是经内阁承宣者为制诰敕谕旨等。第二类，内阁进呈的官文书，即经内阁进呈的相关咨奏题本表笺与其副本及随本进呈的图册单笺等。第三类，当时史官记载政事档案，六曹章奏、六朝录疏和六朝史书。第四类，各馆处的档案，包括实录馆档案、会典馆档案及其他各馆档案等。第五类，因修书而征集的档案，包括明代档案、朱批奏折和部院抄送题奏本等。第六类，内阁各房日行公事的档案稿件，分为内三院档案、典籍南北厅的档案、满本堂、汉本堂等9个类型档案。第七类，盛京档案。在内阁中存放的有满文老档、满文旧档、汉文旧档及满文木牌等。第八类，接收裁并机关及内阁改组后的档案。主要是通政司档案、吏部档案、承宣厅档案等②。

在这一时期还调整了一些档案整理办法，如对军机处档案的整理。1926年，从国务院接收军机处档案进行清理排架之后，将其分两步进行了整理。先就所有折包与随手档（及原有之档案简目）互相校对，有无缺漏。当拟具《互校折包随手档试行办法》五条，由第二次专门委员会通过施行。①按照年月，逐条校对，如果有遇到折包内有缺失的，或随手档没有的，均分别记录；②校对后，将折包之件数计下，并将各件随手档按照顺序排好；③将包内的各件档案，按天进行分箍，并在箍上标明月日件数及原奏人名；④校对时，如有一张档案折断成为两张档案时，应用纸条箍好，标明勿直接用糨糊接连，以防错误；⑤随手档内所载上谕交片两项，另有专

---

① 故宫博物院《北平故宫博物院报告》，1930.
② 孙彦，梁继红.中国近代档案学期刊辑录（下册）[M].北京：国家图书馆出版社，2010：1448-1454.

档记录，故折包内无此二项。校对时不必认为遗缺，将来应以该二档与随手档校对。将所存各档册，分页编号，加盖数目戳记①。从 1935 年开始军机处档案整理逐渐推行十进分类法。首先将军机处档案按照性质分为七个大类，军机处分类汇抄关于国家庶政的档案、方略馆书稿及档案、军机处进呈的文件、内阁会议政务处及责任内阁的档案、军机处日行公事档案、弼德院档案、京内外致军机处的文件，然后再对每个大类做具体的整理与统计②。

文献馆的编目主要有四个步骤③：一是编缮卡片。卡片内容包括类别、名称、时代、数量及其他应注明的情形。同时，将分类号、编次号在左上角标明。分类排列后形成索引式目录片。二是粘贴目签或纸袋，将卡片上的内容著录在定式的韧性纸签的下方，将上面的部分粘在档案的右下角，放置在架子上，便于查找。这是"目签"。对于单页和零星、零碎的档案粘签不方便可以放入纸袋，将著录内容写在纸袋掩口处，代替目签。三是排纂目录，编成簿册，可以出版。四是编制索引，放在目录之后便于查找。

文献馆的档案整理体现出不同时期不同种类的档案都有其不同的整理方法，这不仅是受馆藏的影响，也是文献馆工作人员不断探索努力的结果，更是文献馆相比国学门进步的地方。

（二）文献馆的利用活动

文献馆的明清档案利用活动形式多样，利用其独特的地理位置和环境优势开展明清档案展览与陈列服务；依托丰富的馆藏资源开展档案的阅览与借抄服务；为更好地为学术研究和学者服务，积极进行档案文献编纂活动；为档案整理利用活动更好地完成，提高工作效率，文献馆进行了明清档案参考资料——档案辞解的编写。

1. 档案阅览和借抄服务

1925 年，故宫博物院文献部在原清宫旧址处建立，负责整理保存清宫遗留的历史档案。1929 年，改组为文献馆，负责明清档案的相关工作并且制定了相关规章制度。由于当时社会环境的限制和对档案的保护，该服务并不是向所有民众开放，进行档案阅览和借抄需要由故宫博物院职员介绍，经院长许可方能进入。每月发表的文献馆工作报告中都有开展阅览和借抄服务相关情况记载，文献馆阅览室的主要服务对象既有辅仁大学、燕京大学等高校的多位大学老师，又有营造学社、禹贡学会等诸学社成员，外国友人如美国毕乃德教授和德国人鲍润生等，还有像清华学生等集体。就其阅览内容看，根据文献馆工作报告，人们查阅较多的还是各个皇帝实录和各部的黄册。阅览人数从1938年9601人增长到1943年23523人①。借抄主体可以分为机构和个人，主要有史语所工作人员对各部黄册、各省地丁钱粮册等档案的借抄和徐森玉先生借抄明代武职选簿等②。

2. 档案展览与陈列服务

1925年10月10日，故宫博物院成立，开放故宫以收取门票的形式供民众参观。门票为一元，开放故宫中路和西路。在故宫博物院开幕前两天，票价降到5角，同时增加养心殿、寿安宫、文渊阁、乐寿堂和多处陈列室，任人参观。刘北汜在《故宫沧桑》中记录这一事件时说到"因为是第一次公开展出，吸引了大量观众，两天内参观的人数多达五万"。开放故宫让民众离明清两朝更近了一步。

文献馆将明清档案整理后，开设陈列馆积极进行明清档案展览与陈列服务，满足学者和民众的需求。开设故宫陈列馆，更换和改善陈列室陈置物品，将其整理并且分为普通和专门两类。1935年，文献馆将档案主要分在十个陈列室，对每个陈列室内部陈列方法、分类等都有相关说明。一是宫中陈列室，分五类；二是景福宫为内阁档案专门陈列室，按照六类分别选择陈列若干档案，附加陈列内阁大库残本书影等；三是军机处档案陈列室，按照来源分类改编说明分为八类，在养性殿东庑陈列；四是内务府档案陈列室，依内务府及各项档案研究其类别，将陈列研究结果共分四类陈列在乐寿堂东室；五是舆图陈列室，包括内阁军机处内务府三处所藏档案，陈列于宁寿宫；六是昇平署戏曲陈列室，昇平署是清代承应宫廷奏乐演技的机关，原称南府，主要是剧本档案，将各件按照其性质编目，分为九类，将阅是楼作为陈列室；七是清钱陈列室，本馆旧藏从天聪到光绪时期的清代钱币，陈列在乐寿堂后殿；八是兵器陈列室，大多数为清代各个皇帝的御用之物，分类陈列在颐和轩；九是照片陈列室，在宁寿宫陈列；十是圆明园烫样陈列室，在景祺阁陈列以供众览③。文献馆还会招待各大学史学系及各学术团体和学者参观档案和文物。主要有来自北京大学、北平大学、师范大学、清华大学、燕京大学、辅仁大学、中央研究院历史语言研究所和社会科学研究所、北平研究院史学会、中国营造学社、北平图书馆国语统一会、故宫博物院专门委员会等众多学者，其中不乏一些外国学者。参观路线主要是南三所办公处、各库房参观内务府各种档案及舆图剧本等、内阁大库参观

① 见《国立北平博物院北平本院八年工作报告》

② 文献馆. 国立北平故宫博物院文献馆二十四年度工作报告 [J]. 文献论丛，1936：336-379.

③ 文献馆. 文献馆二十四年九十月份工作报告 [J]. 文献丛编，1935(31)：336-379.

明清史料、残余书籍、清代黄册、试录、题名录、金榜、满文木牌及各项工作成绩等 ①。

（三）文献馆的整理利用特点

文献馆的整理利用离不开一些著名学者的不懈努力，沈兼士就是其中重要的学者之一。他曾经在国学门任国学门主任，1925 年任故宫博物院文献部主任，文献馆成立后任馆长十几年，将国学门整理利用工作经验，利用到文献馆明清档案整理利用活动中。制定文献馆整理档案规则，确立明清档案整理方法，积极将其馆藏提供给学者和公众使用，呈现出我国近代档案馆的雏形。

1. 制定规章制度

故宫博物院成立并制定《故宫博物院组织法》，为故宫博物院的发展提供了保障，同时是近代档案馆雏形形成的重要条件。根据该组织法，成立了文献馆并且制定了《文献馆办事细则》来规定文献馆的具体工作。要求如馆内机构设置，设二科六股，第一科下设保管、陈列、事务三股；第二科下设整理、编印、阅览三股，聘请专职的人员分为专门委员、馆长、科员、办事员、书记、临时书记等职务来负责档案整理，并将工作内容以报告的形式发表。制定《文献馆整理档案规则》，规定了文献馆档案的形式、档案的整理、档案的编目和用纸等四方面的内容。制定《故宫博物院文献馆阅览档案暂行简章》对阅览室的相关工作进行了约束，如参观者和借阅者的要求、阅览借阅流程和阅览事件等，阅览人数和借阅情况将随着报告一起发表。

2. 尊重档案之间的内在联系

文献馆对明清档案的整理尊重档案的形成规律。文献部成立后，直接开始了工作，工作不仅仅在于档案的集结，背后蕴藏的是尊重档案形成规律，按其形成机构聚集。进入文献馆时期后，主要是按照四大类来整理档案，分别是军机处、内阁、内务府、宫中四处，也就是文献馆集中档案的四个来源。这种把同一"来源"作为一个整体进行保管的方法，它不仅在明清档案的管理工作中影响深远，而且 1962 年以后，明清档案按全宗划分，"宫中各处档案"至今仍作为一个特殊的"全宗"存在。而且"来源原则"也在现代的档案整理活动中发挥着重要作用。遵照来源原则使明清档案整理得以规范和条理清晰。

文献馆依据明清档案的形成年代对明清档案进行整理，一个年度形成的档案往往有着紧密的联系，采用年度进行分类可以较好地维护和再现一年中的历史活动和

① 文献馆. 文献馆二十四年一月份工作报告 [J]. 文献丛编，1935(23)：1-4.

档案形成过程，能够直观地看到这一时期逐年发展情况，尊重了档案之间的内在联系。文献馆还对没有具体年代的档案根据档案内容和档案材料等进行考证。

文献馆的明清档案整理不仅保持了明清档案与档案形成者之间的联系，而且依据年代分类，采用明清档案形成的原始顺序，这一方法在当时有着进步意义。

3. 创办档案学期刊

文献馆创办档案学期刊进行所藏明清档案的编纂和公布，为社会提供利用。《文献》是文献馆进行编纂公布的尝试，它只出了5期，之后创办的《掌故丛编》标志着明清档案编纂公布工作步入正轨。《史料旬刊》的出现又弥补了丛编中存在的不足。《文献特刊》《文献丛刊》等期刊的问世，其内容不仅有大量的档案文献资料，还有相关学者通过实践活动总结出的明清档案整理利用相关学术论文，为我国档案学的发展提供了基础。

第二节　明清档案的修复——以孔府档案为例

孔子博物馆位于山东省曲阜市孔子大道100号，曲阜城中轴线南端，北距孔庙4公里，与"三孔"世界文化遗产遥相呼应。占地面积260亩，总建筑面积5.5万平方米，主馆以仿汉代建筑为基调，是一座以纪念孔子、集中展示孔子思想、传播弘扬以儒家文化为代表的中华优秀传统文化而建设的博物馆，2019年9月开馆，2020年被评为国家一级博物馆。

多年以来，孔子博物馆始终坚持"保护第一、加强管理、挖掘价值、有效利用，让文物活起来"的工作方针，以普查登记为基础，以分级保护和揭示利用为重点，不断提升文物保护水平。

一、《孔府档案》总体情况

《孔府档案》全称"孔子世家文书档案"，是孔氏家族在各项活动中形成的私家档案。现存约三十万件，起自明嘉靖十三年（1534），迄于1948年7月，历时四百余年。内容系统全面，来源真实确切，是弥足珍贵的传世家族史料。

2015年入选第四批《中国档案文献遗产名录》，2016年入选《世界记忆亚太地区名录》。

《孔府档案》文体繁多、体系完整，涉及政治、经济、文化、思想、宗族等社会生活的各个层面，真实客观地记录了明清以来孔府的内外活动，既有衍圣公与朝廷、地方官员往来的各式公文，也有记录府内各机构运转及孔氏家族日常生活状况的文书，是孔府从事政治、经济活动及处理家族事务形成的第一手资料，内容系统全面，来源真实确切。按照时间顺序可分为明代档案、清代档案、民国档案；按照内容可分为袭封、宗族、属员、刑讼、租税、林庙管理、祀典、宫廷、朝廷政治、财务、文书、庶务12大类。

二、诏令类文书简介

诏令类文书是明清时期最重要的公务文书，因其不仅是专制制度中皇帝个人意志的体现，也是超乎国家成文法典之上的统治意志。

明朝诏令类文书有：诏、诰、制、敕、册、谕、书、令、符、檄十种。谕和书两种为明代创制，其余均沿袭前朝。

清朝诏令类文书沿袭明制，分为皇帝专门文书和日常行政文书。专门文书有：诏、诰、敕、册、祝、祭、金榜等，简称诰敕或制诰，其中，敕命、诰命、册命专用于封赠官爵，为封赠文书。诏令文书中除少数典礼、祭祀、封赠文书外，其余大多具有重要的史料价值。

三、《孔府档案》诏令类文书

由于儒学在中国思想史上的特殊地位，孔子受到历代王朝的推崇。孔子后裔在传统宗法社会中备受优待，衍圣公府的社会地位也不断提高。掌权者借儒学以统驭天下士子民心，圣公府仰皇权以延祀收族、安享尊荣。一方展示皇权的伟大，一方宣誓无尽的忠诚，在各种互动表演中，达到彼此的终极目的，因而孔府档案中留下了众多诏令类文书。

《孔府档案》中诏令类文书涉及袭封、祀典、宫廷、朝廷政治、租税等类，可细分为庆贺、宸翰、祠祭、承袭、巡幸、奉祀、查修、封典、仪制、典例等案卷，事关皇帝登基、大婚、南巡、太后加徽、圣庙祀典、各贤儒书院学录博士及后裔讲学、先祠乐制、林庙各户人地亩册籍、修墓、皇帝遗诏、御极恩诏、纂修等项。

四、孔子博物馆藏《四书》夹带

传统宗法社会，朝廷选官取士代有更迭延续，两汉施行察举制，魏文帝曹丕于黄初元年（220）改行九品中正制选取官吏，至隋文帝杨坚于开皇七年（587）废止，转而采用考试的办法选拔官吏，历时367年的门阀等级取士制度以法定形式终止。自隋朝至清末，科举取士制度成为当政者选取人才的主要方式。

（一）科举夹带弊端与禁制

科举取士成为国家制度之后，与之相伴的应考弊端便不断出新。"若怀挟夹带、枪手替换、贿买考官、场中埋题、场外飞马、偷换试卷、考篮鞋垫、皮裳褒衣等，无不为怀挟之地，甚至有信鸽传递文字者。"（漆永祥著：《清学札记》，北京联合出版公司，2017 年 12 月，第 20 页）科场舞弊成为各朝当政者头疼的大事。对此，各朝均有措施、规定，以图禁绝科场舞弊。明清两朝以八股取士，弊端更为难免，且有日隆之势。因此，清朝制度规定，士子入场，必须经过搜检大臣的严格搜查，笔砚、衣裤、鞋帽、食品等携带物品均有专项规定（李鹏年、刘子扬、陈锵仪编著：《清代六部成语词典》，天津人民出版社，1990 年 8 月，第 235 页），"不许夹带片纸只字……康熙庚子顺天乡试，特命十二贝子监外场，露索（即搜检）綦严……道、咸前，大小科场搜检至严，有至解衣脱履者"［[清] 徐珂编：《清稗类钞》（第二册考试类·搜检），商务印书馆，1966 年 6 月]。种种举措，不可谓不严。从乾隆朝《实录》亦可见朝廷对此弊端治理之决心。

乾隆六年（1741），乡试在即，乾隆颁行严禁科场夹带之谕旨："著步军统领、五城御史出示晓谕，并密行查拏……临期，朕或另遣人看视。"［详见《高宗纯皇帝实录》（第一○册），中华书局影印，1985 年 12 月，卷之一百三十九，乾隆六年，辛酉，三月，癸巳] 乾隆九年（1744），顺天府考取满洲翻译童生，工部右侍郎德龄奏请，"行文兵部，转行左右两翼，各派满洲参领一员，各带领催二名，马甲十名，于试日入场，分拨巡视。"［详见《高宗纯皇帝实录》（第一○册），中华书局影印，1985 年 12 月，卷之二百十一，乾隆九年，甲子，二月，丙寅] 乾隆九年（1744）三月丁酉，临近科考，乾隆连发两道谕旨［详见《高宗纯皇帝实录》（第一○册），中华书局影印，1985 年 12 月，卷之二百十一，乾隆九年，甲子，三月，丁酉]，首句便是"科场乃国家大典，必期遴拔真才""科场乃抡才大典"。科考一事，连发谕旨，且派满族亲信监督，军兵压阵搜检，甚至有派遣钦差临场监视的意图，足见乾隆对科考的重视及对科场弊端的深恶痛绝。

虽然当政者励精图治，但因体制固化严重，监督和惩治机制不力，而且最根本的是八股文限制了士子的思考，不允许抒发己见，违背了社会文化发展的规律。所以，到明朝中期，科场作弊现象越来越严重。即使在制度方面不断严格考试政令，但也只显一时之功，难图永治。

清同治以后，科考入场搜检形式化严重，加之石印技术成熟，夹带制作产业化，所以"入场者，辄以石印小本书济之，或写蝇头书，私藏于果饼及衣带中，并以所携考篮、酒鳌与研之属，皆为夹底而藏之，甚至有帽顶两层、鞾底双屉者。更或贿嘱皂隶，冀免搜检"[[清]徐珂编：《清稗类钞》(第二册考试类·搜检)，商务印书馆，1966年6月]。光绪壬午科，参加考试的士子达到一万六千人，入场搜检时，只听到搜检人员高喊"搜过"，却并不行动。壬辰会试之后，连高喊"搜过"的声音都没有了。

正是因为这种体制弊端形成了风气，夹带的发展才成为潮流。

(二) 夹带

当政者所要禁绝的夹带为何物？

夹带，又称"怀挟"，唐代称为书策，宋代称为纸球，现在俗称小抄，广东一带称为猫纸。它是科举考试中舞弊的一种形式。指通过各种手段将有关图书资料秘密携带进入考场以帮助顺利完成考试。这种行为本身及所秘密携带的文字资料均称为夹带。

自有科举应试起，通过小抄而居官者不乏其人，这从反面刺激了那些不愿刻苦攻读，又想投机取巧做官的士子，夹带应需成为商品便顺理成章。宋朝时期出现了用小纸细书的抄本经文，可在市场上公开销售。"小本夹书始于宋时，明时盛行巾箱本，多为考场夹带之用。清时坊间所刊尤多，有小如火柴盒大小者，入场时衬垫于鞋底夹层中。"(漆永祥著：《清学札记》，北京联合出版公司，2017年12月，第310页)明清两朝科举取士，试题内容俱从《四书》中选取，考试选题内容和文章书写模式固化，遂得八股之名，这为夹带产业化提供了非常重要的客观条件。

有需求就有市场，当越来越多的士子希望借助小抄达到官运亨通的目的时，小抄的生产便成为一种产业，出现流水线作业的模式。可以想见，某精通八股考试的老板，事先购得各类《四书》解题文章，或者专门组织一批文人按照《四书》篇章，逐句解题，同时，组织一帮精通小字书写的书手，每人负责数篇解题的书写，最后将一篇篇八股范文，或者说是优秀"申论"范文汇聚成册，销往各处，供士子采买。

在夹带形制上，制作者的聪明才智已臻于化境。明代周复俊在《泾林杂记》中记载了明代士子作弊的高明手段，"隔年募善书者，蝇头书金箔纸上，每千篇厚不及寸；或藏笔管，或置砚底，更有半空水注、夹底草鞋之类；又或用药汁书于青布衣袴，壁泥糁之，拂拭则字立见，名曰'文场备用'"。此等绝技，令人叹服。

除了可以放入"考篮鞋垫"的纸本夹带，还有书写于"皮裳亵衣"之类衣物上的夹带，如宁波服装博物馆收藏的两件白绢衣料(详见李本侹著：《霓裳之真·宁波服装博物馆藏文物探识别》，宁波出版社，2017年5月，第147页)，每件衣料正反面俱有抄写内容；上海中国科举博物馆藏的一件麻布坎肩[详见李兵、袁建辉著：《清代科举图鉴》(岳麓忆院国学文库)，岳麓书社，2015年11月，第16页]，同样是布满蝇头小字。凡此种种，都是小抄界的精品。

(三) 馆藏夹带

2015 年，文博系统开展了全国第一次可移动文物普查。孔府档案馆工作人员在进行孔子世家文书档案 (简称孔府档案) 整理的过程中，发现了一套以挂袋形式保存的《四书》夹带，保存基本完整。

这套夹带以蓝麻布做成挂袋，上贴红宣纸签条，《大学》《中庸》《论语》《孟子》各篇章分置袋内。挂袋分为 3 排，每排 7 袋，共 21 袋，以《千字文》前 20 字字序进行编号，从右向左，上排依次为：天、地、元、黄、宇、宙、目录；中排为：洪、荒、日、月、盈、昃、辰；下排为：宿、列、张、寒、来、暑、往。

编号下为篇章目录，以篇名或者篇首二字为目。

天：大学；地：先进、微子；元：中庸下册；黄：述而全册；宇：宪问、尧曰；宙：颜渊、阳货；目录：无篇目；

洪：太伯、子罕；荒：子路、季氏；日：八佾、卫灵；月：乡党、尽心上；盈：梁惠、万章；昃：中庸上、尽心下；辰：舜生、告子；

宿：滕文、陈代；列：伯夷、雍也；张：里仁、庄暴；寒：学而、为政；来：离娄、任人；暑：子张、公孙；往：公冶、天时。

夹带内容为《四书》儒经解题，按照篇章，逐句进行破解，如附带答案的题库一般，只要出题，肯定在此范围内，足资参阅。各篇内容的排列顺序，以八股出题集中度和常见度为依据，出题集中的篇章排列在前，各书混放，这对于科举士子集中精力备考或者进行考前突击，无疑是非常有效的方式。

袋内解题范文按照所属书籍进行分类包裹，如《中庸》分列 "元" 字号《中庸》下和 "昃" 字号《中庸》上，而 "昃" 字号同时有《孟子·尽心》下，两书内容各分一包。根据《四书》篇目，共分为 37 包。

夹带用纸多样，有宣纸、桑楮皮纸、山桠皮纸，总以皮纸为主。纸质极薄，最薄者约 0.03 毫米。细白绵软，韧性很好。根据各篇文字多少，纸张尺寸大小不一，按照大体相同的尺寸进行折叠，如成人手掌大小，按顺序叠放在一起，用赭石色纸做上下护纸，上书篇章名，然后用宽纸带捆扎成束，外包宣纸，成包袱状，上书编号和篇章名，并钤印，此当为书铺字号。这是借鉴了佛经梵夹装散叶包袱包裹保存的模式。三百余页厚度约为 3 厘米。标题、正文均为蝇头小字，字宽约 3 毫米，笔画清晰。在灯下观看，墨迹略有光泽，显然是用上好油烟墨书写。重点段落、字句，用朱红色或墨色于右侧逐字圈点。多数篇章纸面净洁，虽无行格，但是视觉整齐。粗略估计，此套夹带总数约三千页。

通过检查本套夹带中不同篇章的文字，可以看出经多人之手抄写完成。挂袋的缝制也非常贴近实用，且工艺娴熟，显然成品不在少数。此夹带抄写制作之产业足见其规模。

因为书手多为学业不进、考取功名失利者，因而，很多篇章书写功底甚佳；然而，因书写业务量大，所以书手所书书体多用行书，亦有草书略显潦草者；字类多用俗字、简笔，甚至有错字。

"巾箱小本，率多讹字。道光庚戌年考试教习，诗题'山雨欲来风满楼'得'阳'字，乃许浑《成阳城东楼》诗句也。小本书刊'成'作'戌'，沿其讹而被黜者百余人（《冷庐杂识》卷六）。此与宋时麻沙本'坤为釜'[见（宋）朱彧撰，李伟国点校：《萍洲可谈》，中华书局，2007年11月，卷一所记姚佑事]之误，可谓绝配矣。"（漆永祥著：《清学札记》，北京联合出版公司，2017年12月，第310页）概因书手学识不同，书法功底悬殊，亦且用心专一之力各异。夹带制作产业化，偷工之举，自不可避免。

通过研究夹带中出现的俗字、简笔字、错字等，对于分析清代民间用字及俗字演变有一定的史料价值。从传统手工造纸工艺及古籍保护修复用纸角度，可以作为研究清代特种纸张种类及生产工艺的重要实物材料。同时，此套馆藏《四书》夹带，作为明清科举取士的重要实物标本，对于向青少年儿童展示我国历史上考试类型和功能的演变具有重要的社会教育意义。

五、孔子博物馆古籍保护工作概况

（一）历次古籍保护情况

孔子博物馆所藏古籍、档案等文献主要为孔府旧藏，是伴随千年孔府的传承积累下来的文化遗产，是孔府"诗礼传家"的历史见证，具有鲜明的私家特色。1949年后，曲阜市人民政府接管孔府全部财产和工作人员，原地保护孔府文物，清查财产。后成立曲阜市古代文物管理委员会（曲阜市文物管理委员会的前身），对曲阜境内所有文物古迹、古建筑、古遗址、古墓葬等文化遗产进行专门保护和管理。中华人民共和国成立后，国家对这份珍贵的历史文化遗产一直非常重视。1956年，国家文物局专家单士元、李洪庆等来到曲阜，指导清理孔府文物，将孔庙奎文阁及孔府所藏的古籍、文书档案单独列项，专库保管。1992年，孔府文物档案馆建成，这批文物又被移至档案馆库房，分类分库、专人保护。2007年"中华古籍保护计划"实施以来，孔子博物馆在国家图书馆、国家古籍保护中心、山东省文化和旅游厅、山东省古籍保护中心的支持下，积极进取，多措并举，努力创新，古籍保护与修复工作取得显著成效。2009年，曲阜市文物管理委员会孔府文物档案馆（2017年划入孔子博物馆）先后被评为"山东省古籍重点保护单位""全国古籍重点保护单位"。2016年，中华优秀传统文化实践基地挂牌。2018年，成立了国家级古籍修复技艺传习中心孔子博物馆传习所。2020年，获得可移动文物修复资质。因在古籍保护工作上的努力，孔子博物馆多次被授予"山东省古籍保护工作突出贡献单位"。

（二）馆藏古籍文献数量、价值及续增情况

孔子博物馆现有文物藏品34类，共计34.5万件/套，68.9万件，主要为孔府旧藏。其中，古籍六千四百余部（四万余册）、古籍雕版四千余块、档案文书30527套（296344件）。

目前，在级古籍98部2400余册，包括一级文物5部、二级文物45部、三级文物48部。迄今，已有14部古籍入选《国家珍贵古籍名录》，57部入选《山东省珍贵古籍名录》。所藏古籍尤以宋元刻本最为珍贵，其中宋刻本《皇朝仕学规范》四十卷是馆藏最古老的版本。这些珍贵的古籍体现了孔府藏书的丰富性，对研究孔府的全国古籍重点保护单位复核暨国家级古籍修复中心评审汇报材料5书、孔氏家族文化等具有重要的文献和研究价值。为增加藏品总量，打造儒家文化的收藏中心、研究中心、展示中心，孔子博物馆立足自身发展，在制定藏品征集管理办法的基础上，打破常规途径、开拓创新，采用多条腿走路的办法开展藏品征集工作。截至目前，先后征集古籍、字画、印章等16689件，其中古籍图书七十多册。

六、全国古籍重点保护单位复核情况

自获得"国家古籍重点保护单位"称号以来，孔子博物馆不断加大古籍保护力度，逐步形成了古籍普查、修复、培训、研究、展示、利用六位一体的工作局面。

（一）全面启用新库房

2018年11月，孔子博物馆建成并开始运营，库房使用面积从原孔府文物档案馆的老库房1500平方米扩展到新库房的7000平方米。新库房中，古籍库278平方米、档案库293平方米、雕版库105平方米，使用面积比之前有了显著增加，藏品分类、分库的管理更加科学化。每个库房均配有高标准的消防和安防系统。库房橱柜使用防震密集型文物安保储藏设施，采用手动文物防震重型密集架，整体达到可抵御8.5级罕遇地震的防震效果。柜内搁板铺亚麻布及樟木板，以起到防虫效果。柜中设置文物防倒板，单架内部可根据文物大小自由分割，更利于文物存放。所有橱柜均采用锁、拉手连动装置一体化设计，钥匙采用三级管理，确保文物安全。

（二）顺利完成文物移库工作

2018年，孔子博物馆开始启动文物移库工作，至2020年基本完成，实现了六十八万多件文物的整体搬迁工作，其中古籍文献6.6万件/套。同时，针对古籍、档案等纸质文物的特点，在上架之前还进行了充氮低氧杀虫；为古籍更换了囊匣和函套，共计6600件，进一步提升了古籍保护条件。

（三）严格库房日常管理

孔子博物馆一直严格按照国家文物局、省文化和旅游厅关于藏品保管工作的要求，力争做到"制度健全、账目清楚、鉴定确切、编目详明、保管妥善"。一是健全规章制度，制定了《孔子博物馆藏品库房管理办法》，对库区的保卫、钥匙的管理、保管员职责、藏品出入库、人员出入库等进行了规范管理。二是严格落实库房保管员职责，定期巡查库房，做好温湿度记录，对库房进行整理、保洁和账目核对，做好防霉防虫等病害处理；在恶劣天气下，加大对库房的巡查力度，确保文物藏品安全。三是完成古籍普查数据导入藏品管理系统，实现了古籍文献的动态管理。四是加强对珍贵古籍的管理与监测，建立单独的藏品档案，并做好文物信息动态跟踪记录。

（四）圆满完成馆藏古籍普查工作

2014年，曲阜市启动第一次全国可移动文物普查，成立了普查工作组，抽调精干力量开展普查工作。至2016年完成，普查馆藏古籍文献三十七万件、古籍雕版四千余件。其中，古籍碑帖13758件/套，52444件；档案文书28881件/套，294700件；文件宣传品23841件/套，26128件；审核文物信息15大项、28小项，同时完成文物的建档建账工作；开展古籍普查上传数据、照片的审核、校对，发现问题，认真做好记录，及时修改更正，确保上报信息的准确性。同时，协助指导曲阜师范学校、曲阜市文物商店、曲阜市档案局等单位和其他县区藏有古籍文献的国有单位做好文物数据采集登录工作。另外，2019年以来，继续进行常态化散存孔府档案整理编目工作，目前已完成1646号11980页文书档案的分类、整理、编目与数据采集，并根据保存现状，分析病害等级，做好保护修复方案。自2014年以来，笔者有幸参与了第一次全国可移动文物普查工作，对馆藏雕版、拓片、散档、家具的整理、编目工作记忆犹新。

（五）承办中华传统晒书大会

2019 年 8 月 5 日至 7 日，孔子博物馆与国家图书馆、国家古籍保护中心合作，联合举办了"首届中华传统晒书大会"，通过晒国宝、晒经典、晒技艺、晒传统等丰富多彩的晒书活动，让更多的人爱上古籍、保护古籍。期间，还举办了晒书沙龙，邀请有关专家学者对古代晒书、孔府藏书等情况进行交流、研讨。此次晒书活动共展出古籍 46 种 515 册。同时，举办了馆藏古籍影印新书发布会，实现了馆藏《古籍普查登记目录》网络查询等。

（六）策划举办专题展览

自开馆以来，围绕馆内文物藏品，先后策划了十余个专题展览。2018 年，在国家典籍博物馆举办了"圣贤的足迹智者的启迪——孔府珍藏文献展"；2019 年，在曲阜尼山圣境举办了"孔府记忆——馆藏珍贵文献展"，在孔子博物馆策划了"圣地典藏，精品荟萃——馆藏珍贵古籍特展"衍圣百年——孔德成先生百年纪念展；2020 年，策划举办了"石墨精华镌刻千年——馆藏汉魏碑刻拓片展"；2021 年，策划举办了"学而时习之不亦说乎——《论语》主题展"圣门之风——馆藏清代孔氏后裔著作展、圣迹之图——民间藏书特展、金石遗韵——曲阜古代碑刻艺术展；2022 年，策划举办了"奎文阁藏书特展"乾隆与曲阜——孔子世家文书档案特展。与济宁市图书馆共同承办的"盛事重光——济宁市古籍保护成果展"，从库房管理、普查成果、保护修复、研究出版等几个方面，全面展示了近年来孔子博物馆在古籍保护方面的成果。此外，馆藏古籍文献还参与泗洙同源——孔子文化展、景行行止——孔子文化展、中华传统文化典籍保护传承大展等多个临时展览。2020 年，《大哉孔子》展览荣获国家文物局 2020 年度主题展览重点推介项目。2021 年，"学而时习之不亦说乎——《论语》主题展"荣获第 19 届（2021 年度）全国博物馆十大陈列展览精品推介优胜奖。这些展览对传播古籍知识、弘扬孔子思想及其儒家文化发挥了重要作用。

（七）积极参与古籍文献的宣传推广

2020 年 1 月 29 日，馆藏 36 幅《明彩绘孔子圣迹图》亮相央视综艺频道国家宝藏 2020 新春特别节目《"黄河之水天上来"国宝音乐会》。同年，馆藏《乾隆御定石经初拓本》《三圣像》"商周十供"三件国宝登上中央电视台《国家宝藏》(第三季)。2021 年，举办了"民间藏书与文化传承学术研讨会"《论语》及其当代社会价值学术论坛。其中，"民间藏书与文化传承学术研讨会"邀请公私藏书家 29 人参会，不仅加强了公藏单位与民间收藏家的交流、合作，也是博物馆在公私藏书的发展交流与合作的一次有益尝试，在社会各界引起广泛反响。2022年，先后参与由世界记忆项目北京学术中心、中国人民大学信息资源管理学院举办的"焕活记忆遗产赓续璀璨文明——世界记忆·中国文献遗产创意竞赛宣讲会""孔子文化创意设计大赛宣讲会"，利用宣讲活动，对馆藏精品古籍、档案进行宣传推介。"5·18"国际博物馆日、"6·11"文化和自然遗产日，策划了"遇见孔子"和"人间孔子"两场直播活动，在线点击量达1464.44万人次。12月18日，参与浙江卫视"万里走单骑——遗产里的中国"拍摄，通过档案文献的保护、修复与研究，挖掘文物背后的故事，展示中华优秀传统文化之美。

（八）加强职工业务培训

2016年4月20至29日，承办了"第十二期全国古籍普查登记目录审校人员培训班"，通过专家授课、现场编目的方式，对山东省内的古籍从业者进行普查业务培训，为古籍普查工作的开展打下了良好的基础。2017年，举办孔府档案编目座谈交流会、孔府档案目录编纂培训会，对孔府档案的编目工作进行全面培训。截至目前，已完成16.6万件的档案编目工作。2019年，承办了"第四期全国碑帖编目与鉴定研修班""第五期全国碑帖编目与鉴定研修班"，其间，整理编目馆藏拓片共计5305种24694张，基本完成基础信息采集；承办了"第十期全国古籍修复技术与工作管理研修班"，其间，完成123件石刻拓片、70张银票及部分孔府档案的修复；承办了"2019年全国文博系统专业人员杂项文物鉴定培训班"，提供现场观摩古籍12部75册，碑帖1部2册，木刻雕版2件。笔者有幸参与了2019年在孔子博物馆举办的四次国家级培训班。通过这些培训，既增强了古籍、档案从业者的业务能力，也借助培训机会，对馆藏纸质文物进行了系统梳理，为今后古籍、档案保护工作打下了坚实的基础。

（九）成立古籍修复传习所

2018年6月，在国家古籍保护中心的支持下，成立了国家级古籍修复技艺传习中心孔子博物馆传习所。古籍、档案的修复工作逐步规范化、科学化。

（十）积极申报项目资金

根据孔子博物馆2018—2020年可移动文物保护项目计划，结合馆藏善本古籍的保存状态、病害等，2020年7月，由笔者主笔编写的《孔子博物馆馆藏纸质文物（古籍善本）保护修复方案》完成申报工作，并获批国家文保专项资助经费160万元。

2020 年 8 月, 孔子博物馆编制了《珍贵文物数字化保护项目》, 2021 年获得国家文物局专项支持资金 1843 万元。2021、2022 年, 向中国孔子基金会申报出版项目资金, 累计 212 万。2022 年 12 月, 档案组三名成员 (笔者在内) 共同编制完成了《孔子博物馆藏孔府档案 (第一批) 本体保护修复方案》, 2023 年 3 月获得山东省文化和旅游厅批复, 目前已报送中国文物保护基金会, 计划争取资金 260 万元。该方案选取六百余编号, 近六千件残损严重孔府档案, 包括婚仪喜帖、丧仪讣告及祭文、诏书、奏折、孔氏宗谱、古籍残卷、乡试题及文书、文卷及封皮、租税案卷、民事案卷、属官甘结、信函、顺兴号钱票、名册名单、碑帖等不同内容、不同种类的文书档案, 具有较高的文物价值和文献价值。

七、国家级古籍修复中心建设准备情况

（一）修复室建设情况

孔子博物馆修复中心始建于 2013 年, 2017 年整体纳入孔子博物馆新设立的科技保护部, 主要职责为开展古籍、档案、碑帖等纸质文物的保护修复。2020 年, 孔子博物馆获山东省文化和旅游厅颁发古籍善本、碑帖拓片、档案文书、书法绘画等可移动文物修复资质。现纸质文物修复区域面积三百多平方米, 包含消杀室、实验室、修复室, 先后累计投入二百余万元, 用于采购纸质文物修复设备和工具, 逐步建成标准化的纸质文物修复中心。

（二）主要设备情况

2017 年以来, 先后购置了三维视频显微镜、落地式修复显微镜、拷贝台、大漆桌案、大墙、压书机、修复台、纸张厚度仪、纸张白度仪等设备, 以及各类皮纸、竹纸、混料纸等大量修复专用纸。

（三）纸质文物修复开展情况

由于历史原因及原孔府库房保存条件限制, 孔府档案文书出现了虫蛀、断裂、霉菌、褪色、污渍、撕裂、褶皱、糟朽、絮化、残缺等病害, 尤以残缺、糟朽、絮化和霉菌为严重。对此, 由笔者在内的多名修复人员进行了以下工作:

（1）2016 年至 2018 年, 累计完成八千余件孔府档案残损散页的托裱修复。2018 年古籍修复技艺传习所成立后, 完成孔府档案 20 册、散件 200 余件的保护修复。2019 年完成 123 件碑帖拓片、70 张顺兴号钱票保护修复。目前, 笔者修复完成孔府档案近一千件, 古籍 15 册, 字画 7 幅。

成直观的影响。也就是说，数据输出前需要尽快做好一系列的基础性准备工作，这些工作的仔细和缜密程度直接决定着后续工作的效率和质量。

(一)电子目录数据与电子影像的一致性

就馆藏档案来讲，其数字图像一般划分为两种类型：一种是档案正文图像；另一种是档案相关图像。结合档案管理的具体情况以及不同的项目需求，中国第一历史档案馆先后多次展开一系列的档案数字化管理工作，针对各种各样的数字化图像进行重新命名，并提出新的规定和标准。以档案正文图像为例，其命名规定和标准一般为"档号区＋画幅号区"，不同代码间需要设置"-"，起到一定的连接作用。以档案相关图像为例，一般作为对档案正文信息的补充与参考，这种图像的命名标准和规定是"档号区＋标识代码区＋序号区"，代码间同样需要设置"-"，起到一定的连接作用。在数据输出前应做好一系列的准备工作，首先对电子目录数据的相关信息进行核对和检验，如对文件命名的检验、对图像模式的核查以及对文件数量的比对等。其次需要对电子目录数据和电子影像数据的匹配情况进行核对和检验，如信息内容的真实性、可靠性及完整性等，确保信息不会发生遗漏或错误。

(二)电子影像文件逻辑顺序的准确性

中国第一历史档案馆一直以来都对图像文件的扫描非常重视，很早之前就针对这一项目作出详细的规定。在保管和存储数字图像的过程中，需要根据档案的类型和项目等结构来构成标准的三级存储文件夹体系，在整合出档案正文数字图像以后将其保存在卷级文件夹中；针对不同层次的文件夹，需要结合具体的级别来对相应的档号进行命名。以档案相关图像为例，其保管和存储需要结合具体的级别保存在匹配的文件夹中。明清档案的时间跨度相对较广，前后上下跨越的时间有几百年，涉及的档案数量超万件，档案文种各不相同，既有皇帝定的制、下的诏、出的诰、敕的令、拟的谕或旨，还有大臣的上书和奏本，抑或是一些关于国家大事的表文。除此之外，还包括不同机构部门之间往来的移、札、知等，种类超过百种，在确定扫描顺序时会遇到一定的麻烦。也就是说，电子影像文件的扫描需要确定具体的逻辑顺序，只有仔细地检查和核实才能避免出错。以上提及的工作对于历史档案的管理至关重要，是不可或缺的基础性工作内容，一旦有所遗漏或出现差错，必定会对档案管理的质量和效率造成负面的影响。

(三)电子标版图像内容的正确性

依据缩微胶片的制作规范和规定，缩微胶片的打印需要满足一定的前提条件，

2020 年 8 月，孔子博物馆编制了《珍贵文物数字化保护项目》，2021 年获得国家文物局专项支持资金 1843 万元。2021、2022 年，向中国孔子基金会申报出版项目资金，累计 212 万。2022 年 12 月，档案组三名成员（笔者在内）共同编制完成了《孔子博物馆藏孔府档案（第一批）本体保护修复方案》，2023 年 3 月获得山东省文化和旅游厅批复，目前已报送中国文物保护基金会，计划争取资金 260 万元。该方案选取六百余编号，近六千件残损严重孔府档案，包括婚仪喜帖、丧仪讣告及祭文、诏书、奏折、孔氏宗谱、古籍残卷、乡试题及文书、文卷及封皮、租税案卷、民事案卷、属官甘结、信函、顺兴号钱票、名册名单、碑帖等不同内容、不同种类的文书档案，具有较高的文物价值和文献价值。

七、国家级古籍修复中心建设准备情况

（一）修复室建设情况

孔子博物馆修复中心始建于 2013 年，2017 年整体纳入孔子博物馆新设立的科技保护部，主要职责为开展古籍、档案、碑帖等纸质文物的保护修复。2020 年，孔子博物馆获山东省文化和旅游厅颁发古籍善本、碑帖拓片、档案文书、书法绘画等可移动文物修复资质。现纸质文物修复区域面积三百多平方米，包含消杀室、实验室、修复室，先后累计投入二百余万元，用于采购纸质文物修复设备和工具，逐步建成标准化的纸质文物修复中心。

（二）主要设备情况

2017 年以来，先后购置了三维视频显微镜、落地式修复显微镜、拷贝台、大漆桌案、大墙、压书机、修复台、纸张厚度仪、纸张白度仪等设备，以及各类皮纸、竹纸、混料纸等大量修复专用纸。

（三）纸质文物修复开展情况

由于历史原因及原孔府库房保存条件限制，孔府档案文书出现了虫蛀、断裂、霉菌、褪色、污渍、撕裂、褶皱、糟朽、絮化、残缺等病害，尤以残缺、糟朽、絮化和霉菌为严重。对此，由笔者在内的多名修复人员进行了以下工作：

（1）2016 年至 2018 年，累计完成八千余件孔府档案残损散页的托裱修复。2018 年古籍修复技艺传习所成立后，完成孔府档案 20 册、散件 200 余件的保护修复。2019 年完成 123 件碑帖拓片、70 张顺兴号钱票保护修复。目前，笔者修复完成孔府档案近一千件，古籍 15 册，字画 7 幅。

微品指的是在明清档案原件的基础上制作的副本，二者之间的载体存在明显的差异，但相应的法律效力和实用价值是同等的。作为缩微拍摄人员，需要在拍摄前及时做好档案的整理工作，根据既定的标准和要求来核实档案的相关信息，如档案的全宗号、档案的分类、档案的编目时间、档案的卷号、档案的件号、档案的备考表以及档案的对照拍摄目录等。此外，还应该针对档案的顺序号进行反复的核查和检验，一旦察觉出档案差错，需要尽快和整编部门取得沟通和联系，提出有针对性的解决方案，并标注明显的注释说明，确保目录的注清等。

（二）明清档案的摄制要求与质量标准

1. 明清档案的摄制要求

图书馆内存储着大量的明清历史档案资料，不仅种类丰富，而且数量较多，拥有宝贵的史料价值。明清历史档案资料的形式以折件、簿册等最为常见，还包括舆图、信函及电报等其他形式。从字迹上来讲，明清档案中既有汉文也有满文，还有一些实现了二者的融合，可谓是满汉合璧，各有特色。从字迹颜色上来讲，既有黑色也有红色，还有一些同时运用了黑红两种颜色。部分小全宗档案融合了不同的文书种类，形成一体化的档案风格，极具代表性。结合相关统计数据进行对比发现，明清档案的文书种类超过一百种，使得缩微拍摄的难度有所增加，对拍摄的技术标准要求相对更高。

缩微胶片的使用需要确保良好的影像质量，只有这样才能保证获得更多的档案信息，才能在胶片中呈现出来，让我们看到档案的原貌。在拍摄之前，应该根据实际情况和需要确定档案拍摄的标准和要求，并指出胶片使用的具体规格。如果做不到这些，可能会对缩微胶片的影像质量造成不好的影响。从项目被提出起，技术人员就要考虑一系列的问题，比如档案拍摄对技术提出怎样的要求，选择怎样的缩微胶片规格能够达到最好的效果，或是根据实际需要来确定档案信息存储容量等。以内阁史书为例，属于经典的簿册档案之一，一本档案的页数在 400～1000，对纸张的材质和工艺有着严格的要求，字迹与其他类型的档案相比相对较大。类似的档案拍摄需要准备 16mm 的卷式胶片，如果使用 35mm 的卷式胶片可能会导致胶片拍摄容量不足，既浪费资源又无法获得预期的效果。假设长度一样，16mm 的胶片拥有 35mm 胶片接近 5 倍的信息容量，能够大大节约信息的占用空间。也就是说，使用这种规格的胶片既能降低成本又能节约信息的保管空间，为档案的出版与发行提供更多的便利。因此，在工作的过程中，只要对档案进行拍摄，就需要技术人员通过共同讨论和研究来提出科学的拍摄方法，并根据实际情况来确定拍摄所需的胶片规格，不断地实验和检测，获得最优的方案，明确具体的拍摄要求和标准。

2020年8月，孔子博物馆编制了《珍贵文物数字化保护项目》，2021年获得国家文物局专项支持资金1843万元。2021、2022年，向中国孔子基金会申报出版项目资金，累计212万。2022年12月，档案组三名成员（笔者在内）共同编制完成了《孔子博物馆藏孔府档案（第一批）本体保护修复方案》，2023年3月获得山东省文化和旅游厅批复，目前已报送中国文物保护基金会，计划争取资金260万元。该方案选取六百余编号，近六千件残损严重孔府档案，包括婚仪喜帖、丧仪讣告及祭文、诏书、奏折、孔氏宗谱、古籍残卷、乡试题及文书、文卷及封皮、租税案卷、民事案卷、属官甘结、信函、顺兴号钱票、名册名单、碑帖等不同内容、不同种类的文书档案，具有较高的文物价值和文献价值。

七、国家级古籍修复中心建设准备情况

（一）修复室建设情况

孔子博物馆修复中心始建于2013年，2017年整体纳入孔子博物馆新设立的科技保护部，主要职责为开展古籍、档案、碑帖等纸质文物的保护修复。2020年，孔子博物馆获山东省文化和旅游厅颁发古籍善本、碑帖拓片、档案文书、书法绘画等可移动文物修复资质。现纸质文物修复区域面积三百多平方米，包含消杀室、实验室、修复室，先后累计投入二百余万元，用于采购纸质文物修复设备和工具，逐步建成标准化的纸质文物修复中心。

（二）主要设备情况

2017年以来，先后购置了三维视频显微镜、落地式修复显微镜、拷贝台、大漆桌案、大墙、压书机、修复台、纸张厚度仪、纸张白度仪等设备，以及各类皮纸、竹纸、混料纸等大量修复专用纸。

（三）纸质文物修复开展情况

由于历史原因及原孔府库房保存条件限制，孔府档案文书出现了虫蛀、断裂、霉菌、褪色、污渍、撕裂、褶皱、糟朽、絮化、残缺等病害，尤以残缺、糟朽、絮化和霉菌为严重。对此，由笔者在内的多名修复人员进行了以下工作：

（1）2016年至2018年，累计完成八千余件孔府档案残损散页的托裱修复。2018年古籍修复技艺传习所成立后，完成孔府档案20册、散件200余件的保护修复。2019年完成123件碑帖拓片、70张顺兴号钱票保护修复。目前，笔者修复完成孔府档案近一千件，古籍15册，字画7幅。

（2）2020年编制《孔子博物馆藏古籍善本保护修复方案》，成功申报国家文物保护专项资金160万元。该项目涉及160册古籍。

（3）配合展览、宣传等工作，完成《乾隆御定石经初拓本》189册的除尘清洁保护工作，完成褡裢装四书手写本、《孔子世家谱》《圣迹图》等一百余件／套纸质文物修复。

（4）开展古籍修复技艺宣传活动。利用社教活动，组织古籍修复人员先后到舞雩坛小学、曲阜师范附小、东方小学、曲阜师范大学、济宁学院等开展"古籍修复技艺进校园"活动；围绕中华传统晒书大会开展晒技艺活动，配合文化遗产日等宣传活动，实现纸质修复室向公众开放。

（5）配合孔子博物馆珍贵文物数字化保护项目，完成明代孔府档案248件的数字化保护工作。

"孔府档案"即孔子世家文书档案，是围绕衍圣公及其社会活动而形成的历史文书档案。因其保存完整、内容丰富、资料翔实、跨时之长，成为世界历史上著名的私家档案。同时，因档案中保存了衍圣公与明清以来中央和地方机构之间往来的大量文书资料，使其又兼有官方档案的性质。2016年5月，入选《世界记忆亚太地区名录》。现存的"孔府档案"近三十万件，包括9021卷二十多万件档案和3.6万件散档，历经明、清、民国四百余年的历史。其内容主要有袭封、宗族、属员、刑讼、租税、林庙管理、祀典、宫廷、朝廷政治、财务、文书、庶务十二大类，是研究孔府历史文化和明清以来社会历史变迁的重要实物资料。

第十三章　明清档案的现代化管理

第一节　明清档案的规范化摄制

论文主要针对中国第一历史档案馆这一国家级档案馆的相关情况展开研究与论述，该馆内保存着大量珍贵的明清历史档案，涉及各个方面的内容，为清代政治文化、经济军事以及外交等课题的研究与探讨提供了重要的史料，具有极高的史学研究价值。

一、明清档案的缩微拍摄工作

（一）明清档案拍摄前的档案认证工作

1. 档案由整编部门认证

整编部门指的是整理编目部门，主要负责档案资料的整理与编目。首先，根据既定的馆内计划来搜集整理等待拍摄的档案资料，为后续的整理编目做好准备；其次，根据技术部门制定的缩微拍摄整理计划来完成档案资料的整理工作。整理档案的过程中，应该注重档案资料的完整性、档案整理的可靠性，确定具体的档案排列顺序，同时逐一对档案资料进行盖章和编号，形成完整的拍摄目录，存储在整理编目中，为以后的调取和使用做好准备。假设出现残件、破损等情况，需要重新评估拍摄的条件和要求，这点可参考技术部相关工作人员的意见和建议。假设档案在修复前无法进行拍摄，应在规定时间内移交技术部门，利用先进的技术和手段来完成档案修复。

在对档案进行修复后，整编部门需要严格按照既定的标准和要求进行检验，如果符合检验标准，可随即放回原处。假设不存在特殊情况，只要是待缩拍的档案无法发挥该有的作用和价值，为了降低差错的发生概率或导致缩微拍摄的进程受到一定的影响，需要对这些档案进行封库处理。

2. 档案由技术部门认证

缩微部门是技术部的一个分支，主要负责档案的认证。就明清档案而言，其缩微品指的是在明清档案原件的基础上制作的副本，二者之间的载体存在明显的差异，但相应的法律效力和实用价值是同等的。作为缩微拍摄人员，需要在拍摄前及时做好档案的整理工作，根据既定的标准和要求来核实档案的相关信息，如档案的全宗号、档案的分类、档案的编目时间、档案的卷号、档案的件号、档案的备考表以及档案的对照拍摄目录等。此外，还应该针对档案的顺序号进行反复的核查和检验，一旦察觉出档案差错，需要尽快和整编部门取得沟通和联系，提出有针对性的解决方案，并标注明显的注释说明，确保目录的注清等。

（二）明清档案的摄制要求与质量标准

1.明清档案的摄制要求

图书馆内存储着大量的明清历史档案资料，不仅种类丰富，而且数量较多，拥有宝贵的史料价值。明清历史档案资料的形式以折件、簿册等最为常见，还包括舆图、信函及电报等其他形式。从字迹上来讲，明清档案中既有汉文也有满文，还有一些实现了二者的融合，可谓是满汉合璧，各有特色。从字迹颜色上来讲，既有黑色也有红色，还有一些同时运用了黑红两种颜色。部分小全宗档案融合了不同的文书种类，形成一体化的档案风格，极具代表性。结合相关统计数据进行对比发现，明清档案的文书种类超过一百种，使得缩微拍摄的难度有所增加，对拍摄的技术标准要求相对更高。

缩微胶片的使用需要确保良好的影像质量，只有这样才能保证获得更多的档案信息，才能在胶片中呈现出来，让我们看到档案的原貌。在拍摄之前，应该根据实际情况和需要确定档案拍摄的标准和要求，并指出胶片使用的具体规格。如果做不到这些，可能会对缩微胶片的影像质量造成不好的影响。从项目被提出起，技术人员就要考虑一系列的问题，比如档案拍摄对技术提出怎样的要求，选择怎样的缩微胶片规格能够达到最好的效果，或是根据实际需要来确定档案信息存储容量等。以内阁史书为例，属于经典的簿册档案之一，一本档案的页数在400~1000，对纸张的材质和工艺有着严格的要求，字迹与其他类型的档案相比相对较大。类似的档案拍摄需要准备16mm的卷式胶片，如果使用35mm的卷式胶片可能会导致胶片拍摄容量不足，既浪费资源又无法获得预期的效果。假设长度一样，16mm的胶片拥有35mm胶片接近5倍的信息容量，能够大大节约信息的占用空间。也就是说，使用这种规格的胶片既能降低成本又能节约信息的保管空间，为档案的出版与发行提供更多的便利。因此，在工作的过程中，只要对档案进行拍摄，就需要技术人员通过共同讨论和研究来提出科学的拍摄方法，并根据实际情况来确定拍摄所需的胶片规格，不断地实验和检测，获得最优的方案，明确具体的拍摄要求和标准。

2. 明清档案缩微胶片的质量标准

影响缩微胶片质量的因素多种多样，无论是拍摄机的性能还是感光胶片的材质，无论是具体的拍摄条件还是冲洗环境，这些因素都会对缩微胶片的拍摄质量产生直观的影响。如果当中某个因素无法满足既定的要求和标准，都会使得缩微品的质量无法得到有效的保障。由此可见，我们在制作影像时应该提前对胶片质量进行检验和测试，确保获得清晰的图像，保证拍摄的性能，简化拍摄的流程。

要想提高缩微胶片的质量，就需要提前做好胶片的检验工作。在工作中，需要根据既定的质量标准和科学的检查步骤，来对缩微胶片进行检查和检验。缩微胶片的质量检验包含两个步骤：一是初检；二是精检。

初检指的是在原始母片基础上，按照既定的技术指标和质量标准对胶片进行的一系列测定活动。初检的项目比较复杂，如对胶片背影密度的检验、对胶片灰板密度的检验、对胶片灰雾度的检验、对胶片密度差的检验以及对胶片清晰度的检验等。根据现有的国家规定和质量标准，参考我馆目前的档案管理条例，在此基础上计算出母片的密度。在开展初检工作的过程中，需要对母片的密度等参数提出新的要求。作为专业的质量检验人员，应根据既定的标准和要求来对母片展开细致入微的密度测试。就 16mm 的缩微胶片来讲，其密度值不能超出 0.70～1.00 的区间范围，整体的密度值差应小于 0.30，灰雾值大小控制在 0.04 左右，这样一来就形成了新的胶片密度值标准，为三代胶片的制作与使用提供了支持与辅助，避免发生密度值偏离等一系列不良情况。初见合格的档案，在字迹和质量等方面基本满足需求，且能够呈现清晰的影像，为缩微胶片的发行与出版提供便利。

初检完成以后，需要对母片的外观质量进行整体的检测和验证。检验的项目同样比较复杂，需要对拍摄流程进行检验、检查是否出现胶片划伤、检查胶片是否发生龟裂、检查画面的完整程度以及标志等。与此同时，在拍摄时，如果发现有部分档案破损，或是档案被虫蛀，或是档案被水浸，或是档案的字迹无法识别，需要给予注释说明，确保档案是真实、可靠的。也就是说，对于缩微胶片来讲，其质量检验工作直接影响着胶片最终呈现出来的质量是不可或缺的关键环节。作为质检人员，应该具备一定的敬业精神，拥有丰富的工作实践经验和专业水平，遇到问题时从容应对，及时作出正确的处理。一旦发现问题，需尽快找到问题，并提出有针对性的解决方案和优化措施，确保缩微工作的有序开展。精检指的是检验缩微胶片的真实性、可靠性、完整性及可读性。精检对于缩微胶片的质量检验至关重要，是不可或缺的关键工作之一，如果原始母片符合初检的标准和要求，可对其进行精检，作为制作利用片的支持与辅助手段。

精检的过程中，需要把准备好的利用片置于阅读器上，根据既定的拍摄目录来完成一系列的检验工作，如果发现缩微号与标准不匹配或虚拍等问题，需要及时予以处理，并快速与技术人员取得沟通进行补拍，同时生成标准的补拍通知单。总的来讲，初检和精检都是缩微胶片质量检验工作的重要环节，只要检验中发现问题，就需要及时处理，并填写在作业单中，为后续的问题分析与改进提供参考依据。

长期以来，在馆领导与缩微技术人员的协作配合下，随着缩微技术的日益规范，我馆的缩微品质量与以往相比有显著的提升，在业内得到足够的肯定和认可，逐渐与国际接轨，创造出可观的经济效益，体现了重要的社会价值。

二、缩微技术的现代化应用

(一)缩微技术与数字化技术相结合

就当前而言，图书馆查阅档案的形式多种多样，总结起来主要包括以下两种：一种是传统的原件阅读方式；第二种是通过缩微品对档案原件的替换来完成档案阅读，这种方式一般需要借助其他阅读设备。在科技日益发展的今天，加之新工艺的广泛应用，无论是计算机技术还是光盘存储技术都在相关领域逐渐普及，文件检索的效率得到显著的提升，文件编辑的水平不断提高，各领域均实现技术性的突破和发展。也就是说，我们在查阅历史档案的过程中可以选择直接阅读原件，也可以利用设备来阅读馆藏缩微品，都能达到目的。

在笔者看来，缩微技术是一种能够与其他技术相互结合使用的技术，可根据实际需求和具体情况呈现不同的形式，满足用户的个性化需要。就缩微胶片来讲，其存在一定的完整性和真实性，可以向我们展示档案的原貌，获得一定的法律效力。针对光盘来说，可存储的信息量相对较大，可在短时间内完成信息的传递与接收，可以在计算机上稳定使用，达到阅读光盘的目的。也就是说，光盘在大多数情况下都能被当成计算机的外存储器来使用，利用计算机的联网功能来获得信息，或是对信息进行不同的处理。与此同时，计算机技术与光盘技术等新技术和缩微技术相比，表现出较强的灵活性，能够根据实际需要对档案进行一系列处理。相比之下，缩微技术和数字化技术都有各自的优点和缺点，可结合实际需要自主选择使用，在发挥各自优势的同时弥补不足和缺陷。

图书馆内一般都配置了最新的缩微胶片扫描设备，可实现对不同规格缩微胶片的快速扫描，利用先进的计算机技术来处理档案画面，获得效果良好的档案还原件。此外，还能在计算机内存储海量的信息，供读者阅读。或是在计算机中添加与缩微胶片相关的资料文档，利用光盘刻录技术来获得所需要的光盘，以光盘的形式进行详细的记录，生成完整的电子档案，这种情况下读者就能借助计算机来对光盘中的档案内容进行随时读取，消除一些不必要的流程和步骤，也能避免原件磨损或被破坏。

（二）档案部门的现代化管理急需解决的是人才问题

现如今，科学技术得到快速发展，信息网络化时代已然来临，以往的缩微品管理与工作模式放在今天可能并不适用，需要对档案部门提出新的要求和标准，需要购买一些先进的设备购，需要解决人才短缺的问题，只有这样才能推动整个行业的健康发展。就目前来讲，应该尽快解决人员结构单一的问题，组建一支优秀的档案工作团队，对档案技术部门的技术能力提出严格的要求，培养或吸收更多专业的人才，让专业的人来做专业的事。档案部门的人才需要满足三个方面的要求和条件：首先，档案部门的工作人员需要掌握丰富的档案文书知识，可对信息进行快速的搜集、整理、分析与处理；其次，档案部门的工作人员需要涉猎一些业务技术知识，真正做到文理双通；最后，档案部门的工作人员需要具备一定的计算机技术应用能力。假设档案馆能够组建如此这般的技术队伍，实现缩微技术、计算机技术及光盘技术等多种先进技术的相互融合，那么明清档案就能获得不同的利用形式，为我馆历史档案的传播与利用提供重要的支持与保障，具有一定的社会发展意义和价值。

第二节　明清档案"数转模"技术的分析与管理

中国第一历史档案馆一直以来都被当成是最著名的明清档案保管机构之一，要想实现自身的长期稳定发展，需要顺应时代发展的趋势和规律，提出三位一体的档案管理模式，既包含纸质档案、缩微胶片档案，也要涉及数字档案等，强调对档案资源的深度开发与科学利用，同时提供专业的管理和保护服务。随着数字化技术的快速发展和广泛应用，中国第一历史档案馆在保留传统纸质档案管理模式的同时，也要体现对缩微胶片的重视，引入先进的"数转模"技术，在实践中不断积累经验。本节结合明清档案"数转模"各个环节中存在的技术性问题进行综合的研究与分析，提出有针对性的管理方案，希望可以为同行们的日常工作与科学研究提供一定的参考资料。

一、明清档案"数转模"的技术条件及工作流程

在信息技术快速发展和广泛应用的今天，档案管理工作正式步入全新的数字化

时代，进而衍生出一些新的问题，如数字档案的存储和保管。就目前来讲，档案行政管理部门已经非常重视异质备份工作的有序开展，以中国第一历史档案馆为代表的权威档案馆先后开始落实数字档案的"数转模"策略和方案，展现出良好的发展和应用前景。中国第一历史档案馆很早之前就已经着手馆藏七百万件档案的整理，以数字化的手段和技术来对这些档案进行加工与整理，在2011—2015年期间完成巨大的工作量，12个数字化加工项目如期完成，所有档案共计超过六万卷，完成档案原件扫描的数目接近四百二十万，预计在2016—2020年再创新高。

需要注意的一点是，随着数字化时代的来临，档案的开发与利用有着重要的价值和意义。从传统历史档案文献的层面进行分析，档案应该得到有效的长期保存，只有这样才能在更长的时间周期内发挥档案的作用和功能。美国国家档案管理机构曾多次表示，档案的长期保存对于档案价值的开发与利用有着极为重要的意义，应该按照专家的建议和意见来确定保存的介质和载体，通过对比发现缩微胶片或纸质复制等存储方式能够实现传统历史档案资料的永久保存。关于这一点，专家和学者们已然达成共识。

为确保"数转模"工作的顺利开展，中国第一历史档案馆很早之前就已经非常重视档案的数字化管理，并由此刻开始确定具体的技术规范，指明数字化图像拍摄与处理所需的技术参数，主要包括：文件的格式，即TIFF；图形图像的色彩，即全彩色（RGB）；输出的内容，即24bit真彩色；分辨率，不小于300dpi；尺寸大小，控制在A3尺寸标准画幅以内；扫描方式，即100%原尺寸扫描。除此之外，还提出一些新的规定，针对备份数据信息进行规范化的归档，选择不同形式的备份机制，在对图像进行扫描以后转换为TIFF、JPEG等格式，特殊情况下转换为无损压缩JPEG2000等格式。实践早已证实，上述提出及应用的技术规范是可靠的、是有价值的，为传统纸质档案向数字化档案的转变作出了巨大的贡献，在原有加工标准的基础上进行了规范和优化，为"数转模"工作的顺利开展奠定坚实的基础。

针对明清档案来讲，其"数转模"工作的开展包含了许多复杂或简单的工序，从整体上来划分可归纳为6个环节，这6个环节分别是：数据信息传递与下载环节，主要负责接收数据以及信息下载；数据处理转换环节，主要负责数据的加工与处理；胶片输出冲洗环节，主要负责胶片的加工和冲洗；公司质检环节，主要负责胶片的质量检测；馆方抽检环节，由馆方对利用品进行检测；成品移交环节，将成品交到用户手中。从数据接收下载环节的层面来讲，对于整个"数转模"工作来讲有着非常重要的作用和功能，是不可或缺的基础性环节之一。数据接收员可根据实际情况获得权威部门的授权，然后结合项目批次和顺序来完成档案的接收与下载，并将其转换为TIFF格式的图像，经过一系列的清核操作以后，根据胶卷容量大小来配置文件夹，最终存储在计算机中。从数据处理转换环节的层面来讲，对于"数转模"的过程来讲极其重要。作为转换人员，需要在接收彩色电子图像数据以后对其进行格式的转换，以黑白二值图像的形式显示出来，并对电子图像的相关数据进行检测与对比，符合要求以后进行下一步的整合与编排，然后再设置明显的电子标识区图像标板，或是配以一定的文字说明，为数据处理工作的有序开展奠定基础。从胶片输出冲洗环节的层面来讲，胶片输出人员会根据技术要求来对数字存档机进行调试，安装一些必要的设备和模块，获得胶片以后规范地冲洗，冲洗结束以后交给质检人员接受质量检测，最终将检测合格的成品存储在仓库中。

二、"数转模"输出缩微胶片的技术数据基础

20 世纪 70 年代初期，中国第一历史档案馆首次尝试利用缩微技术来输出胶片，在长期的实践中总结了丰富的经验和成果。为了避免缩微胶片出现数据丢失的情况，或是不能准确地识别，技术人员在"数转模"工作开展的过程中需要在原数字档案信息的基础上完成转换，同时确保缩微胶片的质量标准和以往没有实质性的差别。2009 年 10 月，国家档案局正式下发包含《数字档案信息输出到缩微胶片上的规定》（DA/T44—2009）等在内的一系列文件，其中针对数字档案信息的输出规格和要求作出统一的规范，无论是 16mm 的胶片还是 35mm 的胶片，都需要严格遵循卷式黑白缩微胶片的技术要求和标准来缩微，这一决策为档案"数转模"工作的有序开展奠定了坚实的基础，创造了有利的条件，使得输出缩微胶片的质量标准满足实际需要，可以实现胶片的长期保存。

（一）冲洗缩微胶片技术基础

缩微胶片有两种，一种是利用数字存档机对数字档案信息进行处理以后输出的胶片，另一种是利用传统缩微拍摄技术加工制作的胶片，二者的冲洗环境没有实质性的区别，在大多数情况下可等同对待。以中国第一历史档案馆为代表的档案馆一直以来都非常重视提高缩微胶片的质量，很早之前就依据国际标准制定出一套适合国内实际情况的科学化的工作程序。在具体的操作中，首先需要准备适宜的冲洗条件，即购买 FP500 型的冲洗机，准备适量的阿克发药液，按照 1∶3 的比例配制，控制药液显影的温度，一般为 36℃。此外，还有调节水洗的温度，一般为 33℃。关于输片速度，通常设置为 3.5 米 / 分；关于烘干速度，一般设置为 4 米 / 分。其次，需要对待冲洗的药液性能进行检测与评估，等待稳定后对控制片进行冲洗，然后在原底片背景密度的基础上确定新的密度标准，把转换完成的缩微胶片反复冲洗即可。

（二）缩微胶片背景密度技术基础

我们在评价缩微胶片质量时，一般会把缩微胶片的背景密度值当成主要的参考依据。首先，需要对原底片的背景密度变化区间范围进行界定，可结合档案原件的各种条件来展开综合的分析，以此作为确定档案原件质量等级的标准和依据，从而得到胶片背景密度的波动区间范围。因为明清的档案纸张条件与其他档案相比相对较差，有的字迹线条比较模糊，或是出现严重的破损现象，使得档案原件胶片的背景密度值保持在 0.80～1.10 区间内，只有这样才能呈现良好的效果。其次，需要针对原底片的密度差进行科学有效的调节。就当前而言，应用广泛的是一种叫作银盐拷贝片的胶片，这种胶片有着强烈的反差，拷贝结束后的母片高密度区要比原来更高，低密度区的密度则逐渐变小，从而表现出明显的结果反差，原有的层次结构被进一步简化，使得后续的拷贝工作面临多种困难。因此，需要尽可能地控制原底片的密度差，一般保持在 0.30 以内即可，这样才能有效提高缩微胶片的质量水平。

（三）解像力检查技术基础

关于缩微胶片的综合解像力，可以理解为由缩微系统形成的一种比较强的解像力，一般作为衡量缩微胶片影像质量的标准和标志。就解像力这一概念而言，不管是使用传统缩微拍摄技术获得的缩微胶片还是利用"数转模"过程获得的缩微胶片，二者对缩微影像的清晰度标准和要求没有本质的区别，同理对缩微胶片综合解像力的标准和条件亦是如此。按照国家既定的标准（ISO3272）可以了解常规文件具体摄影解像力的相关规定和规范，即假设缩率为 1∶30，那么 2 号测试图能够获得的最小图样空间频率基本保持在 4.5 左右，换算成 135 线对 /mm。结合明清档案的实际概况进行调整，可把缩率设置为 1∶32，也就是说这种情况下的原底片解像力空间频率标准和规定是 170 条线对 /mm；假设缩率为 1∶25，这种情况下的原底片解像力所对应的空间频率和标准是 140 条线对 /mm。

（四）缩微胶片入库保存条件

在评价缩微胶片质量时，一般会根据缩微胶片的性能和质量来作出判断，如胶片的化学性能是否稳定、胶片的冲洗质量高低等。除此之外，还要考虑保存环境以及管理方法等对缩微胶片质量所产生的影响，这些也会对缩微胶片的长期保存效果和程度带来直观的影响，应该引起技术人员的关注和重视。假设需要对原底片进行长期的保存，务必要调节库房的温度和湿度等参数，不适合的温度或湿度会严重影响缩微胶片的质量和寿命。针对原底片而言，一般都将其放置在防火保险箱内存储，或是置于绝缘密封的容器柜中保存，只有这样胶片才不至于失效或被破坏。空气中硫化氢、亚硫酸及次亚硫酸等都会对胶片造成不可逆的损坏，在空调房间内保管或存储胶片时，需要借助水或活性炭等物质对其进行有效的过滤，去除以上多种气体，从而避免缩微胶片的影像出现不同程度的褪色或变色现象。

需要了解的一点是，缩微胶片的档案管理应尽快实现科学化与制度化，只有这样才能有效增加胶片的使用周期，确保胶片档案这一宝贵的资源能够在相关领域得到充分的开发与利用。为了达成这一目的，在加工制作出缩微胶片以后，需要根据实际情况标注胶片的相关信息，如胶片的编号、胶片的顺序号、档案编目以及其他信息等，为后续的调取和使用提供便利。总的来讲，缩微胶片的入库需要严格按照既定的标准和要求来进行，针对入库清单的内容和信息进行详细的检查和核对，一旦察觉到胶片异常，或留有不明的指纹印，或因空气湿度大导致受潮，或出现轻微或中度的粘连，或是发生严重的霉变等，只要发现这些情况，库房管理人员都需要尽快作出处理，避免这些胶片顺利入库，在接受拷贝验收以后符合标准和要求，才能进行入库与封存。

三、"数转模"输出前的几大技术管理要素

随着数字技术的快速发展与广泛应用，数模影像整合系统的开发与利用逐渐引起学者和专家们的注意，基于数字存档等设备产品，借助先进的软件系统，充分发挥数字技术传输的优势，体现一定的快速性、逻辑性，在此基础上与缩微技术进行相互结合，体现该技术的可靠性和永久性，真正实现二者的深度结合和有效利用，为信息现代化管理的建设与发展提供新的技术轨道和实践路径。运用最新的"数转模"技术，在整合复杂的电子档案信息以后对其进行快速的格式转换，以缩微胶片的形式表现出来，为传统历史档案资料的长期保存和有效保护提供技术和方法的支持，避免数字档案信息因各种因素丢失以后造成资源的浪费，借助先进的"模转数"技术来对缩微胶片的模拟信息进行整合、加工、处理与转换，以数字档案信息的形式挖掘其价值并实现信息资源的再利用，提高档案管理的效率和质量水平，为档案信息提供有效的安全保护，实现档案资源的深度开发与充分利用。

但是，为了提高缩微胶片的质量，在"数转模"输出尚未开始之前，应该对输出数据展开一系列的操作，如数据信息的整合、数据信息的编排、数据信息的打包以及数据信息的打印等；对前端获得的电子条目展开详细的检查与核对；对档案的图像和条目进行比对与核查；在获得数据以后对其展开严格的校正，避免输出数据的真实性和可靠性受到影响。前期工作对于缩微胶片的质量保障有着重要的意义，是"数转模"的基础和前提。一旦基础准备工作没有做好，必定会对后面的工作造

成直观的影响。也就是说，数据输出前需要尽快做好一系列的基础性准备工作，这些工作的仔细和缜密程度直接决定着后续工作的效率和质量。

（一）电子目录数据与电子影像的一致性

就馆藏档案来讲，其数字图像一般划分为两种类型：一种是档案正文图像；另一种是档案相关图像。结合档案管理的具体情况以及不同的项目需求，中国第一历史档案馆先后多次展开一系列的档案数字化管理工作，针对各种各样的数字化图像进行重新命名，并提出新的规定和标准。以档案正文图像为例，其命名规定和标准一般为"档号区＋画幅号区"，不同代码间需要设置"-"，起到一定的连接作用。以档案相关图像为例，一般作为对档案正文信息的补充与参考，这种图像的命名标准和规定是"档号区＋标识代码区＋序号区"，代码间同样需要设置"-"，起到一定的连接作用。在数据输出前应做好一系列的准备工作，首先对电子目录数据的相关信息进行核对和检验，如对文件命名的检验、对图像模式的核查以及对文件数量的比对等。其次需要对电子目录数据和电子影像数据的匹配情况进行核对和检验，如信息内容的真实性、可靠性及完整性等，确保信息不会发生遗漏或错误。

（二）电子影像文件逻辑顺序的准确性

中国第一历史档案馆一直以来都对图像文件的扫描非常重视，很早之前就针对这一项目作出详细的规定。在保管和存储数字图像的过程中，需要根据档案的类型和项目等结构来构成标准的三级存储文件夹体系，在整合出档案正文数字图像以后将其保存在卷级文件夹中；针对不同层次的文件夹，需要结合具体的级别来对相应的档号进行命名。以档案相关图像为例，其保管和存储需要结合具体的级别保存在匹配的文件夹中。明清档案的时间跨度相对较广，前后上下跨越的时间有几百年，涉及的档案数量超万件，档案文种各不相同，既有皇帝定的制、下的诏、出的诰、敕的令、拟的谕或旨，还有大臣的上书和奏本，抑或是一些关于国家大事的表文。除此之外，还包括不同机构部门之间往来的移、札、知等，种类超过百种，在确定扫描顺序时会遇到一定的麻烦。也就是说，电子影像文件的扫描需要确定具体的逻辑顺序，只有仔细地检查和核实才能避免出错。以上提及的工作对于历史档案的管理至关重要，是不可或缺的基础性工作内容，一旦有所遗漏或出现差错，必定会对档案管理的质量和效率造成负面的影响。

（三）电子标版图像内容的正确性

依据缩微胶片的制作规范和规定，缩微胶片的打印需要满足一定的前提条件，即获得清晰的电子标版图像，图像中显示准确的电子标版内容，主要包括6个部分：设置独立的片头符号；标注准确的片头标识区；标注对应的片尾标识区；设置片尾；设置待续；标注续上。从片头标识区的层面来讲，需要根据实际情况和需求来确定顺序，首先是胶卷编号，其次是法律凭证，再次是技术标版，最后才是档案内容和著录标版等；从片尾标识区的层面来讲，也要确定具体的顺序，首先是著录标版，其次是详细的档案内容，再次是技术标版，最后才是相关的法律凭证以及胶卷的准确编号等。检查的对象比较复杂，主要是对片首标识区和片尾标识区的一致性进行检验和核实，判断确定的顺序是否满足实际需要。明清档案与其他档案相比有着明显的特殊性，一些大臣的奏本档案需要扫描大量的图像，这种情况下就会发生胶卷不够用的情况，需要根据实际需求对缩微胶卷进行合理的分配和调整，把剩下没有扫描的部分保存在下一盘胶卷中，并在片尾标识区作出标注，一般会设置"待续"的符号，在后续胶盘的片头标识区同样作出标记，通常会设置"续上"的符号。

（四）数字档案信息胶片输出的完整性

针对数字档案来讲，其信息胶片在输出时缩微胶片的质量会受到诸多因素的影响，无论是文件格式还是色彩模式，抑或是图像质量，这些因素都会或多或少影响缩微胶片最终呈现出来的质量。技术人员在预估胶片画幅容量的过程中，都要切实考虑这些因素，避免胶片资源被严重浪费的同时，还不会对后续的胶片拷贝造成负面的影响。也就是说，缩微胶片的管理需要遵照标准的规定和规范，这点中国第一历史档案馆很早之前就已经作出了表率，依据传统的缩微摄影技术要求和规定展开一系列的试验操作。2012年，中国第一历史档案馆的技术人员们先后对内阁题本兵科和礼科的档案文件实施反复的"数转模"试验，结合实际情况和需要选择合适的试验对象，比如一些保存完好的档案、发生霉变的档案、被水浸湿的档案、有所磨损或破坏的档案、字迹模糊不清的档案以及图章压字的档案等，这些几乎包括全部的档案类型。试验结果已经证实，TIFF格式图像只要符合测验的标准和要求就能发挥重要的作用。在具体的操作与实践中，需要采用单列混排的方式，选择负像的图形图像，将缩率设置为25，确定光点的等级。此外，胶片的规格设置为16mm×30.5m，可容纳2400个画幅，在输出的过程中无论是片头还是片尾都要预留800mm的护片区，避免缩微胶片的质量受到外界的干扰和影响，或是引起一系列的其他问题。

四、"数转模"项目实施过程中的技术

缩微胶片的质量管理对于缩微胶片的质量保障与提高有着重要的意义，"数转模"项目开展时需要对档案存储介质进行替换，在实践中必然会遇到各种各样的难题，导致工程量有所增加。在考虑外部和内部风险的情况下，应该基于先进的技术和方法来对缩微胶片的质量进行管理与管控。就传统的纸质档案来讲，其数字化发展是当前的必然趋势，在利用数字技术实现存储转化的过程中，需要借助模拟技术来对档案进行有效的存储，这点在项目实施的过程中可见一斑。结合现阶段的国内市场情况进行分析可以发现，受到资金投入等因素的综合影响，大部分单位都会考虑内部专业人员的意见和建议，以此来作为完成项目任务的指导依据。假设该项目有着重要的意义，且不用担心项目的资金问题，一些单位会对成本和效益之间的关系进行提前分析，然后利用项目外包来达成目的。就中国第一历史档案馆而言，长期以来都致力于馆藏汉文档案的数字化建设与发展，在档案加工和整理的过程中，会选择项目分包来作为主要的处理方式，通过对外的招标运作来达成目的。从这个角度来讲，不管是档案整理的工作量还是制作的电子档案量，与之前相比都有重大突破，在工作业绩方面稳步提升。需要强调的是，项目实施时技术人员应该注重技术方面的管控，利用先进的技术来提高缩微胶片的质量管理，这点对于整个项目是否顺利完成有着至关重要的影响。

在开展"数转模"项目时，需要应用先进的技术对胶片质量进行管控和管理，既要制定完整的计划也要提出具体的标准和规范，起到一定的监督与控制作用。就技术管控来讲，其与缩微胶片质量管理是密不可分的，围绕过程监督为基础核心，发挥质量核查的作用和功能。如果想要达成这一目的，应尽快构建完善健全的监督与控制程序体系。在做到这一点以后，各部门之间原有的桎梏和界限就会被打破，及时发现问题，并在最短的时间内给予反馈，提出科学有效的调整与优化方案，这种方式可解决大部分的技术性问题。举例来讲，在对数字影像进行核查的过程中，应该保证图像扫描的清晰度，无论是扫描色彩还是视觉呈现都要和原件保持高度的协调和一致。此外，图像页面和档案页面之间不能出现明显的偏差，不可发生漏扫、多扫等不良情况，图像不能出现畸变等。在对缩微胶片进行检验和核查的过程中，需要保证胶片表层的完整度，不能发生异物污染情况，也不能出现图层脱落问题。同时，在核查时，也不能发生断裂，不能发现有清晰可见的擦痕或划伤，避免出现范围较大的折痕等。最后，消除防光晕染料对胶片造成的染色问题，避免药膜图层出现不匀等一系列的不良现象。需要注意的一点是，产品质量无关大小，技术人员应该利用科学规范的手段和技术来对整个过程进行有效的监督和核查，为缩微胶片的质量提高带来积极的影响。

如果档案"数转模"项目选择外包的方式，则会承担更多的风险，这点是毋庸置疑的。基于技术的层面进行分析可知，项目外包会导致技术管理面临新的不稳定风险，无法有效保证"数转模"产品的质量，或是在技术兼容性不强的环境下可能会对新档案存储介质的价值造成直观的负面影响。需要了解的是，档案单位管理方与外包承接方虽然是两个截然不同的单位，但相互之间存在必然的利益关系，为了实现利益的最大化，双方都会采取一些有利于自身的行为和措施。二者的目标是不一样的，正因如此，实现二者的整合难度很大。为了消除或降低外包产生的风险，档案管理方需要重视对每一个环节的技术管控和缩微胶片质量管理，形成高效的信息交互渠道，明确具体的质量控制点，依据既定的技术管控要求和标准来对缩微胶片的质量进行科学合理的管理与监控。在条件允许时，需要尽快组建争取专业的技术控制团队，针对质量管理的相关事宜进行综合的分析、处理与优化，形成一体化的质量管理和控制过程，在整个过程的每一个环节都发挥技术管控与缩微胶片质量管理的作用和功能。在构建健全完善的技术管控及缩微胶片质量管理机制体系以后，外包单位就可以为档案管理方输出高质量的、可长期保存的缩微胶片。

综上所述，明清档案的"数转模"工作需要按照既定的目标尽快达成，从不同的层面和维度来进行综合的考量与分析。从技术层面来讲，需要满足档案管理对技术水平的差异化要求。随着新时代的到来，中国第一历史档案馆顺应时代发展的趋势和规律，把纸质档案、缩微胶片档案以及数字档案等各种不同类型的存储介质融为一体，三者相互依存相互影响，相辅相成，有利于档案保护与利用质量的显著提升。如果介质转换时无法落实既定的标准和要求，或是不能利用先进的信息技术来对档案存储介质进行更新换代，这些情况都会导致其价值受到影响，甚至会对传统的纸质档案管理造成负面的干预，从而与档案的保护与利用目的相背离。

第三节　明清档案数字化外包安全管理

2014年12月8日，国家档案局正式通过了包含《档案数字化外包安全管理规范》等在内的一系列文件，其中针对档案数字化外包安全管理的规范和标准作出详细规定，把档案数字化外包安全管理当成构建现代化法治管理体系的重要一环，安全管理在档案数字化外包项目监管中的地位得到进一步的提升，成为该项工作的核心内容。

中国第一历史档案馆是我国最为著名的传统历史档案馆之一，至今保存着明清时期的大量档案资料，涉及中央机关与皇家等相关单位，档案的数量超过一千万件（册），根据内容和类型划分成74个各不相同的全宗，为明清社会历史的研究与探索提供了宝贵的资料。这些资料都是国家生存与发展的历史记忆，是中华民族长期遗留下来的文献遗产，有着极高的史学研究价值和文物研究特性。2011 年 5 月，中国第一历史档案馆正式将档案数字化业务外包给其他单位，为该项目的安全管理提供了有力的支持与保障，避免档案原件发生安全事故。

一、科学有序部署

(一)统一思想，认识到位，全馆一盘棋

2011 年 5 月，一史馆正式开始实施针对明清档案的管理工作，以数字化的技术和手段对这些档案进行科学有效的抢救。需要明确的一点是，安全管理在任何情况下都是国家保密局非常重视的保密级项目，是其他工作有序开展的基础和前提。作为馆领导及相关部门，应给予该项工作足够的重视和关注，在思想和行动上达成统一，明确档案安全管理的基本原则。

(二)强化顶层设计，科学搭建安全管理体系

一方面，安保部门需要对行业发展情况进行调研和考察，在此基础上提出科学合理的《档案整理及数字化安全保障工作方案》。方案的制定需要统筹全局，围绕安全管理模式的转变、安全管理流程的优化以及安全管理目标的调整等为中心，尽快构建与安全管理工作密切相关的顶层设计结构体系，注重组织内部的协调管理，建立完善的规章制度，针对组织人员进行科学的管理，鼓励工作人员参与一系列的教育培训，切实做好外部的技防监控工作，从而形成完善的安全管理体系，确保数字化安全管理工作的有序开展，为历史档案资料的保存和管理奠定基础。

另一方面，作为数字化项目监管机构，需要严格按照《档案整理及数字化安全保障工作方案》的规定和要求，与外包公司签署安全管理协议，形成规范的、具有法律效力的安全保密责任书，并经由安保部门进行备案，确定双方的责任和义务。

(三)明确职责分工，构建双层安全管理网络

安全管理对于档案数字化外包有着至关重要的意义，是该项工作有序开展的基础和前提条件。项目的实施需各方主体的通力协作，只有这样才能构建一体化的"双层安网"结构。

作为安全管理领导小组，需要为数字化安全工作的顺利开展提供指导和建议，强调对数字化项目外围安全的监管和控制，注重现场情况的监控，针对外包公司人员的相关资质和业务能力进行审核和评估，定期检查消防器材的使用情况。外围安

全网络管理目前来讲采取了分层管理的方法和模式，界定了各方的权责关系，为项目安全的保障提供支持和辅助。

项目监管内在安全网络的组成结构比较复杂，既包括项目监管部门，还涉及外包公司的专项领导小组等相关部门。这些部门的职能和责任在于提供专业的技术指导，对现场情况进行有效的监督，确保安全工作得以顺利开展。其中，专职安全员主要负责档案的整理、现场监督、信息传递以及设备使用等工作内容，起到一定的协助作用。各部门和各岗位都要明确自身的职责和义务，各司其职，相互协作。

安全管理网络的各个层级结构要做到相互配合、职责清晰，为档案数字化项目安全管理工作的顺利落实奠定基础，提供安全方面的保障。

二、健全规章、完善机制

制度是安全管理工作开展的前提条件，这点对于明清档案的数字化安全管理工作同样适用。制度对成员的行为有着一定的约束作用，严格按照既定的规章制度办事，形成较强的安全意识，提高安全管理方面的执行力，高效达成安全管理目标。

（一）健全规章

2011 年，相关部门针对项目安全的基本要求和特征进行了梳理和总结，依据目前的具体情况，本着安全高于所有的原则和理念，通过了包括《安全保障工作实施细则》等在内的一系列文件，在实践中总结经验、深入探究、不断完善，最终构建出一套适用于明清档案数字化项目的安全管理规章制度体系，为档案安全"零"事故的保障与支持带来积极的影响。

（二）完善机制

完善的机制能够为安全管理工作的有序开展提供支持与保障，明确档案安全的作用和意义。作为安保部门，需要定期对现场情况进行安全方面的调研和考察，发现问题及时反馈，形成健全完善的安全管理责任机制，发挥安全监督的功能和效用。

数字化项目的开展需要针对安全教育培训机制以及责任回溯机制等制度进行完善和健全，同时还要重视项目人员个人能力的培养与提升，形成良好的安全防范意识，产生强烈的安全责任感。

三、安全管理启示

(一) 重视项目安全教育培训

档案的数字化外包安全管理需要意识到具体的影响因素，有人为因素和不确定因素两个方面。要想消除这些影响因素，需要对安全管理人员展开集中培训，定期召开工作例会，并实施有效的警示教育。集中培训能够帮助员工产生强烈的安全责任感，形成较强的主人翁意识；工作例会可以让员工深入了解安全管理的相关事项，及时发现安全隐患，提前做好安全预防工作；警示教育能够起到一定的警示和提醒的作用。上述三种方式相互协调，相辅相成，为各项安全举措的顺利推进提供重要的支持。

(二) 确保项目档案原件安全

档案原件的转移与调用需要严格按照既定的要求和规定进行。相关部门会增设安排专业的管理人员对整个过程展开统一监管，建立完善的信息登记制度，要求对到件反复仔细地核对和检查，无误后才能签字确认。每一个环节都要严格按照规范的交接和数据流转登记制度来进行，界定责任人的权责，及时做好登记工作，为档案原件的安全提供专业的服务。

根据现有的安全制度落实安全管理工作。安全工作的开展需强调纵向与横向的协调管理，按照既定的安全制度规定予以落实，及时发现潜在的安全隐患，提出有针对性的解决方案。此外，无论是监管部门还是外包公司都需要严格按照安全制度办事。

项目开展的过程中，外包公司安排的项目管理人员是固定的，在数量上也不能随意变换，如有特殊情况需提前报备。尽快完善管理人员的出勤登记制度体系，把握机动人员的活动情况，为数字化项目安全管理工作的有序开展提供保障。

(三) 降低项目加工流转过程中档案原件损伤

项目实施时，需重视现场安全措施的配置和使用，为管理人员提供专业的培训服务，在管理理念和方法上给予引导和指导，确保管理的规范和有效。避免档案原件被外界因素所损坏。

强调培训，注重日常的检查。加工人员需要接受专业的培训和教育，合格后方可上岗。同时，需增设安排专业的安全巡查人员，对加工人员的操作手法进行监督，确保手法的科学与规范。

落实管理，深究细节。如果与档案原件有直接的接触，需注重着装和设备的使用，在特殊岗位配置档案保管箱，只有注重细节才能为档案原件的安全提供保障。

狠抓管控，监督流程。切实提高一检的合格率，有效提升档案扫描的工作效率，最大化减少成品回退情况，避免多次加工，维护档案管理的安全。

综上所述，明清档案数字化外包工作的重心和关键是安全管理，是实现数字化外包项目有序开展的前提条件。这一举措对于明清档案数字资源的开发与利用有着重要的意义，可帮助我们造福社会，服务人类。

第四节　缩微影像技术与明清档案的现代化管理

一、缩微技术的应用是明清档案现代化管理工作中起先导和决定作用的基础工作

中国第一历史档案馆很早之前就已经开始尝试引用缩微技术来保存明清档案，在实践中积累了丰富的经验，构建出适合明清档案特点的、现代化缩微品制作系统。就当前而言，缩微技术在档案技术保护领域发挥了重要的作用和功能，有着不可或缺的价值和意义。

（一）缩微技术的稳定性是保护明清档案的可靠的技术保证

缩微技术与其他技术相比具备良好的稳定性，可获得清晰稳定的缩微品影像。缩微品的优点使其拥有了替代原件的能力，既能扩展信息容量、增强图像的清晰度，又能有效降低记录成本。银盐胶片影像的使用周期最长可超过一百五十年，这点在实践中已经被证实。专家们一直强调，最适合档案保存的载体是卤化银，既安全又方便，使用成本还不高。

（二）缩微技术的标准化和规范性促进了明清档案整理和编纂工作进程

缩微技术是一种得到国际认可的新技术，有着完善的国际标准体系，是缩微品利用的常见技术之一。该技术可实现档案的一体化整理和加工，对缩微品的价值进行深度的挖掘和利用。同时，在开展档案史料编纂活动时，缩微技术能够在原始文件的基础上实现二次编辑，对于档案史料的研究与探索有着积极的意义，展现出良好的应用和发展前景。

（三）缩微品的利用和传递方式推动了档案史料的交流活动

明清档案资源的开发与利用，有助于推动史学界学术交流活动的开展。档案缩微品一直以来都被当成实现档案史料交流与互动的载体，摒弃了传统的纸张档案模式，通过对档案原貌的恢复、档案内容的重构以及信息的复制等，在降低成本的同时挖掘档案史料的价值，并对其进行充分的利用。就档案史料而言，可尝试借助先进的缩微技术来加工制作出相似的档案缩微品出版物，既能降低成本又能提高效率和质量。

（四）缩微技术的运用促进了明清档案管理模式的根本转变

中国第一历史档案馆一直以来都非常重视缩微技术的应用和推广，基于该技术对档案史料的价值进行挖掘和利用，极大程度上降低了档案的提调使用率。数据显示，史料档案使用率逐渐下降，而缩微品的人均利用率则在短时间内得到显著的提升，缩微技术与档案管理的相互结合已然成为该领域的趋势。

在现代影像技术快速发展的今天，档案缩微品的使用迎来新的发展契机，在引入多媒体技术以后档案缩微品的数量持续性增长，传统的管理方式逐渐被取代，形成一种新型的管理工作模式。

二、明清档案管理工作深化的关键是实现档案的信息化管理

（一）信息化管理模式是促进档案馆现代化管理进程的前提

就目前来讲，档案馆正式被归入文化事业部门的范畴，对社会保持开放的趋势。自《档案法》颁布以来，档案资源在社会各行各业都得到充分的利用，构建出完善健全的服务体系，为动态信息管理体系的形成与发展带来积极的影响。同时，随着信息环境的不断变化，档案馆的工作开始面临新的考验和挑战，只有作出调整和优化才能适应社会的发展趋势，切实体现档案馆的功能和效用。档案管理与信息管理的合并势在必行，能够快速完成档案资料的搜集、整理、加工与处理等一系列活动，利用有限的信息资源为社会发展创造无限的价值。

（二）信息化管理促进档案馆管理机制深层次的变革

信息化是档案现代化管理的必经之路。随着信息管理环境的搭建，档案资源被深度地开发和利用，通过与信息市场的相互结合来为社会提供优质的档案服务，为社会的建设与发展带来积极的影响。随着档案动态管理工作的有序进行，信息管理

技术在该领域得到广泛的应用，既能培养优秀的档案馆现代化管理人才，还能实现技术的革新与创新，尽快构建多方位的档案信息服务系统。这就说明，随着档案信息化管理模式的转变与升级，明清档案管理机制的建设也会受到正向的影响，从而出现新的变化。

三、建立和完善明清档案缩微影像管理系统

在技术不断发展的今天，明清档案缩微影像管理系统应运而生。这里提及的"系统"包含多个方面，如针对缩微品建立的制作系统、起到一定辅助作用的计算机管理系统、负责目录编辑的管理系统以及其他管理系统等。"系统"的开发与利用需体现各种各样的功能，严格按照既定的标准和要求，兼容各种不同的载体形式。结合现代科学技术的发展趋势和方向，尽快完善适合明清档案的缩微品影像管理系统，利用先进的外设设备发挥综合性的管理功能，结合不同的载体形式来创建多元化的信息传递途径，构成综合型的"多媒体"信息系统。

第五节　明清档案数字化工作的难点与解决方法

历史档案代表着中华民族传统文化的传承与发扬，是非常宝贵的物质文化遗产，是研究历史的材料。明清档案以纸质档案居多，拥有较高的文物价值和史学研究价值，但因为年代久远导致这些档案存在各种各样的问题，如破损或遗漏等。2011 年5 月，中国第一历史档案馆着手明清档案的数字化建设与管理项目，目前已实现大量档案的数字化扫描，其中也遇到各种各样的问题。

一、明清档案数字化工作难点

明清档案的特点有两个：一是保存难度大；二是文种相对复杂。一史馆中保存的历史档案涉及不同年代和领域，无论是文种还是形式都非常复杂。由于档案体量相对较大，导致出现不同程度的粘连，加之外力因素的影响，使得档案出现一定程度的损毁。考虑到以上情况，明清档案的数字化管理工作必然面临重重困难，主要体现在以下几个方面：

（一）档案原件的安全问题

明清档案的数字化管理需要重视安全问题，尤其是原件的安全。档案的调取或

移交会面临多个环节，很容易发生安全防护隐患。此外，档案的保存年代相对比较久远，不可避免地会出现残损，如果操作不当，必定会导致档案原件被外力所损伤，影响档案的价值和功能。

（二）档案修复技术条件问题

明清档案的修复对技术和时间有着严格的要求和标准，因为历史悠久和自然残损，导致明清档案的数字化管理必然会遇到多重困难，无论是技术还是手法都陷入瓶颈。此外，如果不能提供专业的修复场地或条件，或是缺乏足够的技术人员，也很难完成这一艰巨的任务。

（三）档案信息易漏扫问题

为避免档案原貌被严重破坏，业务人员通常不会对档案进行编号或拆装，部分档案可能会发生信息漏扫的现象，不利于后期的著录和利用。此外，档案粘连的情况普遍存在，必然会增加档案的残损程度，这种现象在中国第一历史档案馆内比较常见。

（四）加工质量不易控制问题

就明清档案而言，文种丰富且形制各异，对数字化加工的要求存在明显的差异。此外，这一类型的档案在色彩使用方面比较开放，需要配置先进的现代化设备来对色彩进行高度还原。人员的流动性以及专业能力等因素，同样会对明清档案的数字化加工效果产生直观的影响，加之残损程度较高，使得明清档案的数字化加工必然面临各种困难。

二、明清档案数字化工作难点应对

（一）档案原件的安全防护

2014年12月，国家档案局正式通过《档案数字化外包安全管理规范》，针对档案管理的每个环节都提出了相应的要求和标准。一史馆之所以在数字化工作领域取得佳绩，离不开这一框架的支撑与辅助。一史馆在各个方面都先后制定科学的安全防护计划，针对现有的档案原件交接流程进行统一的规范，形成一体化的流转和追溯机制。

1.高度重视安全教育培训

一史馆在对人为因素和不稳定性因素进行综合考量以后，决定针对加工人员展开专业的安全教育培训，促使他们产生较强的安全责任意识。档案的数字化外包安全管理应该注重相关的影响因素，总结起来有两个方面：一方面是人为造成的影响；另一方面是不稳定因素造成的影响。在实践操作中，需要采取措施和方法消除这些影响因素，安全管理人员应该接受专业的集中培训，或是按照规定的时间来召开工作例会，对这部分人员进行警示教育。从集中培训的层面来讲，有助于员工获得强烈的安全责任感，产生一定的主人翁意识；从工作例会的层面来讲，能够让员工对安全管理的相关事项有准确的把握和认知，及时找出相应的安全隐患，防患于未然；从警示教育的层面来讲，则可以发挥一定的警示与提醒的功能。基于上述三种方式的相互配合与相互影响，进一步提高安全管理的整体水平。

2. 尽力避免和降低加工过程中档案原件的损伤

项目开展的过程中，应强调对现场安全措施的正确使用，鼓励加工人员积极参与专业的教育和培训服务，转变传统的管理理念和方法，增强管理的能力和效力，防止档案原件在外力的影响下被破坏或损坏。注重日常的培训与现场的监督，发挥检查和调研的作用和功能。作为加工人员，应针对具体的项目操作进行专业的培训和教育，符合岗位要求和标准以后才能上岗。此外，需配备一定数量的安全巡查人员，负责监督加工人员的操作过程，在实践中趋于科学与规范。强调综合的管理，挖掘内在的细节。如加工人员在工作中需要与档案原件进行直接的接触，应佩戴工具和设备，从细节之处出发提高安全保护的力度和质量。强调管控，规范流程。采取一些科学的手法和措施来提高一检的合格率，切实发挥档案扫描工作的作用和功能，避免大规模的成品回退，防止出现反复的加工，为档案安全管理创造良好的外部条件和内部环境。

(二) 扫描前处理中的档案修复瓶颈

一史馆为了突破档案修复的瓶颈，选择修复前置和延后处理等方法来对档案进行修复。

修复前置指的是提前一段时间来修复残损档案，在获取残损档案以后及时进行修复，然后重新归入库中。在操作时，需要准确把握档案的实际状况，加快速度，提高修复的效率。此外，修复外包工作目前趋于完善，修复效果与之前相比更好。

延后处理指的是对老化、残损等档案的后期修复，经过登记和编制以后确定档案的残损情况，实施一系列的延后修复操作。该方法简化了数字化加工的流程，不会对项目的进度造成影响。一史馆把"应修已扫"档案从档案库中找出来，在不影响项目进度的前提下对档案进行修复，这一举措与国家档案局的倡议和宗旨保持高度的一致性。在实践中可根据实际情况对两种方式进行有机的结合，可以获得更好的档案修复效果。

（三）减少档案信息漏扫

结合以往的经验，档案信息漏扫问题的解决方案一般有两种：一是关于流程的解决方案；二是关于技术的解决方案。从流程的角度来讲，需针对扫描前处理和质量检查等步骤进行仔细的排查，了解具体情况及时登记，避免漏扫。甲方在验收的过程中，会考虑原档的变化情况，最大限度维护图像的信息完整。

从技术来讲，需要引入先进的技术来避免漏扫。基于权限的管理以及系统的控制，来判断扫描前后的一致性，假设发生变化需及时停止上传。此外，可利用先进的 OCR 图像识别技术来精准识别图像特征，消除漏扫现象。

流程和技术手段都能达到减少漏扫的目的，对加工人员的能力和操作也提出严格的要求，通过两种方式的相互协调来解决信息漏扫问题。

（四）确保数字化加工质量稳定

数字化加工质量的提高有三种方式，如下所示：

1.统一标准规范认知

明清档案文种复杂且状况多元，单一的标准无法对其作出衡量。首先，需确定可供参照的基础标准，指明具体的标准和规范，在这一方面达成一致意见；其次，仔细核查加工前试扫描的情况，由双方共同负责质量标准的制定与实施，并明确基本的实施细则。

2.稳定加工人员业务水平

首先，避免加工人员人数的频繁变动，维持合理的流动比例，奖罚分明；其次，竞争上岗与考核上岗，根据技能考核结果来发挥标准和规范的作用，只有在考核中表现合格才能上岗；最后，形成完善的人员备份制度，在不同环节安排相应的机动人员，负责不同的职能和工作，为各环节的顺利运作提供支持与保障。

3.数字化加工设备使用与维护

设备的使用与维护对于档案的数字化管理至关重要，既要注重图像色彩的均衡搭配，也要保证科学规范的设备操作。以扫描仪为例，在使用前须做好预热，避免灰尘堆积，定期统计工作量。规范与细节并行，才能延长设备的使用周期，才能提高加工质量。

三、明清档案数字化工作的经验与启示

明清档案数字化项目的实施涉及各个环节，需提前做好调研和考察工作。该项目的开展应遵循可持续发展的原则和理念，尽早制定科学的执行计划，通过资源整

合和利用来为项目的落实做好充分的准备。

（一）制定科学的数字化加工规划

档案数字化项目的实施任重道远，对制度建设与管理有着严格的要求，应提前制定详细的加工规划。作为档案部门，应明确自身的定位和长期的目标，提前做好充分的准备工作，指出今后某段时间内的发展方向和战略目标，针对资源进行合理的配置和规划。计划的制定需依据目前的实际情况和需求来进行，体现一定的可行性与前瞻性，还要保证较强的适用性。

（二）建立有效的工作沟通机制

档案数字化工作与各个部门都有着密切的关联，档案管理部门和数字化执行单位需要建立良好的信任与合作关系，形成长效的信息互动与沟通机制。在实践中，双方需根据实际需要确定具体的责任人，负责业务开展的技术指导和问题处理，准确把握工作进度和情况，为项目的有序实施做好万全的准备。

（三）做好成本控制，实现效益最大化

档案管理部门的决策者应该具备较强的成本意识，利用成本控制等相关理论和方法来控制成本。历史档案数字化工作的开展对成本有着很高的需求，档案管理部门应遵循精打细算的基本原则，对各方面的成本进行综合细致的核算，提出科学的定价策略。此外，针对部分非档案内容的信息化处理应强调产出与投入的比例控制，在成本一定的情况下创造更多的效益。

在信息技术快速发展的今天，明清档案数字化的开发与利用逐渐朝着"全文识别""语义检索"的方向过渡。这是大势所趋，是社会需求的强烈反映，也是社会发展对历史档案开发与利用提出的现实要求。在注重档案图像加工的基础上，对档案信息资源进行深度的开发与利用，是今后这一领域需要解决的主要问题，也是面临的关键考验，还是明清档案数字化长效稳定发展的趋势和方向。

结束语

文物是历史文化遗产。文物保护技术到近代才逐步发展成为一门科学，它涉及社会科学、自然科学、工程技术科学等领域的多种学科。在现代社会发展中，档案所发挥的重要作用不容忽视：一方面，档案能够对历史事件进行记录；另一方面，借助档案能够查询一些历史事件，从而为人们提供帮助和参考。进入新时代，人们对档案的重视程度逐渐提高，对档案保护工作提出了更高要求。

笔者对文物与档案的保护进行了系统的研究，内容如下：

1. 我国是一个历史悠久的国家，有着五千年的历史。随着朝代的不断更替产生了不少极具历史价值、文化价值及科学价值的历史遗留物。文物作为我国传统文化的主要媒介，文物保护与修复作业具有积极作用。相关单位和工作者要加大对文物的重视，关注文物保护的具体情况，综合研究文物内容的丰富性与记载特征，有针对性地实施文物保护工作，确保文献记载存在一定真实性与可靠性。鉴于此，本书主要对文物的保护技术进行研究，涉及文物的概念与理念、影响文物保存的环境因素、文物保护的技术手段、金属类文物保护技术、铁器文物保护技术、金银器文物保护技术、锡铅器文物保护技术、石质文物保护技术、纸质文物保护技术等，旨在为文物的保护提供一定的策略，并为以后移动文物的保护策略研究提供一些参考。

2. 当前，我国深化了对档案保护技术的研究，并对当前存在的问题进行了客观分析，唯有如此才能提出有针对性的解决办法，提高档案技术保护工作质量，最大限度地发挥档案在社会发展中的重要作用和价值。在档案保护技术工作中，由于档案形式的不同，也会有不同的保护技术。本书重点阐述了档案纸张与档案字迹、声像档案的保护、档案馆建筑与档案保护、档案灾害的预防及灾害档案的抢救、文物档案的保护与管理，以期为档案保护工作提供一些参考。

3. 明清档案是我国文化遗产的重要组成部分，具有档案和文物双重属性。我国的一些历史档案馆现存档案内容丰富，保存形式多样，因年代久远破损较多，需大量修复。修裱是恢复档案原貌，延长寿命，提升其文物价值的主要手段。笔者深入阐述了明清档案的历史变迁、明清时期文书档案工作制度、明清档案的种类及格式、明清档案的特点与价值，深入探究了明清时期的档案保护影响因素和技术、民国时期学术机构对明清档案的整理利用、明清档案的现代化管理等。

参考文献

[1] 郭艳玲，于超越．基于 SWOT 分析法的区域性国家重点档案保护中心优化建设策略 [J]．山西档案：1-9.

[2] 徐健美．以文物保护意识为导向的文物陈列与保管 [J]．炎黄地理，2023（03）：95-97.

[3] 马志超．当前文物保护的问题及对策研究 [J]．文化月刊，2023（03）：121-123.

[4] 田呈彬，王宁．数字人文视域下的明清档案信息资源建设与开发 [J]．档案管理，2023（02）：81-83.

[5] 陈浩．中国第一历史档案馆新馆展览 [J]．历史档案,2021,(03):147.

[6] 李宏松．文物保护学学科建设的思考与探讨 [J]．自然与文化遗产研究，2023，8（01）：37-51.

[7] 马志超．浅谈文物保护工程档案管理 [J]．文化月刊，2023（02）：106-108.

[8] 张一囡．"十四五"时期国家重点档案保护与开发工程政策探析 [J]．兰台世界，2023（01）：21-23+41.

[9] 张志辉．加强文物保护宣教，提高文物保护意识 [J]．中国民族博览，2022（24）：205-208.

[10] 李海泉，蒋大鹏，张磊，等．文物保护单位保护区划地形测绘技术与实践 [J]．测绘标准化，2022，38（04）：102-107.

[11] 李冰，宋欣．改革开放以来中国档案保护工作发展的回顾与展望 [J]．山西档案，2022（06）：66-73.

[12] 周明梅．工程建设项目档案的保护、开发与利用 [J]．兰台内外，2022（33）：79-80+64+54.

[13] 曹京华．当前文物保护的问题及对策 [J]．艺术品鉴，2022（33）：5-8.

[14] 霍艳芳，薛艳春．新《档案法》视阈下档案保护工作的拓展路径 [J]．北京档案，2022（11）：13-17.

[15] 任雯雯，杜晓华．新时代档案保护的新理念和信息化技术发展 [J]．中国新通信，2022，24（22）：109-111.

[16] 亓艳芝．浅谈文物保护工程档案的管理 [J]．才智，2022（29）：192-194.

[17] 义培红.试析文物保护与利用中问题的优化策略 [J].青春岁月，2022（19）：26-28.

[18] 张晋.跨域文物保护的实践研究 [J].文化产业，2022(26)：127-129.

[19] 华子瑜.浅谈当前文物保护的问题及对策 [J].品位·经典，2022（17）：57-59.

[20] 肖井惠.简析文物环境对文物保护的影响 [J].中国民族博览，2022（16）：192-195.

[21] 彭晖.明清档案知识图谱的构建探索 [J].历史档案，2022(03)：134-141.

[22] 邵熠星.《明清档案著录细则》解读 [J].中国档案，2022(06)：36-37.

[23] 赵菁.明清档案编纂成果的著作权保护 [J].档案管理，2022（03）：63-64+67.

[24] 温倩倩.纸质档案与电子档案保护的差异及对策研究 [J].档案天地，2022（03）：21-23+7.

[25] 雷碧霞.改进档案保护与保管之策 [J].中国档案，2022(02)：45.

[26] 李宗富，辛鹏."十四五"时期档案保护工作的目标任务及建设之策 [J].档案管理，2021(06)：69-71.

[27] 王睿嘉.2020年明清档案史研究述评 [J].兰台世界，2021(11)：21-25.

[28] 尹鑫，张斌.论加快构建中国特色档案学学术体系 [J].图书情报知识，2021，38(05)：4-14.

[29] 王璐.关于保护重点工程建设项目档案的思考 [J].城建档案，2021（10）：47-49.

[30] 黄启军.浅析科技进步对档案保护的影响 [J].山东档案，2021(05)：60-61.

[31] 李展，陈浩.中国第一历史档案馆新馆开馆 [J].历史档案，2021(03)：2.

[32] 杨静.档案室纸质档案保护工作优化策略研究 [J].黑龙江档案，2021（03）：146-147.

[33] 邹璇.探析新时代档案保护的新理念与新模式 [J].办公室业务，2021（08）：134-135.

[34] 李国荣.明清档案整理刊布的百年回望与学术贡献：中国第一历史档案馆藏明清档案编纂出版略论 [J].清史研究，2021(02)：130-138.

[35] 苏静，刘德婧.纸质档案的保护与传承 [J].黑龙江档案，2021(01)：16-20.

[36] 蔡梦玲.基于引文分析的档案保护技术学跨学科特性研究 [J].档案管理，2020(06)：67-69.

[37] 郭琪.大数据背景下明清档案数据库应用模式的选择：以中国第一历史档

案馆明清档案为例 [J]. 档案，2020(08)：47-52.

[38] 郭媛，李改革 . 基于造纸技术分析古代纸质档案保护意识 [J]. 档案天地，2020(08)：49-50+26.

[39] 刘金月 . 国外声像档案保护研究特点与启示 [J]. 兰台世界，2020(08)：11-14.

[40] 姜珊 . 2018—2019 年明清档案史研究述评 [J]. 兰台世界，2020(03)：12-16.

[41] 王澈 . 明清档案中的中朝交流 [J]. 历史档案，2019(04)：47-52.

[42] 伍媛媛 . 明清档案在中央档案馆的十年岁月 [J]. 历史档案，2019(04)：130-132.

[43] 王海欧 . 明清档案"数转模"项目质量管控的原则及方法 [J]. 北京档案，2018(07)：29-31.

[44] 王海欧 . 明清档案"数转模"项目质量风险及对策 [J]. 档案与建设，2018(07)：79-81+78.

[45] 李义敏 . 明清档案俗字研究的价值 [J]. 励耘语言学刊，2018(01)：235-246.

[46] 王海欧 . 明清档案"数转模"的技术分析与管理探究 [J]. 档案学研究，2018(02)：115-119.

[47] 姚迪，赵彦昌 . 中华人民共和国成立后明清档案编纂沿革考 [J]. 兰台世界，2018(01)：19-25+12.

[48] 徐杰，杨永 . 谈明清档案数字化工作的难点与对策 [J]. 历史档案，2017(03)：136-139.

[49] 梁继红 . 中国历史档案学的建立与发展：兼评秦国经《明清档案学》[J]. 档案学研究，2017(03)：12-16.

[50] 王海欧 . 明清档案"数转模"问题的审视与思考 [J]. 中国档案，2017(06)：64-66.

[51] 徐杰 . 明清档案数字化外包安全管理初探 [J]. 中国档案，2017(02)：36-37.

[52] 王海欧 . 明清档案管理模式相关问题的探讨 [J]. 山西档案，2016(06)：12-14.

[53] 伍媛媛 . 信息时代明清档案编研开发的探索与思考 [J]. 历史档案，2016(04)：138-142.

[54] 徐杰，杨永 . 浅谈明清档案数字化图像加工的若干思考 [J]. 档案学研究，2016(03)：82-86.

[55] 马美玲 . 明清档案与明清史研究 [J]. 办公室业务，2015(09)：14-15.

[56] 高建勋 . 明清档案数字资源建设与利用的思考 [J]. 历史档案，2014(01)：

131-134.

[57] 赵雄.明清档案整理数字化工作的若干思考 [J].历史档案，2013(04)：126-128.

[58] 侯贤祥.明清历史与明清档案 [J].科技信息，2011(02)：369.